中国共产党创建历史陈列

EPOCH-MAKING BEGINNINGS:

FOUNDING OF THE COMMUNIST PARTY OF CHINA

中国共产党第一次全国代表大会纪念馆　编

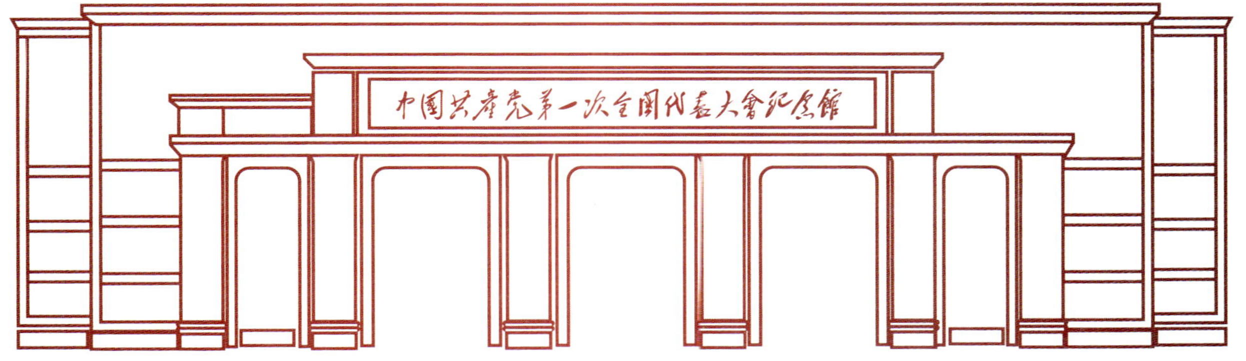

上海人民出版社

中国共产党第一次
全国代表大会会址

中國共產黨第一
100

國代表大會紀念館
100

前厅正面照壁及两侧墙面，结合展览主题设计三组大型瓷板装饰浮雕。左侧为“中流砥柱”；右侧为“民族脊梁”；中间照壁为“日出东方——从石库门到天安门”历史组画，反映中国共产党由小到大、由弱到强，带领全国各族人民取得新民主主义革命伟大胜利的历史征程。

中流砥柱

井冈山

民共和国万岁
世界人民大团

日出东方—从石库门到天安门

民族脊梁

目 录

偉大的開端
中国共产党创建历史陈列
EPOCH-MAKING BEGINNINGS: FOUNDING OF THE COMMUNIST PARTY OF CHINA

前言

中华民族有五千多年的文明历史，创造了灿烂的中华文明，为人类作出了卓越的贡献。1840年鸦片战争后，由于外国列强的入侵和封建统治的腐朽，中国逐渐成为半殖民地半封建国家，中华民族遭受了前所未有的苦难。为了民族复兴，中国人民挺起脊梁、奋起抗争，以百折不挠的精神，苦苦探寻救国救民的道路。

新文化运动掀起思想解放的浪潮，五四运动以全民族的行动激发了人民大众追求真理和进步的伟大觉醒。在中华民族内忧外患、社会危机空前深重的背景下，一批先进分子经过反复比较，最终选择了马克思列宁主义，并积极促进马克思列宁主义同中国工人运动相结合，推动成立各地的共产党早期组织。1921年中国共产党第一次全国代表大会召开，宣告中国共产党正式成立。

中国共产党的成立，是近代中国社会进步、革命发展的客观要求和必然结果，是历史的选择，是人民的选择。中国产生了共产党，这一开天辟地的大事变，深刻改变了近代以后中华民族发展的方向和进程，深刻改变了中国人民和中华民族的前途和命运，深刻改变了世界发展的趋势和格局。中国共产党团结带领全国各族人民，为实现民族独立、人民解放和国家富强、人民幸福，艰辛探索，接续奋斗，推动中华民族迎来从站起来、富起来到强起来的伟大飞跃。

序厅“历史选择 伟大起点”，庄重、现代、大气，高度概括展览主题，强化空间表达。中央以中共一大会址标志性石库门建筑为主雕塑，出席代表步伐坚定地走出石库门，象征中国共产党从这里诞生，从这里出征，从这里走向全国执政。围绕主雕镌刻中国共产党第一个纲领。序厅两侧设置浮雕墙，一侧以一大会址、博文女校等石库门元素，反映上海是中国共产党的诞生地；另一侧以南湖红船、烟雨楼等视觉元素，反映中共一大南湖会议。顶部设计发光顶棚，采用灯光艺术效果，象征中国共产党诞生后领导中国人民从苦难走向辉煌。

第一部分

前仆后继 救亡图存

自 19 世纪中叶起，中国逐步成为半殖民地半封建国家，中国人民遭受着帝国主义的侵略和封建主义的压迫。为挽救国家和民族的危亡，中国的先进分子进行了英勇的抗争和艰苦的探索。这些斗争和探索在一定程度上推动了中国社会的进步，却未能改变中国的社会性质和人民的悲惨命运。旧的路走不通了，势必寻找新的出路。

第一部分
PART I

前仆后继 救亡图存
STRUGGLES FOR NATIONAL SURVIVAL

自19世纪中叶起，中国逐步成为半殖民地半封建国家，中国人民遭受着帝国主义的侵略和封建主义的压迫。为挽救国家和民族的危亡，中国的先进分子进行了英勇的抗争和艰苦的探索。这些斗争和探索在一定程度上推动了中国社会的进步，却未能改变中国的社会性质和人民的悲惨命运。旧的路走不通了，势必寻找新的出路。

From the mid-19th century onward, China was reduced to a semi-colony under the yoke of Western powers. The Chinese people, oppressed by their corrupt feudal overlords and invading Western imperialists, rose up to demand satisfaction through a series of uprisings and movements. Though socially reformative, these struggles failed to change the downtrodden fate of the nation and its people. The quest for an end to the suffering continued.

第一部分
前仆后继
救亡图存

近代以来，救亡图存成为中华民族和中国人民迫在眉睫的历史使命。争取民族独立、人民解放，实现国家富强、人民富裕，成为中国人民必须完成的两大历史任务。
——习近平
共和的幻象

第一单元　中国逐步成为半殖民地半封建国家

1840 年鸦片战争打断了中国社会的发展进程。外国侵略者用坚船利炮迫使清政府签订一个又一个丧权辱国的不平等条约。帝国主义势力与封建统治阶级相互勾结，残酷剥削压迫中国人民。山河破碎，生灵涂炭，中国逐渐丧失独立的地位，成为半殖民地半封建国家。

列强对中国的侵略和掠夺

1. 1840 年 6 月，英国借口清政府禁烟，发动侵略中国的第一次鸦片战争。图为 1841 年 1 月英舰突袭广东虎门。
2. 1842 年 8 月，中英两国代表在英舰皋华丽号上签订了中国近代历史上第一个丧权辱国的不平等条约——《南京条约》。

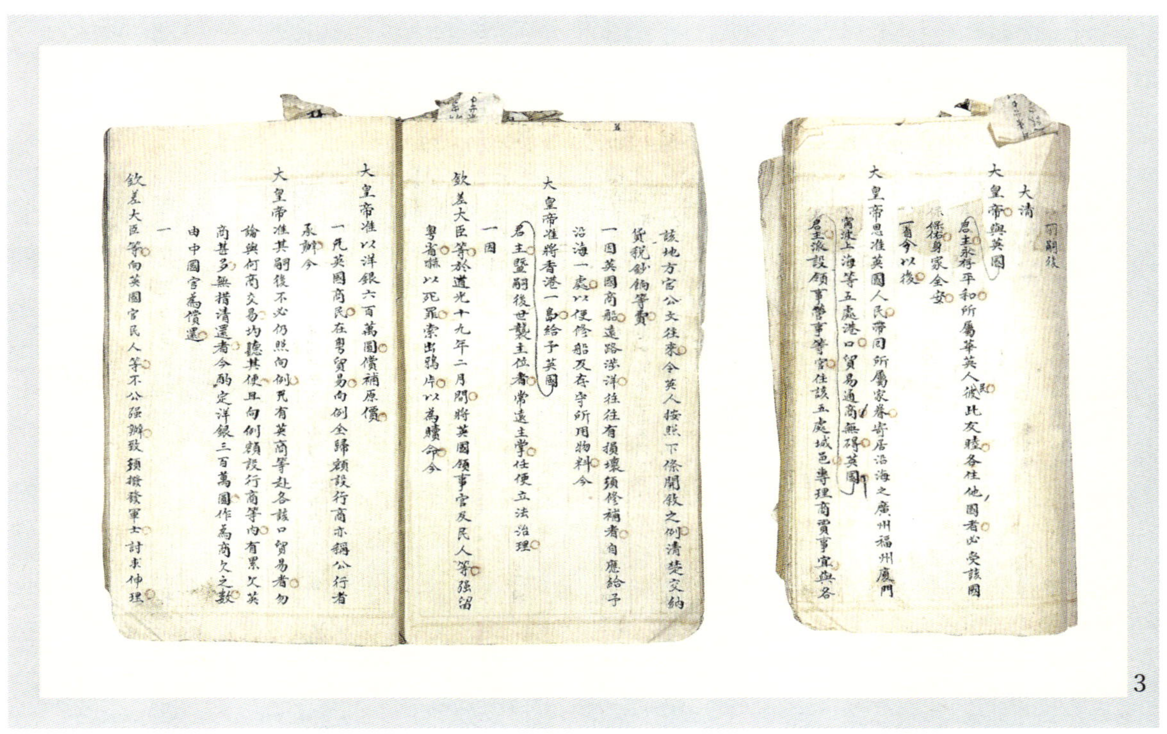

3. 根据《南京条约》，中国被迫割让香港岛给英国，开放广州、厦门、福州、宁波、上海等五口通商。这是《南京条约》抄本（局部）。

4. 鸦片战争中清军使用的“靖夷”铜炮。

1. 1856—1860 年，英法两国发动侵略中国的第二次鸦片战争，迫使清政府签订《天津条约》和《北京条约》。图为被英法联军抢掠焚毁的北京圆明园遗址。

2. 自 19 世纪中期起，西方列强不断在中国边疆制造危机，蚕食、侵占中国领土。图为 19 世纪七八十年代中国边疆危机形势图。

3. 19 世纪五六十年代，沙俄以武力胁迫等方式，多次与清政府签订不平等条约，侵占中国东北、西北 150 多万平方公里的领土。

1. 1894—1895 年，日本发动侵略中国的甲午战争。清政府战败，被迫签订《马关条约》。上图为中日海军在黄海激战。下图为日军在旅顺杀戮中国民众。

時局圖
一目了然
不言而喻
西伯利亞
SIBERIA
俄國
北
西
東
南
日本國
THE RISING SUN
JOHN BULL & I
WILL WATCH THE BEAR
太平洋
EASTERN TUEKESTAN
THE OPEN DOOR
FASHODA
COLONIAL
EXPANSION
BURMAH
THE
PHILIPPINE
ISLANDS
COCHIN CHINA
BORNEO
版權所有翻刻必究

1

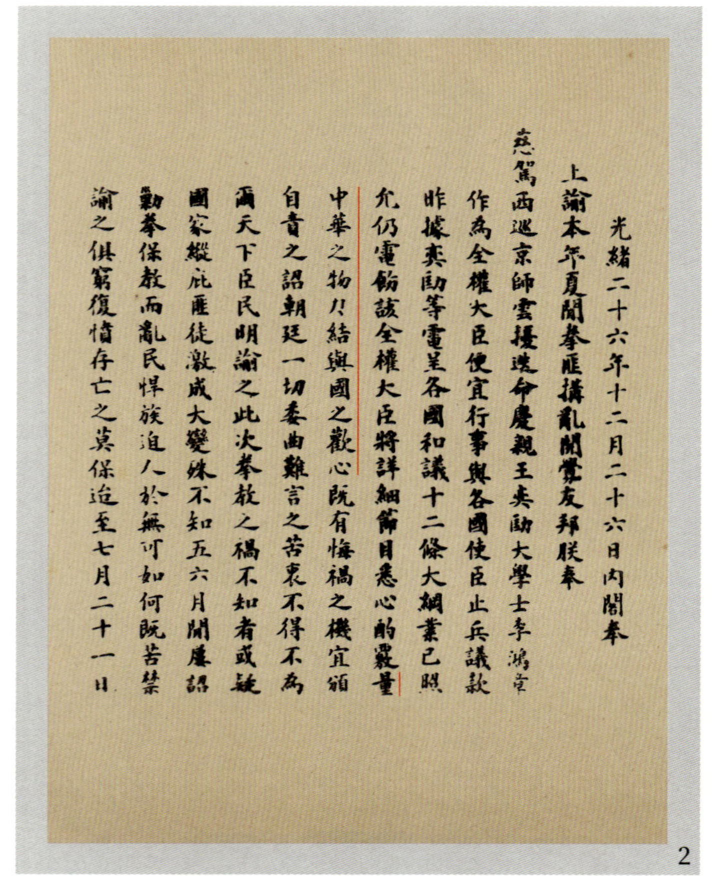

光緒二十六年十二月二十六日內閣奉
上諭本年夏間拳匪搆亂開釁友邦朕奉
慈駕西巡京師雲擾迭命慶親王奕劻大學士李鴻章
作為全權大臣便宜行事與各國使臣止兵議款
昨據奕劻等電呈各國和議十二條大綱業已照
允仍電飭該全權大臣將詳細節目悉心酌覈量
中華之物力結與國之歡心既有悔禍之機宜頒
自責之詔朝廷一切委曲難言之苦衷不得不為
爾天下臣民明諭之此次拳教之禍不知者或疑
國家縱庇匪徒激成大變殊不知五六月間屢詔
勦拳保教而亂民悍族迫人於無可如何既苦禁
諭之俱窮復愴存亡之莫保迨至七月二十一日

2

3

1. 1900 年，英、美、法、德、俄、日、意、奥八国联军借口镇压义和团运动，入侵中国，肆意残害中国人民。上图为八国联军在天津大沽口登陆。下图为沙俄侵略军在东北绞杀中国百姓。
2. 在列强的武力威胁下，清政府彻底失去抵抗决心，于 1901 年 2 月颁布上谕，意图“量中华之物力，结与国之欢心”。
3. 1901 年 9 月，英、美、法、德、俄、日、意、奥、荷、比、西 11 国胁迫清政府签订《辛丑条约》，标志着中国沦为半殖民地。

4

清政府与列强签订的部分不平等条约及赔款

签约时间	条约名称	缔约国	赔款数额
1842 年 8 月	《南京条约》	英国	2100 万银元
1858 年 11 月	《赔偿美商民损失专约》	美国	50 万两白银
1860 年 10 月	《北京条约》	英国	800 万两白银
1860 年 10 月	《北京条约》	法国	800 万两白银
1881 年 2 月	《改订条约》	俄国	900 万卢布（约折银 500 万两）
1895 年 4 月	《马关条约》	日本	2 亿两白银
1895 年 11 月	《辽南条约》	日本	3000 万两白银
1901 年 9 月	《辛丑条约》	英、美、俄、日、法、德、意、奥、荷、比、西	4.5 亿两白银
1905 年 11 月	《胶（州）高（密）撤兵善后条款》	德国	40 万银元
1906 年 4 月	《续订藏印条约》附《拉萨条约》	英国	750 万卢比银（后减为 250 万卢比银，折 120 万余两白银）

5

4. 从 1840 年到 20 世纪初，列强通过战争强迫清政府签订了一系列不平等条约，侵占中国领土，勒索巨额赔款，攫取各种特权。这是清政府与列强签订的条约文本。

5. 清政府与列强签订的部分不平等条约及赔款简表。

1. 上海公共租界警员制服。

2. 上海公共租界巡捕的证章、警棍、橡皮棍、钢丝鞭。

3

列强在华租界一览

所在城市	租界名称	设租界国	始设时间
上海	英租界	英国	1845 年
	美租界	美国	1848 年
	法租界	法国	1849 年
	公共租界	-	1863 年（英美租界合并而成）
厦门	英租界	英国	1852 年
天津	英租界	英国	1860 年
	法租界	法国	1861 年
	美租界	美国	1862 年
	德租界	德国	1895 年
	日租界	日本	1898 年
	俄租界	俄国	1901 年
	比租界	比利时	1902 年
	意租界	意大利	1902 年
	奥租界	奥匈	1902 年
广州	英租界	英国	1861 年
	法租界	法国	1861 年
九江	英租界	英国	1861 年
镇江	英租界	英国	1861 年
汉口	英租界	英国	1861 年
	德租界	德国	1895 年
	俄租界	俄国	1896 年
	法租界	法国	1896 年
	日租界	日本	1898 年
杭州	日租界	日本	1897 年
苏州	日租界	日本	1897 年
重庆	日租界	日本	1901 年
鼓浪屿	公共租界（公共地界）	-	1902 年

4

3. 从鸦片战争到清朝末年，列强先后在中国设立近 30 个租界，侵夺租界内立法权、司法权，特别是行政管理权，使租界成为他们侵略中国的据点。这是上海公共租界巡捕房旗。
4. 列强在华设置租界一览。

1. 列强滥用领事裁判权，在租界设立由外国领事陪审的会审公廨，侵犯中国的司法主权。图为 1880 年上海会审公廨审理案件时的情形。
2. 英美等国以保护侨民为名在上海租界设立武装组织，维护殖民统治，镇压中国人民的反抗。这是上海公共租界武装组织万国商团的团徽。
3. 列强为扩大权益，不断扩大租界范围。这是 1899 年上海公共租界扩界后设立的界碑。

松、太利在梭布，较稻田倍蓰……
近日洋布大行，价才当梭布三分之一。
吾村专以纺织为业，近闻已无纱可纺。
松、太布市，消减大半。

——包世臣《答族子孟开书》

4. 1854 年 4 月，上海小刀会起义期间，英、美、法等国趁乱发动泥城之战，窃取上海海关的行政管理权。这是英美军队制定的作战方案图。

5.《马关条约》签订后，列强争相来华投资设厂。图为 1895 年英商在上海开设的怡和纱厂内景。

1

1. 列强竞相在中国开设银行，扩大资本输出，进一步控制清政府的财政命脉。这是外国银行在华发行的纸币。

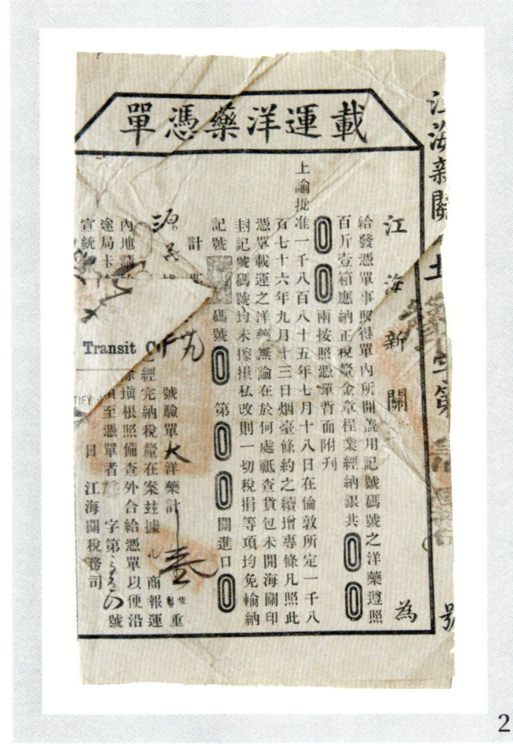

載運洋藥憑單

江海新關 為

給發憑單事照得單內所開蓋用記號碼號之洋藥遵照

百斤壹箱應納正稅釐金章程業經納銀共〇〇

〇〇兩按照憑單背面附刊

上諭批准一千八百八十五年七月十八日在倫敦所定一千八

百七十六年九月十三日烟臺條約之續增專條凡照此

憑單載運之洋藥無論在於何處祇查貨包未開海關印

封記號碼號均未擦損私改則一切稅捐等項均免輸納

記號 碼號〇 第〇〇 關進口〇

Transit

2

1864-1894 年中国对外贸易额（单位：千海关两）

年份	进口	出口	出超（+）/ 入超（-）
1864	46,210	48,655	+2,445
1870	63,693	55,295	-8,398
1880	79,293	77,884	-1,409
1890	127,093	87,144	-39,949
1894	162,102	128,105	-33,997

资料来源：李新、董谦总主编：《图说近代中国》，光明日报出版社 1991 年版。

3

4

2. 鸦片战争失败后，鸦片贸易合法化，输入中国的鸦片激增，严重摧残中国人民的身心健康。这是江海关载运洋药（即鸦片）凭单。
3. 列强用武力打开中国国门后，将中华大地变成倾销商品的市场和掠夺廉价原料的基地。中国对外贸易很快从出超转变为入超。
4. 20 世纪初，帝国主义列强在华争夺铁路修筑权和矿山开采权的斗争达到白热化。图为日俄战争中日本攫取的南满铁路。

封建统治者对人民的剥削和压迫

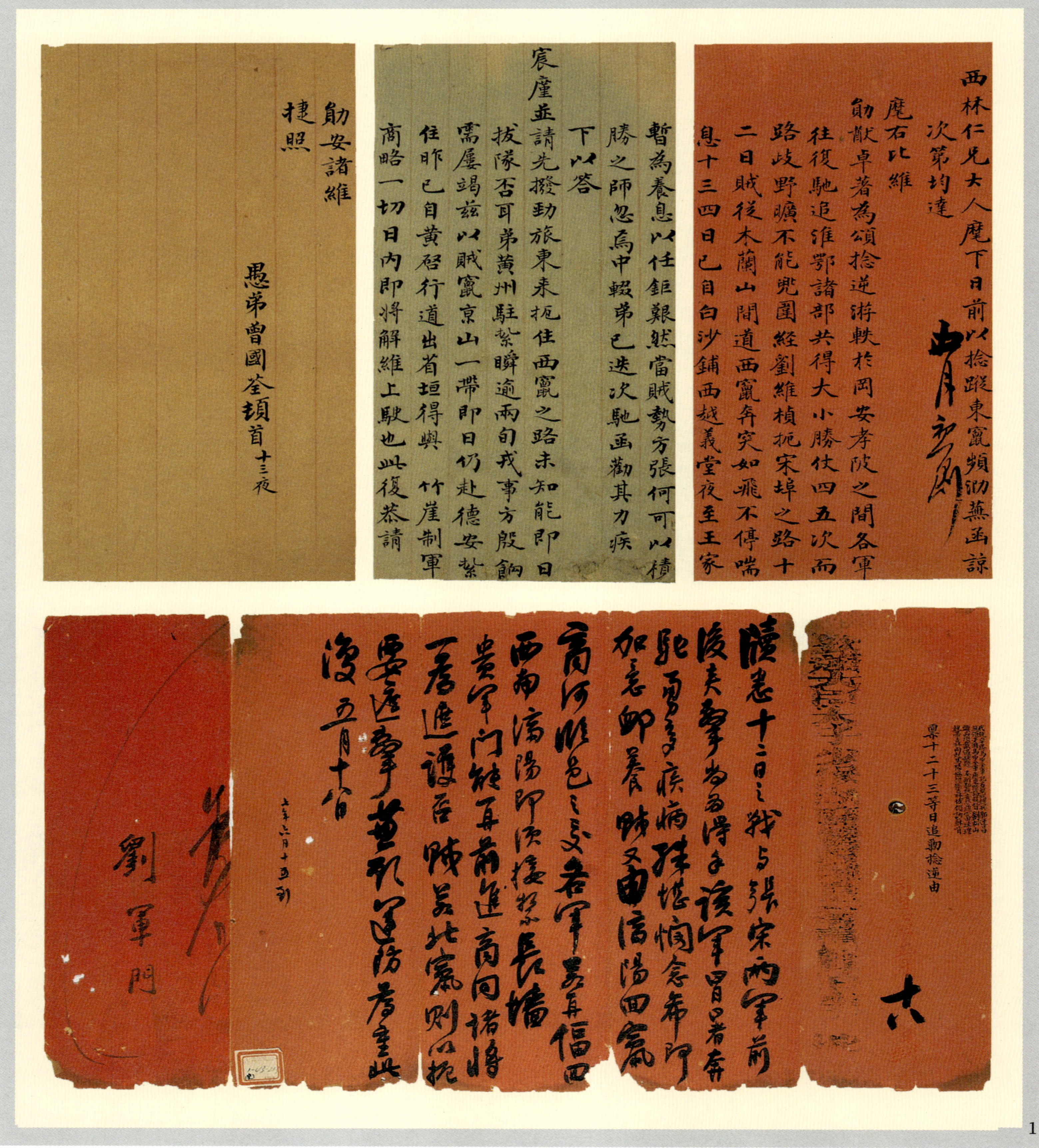
西林仁兄大人麾下日前以捻蹤東竄頻仍蕪函諒
次第均達
麾右比維
勛猷卓著為頌捻逆游軼於岡安孝陂之間各軍
往復馳追維鄂諸部共得大小勝仗四五次而
路歧野曠不能兜圍經劉維楨扼宋埠之路十
二日賊從木蘭山間道西竄奔突如飛不停喘
息十三四日已自白沙鋪西越義堂夜至王家
暫為養息以任鉅艱然當賊勢方張何可以積
勝之師忽焉中輟弟已迭次馳函勸其力疾
下以答
宸廑並請先撥勁旅東來扼住西竄之路未知能即日
拔隊否耳弟黃州駐紮瞬逾兩旬戎事方殷餉
需屢竭茲以賊竄京山一帶即日仍赴德安紮
住昨已自黃啓行道出省垣得與 竹崖制軍
商略一切日內即將解維上駛也此復恭請
勛安諸維
捷照
愚弟曾國荃頓首 十三夜

1. 清政府对外妥协求和，对内极力镇压人民的反抗斗争。上为1866年湖北巡抚曾国荃为镇压捻军致安徽巡抚英翰（字西林）的信。下为1868年湖广总督李鸿章为镇压捻军致湘军将领刘松山的军函。

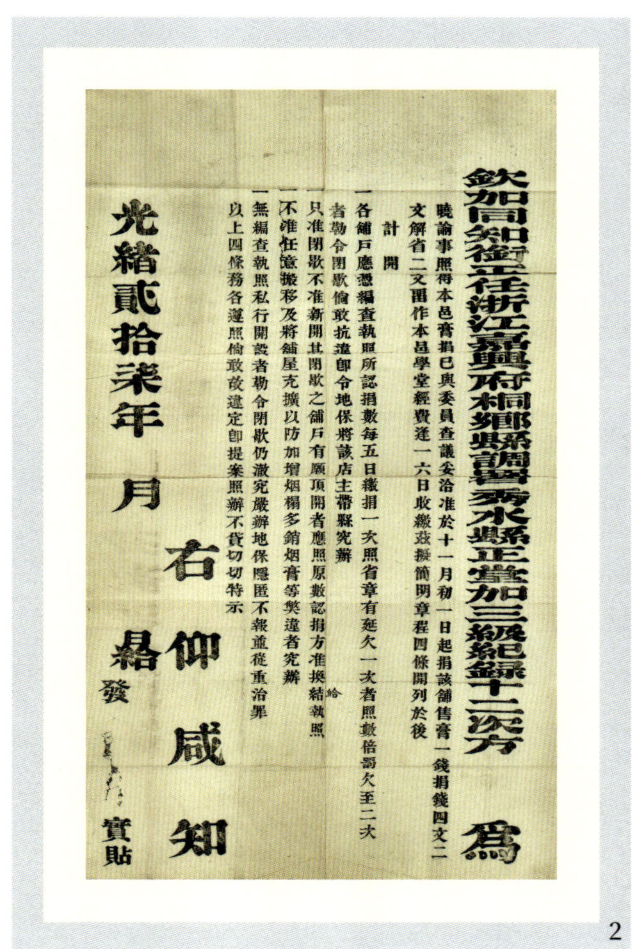

欽加同知銜在任浙江嘉興府桐鄉縣調署秀水縣正堂加三級紀錄十二次方　爲

曉諭事照得本邑膏捐已與委員查議妥洽准於十一月初一日起捐該舖售膏一錢捐錢四文二

文解省二文留作本邑學堂經費逢一六日收繳茲擬簡明章程四條開列於後

計開

一各舖戶應憑編查執照所認捐數每五日繳捐一次照省章有延欠一次者照數倍罰欠至二次

者勒令閉歇倘敢抗違卽令地保將該店主帶縣究辦

一只准閉歇不准新開其閉歇之舖戶有願頂開者應照原數認捐方准換給執照

一不准任意搬移及將舖屋充擴以防加增烟榻多銷烟膏等弊違者究辦

一無編查執照私行開設者勒令閉歇仍徹究嚴辦地保隱匿不報並從重治罪

以上四條務各遵照倘敢故違定卽提案照辦不貸切切特示

右仰咸知

光緒貳拾柒年　月　日

發

實貼

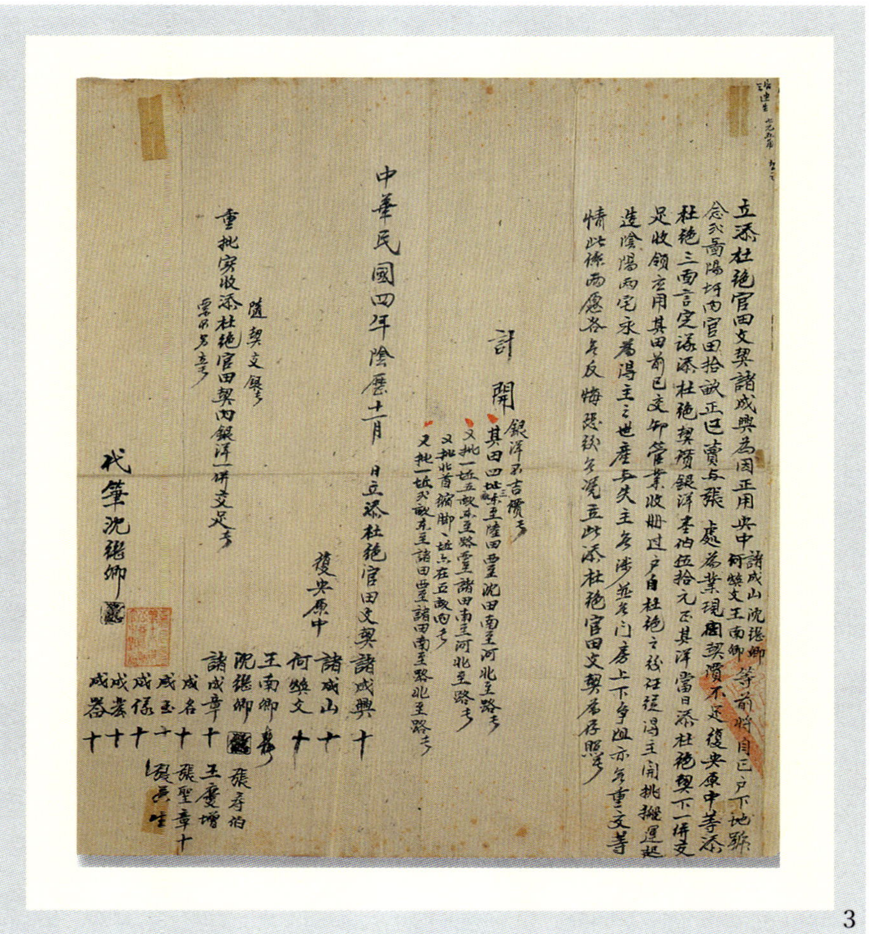

立添杜絕官田文契諸成興爲因正用央中諸成山沈鍚卿何焕文王南卿等前將自己戶下地[illegible]

[illegible]陽坪內官田拾畝正已賣與張　處爲業現因契價不足復央原中等添

杜絕三面言定添杜絕契價銀洋[illegible]佰伍拾元正其洋當日添杜絕契下一併交

足收領應用其田前已交卸管業收冊過戶自杜絕之後任從得主開挑搬運起

造陰陽兩宅永爲得主之世產與失主無涉並無門房上下爭阻亦無重疊文等

情此係兩愿各無反悔恐欲無憑立此添杜絕官田文契爲存照

計開

銀洋[illegible]

其田四址東至陸田西至沈田南至河北至路

又批[illegible]

又批[illegible]

又批[illegible]

中華民國四年陰曆十月　日立添杜絕官田文契諸成興十

復央原中

諸成山十

何焕文十

王南卿

沈鍚卿

諸成章十

重批實收添杜絕官田契內銀洋一併交足

隨契文[illegible]

代筆沈鍚卿

2. 清政府借收缴鸦片烟捐税之名，行搜刮民众之实。这是光绪二十七年（1901 年）收缴膏捐简明章程告示。

3. 20 世纪初，土地兼并日益加剧，大批破产农民被迫典当土地。这是破产农民的卖田文契。

4. 反映封建生产关系的土地登记簿册“鱼鳞册”。

官與民之擔負　星馳戲筆

2

1. 封建专制统治下的广大劳动人民生活极端贫困。图为 1907 年淮北饥民争领救济米粟。
2. 近代漫画家马星驰创作的漫画《官与民之担负》深刻地反映了中国人民饱受封建主义的压迫。

3. 1910年江苏知府报告饥民“暴动”的呈文。

第二单元　探寻救亡图存的道路

面对外国列强的侵略和本国封建势力的压迫，中国人民进行了英勇顽强的抗争。日益深重的民族危机，促使中国先进分子开眼看世界，努力向西方学习。无数志士仁人不畏牺牲，前仆后继，力图使中国走上富强之路。

中国人民的反抗斗争

1. 1841 年 5 月，广州三元里人民自发组织起来，与来犯英军展开激烈战斗，展示了中国人民不畏强权敢于斗争的英雄气概。这是三元里抗英斗争指挥旗三星旗。
2. 1842 年 6 月，30 余艘英舰进犯上海宝山吴淞炮台。江南提督陈化成率部英勇抗击，壮烈牺牲。这是陈化成戎服画像。

3. 1851—1864 年，洪秀全等领导的太平天国农民运动，强烈撼动了清政府的统治根基。这是太平军使用的长刀、矛、鸭舌枪。

4. 太平军使用的铁炮。

5. 受太平天国农民运动影响，上海爆发小刀会起义。这是表现小刀会起义军痛击清军和法国侵略军的画作。

1. 在 1884—1885 年中法战争中，70 岁的老将冯子材（右）在广西镇南关率军抵抗法国侵略者，取得大胜。左为上海印行的中法战争宣传画。
2. 在 1894 年中日甲午海战中，北洋水师致远舰舰伤弹尽，仍在管带（舰长）邓世昌（右）沉着指挥下追击敌舰，不幸被敌鱼雷击中，全舰官兵壮烈牺牲。左为《甲午中日战事摄影集》。
3. 邓世昌使用的藏书章。

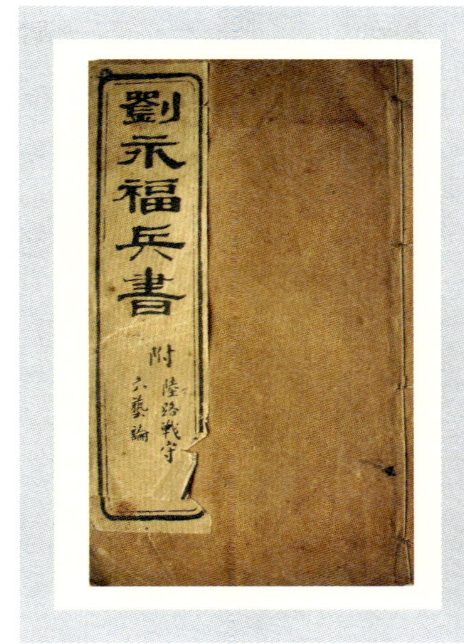

4. 因不满清政府甲午战争失败后将台湾割让给日本，爱国将领刘永福（右）率黑旗军与台湾人民共同抗击日军。左为《刘永福兵书》。
5. 1900 年 9 月，沙俄强占中国东北，激起东北人民的强烈反抗。图为表现奉天绅民合力捐饷抗击俄军的画作。
6. 19 世纪末，中国多地爆发义和团运动。在中外反动势力联合镇压下，运动以失败告终。太平天国和义和团的历史悲剧证明，如果没有先进阶级的领导，农民不可能完成反帝反封建的历史任务。这是义和团使用过的刀、箭、枪和红漆皮鼓。

开明地主阶级和资产阶级的早期探索

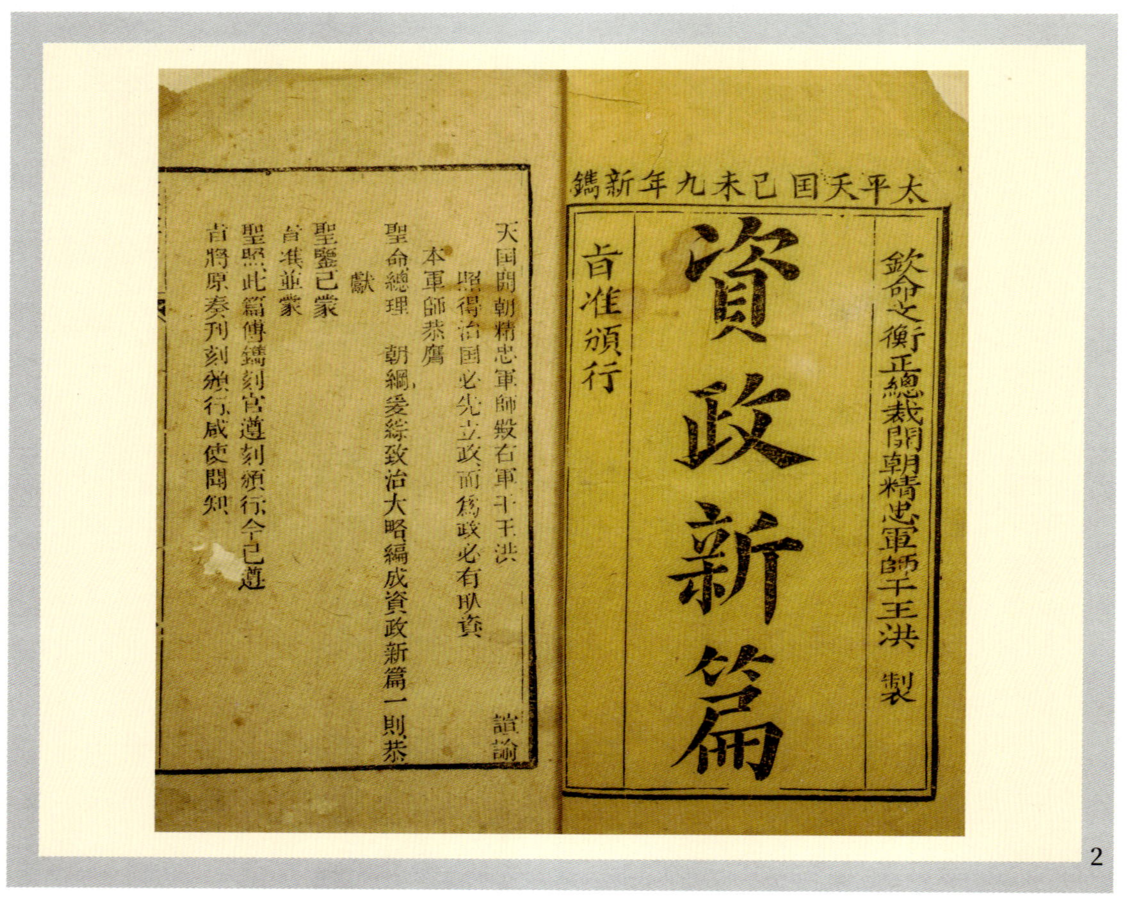

太平天国己未九年新鐫

欽命文衡正總裁開朝精忠軍師干王洪 製

資政新篇

旨准頒行

天国開朝精忠軍師殿右軍干王洪 謹諭
照得治国必先立政而為政必有取資
本軍師恭膺
聖命總理 朝綱爰綜致治大略編成資政新篇一則恭
獻
聖鑒已蒙
旨準並蒙
聖照此篇傳鐫刻宣遵刻頒行今已遵
旨將原奏刊刻頒行咸使聞知

1. 为改变国家贫穷落后的面貌，以林则徐、魏源为代表的先进中国人开始开眼看世界，提出“师夷长技以制夷”的主张。左图为林则徐。右图为魏源。
2. 1859 年太平天国干王洪仁玕编著的《资政新篇》，提出向西方学习、与各国通商、借鉴先进科学技术、发展资本主义经济等设想。

3. 19 世纪 60 至 90 年代，清政府推行了一场以富国强兵为目的的洋务运动。图为洋务运动中兴办的规模最大的军工企业江南机器制造总局。
4. 1868 年江南机器制造总局建造的中国第一艘机器动力木壳明轮兵船模型。

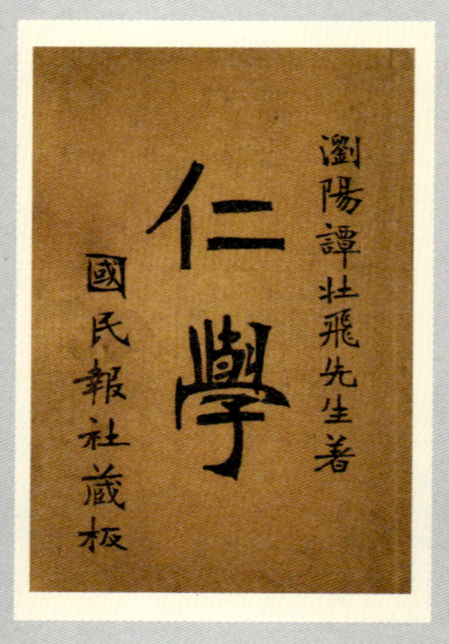

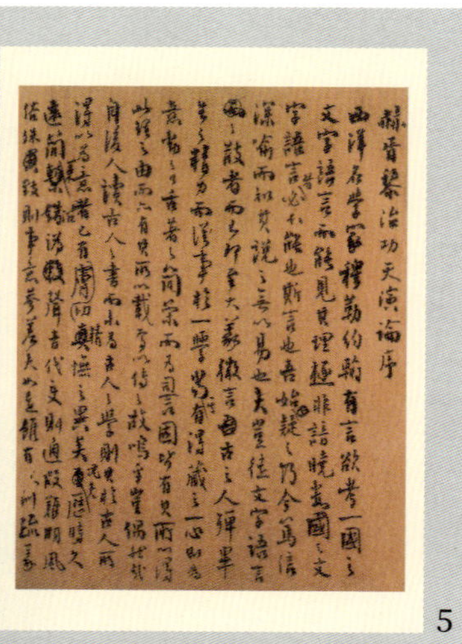

1. 19 世纪 70 年代以后，一些开明士绅主张不仅要学习西方的科学技术，也要吸纳西方的政治、经济学说。这些主张具有重要的思想启蒙作用。图为其中代表人物，第一排左起：王韬、薛福成、郑观应、马建忠。
2. 面对深重的民族危机，资产阶级维新派主张维新变法，以君主立宪取代君主专制。图为康有为及其著作《大同书》。
3. 1896 年，梁启超在上海创办《时务报》，发表《变法通议》等文章，呼吁变法图强，宣传“民权论”。
4. 1897 年 1 月，谭嗣同完成重要著作《仁学》，发出冲决封建网罗的呐喊。
5. 1898 年，严复将赫胥黎名著《进化论与伦理学》译述为《天演论》，介绍社会进化论，为救亡提供理论根据。图为严复及其《天演论》手稿。

光緒二十四年四月二十三日內閣奉
上諭數年以來中外臣工講求時務多主變法自強邇者詔書數下如開特科裁冗兵改武科制度立大小學堂皆經再三審定籌之至熟甫議施行惟是風氣尚未大開論說莫衷一是或託於老成憂國以為舊章必應墨守新法必當擯除眾喙嘵嘵空言無補試問今日時局如此國勢如此若仍以不練之兵有限之餉士無實學工無良師強弱相形貧富懸絕豈真能制梃以撻堅甲利兵乎朕惟國是不定則號令不行極其流弊必至門戶紛爭互相水火徒蹈宋明積習於時政毫無裨益即以中國大經大法而論五帝三王不相沿襲譬之冬裘夏葛勢不兩存用特明白宣示嗣後中外大小諸臣自王公以及士庶各宜努力向上發憤為雄以聖賢義理之學植其根本又須博采西學之切於時務者實力講求以救空疏迂謬之弊專心致志精益求精毋徒襲其皮毛毋競騰其口說總期化無用為有用以成通經濟變之才京師大學堂為各行省之倡尤應首先舉辦著軍機大臣總理各國事務王大臣會同妥速議奏所有翰林院編檢各部院司員大門侍衛候補候選道府州縣以下官大員子弟八旗世職各省武職後裔其願入學堂者均准入學肄習以期人材輩出共濟時艱不得敷衍因循徇私援引致負朝廷諄諄告誡之
至意將此通諭知之欽此

6

7

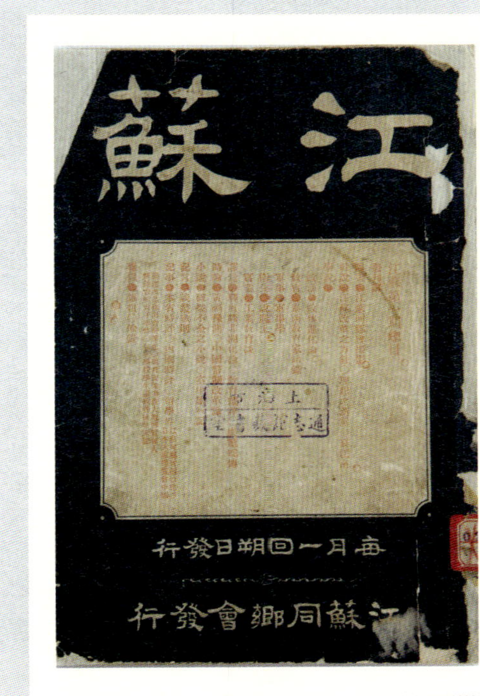

8

6. 1898 年，维新派推动光绪皇帝发动戊戌变法，希望在中国推行经济、军事、文教和政治改革。图为 1898 年 6 月 11 日光绪皇帝宣布变法的“明定国是诏”。

7. 为实行“新政”，1905 年清政府派遣五大臣分赴欧美日等国考察宪政。这是 1906 年挪威出版的清朝五大臣考察报告。

8. “新政”造就的新型知识分子成为传播民主革命思想的主要力量。这是留日学生创办的革命刊物《浙江潮》和《江苏》。

第三单元 辛亥革命的伟大功绩和历史局限

辛亥革命终结了统治中国两千余年的君主专制制度，在华夏大地树起了民主共和的旗帜。但是，中华民国的成立并没有给人们带来预期的民族独立和社会进步，北洋军阀的黑暗统治给中华民族带来无穷的灾难，使广大人民陷于水深火热之中。

辛亥革命推翻封建帝制

1. 孙中山（1866—1925），本名孙文，号逸仙，广东香山（今中山市）人，伟大的民族英雄、伟大的爱国主义者、中国民主革命的伟大先驱。

2. 1894 年 11 月，孙中山在美国檀香山创立兴中会，誓言“亟拯斯民于水火，切扶大厦之将倾”。图为兴中会第一次会议旧址。

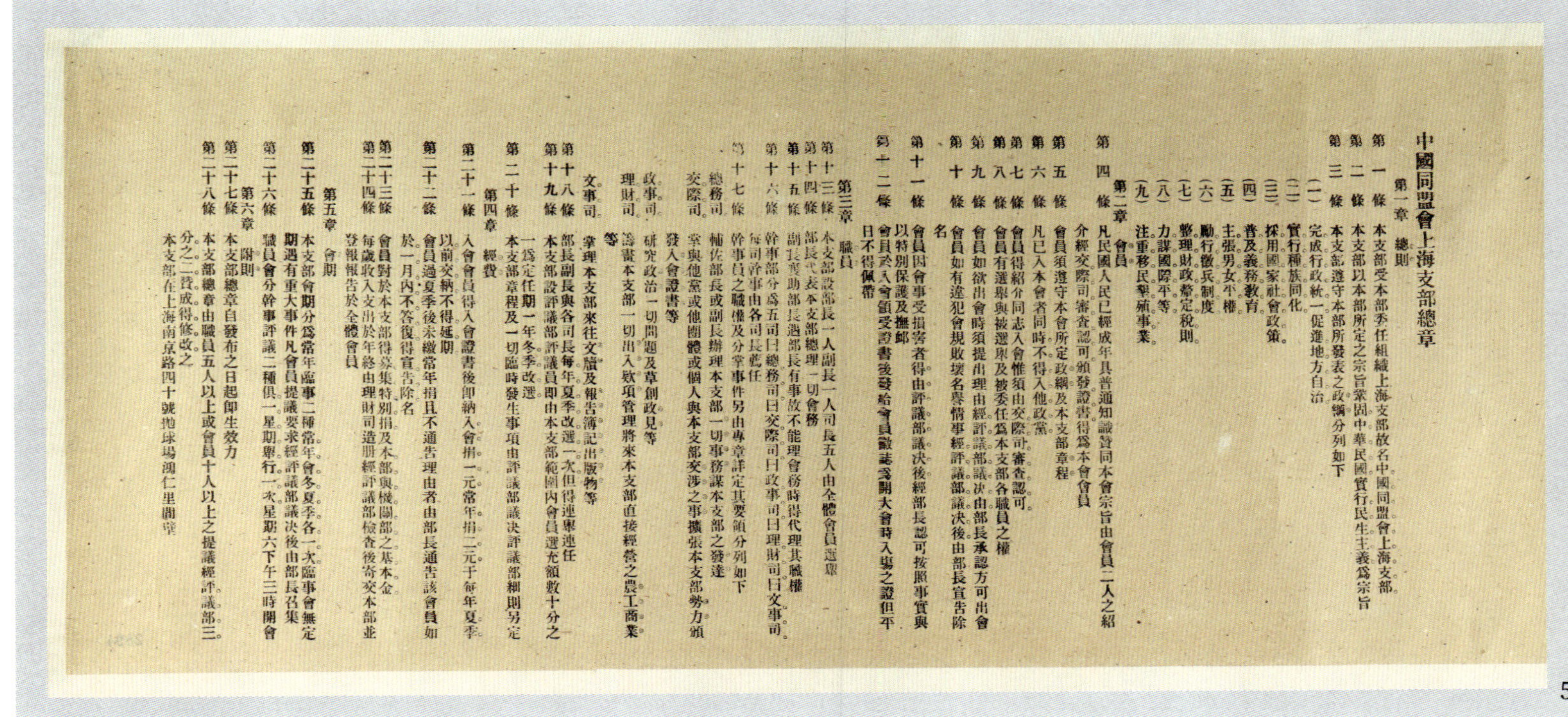

中國同盟會上海支部總章

第一章 總則

第一條 本支部受本部委任組織上海支部故名中國同盟會上海支部。

第二條 本支部以本部所定之宗旨鞏固中華民國實行民生主義爲宗旨

第三條 本支部遵守本部所發表之政綱分列如下

(一)完成行政統一促進地方自治

(二)實行種族同化

(三)採用國家社會政策。

(四)普及義務教育

(五)主張男女平權

(六)勵行徵兵制度

(七)整理財政釐定稅則。

(八)力謀國際平等

(九)注重移民墾殖事業。

第二章 會員

第四條 凡民國人民已經成年具普通知識贊同本會宗旨由會員二人之紹介經交際司審查認可頒發證書得爲本會會員

第五條 會員須遵守本會所定政綱及本支部章程

第六條 凡已入本會者同時不得入他政黨

第七條 會員得紹介同志入會惟須由交際司審查認可。

第八條 會員有選舉與被選舉及被委任爲本支部各職員之權

第九條 會員如欲出會時須提出理由經評議部議決由部長承認方可出會

第十條 會員如有違犯會規敗壞名譽情事經評議部議決後由部長宣告除名

第十一條 會員因會事受損害者得由評議部議決後經部長認可按照事實與以特別保護及撫邺

第十二條 會員於入會領受證書後發給會員徽誌爲開大會時入場之證但平日不得佩帶

第三章 職員

第十三條 本支部設部長一人副長一人司長五人由全體會員選舉

第十四條 部長代表本支部總理一切會務

第十五條 副長襄助部長遇部長有事故不能理會務時得代理其職權

第十六條 幹事部分爲五司曰總務司曰交際司曰政事司曰理財司曰文事司。每司幹事由各司長薦任

第十七條 幹事員之職權及分掌事件另由專章詳定其要領分列如下

總務司 輔佐部長或副長辦理本支部一切事務謀本支部之發達

交際司 掌與他黨或他團體或個人與本支部交涉之事擴張本支部勢力頒發入會證書等

政事司 研究政治一切問題及草創政見等

理財司 籌畫本支部一切出入欵項管理將來本支部直接經營之農工商業等

文事司 掌理本支部來往文牘及報告簿記出版物等

第十八條 部長副長與各司長每年夏季改選一次但得連舉連任

第十九條 本支部設評議部評議員即由本支部範圍內會員選充額數十分之一爲定任期一年冬季改選

第二十條 本支部章程及一切臨時發生事項由評議部議決評議部細則另定

第四章 經費

第二十一條 入會會員得入會證書後即納入會捐一元常年捐二元于每年夏季以前交納不得延期

第二十二條 會員過夏季後未繳常年捐且不通告理由者由部長通告該會員如於一月內不答復得宣告除名

第二十三條 會員對於本支部得募集特別捐及本部與機關部之基本金

第二十四條 每歲收入支出於年終由理財司造册經評議部檢查後寄交本部並登報報告於全體會員

第五章 會期

第二十五條 本支部會期分爲常年臨事二種常年會冬夏季各一次臨事會無定期遇有重大事件凡會員提議要求經評議部議決後由部長召集

第二十六條 職員會分幹事評議二種俱一星期舉行一次星期六下午三時開會

第六章 附則

第二十七條 本支部總章自發布之日起即生效力

第二十八條 本支部總章由職員五人以上或會員十人以上之提議經評議部三分之二贊成得修改之

本支部在上海南京路四十號拋球場鴻仁里間壁

3. 19 世纪末，中国资产阶级革命派逐步走上历史舞台，领导开展推翻清王朝专制统治的革命斗争。图为章太炎及其宣传反清思想的著作《訄书》。

4. 1903 年，邹容撰写《革命军》，风行海内外，发行逾百万册，被赞誉为“义师先声”。左为 1902 年邹容赠给同学费公直的签名照。右为 1903 年上海民智书局出版的《革命军》。

5. 1905 年，孙中山在日本东京创立中国同盟会，提出“驱除鞑虏，恢复中华，建立民国，平均地权”的政治纲领。这是《中国同盟会上海支部总章》。

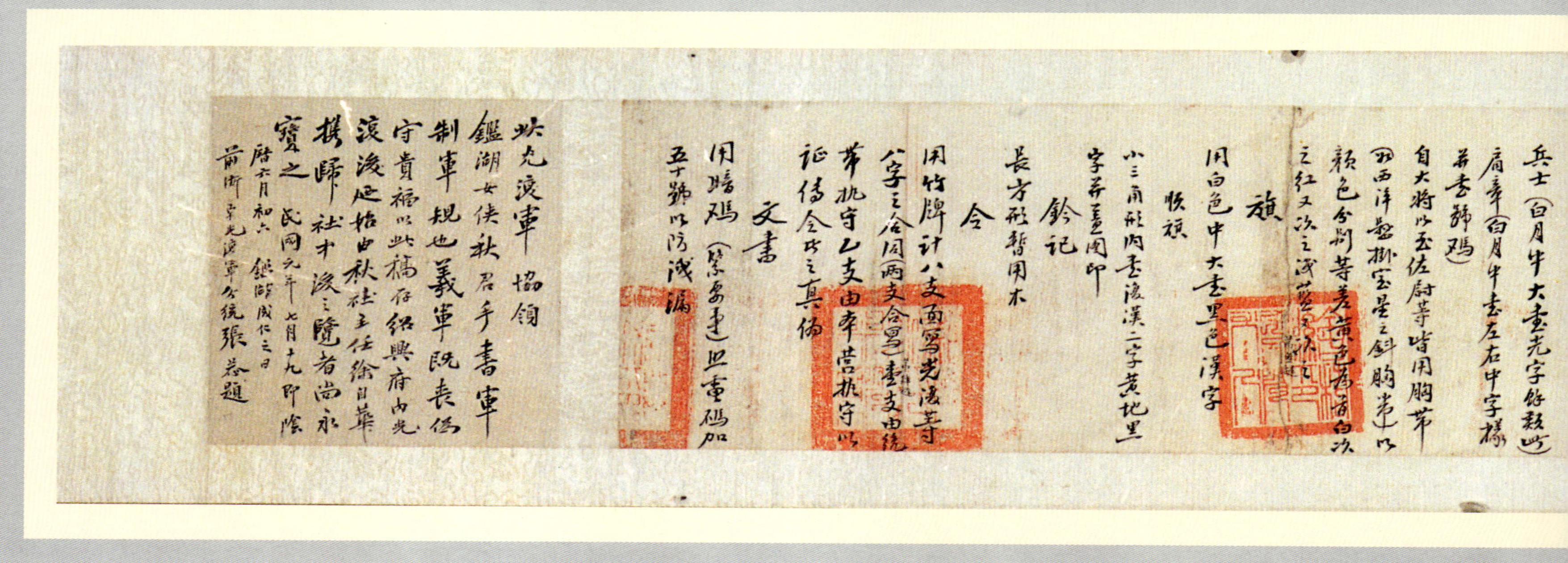

1. 为推翻清政府，革命党人组织发动多次武装起义。1907 年，“鉴湖女侠”秋瑾被清政府逮捕杀害。图为秋瑾赠给好友的照片。

2. 秋瑾亲笔拟定的光复军军规军制。

3

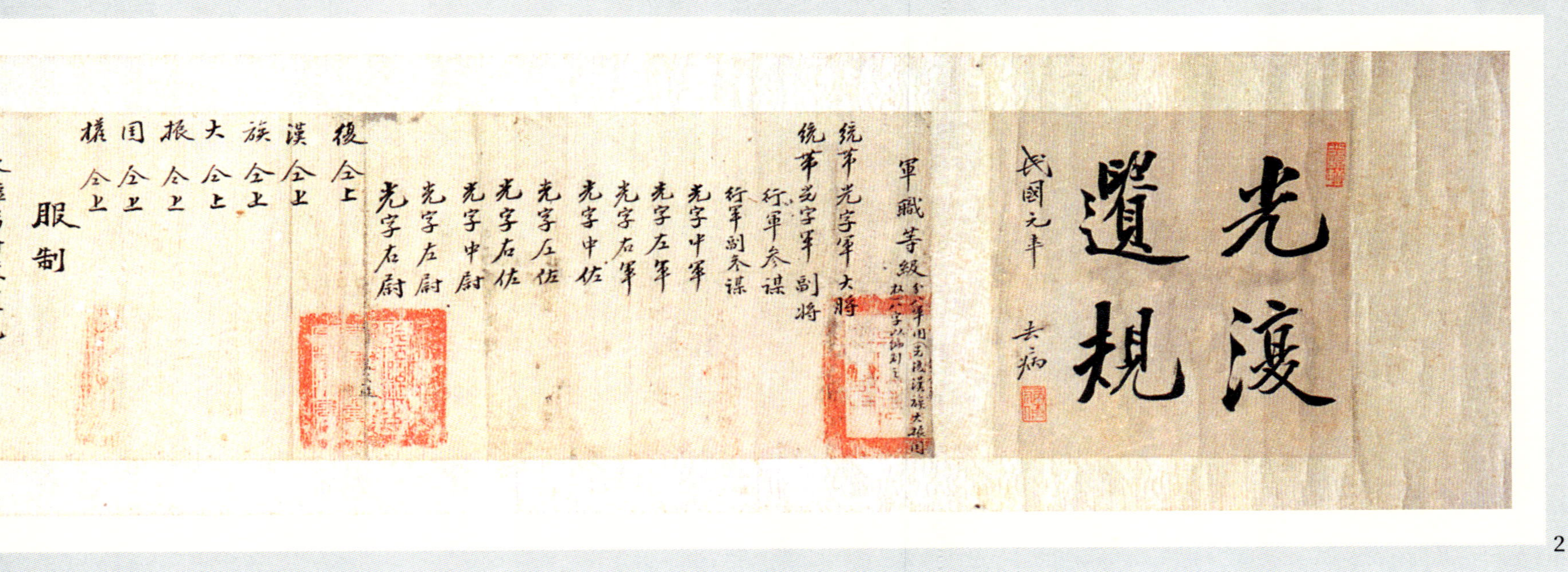

2

3. 1907 年，光复会成员徐锡麟刺杀安徽巡抚恩铭失败被捕，慷慨就义。这是章太炎为徐锡麟、陈伯平、马宗汉、秋瑾参加反清起义牺牲的革命志士所作祭文。

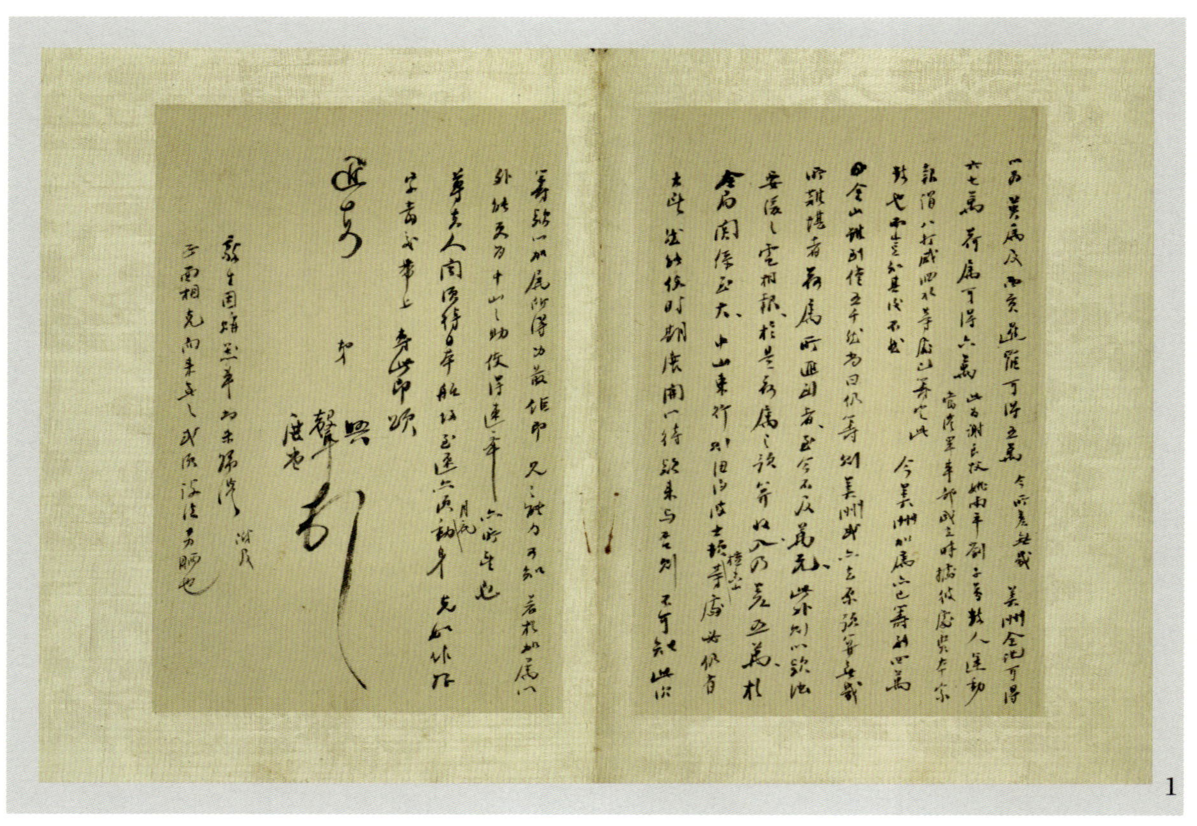

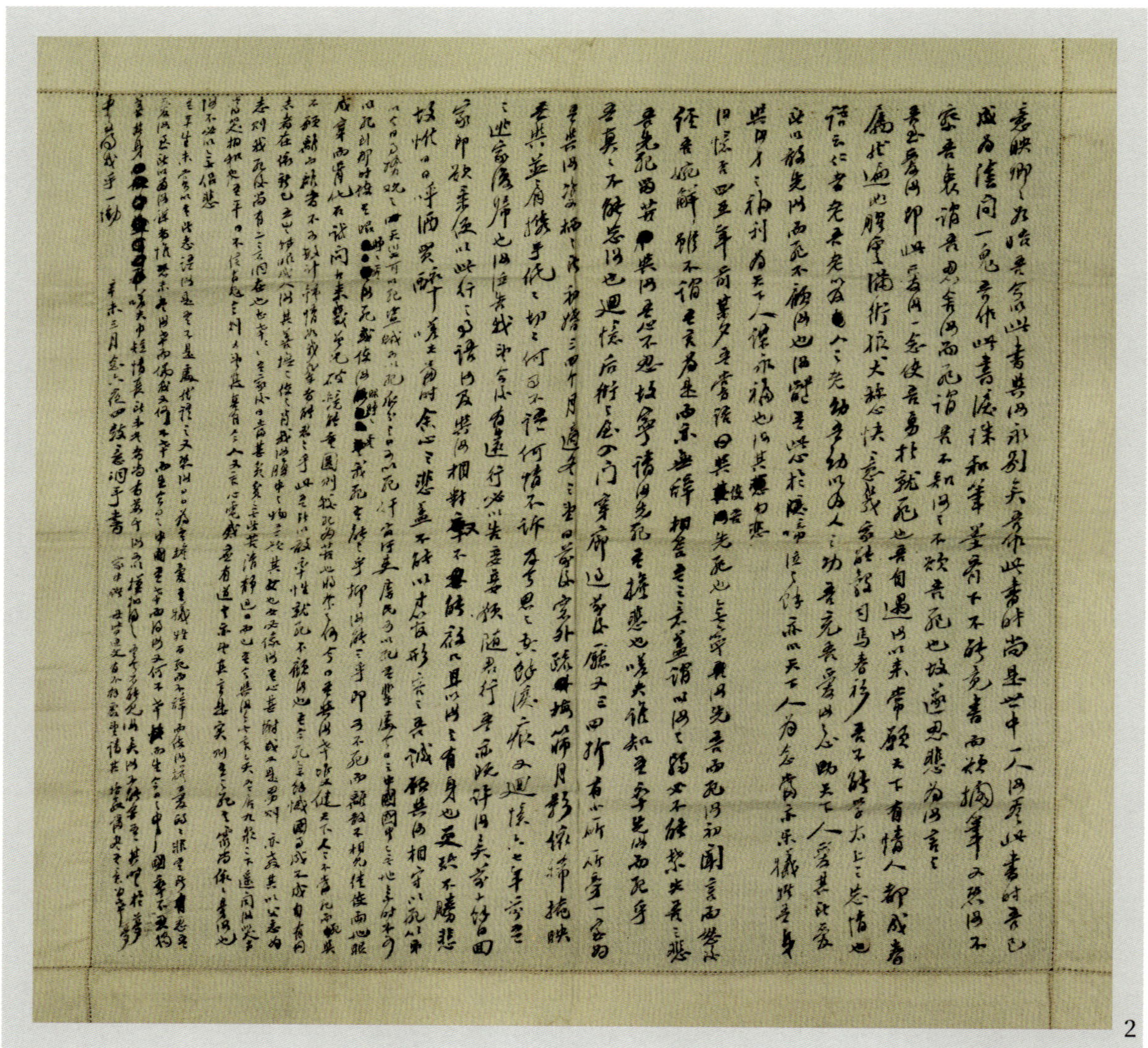

1. 黄花岗起义失败后，黄兴等人联名致函加拿大各埠同盟会分会，望继续筹款，准备再次起义。
2. 黄花岗七十二烈士之一的林觉民，起义前在手帕上写下《与妻书》，表达为革命而不惜牺牲个人和家庭的决绝之情。

3. 1911 年 10 月 10 日的武昌起义，打响辛亥革命第一枪。图为湖北军政府成立。

4. 武汉纪念章。

5. 辛亥革命光复纪念徽章。

6. 1911 年，辛亥革命爆发。这是当年 11 月上海革命党人起义时所用的陆军旗。

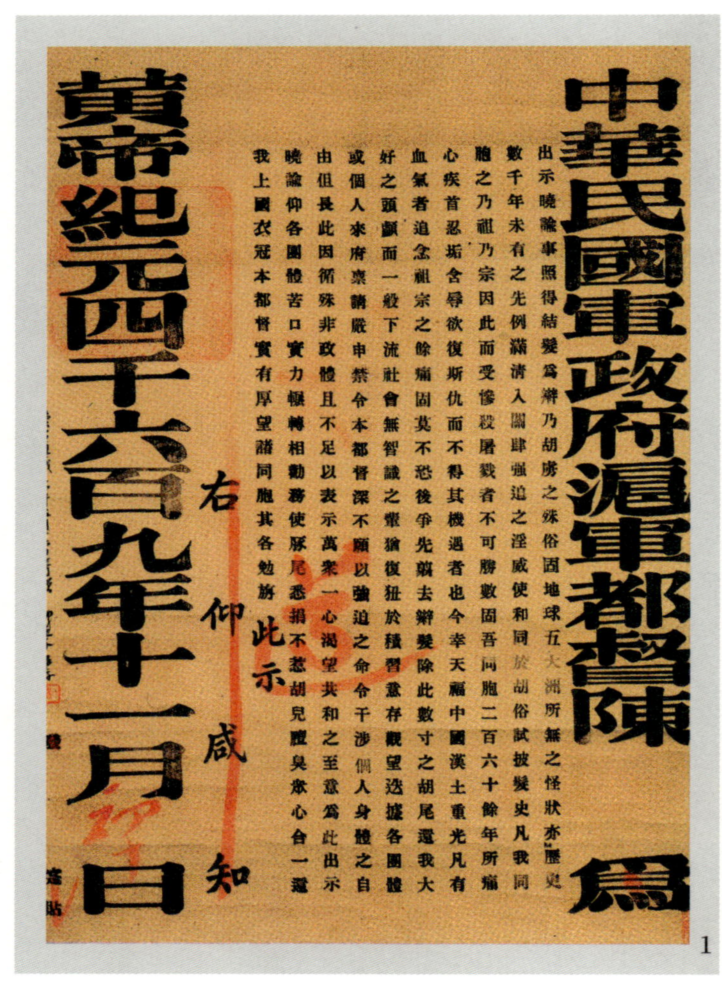

中華民國軍政府滬軍都督陳　爲

出示曉諭事照得結髮爲辮乃胡虜之殊俗固地球五大洲所無之怪狀亦歷史數千年未有之先例滿清入關肆强迫之淫威使和同於胡俗試披覽史凡我同胞之乃祖乃宗因此而受慘殺屠戮者不可勝數固吾同胞二百六十餘年所痛心疾首忍垢含辱欲復斯仇而不得其機遇者也今幸天福中國漢土重光凡有血氣者追念祖宗之餘痛固莫不恐後爭先剪去辮髮除此數寸之胡尾還我大好之頭顱而一般下流社會無智識之輩猶復狃於積習意存觀望迭據各團體或個人來府稟請嚴申禁令本都督深不願以强迫之命令干涉個人身體之自由但長此因循殊非政體且不足以表示萬衆一心渴望共和之至意爲此出示曉諭仰各團體苦口實力輾轉相勸務使豚尾悉捐不惹胡兒腥臭衆心合一還我上國衣冠本都督實有厚望諸同胞其各勉旃此示

右仰咸知

黃帝紀元四千六百九年十一月　日

1

2

3

1. 上海革命党人起义胜利后，于 1911 年 11 月 6 日成立沪军都督府。这是沪军都督陈其美颁布的告示。

2. 沪军都督府颁赠的证章。

3. 辛亥革命主要领导人之一黄兴使用过的军刀。

4 1912 年 1 月 1 日，中华民国临时政府在南京成立，孙中山就任临时大总统。图为孙中山（前排左四）返国途中抵达香港时与友人的合影。

5. 1912 年 1 月 21 日孙中山（右四）主持召开中华民国临时政府第一次内阁会议。

6. 1912 年元旦发行的中华民国大总统府立国纪念章。

北洋军阀的黑暗统治

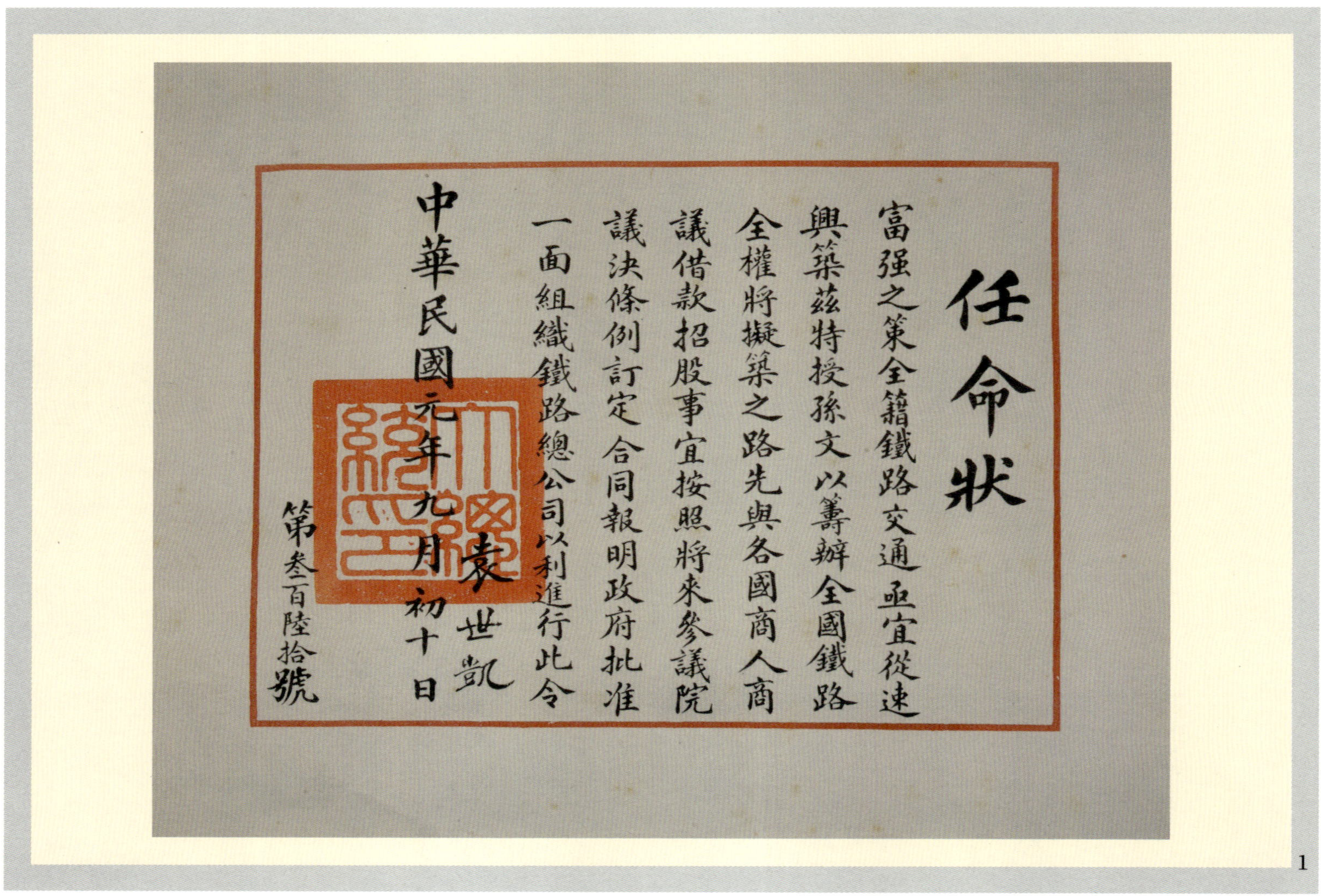

任命状

富强之策全籍鐵路交通亟宜從速興築茲特授孫文以籌辦全國鐵路全權將擬築之路先與各國商人商議借款招股事宜按照將來參議院議決條例訂定合同報明政府批准一面組織鐵路總公司以利進行此令

袁世凱

中華民國元年九月初十日

第叁百陸拾號

1

2

1. 以袁世凯为首的北洋军阀攫夺了辛亥革命的胜利果实。这是 1912 年袁世凯就任临时大总统后颁给孙中山筹办全国铁路全权的任命状。
2. 中华民国的部分政党徽章，左起：民主党证章、中华工党证章、国民党党员徽章、中华自由党党员徽章。

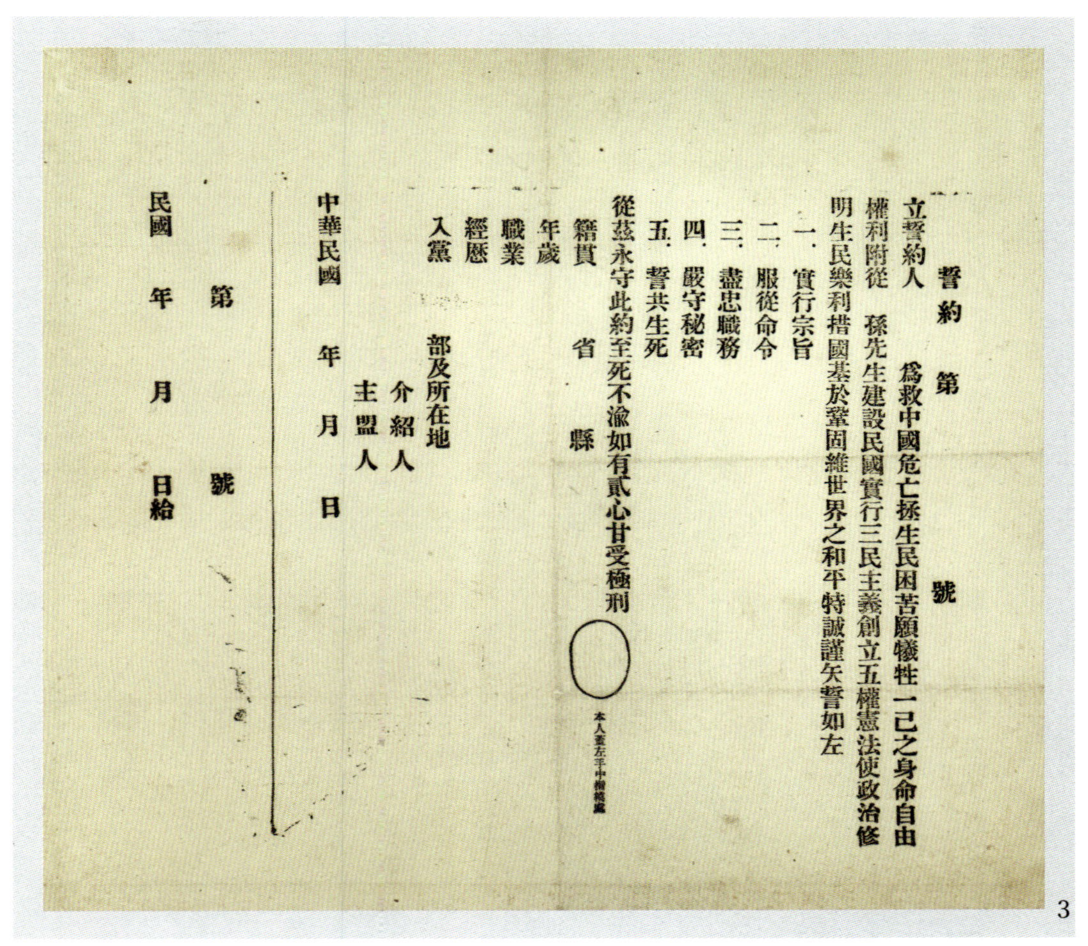

誓約第　號

立誓約人　爲救中國危亡拯生民困苦願犧牲一己之身命自由權利附從　孫先生建設民國實行三民主義創立五權憲法使政治修明生民樂利措國基於鞏固維世界之和平特誠謹矢誓如左

一、實行宗旨

二、服從命令

三、盡忠職務

四、嚴守秘密

五、誓共生死

從茲永守此約至死不渝如有貳心甘受極刑

本人蓋左手中指模處

籍貫　省　縣

年歲

職業

經歷

入黨　部及所在地

介紹人

主盟人

中華民國　年　月　日

第　號

民國　年　月　日給

3

4

3. 1912 年 8 月，同盟会联合其他政党，组成国民党，并在中华民国第一届国会选举中赢得多数席位。这是国民党入党誓约。

4. 1913 年 3 月，袁世凯派人暗杀宋教仁，以阻止其组阁。这是反映宋教仁遇刺事件的书籍和宋教仁纪念章。

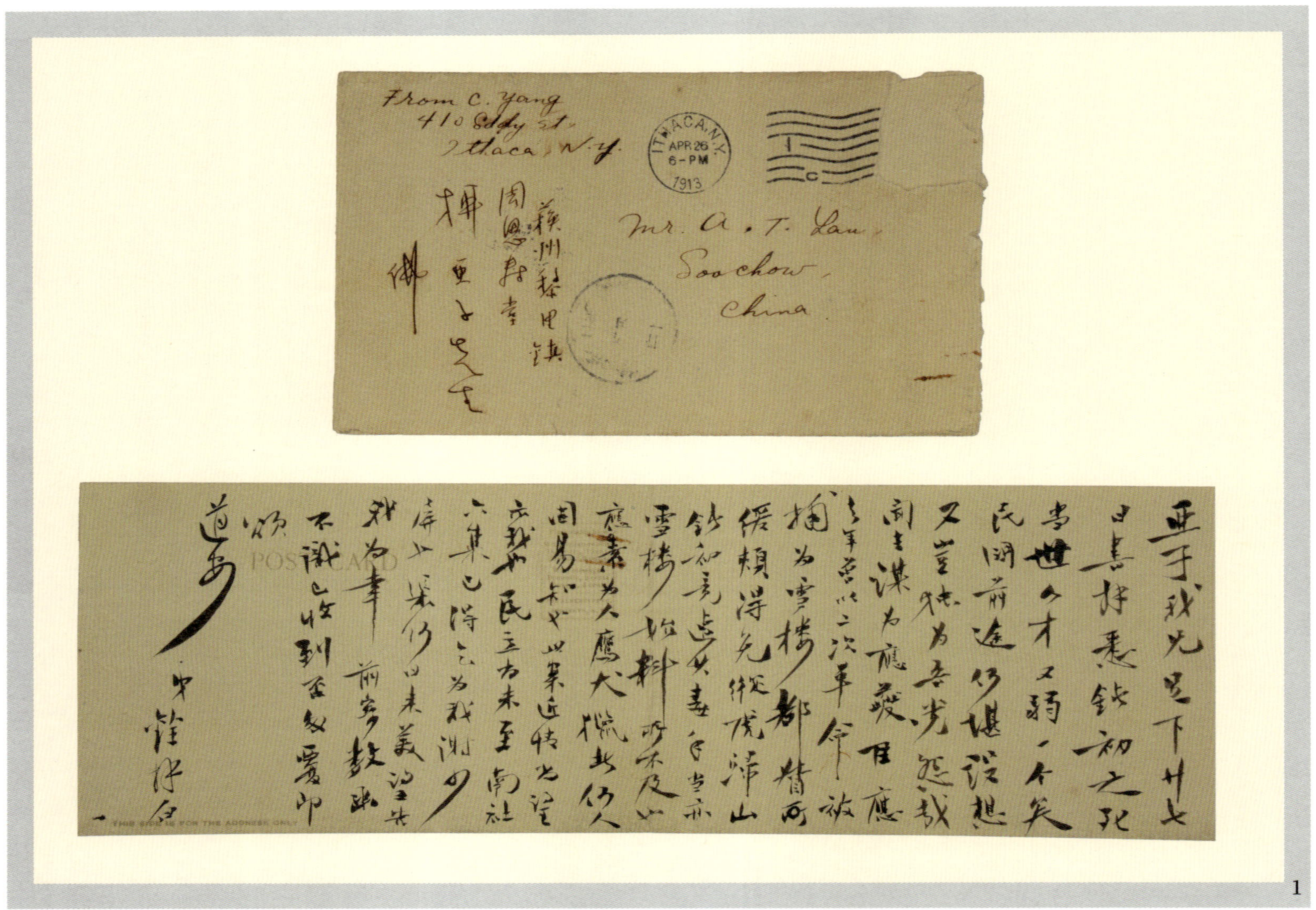

1

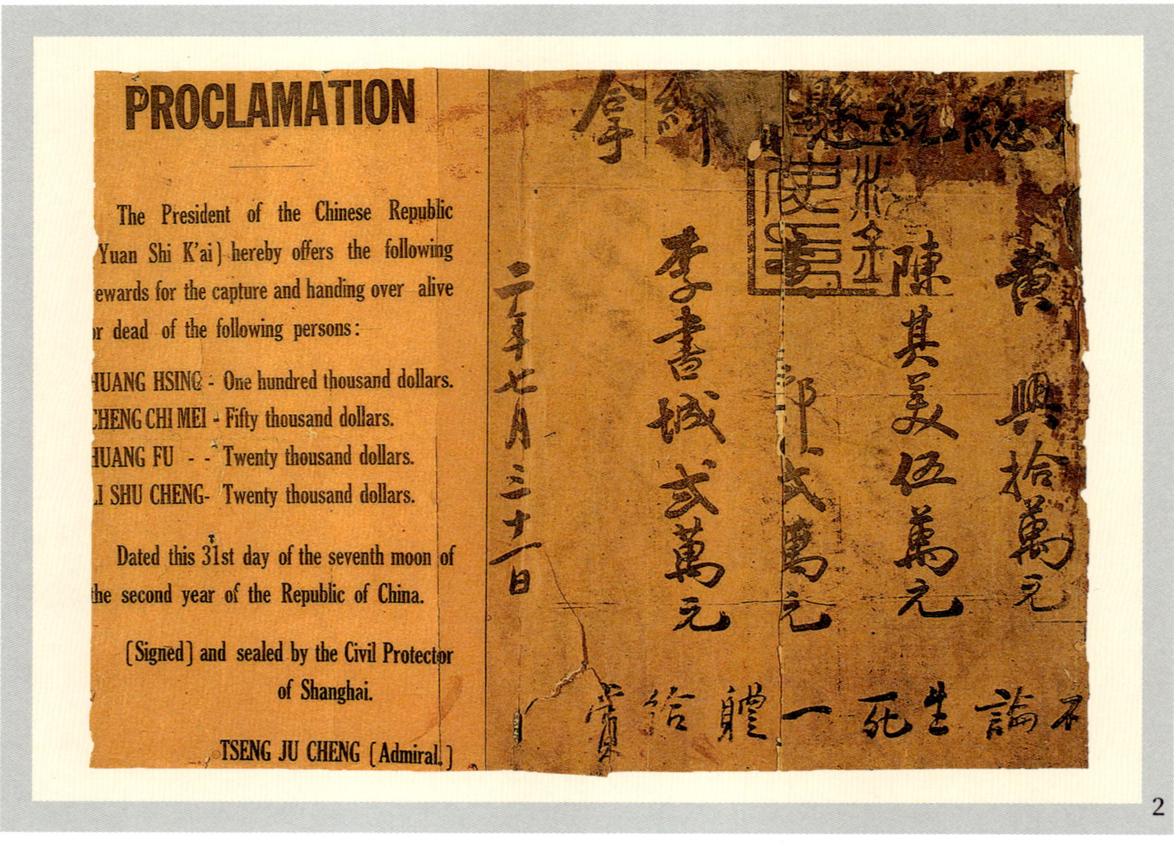

PROCLAMATION

The President of the Chinese Republic (Yuan Shi K'ai) hereby offers the following rewards for the capture and handing over alive or dead of the following persons:

HUANG HSING - One hundred thousand dollars.
CHENG CHI MEI - Fifty thousand dollars.
HUANG FU - - Twenty thousand dollars.
LI SHU CHENG- Twenty thousand dollars.

Dated this 31st day of the seventh moon of the second year of the Republic of China.

(Signed) and sealed by the Civil Protector of Shanghai.

TSENG JU CHENG (Admiral.)

黄興拾萬元
陳其美伍萬元
黄郛贰萬元
李書城贰萬元
不論生死一體給賞
二年七月三十一日

2

1. 宋教仁遇害，宣告资产阶级民主共和的幻想破灭。1913 年 4 月 26 日，杨杏佛致信柳亚子，表达对国家前途的担忧。
2. 1913 年 7 月，孙中山发动“二次革命”，兴师讨袁，但因缺乏统一领导和部署，很快失败。这是袁世凯悬赏通缉国民党人黄兴、陈其美、黄郛、李书城的公告。

文明抵制 幸勿暴動

嗚呼慘哉 滅種國亡 印度安南 國勢不剛 波蘭朝鮮
相繼而亡 牛馬奴隸 慘目傷心 嗟我中國 將蹈其亡
日本野蠻 無理特強 條開廿一 一可喪邦 如不承認
兵力猖狂 政府力弱 不能抵抗 愛國志士 抵制有方
堅持到底 萬載勿忘 佈告婦女 與及小孩 奪我主權
割我土疆 戴天之仇 切不可忘 奸商圖利 子孫不昌

附錄日本要求條件且加解說

此稿乃中華民國四年中國未加入戰團時首次 閱後請送他人若能翻印或抄送尤見熱心 上海國民哀告

中華民國八年 國耻紀念日重印

中華民國四年五月七日下午三時日本要挾我之 二十一條傷心史

閱後請送他人或保存紀念 若能翻印或抄送尤見熱心

袁氏盜國記

民國五年

3

3. 1915 年 5 月 9 日，袁世凯接受日本提出的旨在灭亡中国的“二十一条”草案。上为国人抵制“二十一条”告示，下左为记录当时情况的书籍《二十一条伤心史》。下右为 1916 年出版的《袁氏盗国记》。

1

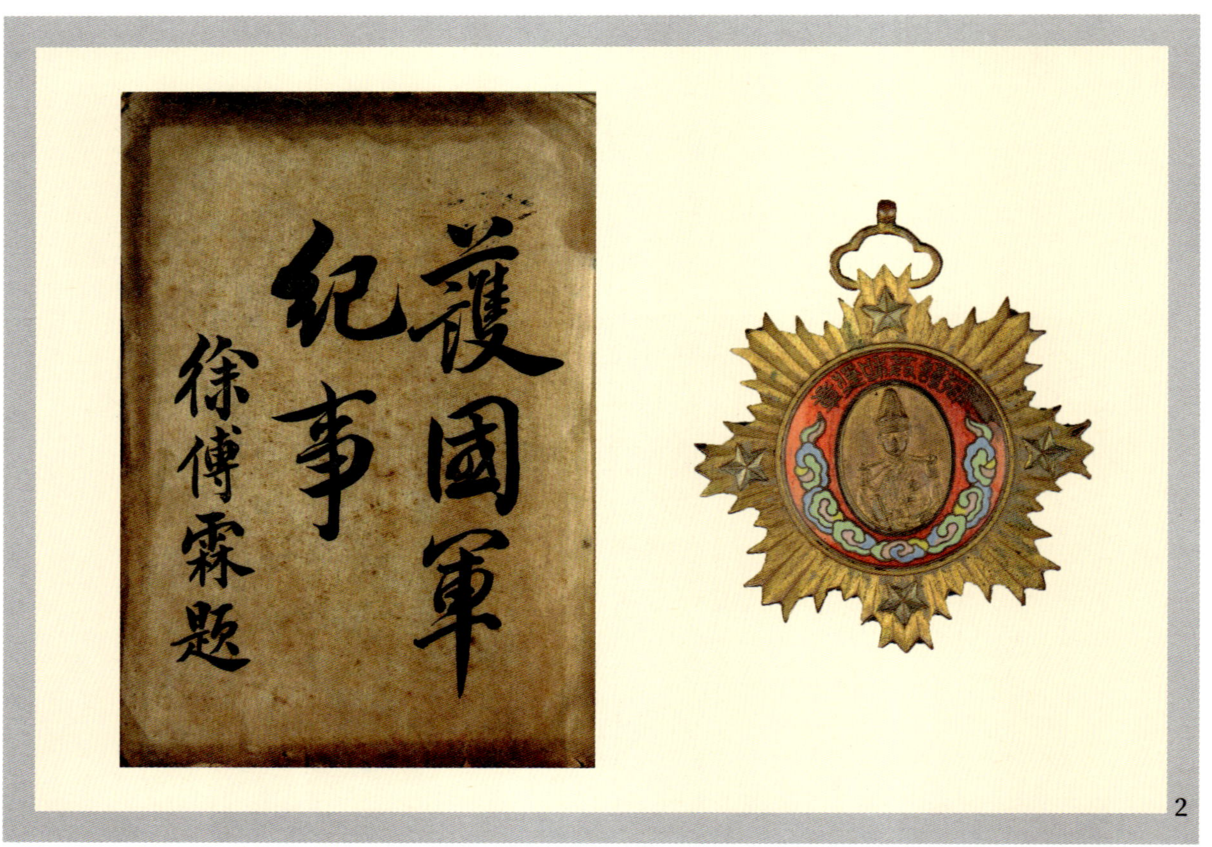

2

1. 1915 年 12 月，袁世凯悍然称帝，陈其美在上海策动海军肇和舰举事反袁。这是用肇和舰炮弹壳制成的纪念灯具。
2. 1915 年 12 月，蔡锷等在云南成立护国军讨袁。左为《护国军纪事》。右为拥护共和奖章。

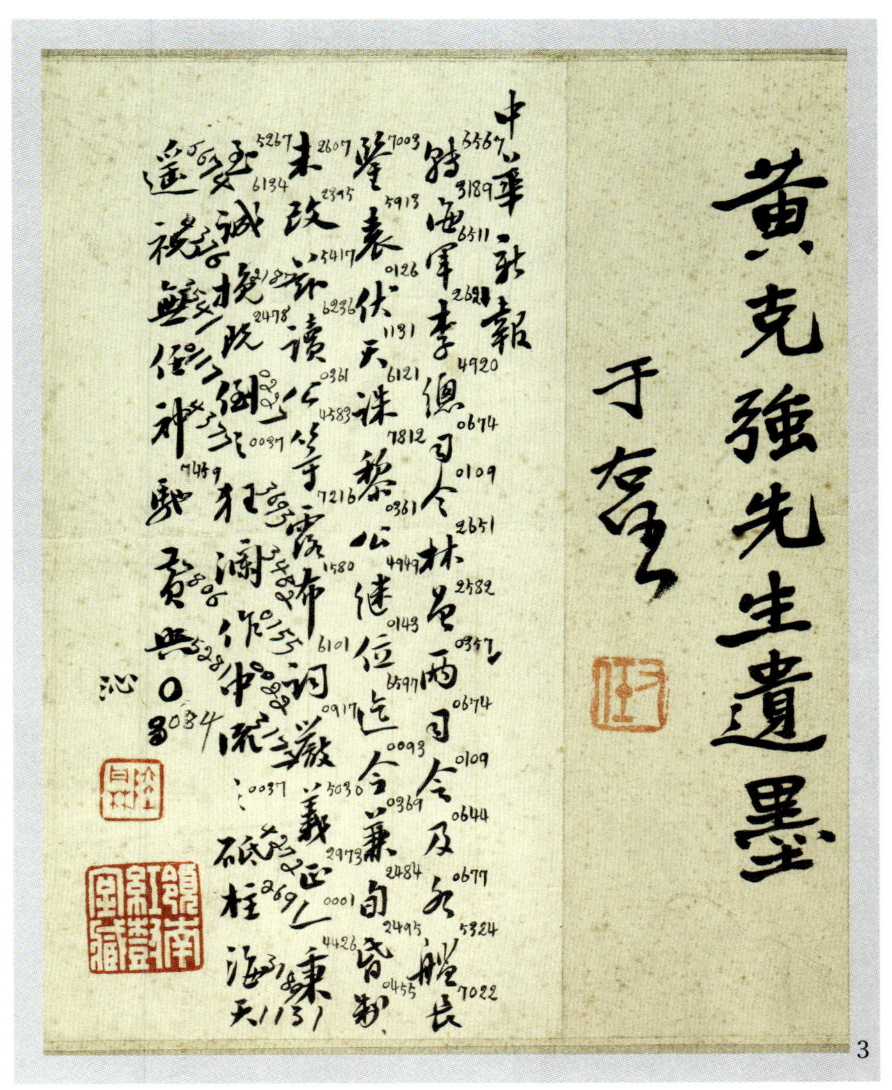

3

4

3. 1916 年 3 月，袁世凯被迫取消帝制，后在全国人民的唾骂声中死去。这是黄克强（即黄兴）写给讨袁海军将领的贺电。

4. 1917 年 7 月，张勋借“调停”之名，复辟帝制。这是同年 9 月印行的《民国叛人张勋传》。

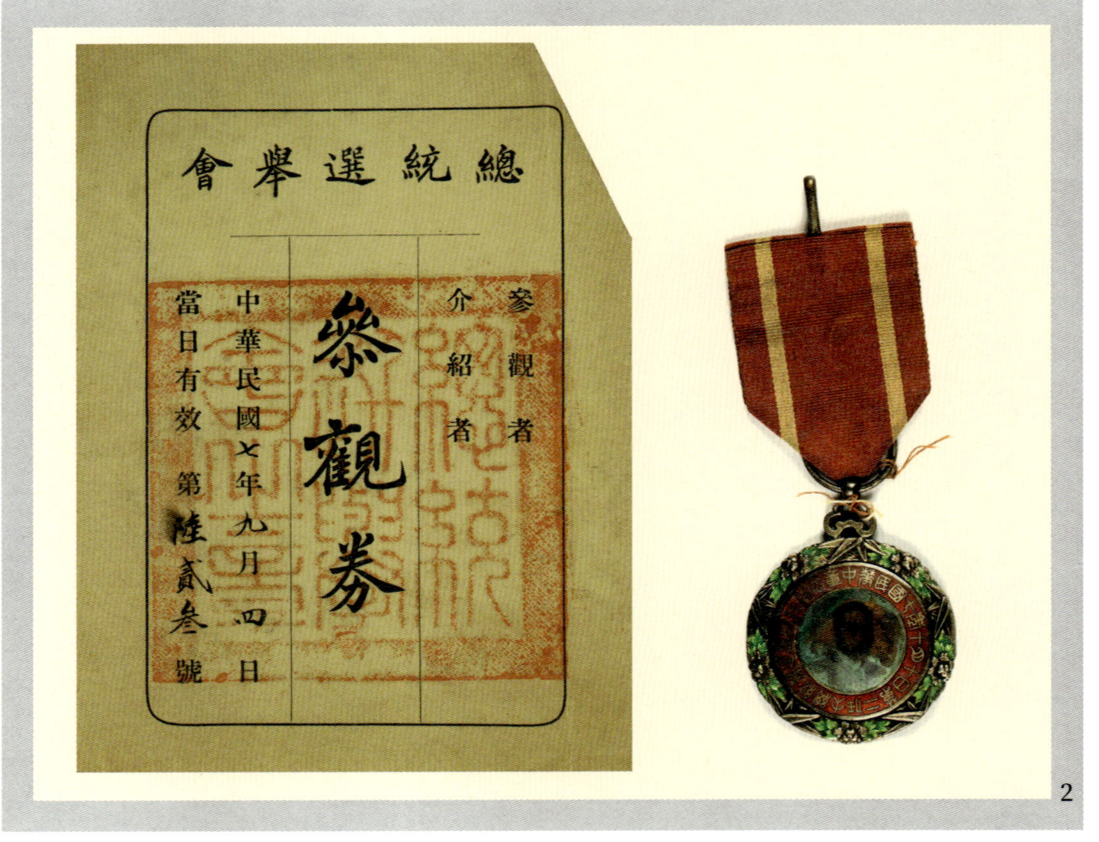

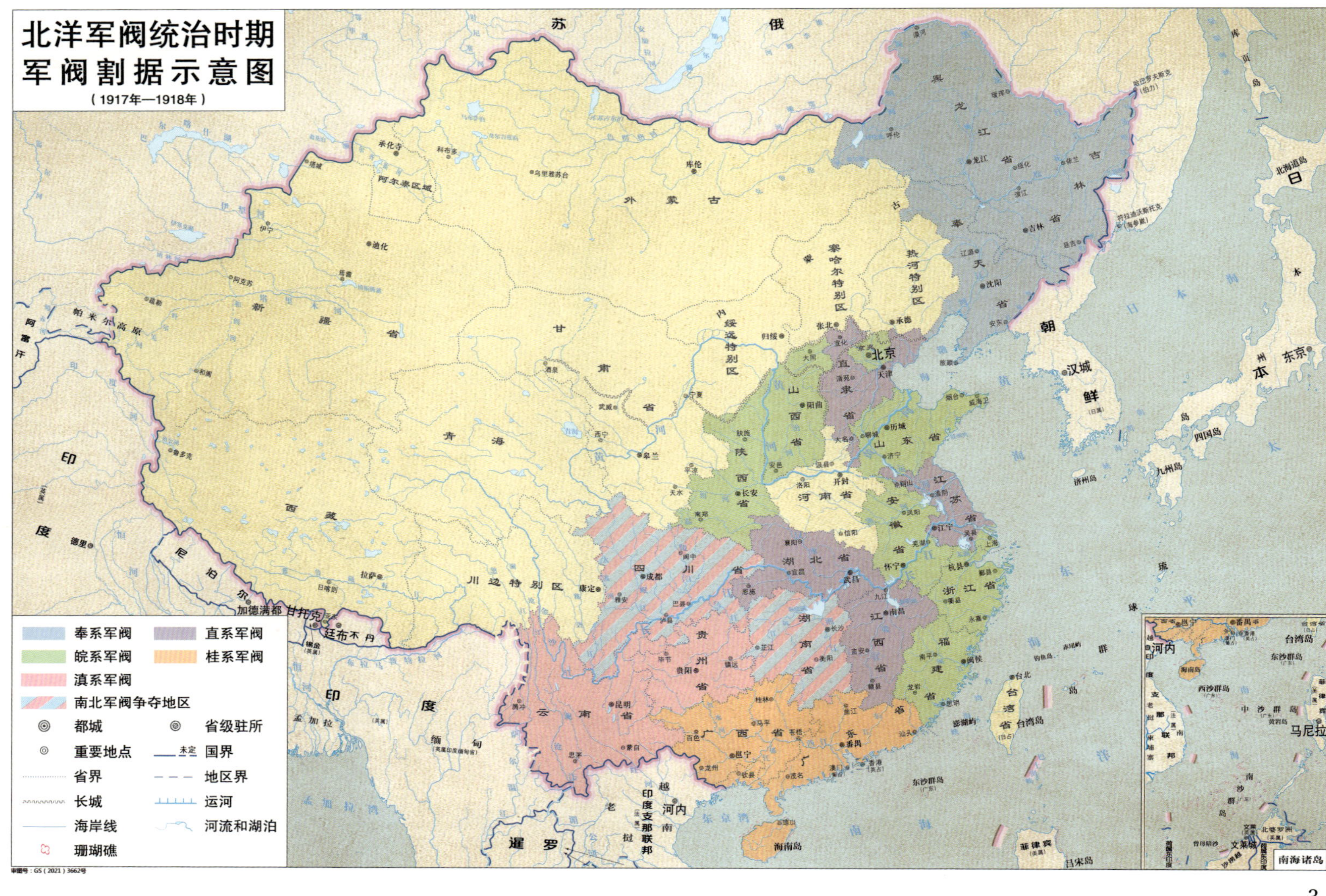

1 1917 年 9 月，孙中山在广州发起维护《中华民国临时约法》的护法运动。这是护法军政府发行的纪念徽章。

2. 护法运动失败后，1918 年，段祺瑞操纵国会，选举徐世昌为大总统。这是总统选举会参观券和大总统徐世昌就任纪念章。

3. 北洋军阀统治时期，各派军阀以帝国主义势力为靠山，争权夺地，连年混战，给人民带来深重灾难。这是北洋时期军阀割据示意图。

共和的幻象

近代以来，救亡图存成为中华民族和中国人民迫在眉睫的历史使命。争取民族独立、人民解放，实现国家富强、人民富裕，成为中国人民必须完成的两大历史任务。

——习近平

第二部分

民众觉醒 主义抉择

随着近代工业的发展，中国无产阶级逐步成长壮大，成为中国革命最基本的动力。新文化运动高举民主和科学的大旗，在古老落后的中国掀起思想解放的潮流。民族危难之际，以先进青年知识分子为先锋、广大人民群众参加的彻底反帝反封建的五四运动，以磅礴之力实现了中华民族自鸦片战争以来第一次全面觉醒，中国工人阶级作为独立的政治力量登上历史舞台。五四运动后，各种新思潮大量涌现。经过反复的比较、推求，越来越多的先进分子选择了马克思主义，选择了科学社会主义，为中国共产党的成立做了思想上、干部上的准备。

第二部分
PART II
民众觉醒
主义抉择
PUBLIC AWAKENING
AND RISING INTEREST
IN MARXISM
随着近代工业的发展，中国无产阶级逐步成长壮大，成为中国革命最基本的动力。新文化运动高举民主和科学的大旗，在古老落后的中国掀起思想解放的潮流。民族危难之际，以先进青年知识分子为先锋、广大人民群众参加的彻底反帝反封建的五四运动，以磅礴之力实现了中华民族自鸦片战争以来第一次全面觉醒，中国工人阶级作为独立的政治力量登上历史舞台。五四运动后，各种新思潮大量涌现。经过反复的比较、推求，越来越多的先进分子选择了马克思主义，选择了科学社会主义，为中国共产党的成立做了思想上、干部上的准备。
Industrial workers, or the proletariat, became a major force behind revolutionary movements in the early 20th century. The May Fourth Movement of 1919, staged by students protesting against the decision of the Paris Peace Conference to transfer German concessions in China to Japan, united all sections of society, including industrial workers, in the fight against foreign encroachment. The proletariat as a new social class made their official debut on the political stage. Stirred by the flows of ideas facilitated by the movement, China's educated young men and women began to study Western political ideas, in particular, socialist ideas and Marxism. This paved the way for the birth of the Communist Party of China.

主义的抉择

第一单元 中国无产阶级的成长壮大

随着近代工商业的发展，中国的无产阶级产生了。辛亥革命后，民族资本主义有了新的发展，无产阶级队伍进一步壮大。中国无产阶级身受帝国主义、资产阶级和封建势力的三重压迫，从诞生时起就没有间断过斗争，具有坚强的革命性。在民族危机和社会危机日益深重的情况下，无产阶级迅速觉醒、成长起来，并很快登上政治舞台。领导反帝反封建民主革命的重任，历史地落到中国无产阶级身上。

工人阶级的产生和发展

1. 1843 年上海开埠后，外国资本陆续在沪开设行栈、码头，建立船舶修造厂等近代工业，首批产业工人由此产生。图为 1853 年外资创办的董家渡船坞。
2. 外国资本垄断了租界公用事业，雇用大量工人。这是 1864 年英商自来火房（即煤气厂）所用的煤气灯。

3. 自 19 世纪中叶起，清政府洋务派官员兴办的军用工业中也产生了近代产业工人。图为 1865 年成立的江南机器制造总局下属火炮厂。

4. 19 世纪 70 年代，洋务派开始兴办民用工业。上海机器织布局是洋务派开办的第一家机器动力棉纺织企业，后经重建，规模不断扩大。

5. 甲午战争后，外国资本在华投资设厂数量激增，上海成为首选之地。图为日商在上海开设的内外棉纱厂第四厂。

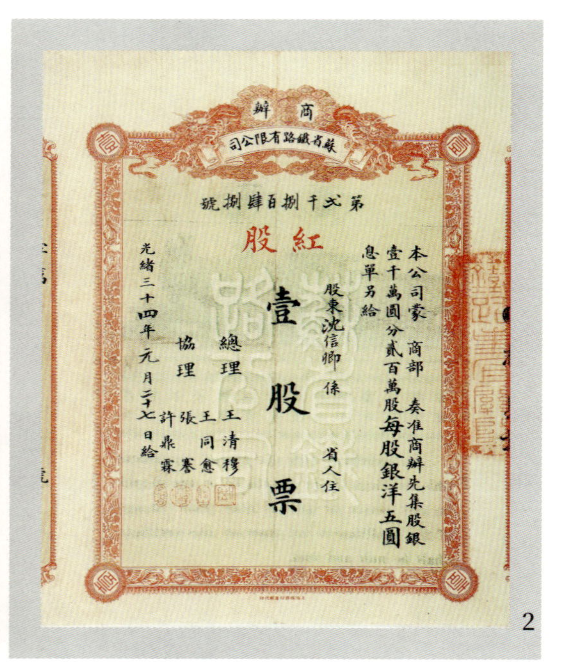

商辦
蘇省鐵路有限公司
第弍千捌百肆捌號
紅股
本公司蒙 商部 奏准商辦先集股銀
壹千萬圓分貳百萬股每股銀洋五圓
息單另給
股東沈信卿 係 省人住
壹股票
總理 王清穆
王同愈
協理 張謇
許鼎霖
光緒三十四年元月二十七日給

1. 20 世纪初，外国在华资本进一步扩张，外资工厂中的工人队伍不断壮大。图为英商怡和纱厂工人劳动情景。
2. 列强竞相在中国修建铁路。1903 年英国修建沪宁铁路，至 1919 年雇用工人 4600 余人。这是 1908 年沪宁铁路所属商办江苏省铁路有限公司开局股票单。
3. 为掠夺矿产资源，列强加快在中国的矿业开发。大量矿业工人的出现，进一步壮大了中国工人阶级队伍。图为英商经营的开滦煤矿。
4. 19 世纪末 20 世纪初，中国民族工业有了初步发展。图为 1897 年投产的苏纶纱厂，雇用工人 2200 名。

5. 第一次世界大战爆发后，中国民族工业迅速发展，产业工人队伍随之发展壮大。图为 1915 年荣宗敬、荣德生在上海创建的近代中国最大的民营纺织企业申新纺织公司。
6. 1919 年，南洋兄弟烟草公司雇有 3000 余名工人，是当时唯一可与英美烟草公司抗衡的民族卷烟企业。图为该公司罐装制造处工人劳动场景。

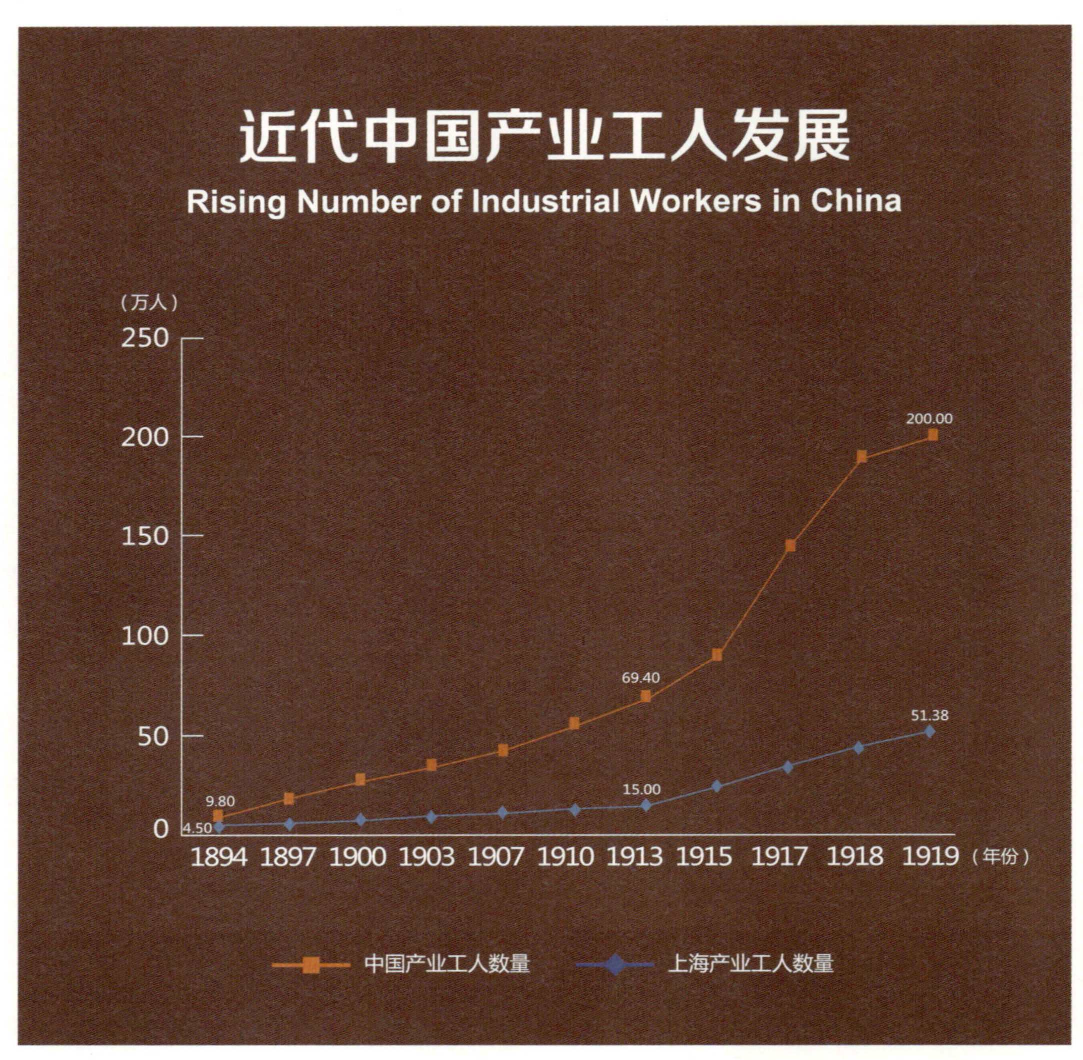

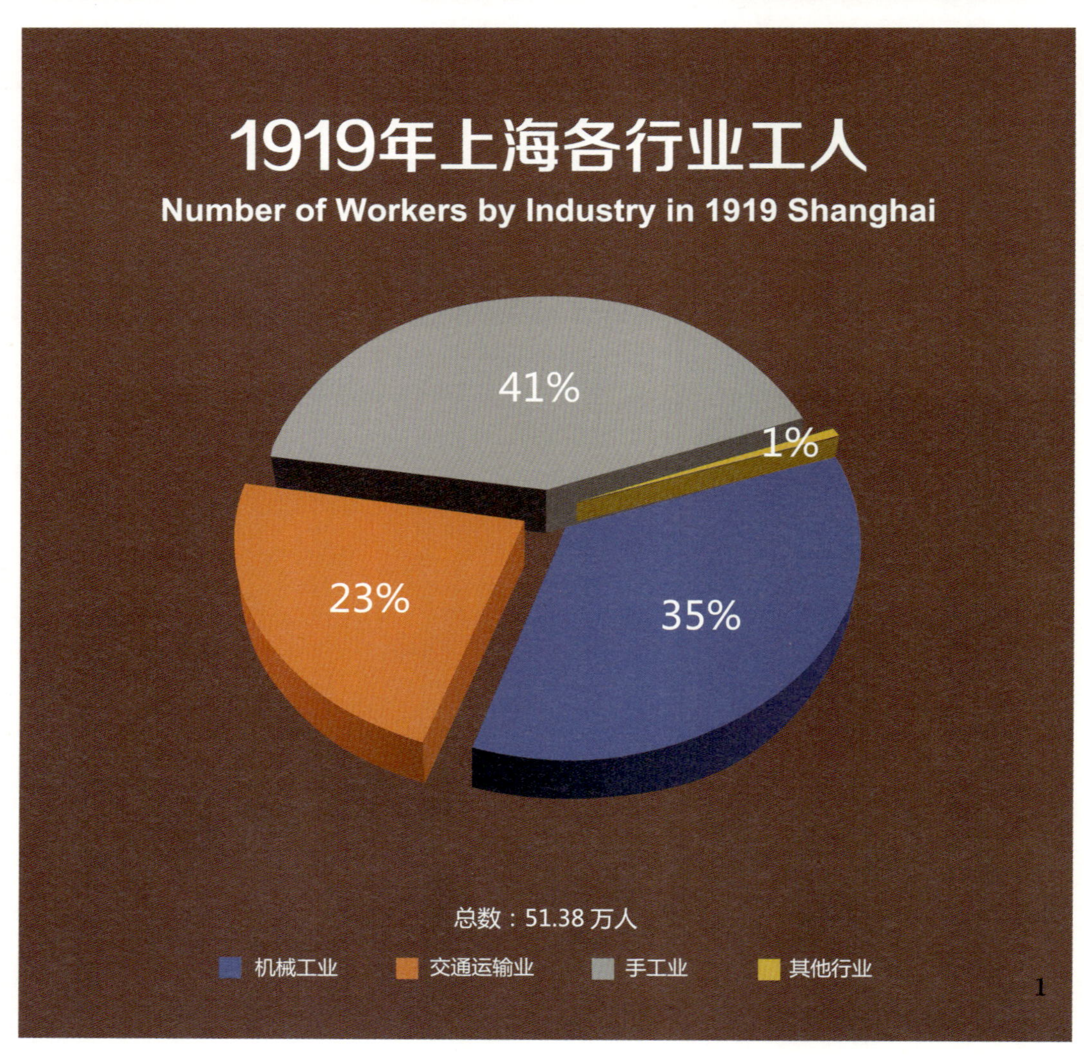

1

1. 随着近代民族工业的不断发展，中国工人阶级队伍日益壮大。至 1919 年五四运动前夕，中国产业工人已达 200 万人以上，其中上海工人达到 51 万人。

重点展项“新生的力量”，运用场景和多媒体结合形式，以工业视觉符号元素，营造近代上海工业历史氛围。采用异型屏与背景幕相结合，寓意中国工人阶级是中国无产阶级政党的基石，反映中国无产阶级产生并不断发展壮大。

早期工人运动的兴起

1. 中国工人阶级身受帝国主义、资产阶级和封建势力的三重压迫和剥削，劳动条件恶劣，生活极端困苦，社会地位低下。图为近代上海工人居住的棚户。
2. 上海工人杨凤庭夫妇上工时轮流穿的破棉裤。

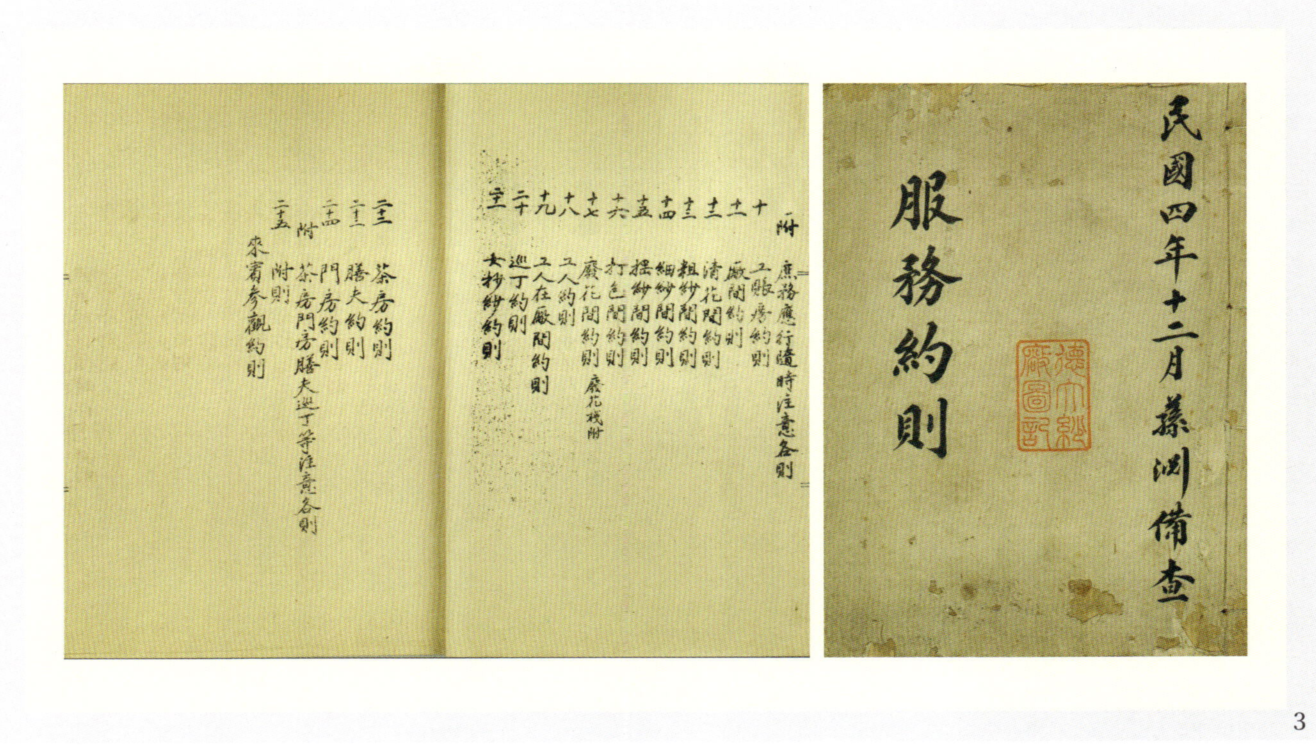

3

新青年 第七卷第六號 八

女工頭	每日	五角	十二小時半
女工	每疋	一角五分	
布房男工			
事務	工數	工價	工作時間
經布車	每工	四角	十四小時
括布車	又	又	又
織布車	又	又	又
打包	又	又	又
釋布	又	又	又
打印	又	又	又
經漿	又	二角八分	
修布	每疋	三釐三	
摺布	又	一釐七	
機匠間工價			
事務	每月工價		
機匠	自十七元至二十二元		

皮匠	十八元
[illegible]住	自一元至四元
老司務工價	
各部分	每月工價
物料所	五元
棧房	又
清花間	又
磨花間	又

三 勞動家的大概

上海是一個大的通商口岸，那各地方的人，來謀生的也很多；就是工廠裏的工人，大約也有三種人物：

甲 當地鄉民，有田地房屋，世世代代住在滬裏的；也有家裏在浦東，天天渡來渡去的。

乙 他縣鄉民，因有親戚鄰里，在滬上做生意得其援引而來的。

丙 通州海客民，因當地鄉民，拋棄了向來的農業去做工了。那客民容易覺得開墾的田地來耕種，稍稍獲利以後，就攜了妻子和親族中有冒險性、進取心的少年男女，陸續來滬。起先不過種田爲業，後來和當地人熟悉了，就得其援助，到廠中去工作了。

四 工人的支配

當地少年婦女，大多在細紗間和經紗間操作；年老的和粗笨的中年婦女，多在粗紗間工作。男子在清花工間作，和其他部分做一切雜務。不滿十六歲童子，就操輕便的工作，如拾筒管……和轉運零件種種。江北婦女的體質，比當地人强壯些，所以多在搖紗間工作。男子除在廠裏各部分做粗工外，還有操碼頭積棒生意，和運貨小車……種種工作。

五 工人衣食的狀況

自從各工廠發達以後，一般勞動家的經濟，很覺寬展。就拿楊樹浦一帶而論，那華商紗廠共有五家，紡紗的錠子，舊有十六萬三千七百六十隻；織布的機器，舊有一千七百四十六架。英商紗廠共有四家，紡紗的錠子，舊有二十二萬一千零十六隻，織布的機器，舊有一千一百五十一架。日商紗廠共有三家，紡紗的錠子，舊有十一萬一千隻；織布的機器，舊有九百二十四架。總計有紗錠四十九萬五千七百七十六隻，布機二千八百二十一架；紗錠每一萬隻，日夜工並算，大約用工人六百多人。照這樣算來，不是就要用着三萬多工人了麼？那三萬多的工人，就靠了這十二家紗廠過活；晴天雨天，早起夜作，却並不有一些疲倦的形狀，大都很愛惜生利的時光，却是很可敬的。如此說來，他們賺來的錢，很可以儲蓄起來了；但是他們並沒有一些兒儲蓄起來，並且還有借貸的。唉！這是什麼緣故？實在他們金錢到手很容易，因爲廠裏隔了一禮拜或兩禮拜，就要發一次工錢的；所以他們耗費銀錢也並不覺得什麼困難。衣服呢，裝飾呢，洋貨綢緞，金器銀器，打扮來和中上等人家一樣。做男工的還有烟、酒、賭博……的種種耗費。女工專門求衣上好看。男工專門求片時的快樂。不想拿汗血的金錢來積蓄，預備以後意外的用度，所以時時好像很寬裕，却時時

上海勞動狀況 九

4

3. 近代上海工人工资十分微薄，还经常被任意克扣。这是《德大纱厂男女工人罚例》。

4.《新青年》第 7 卷第 6 号刊载的上海工人收入及劳动状况调查。

1. 外资工厂中的工人每天劳动 12—16 小时，工作两周才能休息一天。这是日华纱厂童工工作场景。
2. 女工和童工日渐增多，工资却更加微薄。图为丝厂工头手执鞭子监视女工劳动。
3. 外资工厂工头用以标识身份的布带。

4. 哪里有压迫，哪里就有反抗。1868 年 10 月，英商耶松船厂工人为反对资方减薪举行罢工，这是有文字记载的上海产业工人最早的罢工斗争。图为建于 1865 年的耶松船厂。

5. 1897 年，为反对公共租界工部局加捐，约 5000 名上海小车（独轮车）工人举行游行示威并同租界巡捕展开斗争。图为《点石斋画报》对这一事件的报道。

当时的斗争表现为工人的零星发动，如破坏厂房，捣毁机器，殴打厂长等等。这是工人运动最初的、开始的形式，这在当时也是必要的，因为对资本家的憎恨在任何时候和任何地方都是促使工人产生自卫要求的第一个推动力。

——列宁

十六日。即光緒二十四年五月二十八日。公董局欲四明公所讓租義塚地爲建造書館。病院宰牲廠之用。甯波人開所會議匪類乘間聚衆滋鬧拋磚擲石擊傷行路西人打壞路燈。拆毀小東門巡捕房圍墻。當由法商團練出而抵禦致斃華人十七名並調駐滬水師兵防衛租界。保護公署猶恐大衆驚惶卽於次日撤去防兵。南洋大臣劉坤一委蘇藩司聶緝槼來滬商辦未結後由四明公所董事與公董局和商議結是年十一月十六日卽光緒二十四年十月初三日白公因公赴江甯暫由高領事祿德代理總領事事二十天一千

法領政畧表

七十九

1

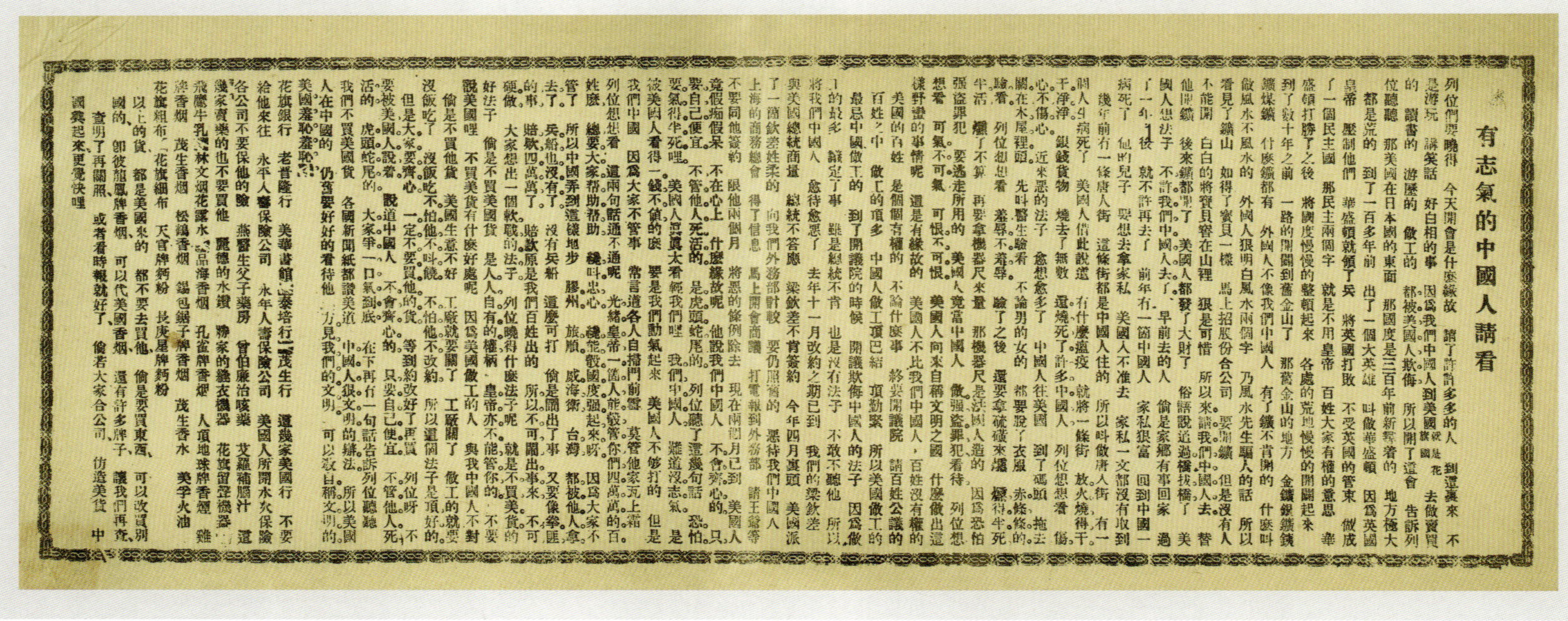

有志氣的中國人請看

2

◎呈訴巡長詐良索詐

松江葉謝鎮・第六區警局巡長劉梅初馬金標二人・日前訛指該鎮顧氏・私售洋烟・致被詐去現洋十一元・顧氏心不甘服・前日來滬具呈道尹公・請爲飭究矣・

◎烟廠工人提出三條件

浦東陸家嘴英美烟公司新老兩廠印刷間工人・因要求增加工資未遂・相率罷工・并將裁紙工頭蘇某家什物搗毀等情・已誌昨報・茲悉該工人等・共有一百五六十名・自前晚肇事後・均避匿他處・經該廠經理・派人四出勸令上工・仍無效果・據云該工人等・須要求三項如下・(一)自下米珠薪桂・所得工資不敷糊口・要求酌加二成・(二)所有買辦心腹蘇某等數人・辦事不公・要求撤換・(三)此次風潮・出於衆人同意・並無爲首唆使者・無故不得辭歇・以上三項・如不達到目的・決不入廠工作・故尙未解決云・

◎福州路中有賭窟

3

1. 1898 年，为抗议法租界当局强占四明公所，上海工人举行罢工。图为“法领政略表”中有关记载。
2. 1905 年，声势浩大的抵制美货运动爆发，上海、广州、南京、武汉的工人参加了这次反帝爱国斗争。这是当时散发的反美传单。
3. 这是 1919 年 4 月上海《民国日报》刊登的英美烟厂罢工工人提出的增加工资等要求。工人阶级已经能够提出比较完整明确的维护自身利益的要求。

1911 年至 1917 年上海部分工会团体

成立时间	团体名称	主要成员
1911 年	西字团结社	法兴西报馆排字工人
1912 年	同义会	翻砂工人
	制造工人同盟会	江南制造局工人
	饰业团	银楼工人
1914 年	裕后社	南北 17 家码头堆栈小工
1917 年	集成同志会	商务印书馆工人

4

寓意畫

勞働者與資本家之過去未來

何爲如此 何不如彼

終有一日 會當如此

5

工人有时也得到胜利，但这种胜利只是暂时的。他们斗争的真正成果并不是直接取得的成功，而是工人的越来越扩大的联合。

——《共产党宣言》

4. 在斗争实践中，中国工人阶级逐步意识到“组织”的重要性。这是 1911 年至 1917 年上海工人自发组织的部分工会团体。
5. 通过一次次罢工斗争，工人阶级的斗争策略和组织方法不断改进，显示出新生阶级的强大力量。图为 1918 年宣传漫画《劳动者与资本家之过去未来》。

第二单元 五四运动开启新民主主义革命

在民主和科学两面大旗的指引下，新文化运动成为空前深刻的思想解放运动。1919 年，以先进青年知识分子为先锋的五四运动爆发，中国工人阶级作为独立的政治力量登上历史舞台，使运动发展成广大人民群众参加的彻底反帝反封建的伟大爱国革命运动。五四运动的胜利激发起中国人民和中华民族追求真理、追求进步的伟大觉醒，推动了社会主义思潮在中国的蓬勃兴起，开启了中国新民主主义革命的伟大征程。

新文化运动的兴起

1. 1914 年 5 月，章士钊创办《甲寅》，汇集陈独秀、李大钊等新一代知识分子，探索从思想和文化层面上彻底改造中国。这是《甲寅杂志存稿》（上）。
2. 1915 年 9 月，陈独秀在上海创办《青年杂志》，决心从改造青年思想入手，改造中国社会，由此吹响了新文化运动的号角。这是《青年杂志》创刊号。

自主的而非奴隶的；
进步的而非保守的；
进取的而非退隐的；
世界的而非锁国的；
实利的而非虚文的；
科学的而非想象的。
——陈独秀《敬告青年》

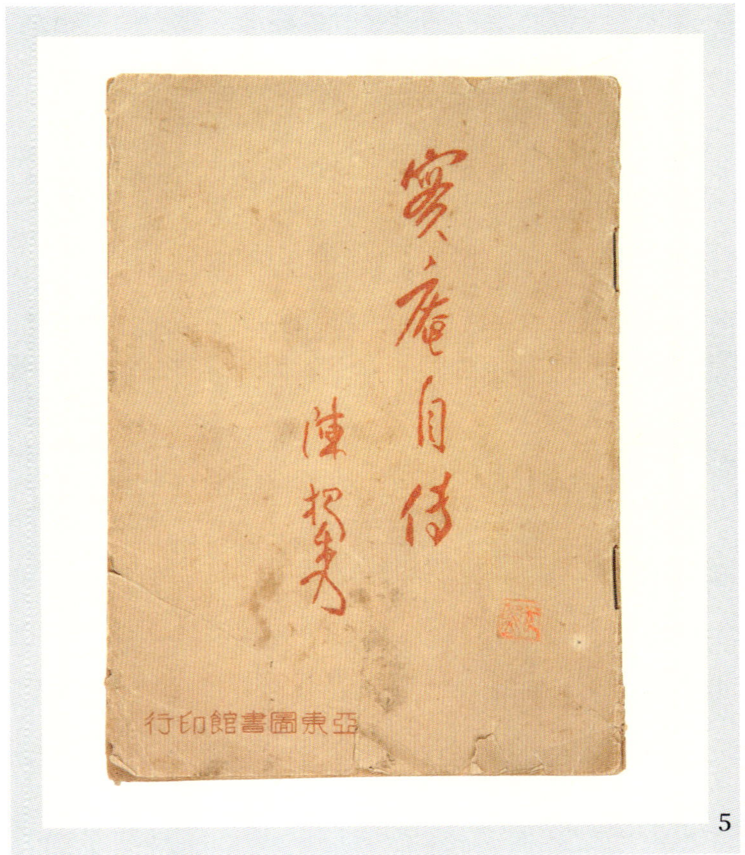

3. 陈独秀（1879—1942），字仲甫，安徽怀宁（今安庆市迎江区）人。新文化运动的精神领袖，五四运动的总司令，马克思主义的主要传播者，中国共产党的主要创始人之一，中国共产党早期的主要领导人。
4. 20 世纪 30 年代亚东图书馆出版的《独秀文存》。
5. 1947 年出版的陈独秀撰写的《实庵自传》。

1

2

1. 自 1916 年 9 月第 2 卷第 1 号起，《青年杂志》更名为《新青年》。李大钊发表《青春》，号召青年为青春中国的再生顽强战斗。这是《新青年》第 2 卷第 1 号。

2.《新青年》高举“非儒反孔”的旗帜，向封建主义的思想文化发起猛烈攻击。图为《新青年》刊登的批判孔教的文章。

3. 1917 年，受北京大学校长蔡元培邀请，陈独秀出任北大文科学长。图为北大文科哲学门师生毕业合影，前排右三为陈独秀，右四为蔡元培。
4. 民主自由的学风，吸引大批新式知识分子汇集北京大学。图为 1918 年落成的北大红楼。

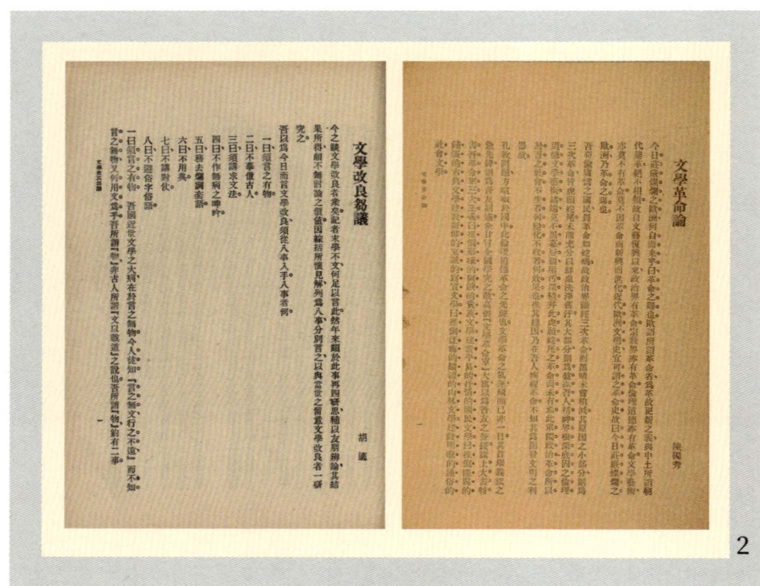

文學改良芻議

胡適

文學革命論

陳獨秀

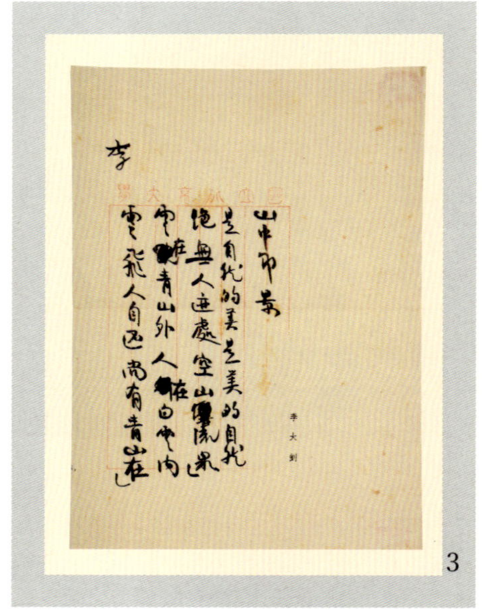

李

山中即景

是自然的美是美的自然

绝无人迹处空山响流泉

云在青山外人在白云内

云飞人自还尚有青山在

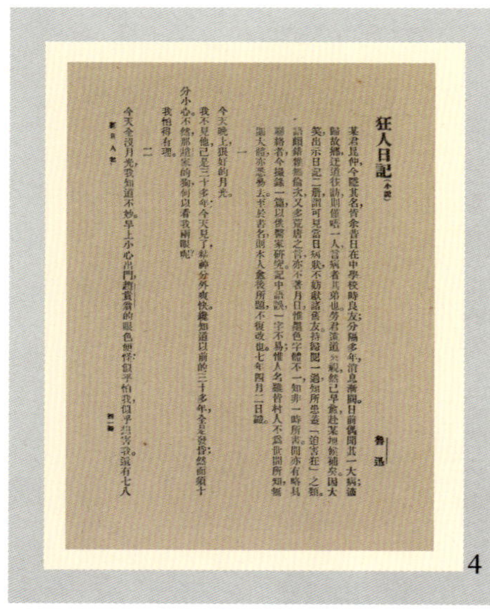

狂人日記

魯迅

1. 自 1918 年 1 月第 4 卷第 1 号起，《新青年》改为以北京大学文科教授为编撰群体的同人刊物，新文化运动发展至新阶段。图为部分北大同人，第一排左起：李大钊、胡适、钱玄同、刘半农、高一涵、陶孟和。
2. 1917 年 1 月，胡适在《新青年》发表《文学改良刍议》，提倡白话文。次月，陈独秀发表《文学革命论》，举起文学革命的大旗。
3. 《新青年》自第 3 卷起，陆续刊登讨论文学改革的文章和白话文诗歌，白话文运动声势骤起。这是李大钊的白话诗《山中即景》手稿。
4. 1918 年鲁迅在《新青年》发表中国第一篇现代白话文小说《狂人日记》。

新青年
易卜生號
要目
第四卷 第六號
上海 羣益書社 印行

每週評論

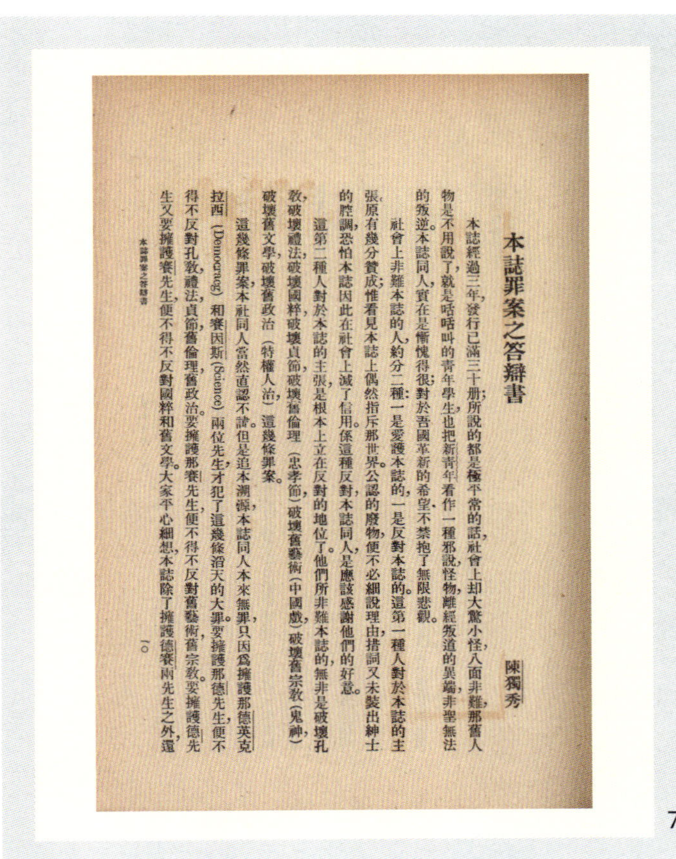
本誌罪案之答辯書

陳獨秀

本誌經過三年，發行已滿三十冊；所說的都是極平常的話，社會上却大驚小怪，八面非難，那舊人物是不用說了，就是咭咭叫的青年學生也把新青年看作一種邪說，怪物，離經叛道的異端，非聖無法的叛逆。本誌同人實在是慚愧得很；對於吾國革新的希望，不禁抱了無限悲觀。

社會上非難本誌的人，約分二種：一是愛護本誌的，一是反對本誌的。這第一種人對於本誌的主張，原有幾分贊成；惟看見本誌上偶然指斥那世界公認的廢物，便不必細說理由，措詞又未裝出紳士的腔調，恐怕本誌因此在社會上減了信用。像這種反對本誌同人，是應該感謝他們的好意。

這第二種人對於本誌的主張，是根本上立在反對的地位了。他們所非難本誌的，無非是破壞孔教，破壞禮法，破壞國粹，破壞貞節，破壞舊倫理（忠孝節），破壞舊藝術（中國戲），破壞舊宗教（鬼神），破壞舊文學，破壞舊政治（特權人治），這幾條罪案。

這幾條罪案，本社同人當然直認不諱。但是追本溯源，本誌同人本來無罪，只因爲擁護那德莫克拉西（Democracy）和賽因斯（Science）兩位先生，才犯了這幾條滔天的大罪。要擁護那德先生，便不得不反對孔教，禮法，貞節，舊倫理，舊政治。要擁護那賽先生，便不得不反對舊藝術，舊宗教。要擁護德先生又要擁護賽先生，便不得不反對國粹和舊文學。大家平心細想，本誌除了擁護德賽兩先生之外，還

本誌罪案之答辯書　　10

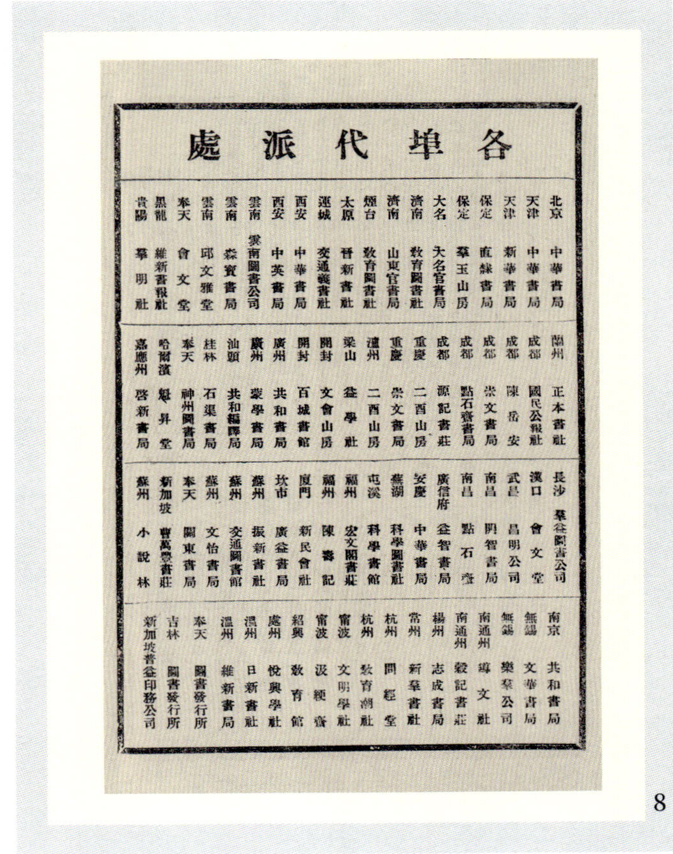
各埠代派處

北京	中華書局
天津	中華書局
天津	新華書局
保定	直隸書局
保定	羣玉山房
大名	大名官書局
濟南	教育圖書社
濟南	山東官書局
煙台	教育圖書社
太原	晉新書社
運城	交通義書社
西安	中華書局
西安	中英書局
雲南	雲南圖書公司
雲南	森寶書局
雲南	邱文雅堂
奉天	會文堂
黑龍	維新書報社
貴陽	羣明社
蘭州	正本書社
成都	國民公報社
成都	陳岳安
成都	崇文書局
成都	點石齋書局
成都	源記書莊
重慶	二酉山房
重慶	崇文書局
瀘州	二酉山房
梁山	益學社
開封	文會山房
開封	百城書館
廣州	共和書局
廣州	蒙學書局
汕頭	共和編譯局
桂林	石渠書局
奉天	神州圖書局
哈爾濱	魁昇堂
嘉應州	啓新書局
長沙	羣益圖書公司
漢口	會文堂
武昌	昌明公司
南昌	開智書局
南昌	點石齋
廣信府	益智書局
安慶	中華書局
蕪湖	科學圖書社
屯溪	科學書館
福州	宏文閣書莊
福州	陳壽記
廈門	新民會社
坎市	廣益書局
蘇州	振新書社
蘇州	交通圖書館
蘇州	文怡書局
奉天	關東書局
新加坡	曹萬豐書莊
蘇州	小說林
南京	共和書局
無錫	文華書局
無錫	樂羣公司
南通州	導文社
南通州	穀記書莊
揚州	志成書局
常州	新羣書社
杭州	問經堂
杭州	教育潮社
寧波	文明學社
寧波	汲綆齋
紹興	教育館
處州	悅興學社
溫州	日新書社
溫州	維新書局
奉天	圖書發行所
吉林	圖書發行所
新加坡書益印務公司	

5.《新青年》用白话文翻译、介绍西方著名作家及其作品。这是 1918 年 6 月《新青年》“易卜生号”。易卜生笔下的娜拉成为无数青年心目中勇敢追求个性解放的文学形象。

6. 1918 年 12 月，陈独秀、李大钊等创办出版周期更短、政治色彩更鲜明的《每周评论》。该刊配合新文化运动，发表了大量影响广泛的文章。

7. 新文化运动引起保守派文人的反感和非难。1919 年 1 月，陈独秀发表《本志罪案之答辩书》，誓言捍卫“民主”与“科学”两面大旗。

8. 1919 年，《新青年》销量增至 1.6 万余份。图为《新青年》“各埠代派处”。

德先生與賽先生

以青春之我，創建青春之家庭，青春之國家，青春之民族，青春之人類，青春之地球，青春之宇宙，資以樂其無涯之生。

李大釗

儒家以孝悌二字爲二千年來專制政治與家族制度聯結之根幹，貫徹始終而不可動搖，使宗法社會牽掣軍國社會，不克完全發達，其流毒誠不減於洪水猛獸矣。

吳虞

國人而欲脫蒙昧時代，羞爲淺化之民也，則急起直追，當以科學與人權並重。

陳獨秀

吾以爲今日而言文學改良，須從八事入手。八事者何？一曰須言之有物；二曰不摹倣古人；三曰須講求文法；四曰不作無病之呻吟；五曰務去爛調套語；六曰不用典；七曰不講對仗；八曰不避俗字俗語。

胡適

若因爲擁護這兩位先生，一切政府的迫壓，社會的攻擊笑罵，就是斷頭流血，都不推辭。

陳獨秀

語錄以白話說理，詞曲以白話爲美文，此爲文章之進化。實今後言文一致之起點。

錢玄同

人道的警鐘響了！自由的曙光現了！試看將來的環球，必是赤旗的世界！

李大釗

重点展项"'德先生'与"'赛先生'",选取陈独秀、李大钊、胡适、鲁迅等新文化运动主将的代表性话语，以艺术化、视觉化的方式展现新文化运动发端后，以"德先生"（民主）和"赛先生"（科学）两面大旗为指引，向封建思想、文化、道德、伦理发起猛烈的冲击，吹响思想启蒙的号角。

1. 在新文化运动中受到民主与科学思想洗礼的一代青年，思想开始觉醒。他们组建社团、研究问题、开展活动，寻求改造社会的道路。1917 年 10 月，恽代英等在湖北武汉创办互助社。图为恽代英写给胡适的信，记述了社团情况。
2. 1918 年 4 月，毛泽东（后排左四）等在湖南长沙创办新民学会，寻求救国救民的道路。图为会员合影。
3. 新民学会印章。

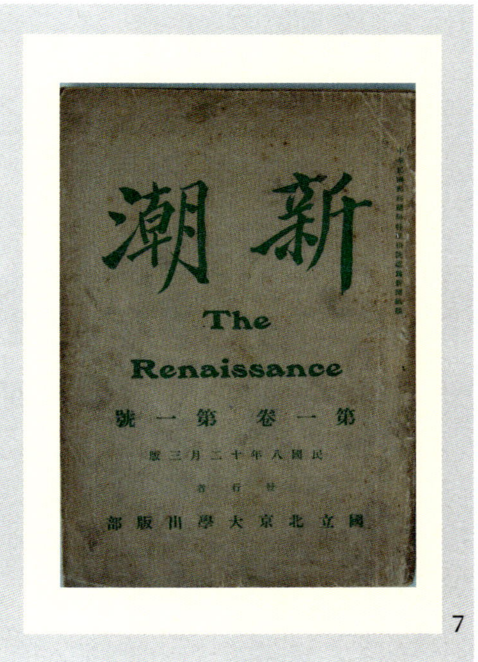

4. 1918 年 6 月，李大钊等发起筹建少年中国学会。该团体是五四时期会员最多、分布最广的社团。图为少年中国学会第二届年会出席者合影。
5. 少年中国学会会刊《少年中国》。
6. 1918 年 10 月，北大学生许德珩、黄日葵等发起成立国民社，创办《国民》杂志。
7. 1918 年 11 月，北大学生傅斯年、罗家伦等创办《新潮》杂志，鼓吹新思想新文学，成为《新青年》的姊妹刊物。

1. 1919 年 3 月，邓中夏、许德珩、张国焘、罗章龙等北大学生以“增进平民知识，唤起平民自觉心”为宗旨，成立平民教育讲演团。图为该团讲演所。
2. 新文化运动使科学观念深入人心，推动了中国科学事业的发展。图为 1918 年中国科学社与工程学联合会成员合影。
3. 受新文化运动的鼓舞，一批知识女性摆脱封建思想束缚，勇敢走出家庭，积极参与政治。图为女子参政协进会成员合影。

注意

日警擅捕留學生紀略

讀日警擅捕留學生紀略感言

宜興縣立第一高等小學校謄寫印佈送

4. 1918 年日本强迫北洋政府签订《中日共同防敌军事协定》。中国留日学生组织救国团回国抗议。上为救国团成员散发的《日警擅捕留学生纪略》。下图为彭湃等救国团成员合影。

五四的怒吼

第二版　中華民國八年五月二日　晨報

外交警報敬告國民

林長民

昨得梁任公先生巴黎來電略謂青島問題因日使力爭結果英法頗爲所動聞將直接交於日本云云（原電見另欄）

嗚乎此非我舉國之人所奔走呼號求恢復國權主張應請德國直接交還我國日本無承繼德國掠奪所得之權利者耶我政府我專使非代表我舉國人民之意見以定議于內折衝于外者耶今果至此則膠洲亡矣山東亡矣國不國矣此惡耗前兩日僕即聞之今得任公電乃徵實矣聞前次四國會議時本已決定德人在遠東所得權利交由五國商量處置惟須得關係國之同意我國所要求者再由五國交還我國而已不知因何一變其形勢也更聞日本力爭之理由無他但執千九百十五年之二十一款及千九百十八年之膠濟換文及諸鐵路草約爲口實嗚乎二十一款出于脅逼膠濟換文以該路所屬確定爲前提不得遝爲應屬日本之據濟順高徐草約爲預備合同尚未正式訂定此皆我國民所不能承認者也國亡無日願合我四萬萬衆誓死圖之

1. 1919 年 5 月 2 日，《晨报》报道了巴黎和会中国外交失败的消息。
2. 帝国主义的强权令爱国学生无比愤慨。1919 年 5 月 3 日晚，北京各校学生在北京大学三院礼堂集会，号召爱国青年奋起救国。图为集会情形。

3

国立北京大学	国立北京高等师范学校
国立北京法政专门学校	国立北京工业专门学校
国立北京农业专门学校	国立北京医学专门学校
内务部警官学校	交通部铁路管理学校
税务局北京税务学校	私立中国大学
私立汇文大学	私立民国大学
私立朝阳大学	

4

5

3. 1919 年 5 月 4 日，北京大学等校 3000 余名爱国学生集会游行，大声疾呼“外争主权，内除国贼”，五四运动由此爆发。图为游行中的北大学生。
4. 参加五四当天游行的北京各校。
5. 北洋政府出动军警镇压爱国学生，逮捕 32 人。图为五四运动中的爱国学生。

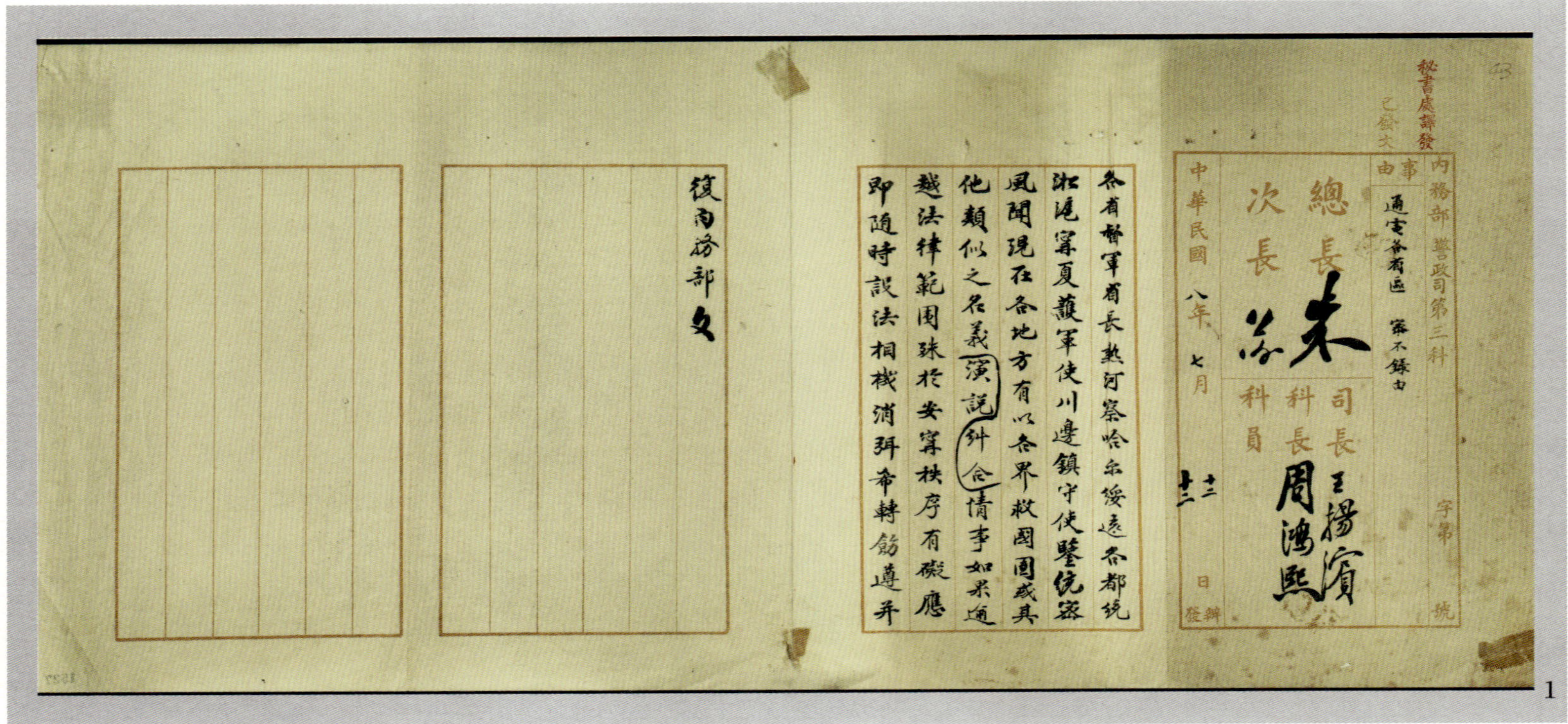

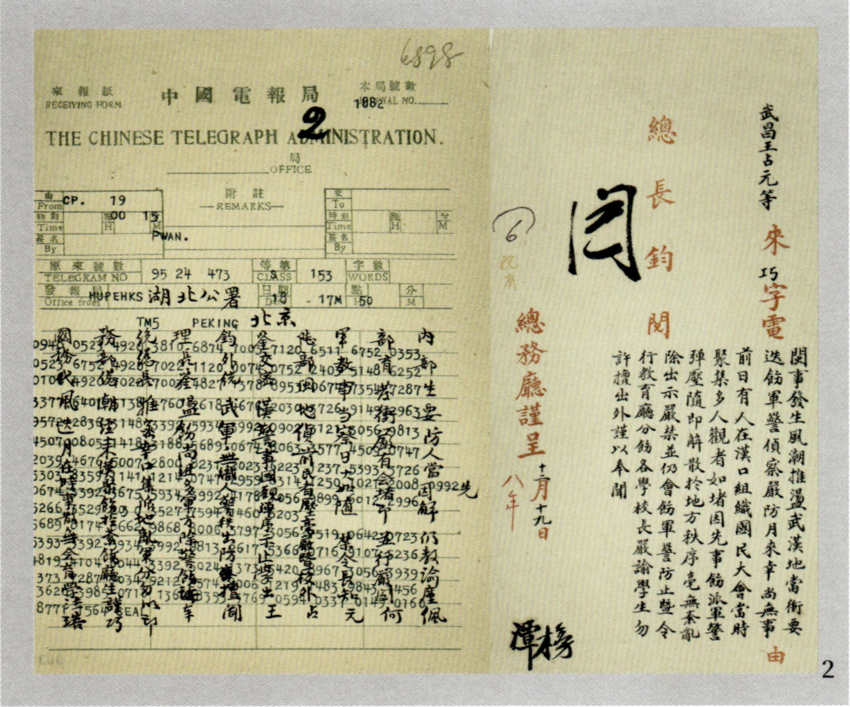

1. 北洋政府内务部借口“安宁秩序”要求各省压制救国运动的密电。

2. 武昌督军王占元向国务总理报告其派军警弹压汉口国民大会的电文。

3. 1919 年 5 月 5 日，北京各校学生决议实行总罢课，并通电全国。5 月 7 日，上海各界在南市公共体育场举行国民大会，声援北京学生。

4. 北京各校积极营救被捕学生。迫于舆论压力，北洋政府于 1919 年 5 月 7 日释放爱国学生。图为当天北京高师庆贺被捕同学获释返校。

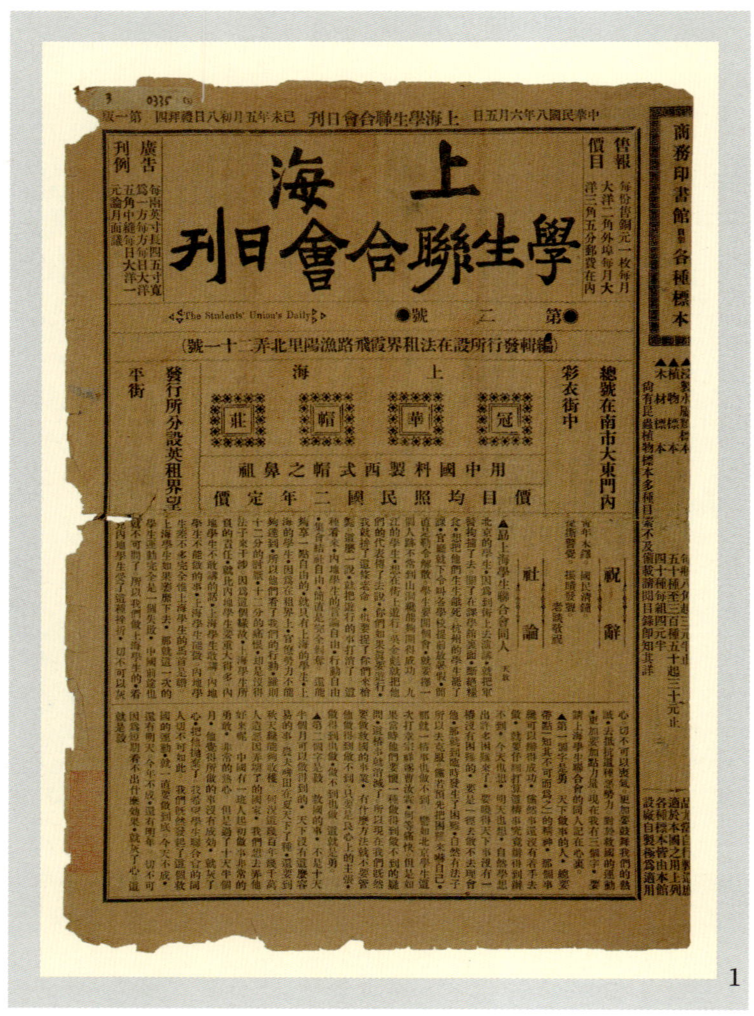
中華民國八年六月五日　上海學生聯合會日刊　己未年五月初八日禮拜四　第一張

上海學生聯合會日刊

售報價目　每份售銅元一枚每月大洋二角外埠每月大洋三角五分郵費在內

廣告刊例　每兩英寸長四五寸寬為一方每方每日大洋五角中縫每日大洋一元論月面議

The Students' Union's Daily

第二號

（編輯發行所設在法租界霞飛路漁陽里北弄二十一號）

上海冠華帽莊

用中國料製西式帽之鼻祖

價目均照民國二年定價

總號在南市大東門內彩衣街中

發行所分設英租界望平街

商務印書館各種標本

祝辭

社論

1

2

1. 1919 年 5 月 8 日，上海学界成立学生联合会，声援北京学生，领导开展爱国运动。这是《上海学生联合会日刊》。
2. 1919 年 5 月 9 日，为纪念“五九”国耻，全国各大城市纷纷召开纪念会，开展抵制日货行动。右为当时散发的传单。左为上街售卖国货纸伞的上海博文女校学生的照片。

中華民國八年五月十八日 (第一版)

每週評論

The Weekly Review

22

山東問題

3. 天津学生集会游行，声援五四运动。

4. 济南市民举行爱国游行，声援五四运动。

5.《每周评论》从 1919 年 5 月 11 日起连续 3 期出版“山东问题”专号，报道和分析五四运动的发展态势。这是《每周评论》第 22 期“山东问题”专号。

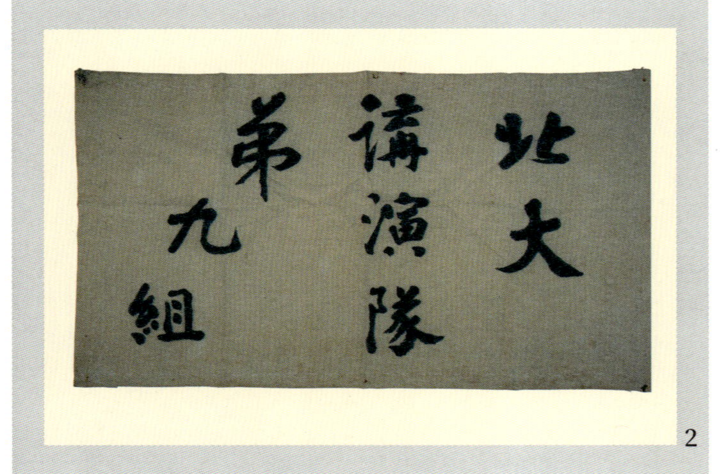

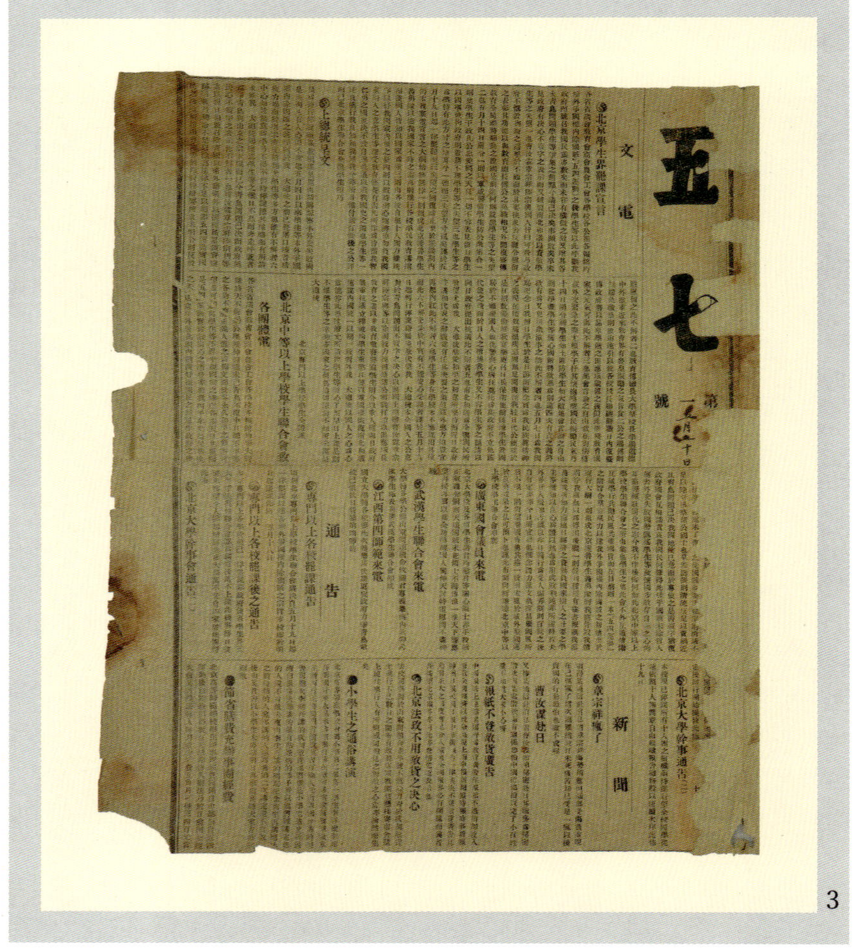
五七

文電

通告

新聞

1. 1919 年 5 月 13 日，北洋政府决定签署巴黎和约，并严禁学生“干预政治”。爱国学生不再抱有幻想，更加坚决地开展斗争。图为北京学生在街头演讲。

2. 北大演讲队第九组旗帜。

3. 1919 年 5 月 19 日起，北京学生再次举行总罢课，组织“救国十人团”，发行《五七》日刊，坚决抵制日货。

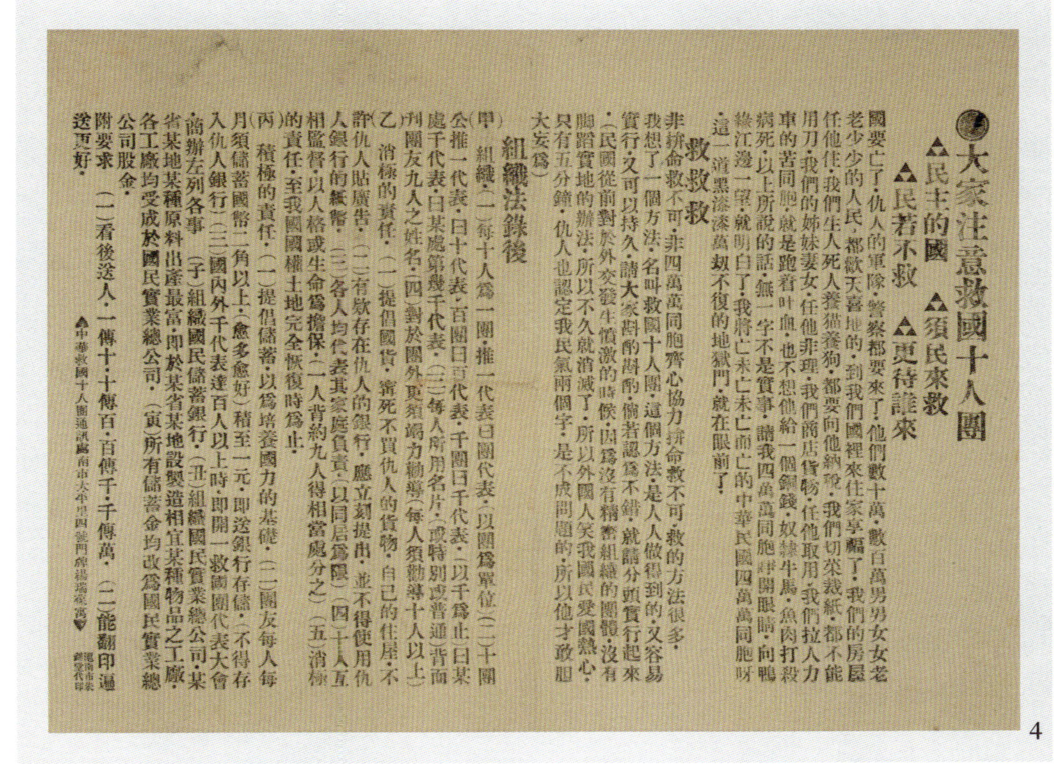

大家注意救國十人團

△民主的國 △須民來救
△民若不救 △更待誰來

國要亡了·仇人的軍隊·警察都要來了·他們數十萬·數百萬男男女女老老少少的人民·都歡天喜地的·到我們國裡來住家享福了·我們的房屋任他住·我們生人死人養猫養狗·都要向他納稅·我們切菜裁紙·都不能用刀·我們的姊妹妻女·任他非理·我們商店貨物·任他取用·我們拉人力車的苦同胞·就是跪着吐血·也不想他給一個銅錢·奴隸牛馬·魚肉打殺病死·以上所說的話·無一字不是實事·請我四萬萬同胞睜開眼睛·向鴨綠江邊一望·就明白了·我將亡未亡未亡而亡的中華民國四萬萬同胞呀·這一道黑漆漆萬劫不復的地獄門·就在眼前了·

救救救

非拚命救不可·非四萬萬同胞齊心協力拚命救不可·救的方法很多·我想了一個方法·名叫救國十人團·這個方法·是人人做得到的·又容易實行·又可以持久·請大家斟酌斟酌·倘若認爲不錯·就請分頭實行起來·(民國從前對於外交發生憤激的時候·因爲沒有精密組織的團體·沒有腳踏實地的辦法·所以不久就消滅了·所以外國人笑我國民愛國熱心·只有五分鐘·仇人也認定我民氣兩個字·是不成問題的·所以他才敢膽大妄爲)

組織法錄後

(甲)組織·(一)每十人爲一團·推一代表曰團代表·(以團爲單位)(二)十團公推一代表·曰十代表·百團曰百代表·千團曰千代表·(以千爲止)曰某處千代表·曰某處第幾千代表·(三)每人所用名片·(或特別或普通)背面刊團友九人之姓名·(四)對於團外更須竭力勸導(每人須勸導十人以上)

(乙)消極的責任·(一)提倡國貨·寧死不買仇人的貨物·自己的住屋·不許仇人貼廣告·(二)有款存在仇人的銀行·應立刻提出·並不得使用仇人銀行的紙幣·(三)各人均代表其家庭負責·(以同居爲限)(四)十人互相監督·以人格或生命爲擔保·(一人背約九人得相當處分之)(五)消極的責任·至我國國權土地完全恢復時爲止·

(丙)積極的責任·(一)提倡儲蓄·以爲培養國力的基礎·(二)團友每人每月須儲蓄國幣一角以上·(愈多愈好)積至一元·即送銀行存儲·(不得存入仇人銀行)(三)國內外千代表達百人以上時·即開一救國團代表大會·商辦左列各事 (子)組織國民儲蓄銀行·(丑)組織國民實業總公司·某省某地某種原料出產最富·即於某省某地設製造相宜某種物品之工廠·各工廠均受成於國民實業總公司·(寅)所有儲蓄金均改爲國民實業總公司股金·

附要求 (一)看後送人·一傳十·十傳百·百傳千·千傳萬·(二)能翻印遍送更好·

▲中華救國十人團通訊處南市大中里四號門牌楊瑞祺寓▼

4.“救国十人团”传单。

5. 1919 年 5 月 26 日，上海学生联合会召集 52 所中等以上学校学生 2 万余人，在南市公共体育场集会，声援北京学生。图为上海学生集会现场。

6. 北大学生郭钦光因五四当天遭军警殴打受伤，终告不治，壮烈牺牲，年仅 20 岁。全国各地陆续举行追悼活动。图为 1919 年 5 月 31 日上海追悼大会现场。

民众的觉醒

1. 1919 年 6 月 3 日、4 日，北洋政府大肆逮捕爱国学生。左图为北京学生与反动军警对峙。右图为被临时羁押于北大法科礼堂的学生。
2. 1919 年 6 月 4 日，上海学生发起营救和声援行动，挨家挨户动员各商号自 5 日起一律罢市。图为上海学生在街头开展爱国宣传。

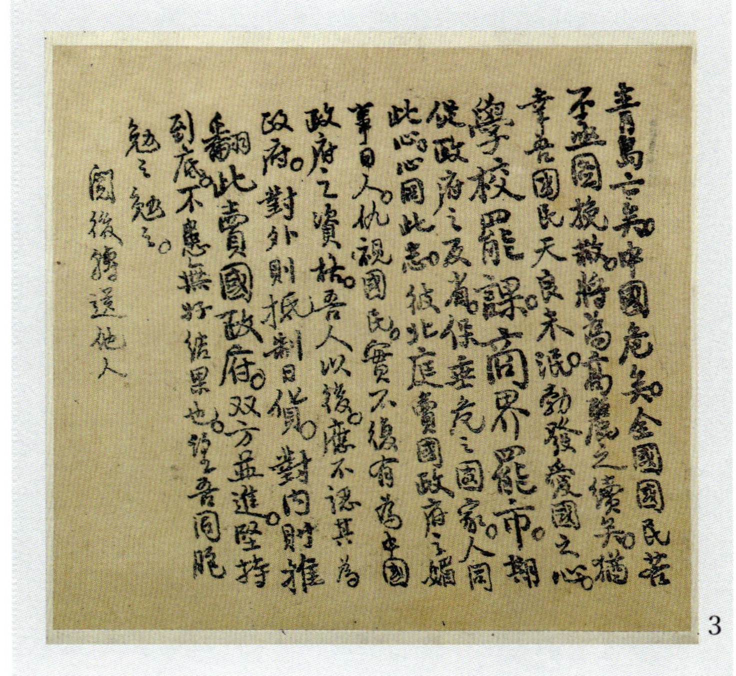
青島亡矣，中國危矣，知全國國民若不並圖挽救，將為高麗之續矣。猶幸吾國民天良未泯，勃發愛國之心。學校罷課，商界罷市，期促政府之反省，保垂危之國家。人同此心，心同此志。彼北庭賣國政府之媚事日人，仇視國民，實不復有為中國政府之資格。吾人以後，應不認其為政府。對外則抵制日貨，對內則推翻此賣國政府。双方並進，堅持到底，不患無好結果也。請吾同胞勉之勉之。

閱後轉送他人

3. 上海学生派发的传单。

4. 1919 年 6 月 5 日，上海的商店、影院、饭店、银行等陆续停业罢市。图为上海商界举行游行声援爱国学生。

1. 上海南京路五芳斋罢市情景。
2. 1919 年 6 月 5 日起，上海工人自发举行声援学生的罢工，标志着中国工人阶级开始以独立的姿态登上政治舞台。工人罢工、学生罢课、商人罢市的“三罢”斗争就此开始，并很快发展成为全国范围的群众性反帝爱国运动。图为上海工人罢工情景。

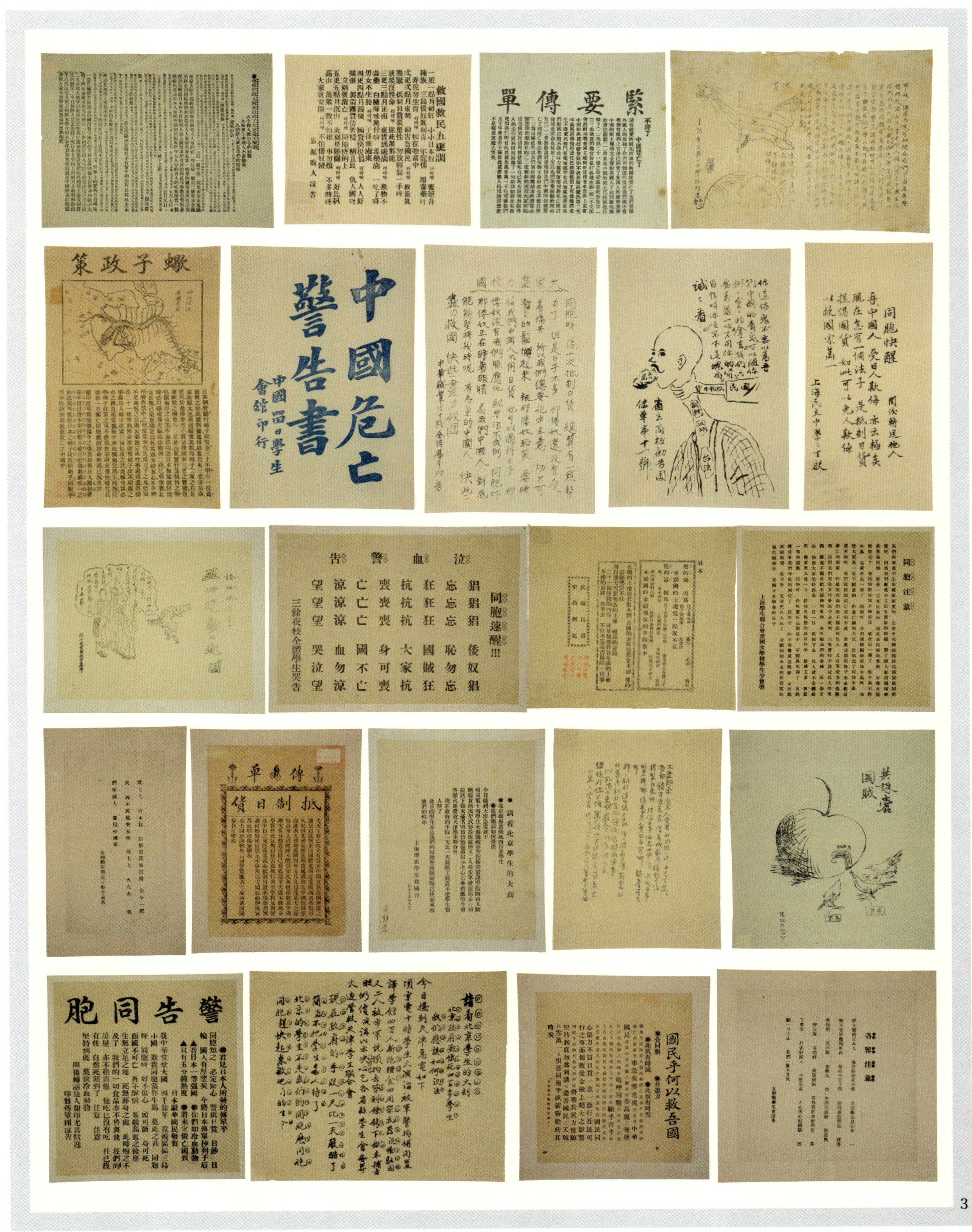

3. 五四时期社会各界积极宣传抵制日货、团结救国。这是当时的部分传单。

1

1. 在上海“三罢”斗争的影响下，五四运动的浪潮迅速扩展到全国 20 多个省 100 多个城市，促进了亿万民众的觉醒，标志着新民主主义革命的伟大开端。

六月十日大總統令 交通總長曹汝霖呈請辭職曹汝霖准免本職此令

駐日本國特命全權公使章宗祥呈請辭職章宗祥准免本職此令

幣制局總裁陸宗輿因病一再呈請辭職陸宗輿准免本職此令

交通次長曾毓雋著代理部務此令

2

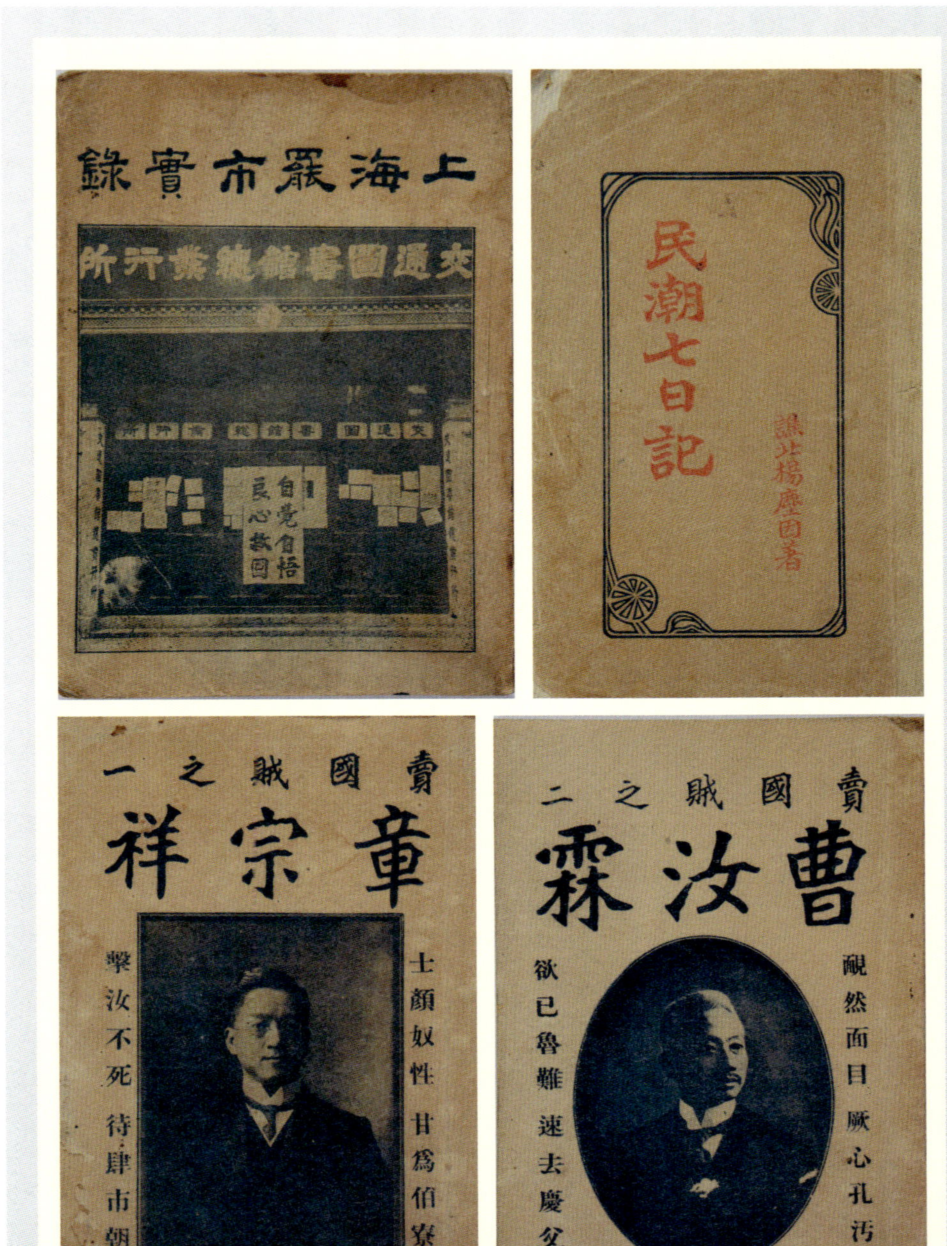

3

2. 在全国人民的强大压力下，1919年6月10日，北洋政府被迫免去亲日派官员曹汝霖、章宗祥、陆宗舆的职务。图为《政府公报》的记录。

3. 上海为庆祝五四运动取得初步胜利而编辑出版的一批书籍。

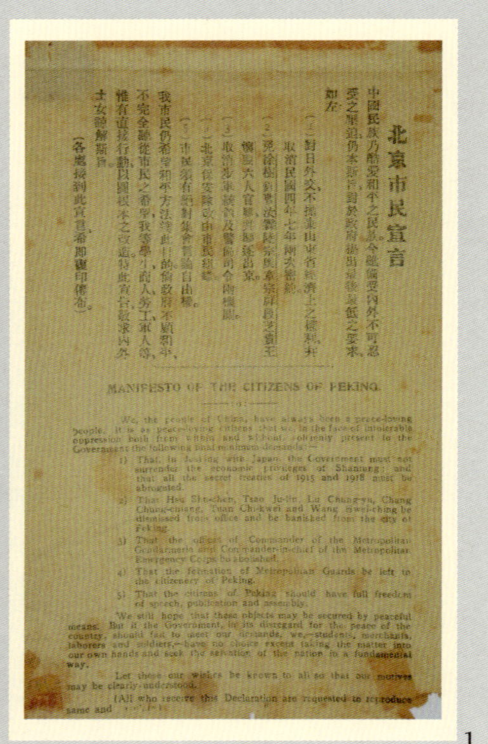

北京市民宣言

中國民族乃愛和平之民族。今雖備受內外不可忍受之壓迫，仍本斯旨，對於政府提出最後最低之要求如左：

（一）對日外交，不拋棄山東省經濟上之權利，并取消民國四年七年兩次密約。

（二）免徐樹錚、曹汝霖、陸宗輿、章宗祥、段芝貴、王懷慶六人官職，并驅逐出京。

（三）取消步軍統領及警備司令兩機關。

（四）北京保安隊改由市民組織。

（五）市民須有絕對集會言論自由權。

我市民仍希望和平方法達此目的。倘政府不顧和平，不完全聽從市民之希望，我等學生、商人、勞工、軍人等，惟有直接行動，以圖根本之改造。特此宣告，敢望內外士女諒解斯旨。

（各處接到此宣言，希即復印傳布。）

MANIFESTO OF THE CITIZENS OF PEKING.

We, the people of China, have always been a peace-loving people. It is as peace-loving citizens that we, in the face of intolerable oppression both from within and without, solemnly present to the Government the following final minimum demands:—

1) That, in dealing with Japan, the Government must not surrender the economic privileges of Shantung; and that all the secret treaties of 1915 and 1918 must be abrogated.

2) That Hsu Shu-chen, Tsao Ju-lin, Lu Chung-yu, Chang Chung-chiang, Tuan Chi-kwei and Wang Hwai-ching be dismissed from office and be banished from the city of Peking.

3) That the offices of Commander of the Metropolitan Gendarmerie and Commander-in-chief of the Metropolitan Emergency Corps be abolished.

4) That the formation of Metropolitan Guards be left to the citizenry of Peking.

5) That the citizens of Peking should have full freedom of speech, publication and assembly.

We still hope that these objects may be secured by peaceful means. But if the Government, in its disregard for the peace of the country, should fail to meet our demands, we,—students, merchants, laborers and soldiers,—have no choice except taking the matter into our own hands and seek the salvation of the nation in a fundamental way.

Let these our wishes be known to all so that our motives may be clearly understood.

(All who receive this Declaration are requested to reproduce same and

1

2

1. 1919 年 6 月 11 日，陈独秀在北京新世界游艺场向群众散发《北京市民宣言》，被暗探逮捕，引发全国各界的营救和声援。左图为新世界游艺场外景。右图为《北京市民宣言》

2. 1919 年 6 月 16 日，全国学生联合会在上海成立，成为全国学生运动的总机关，号召和组织各地学生投入拒签巴黎和约的斗争。图为全国学联成立大会代表合影。

▲其二 歐洲媾和要電

◎中代表不簽字之通告

中國代表團之拒絕簽約曾正式通告路透電社凡爾塞大會忙碌之中未受人注意中國代表團發表文告解釋不簽字之理由謂和會關於山東問題之解決殊欠公允中國曾於五月四日向各國首相會議提出抗議繼遞和會決議以山東德人權利讓給日本已引起全國抗議之情形中政府為輿情一致反對之故被迫拒絕受納和約中之山東條款（巴黎二十八日路透社電）中國代表團絕對拒絕簽約未派代表至凡爾塞中國代表之舉動令人殊為詫異（巴黎二十九日路透社電）

3.《全国学生联合会日刊》第一号。

4. 1919 年 6 月，山东、天津等各地民众请愿团到北洋政府总统府请愿，要求拒签和约。图为山东请愿代表在总统府前。

5. 1919 年 6 月 28 日，因举国抗争，中国代表拒绝签署巴黎和约。图为《申报》刊登的通告。

重点展项“觉醒”，运用人物群雕与视频影像相结合的形式，立体化地展现以先进青年知识分子为先锋的五四运动在北京爆发后，在上海工人、市民的支援下，发展成为彻底反帝反封建的爱国革命运动。

五四运动的杰出的历史意义，在于它带着为辛亥革命还不曾有的姿态，这就是彻底地不妥协地反帝国主义和彻底地不妥协地反封建主义。

——毛泽东

五四运动改变了以往只有觉悟的革命者而缺少觉醒的人民大众的斗争状况，实现了中国人民和中华民族自鸦片战争以来第一次全面觉醒。

——习近平

第三单元　马克思主义在中国广泛传播

五四运动后，新思潮大量涌现，研究和宣传社会主义逐步成为中国进步思想界的主流。随着俄国十月革命的影响渐次扩大，以李大钊为代表的先进分子开始在中国比较系统地传播马克思主义。经过反复的比较、推求，越来越多的进步青年被马克思主义高度的科学性和革命性吸引，从民主主义者转变为马克思主义者，为无产阶级政党的创建准备了思想条件和干部条件。

各种新思潮的涌入

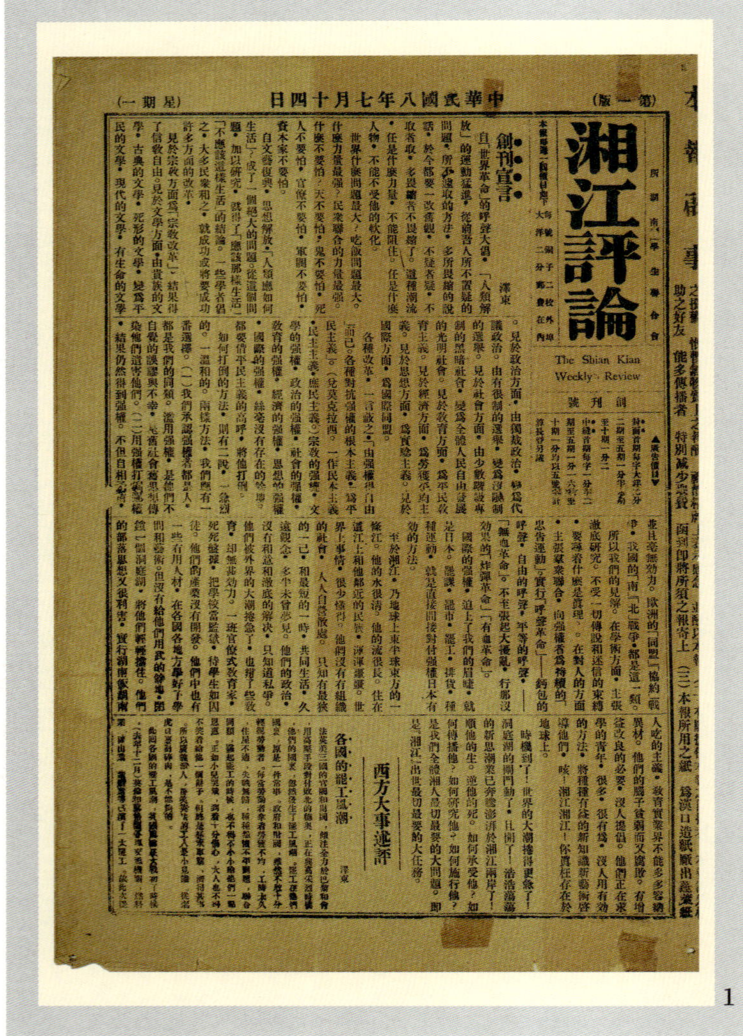

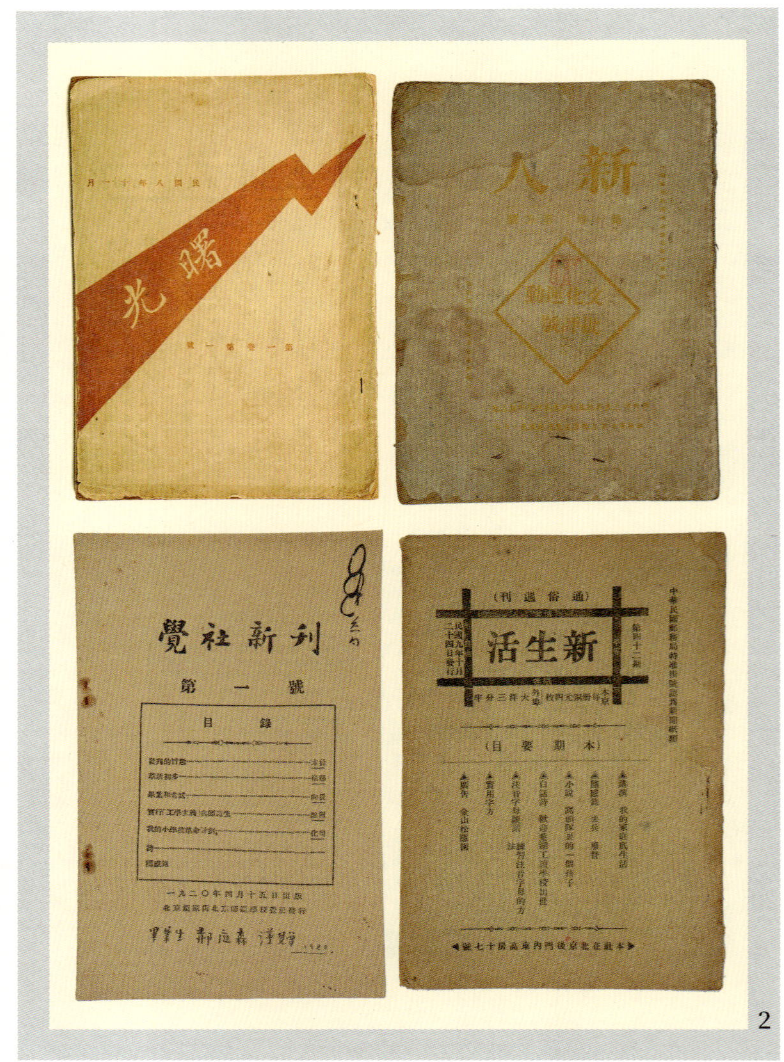

1. 五四运动后，先进知识分子努力传播新思想，探求改造中国社会的新方案。这是毛泽东创办的《湘江评论》。
2. 各地先进分子成立社团、创办刊物。在各种新思想的交汇中，社会主义学说逐渐成为主流。这是当时部分进步社团创办的刊物。

五四时期的社团

社团名称	成立时间	成立地点	主要发起人
互助社	1917 年 10 月 8 日	湖北武汉	恽代英
新民学会	1918 年 4 月 14 日	湖南长沙	毛泽东、蔡和森、何叔衡、张昆弟等
国民杂志社	1918 年 10 月 20 日	北京	许德珩、易克嶷、黄日葵等
新潮社	1918 年 11 月 19 日	北京	傅斯年、罗家伦、徐彦之
平民教育社	1919 年	北京	刘建阳、徐名鸿
北京大学平民教育讲演团	1919 年 3 月	北京	邓中夏
工学会	1919 年 5 月 3 日	北京	匡互生、周予同、刘薰宇等
星期评论社	1919 年 6 月	上海	李汉俊等
少年中国学会	1919 年 7 月 1 日	总会：北京 分会：南京、成都、巴黎	李大钊、王光祈、曾琦等
永嘉新学会	1919 年 7 月	浙江温州	姜琦、郑振铎等
少年学会	1919 年 9 月 1 日	北京	赵世炎
觉悟社	1919 年 9 月 16 日	天津	周恩来、邓颖超、郭隆真、马骏等
浙江新潮社	1919 年 10 月 10 日	浙江杭州	施存统、俞秀松等
曙光杂志社	1919 年 11 月	北京	宋介、王统照、郑振铎等
工读互助团	1919 年底	北京	王光祈等
青年学会	1919 年末	河南开封	曹靖华等
利群书社	1920 年初	湖北武汉	恽代英
觉社	1920 年初	北京	北京高等师范学校学生
北京大学马克斯学说研究会	1920 年 3 月	北京	李大钊、邓中夏、黄日葵、何孟雄等
新人社	1920 年 4 月	上海	王无为、赵南公、张静庐、陈舍我等
批评社	1920 年 10 月 20 日	北京	罗效伟等
改造社	1921 年 1 月 1 日	江西南昌	袁玉冰（冰冰）

3

3. 五四运动期间，无政府主义思想产生广泛影响，吸引了许多青年。上海、广州、北京等地都出现无政府主义社团和刊物。这是无政府主义团体“实社”的出版物。

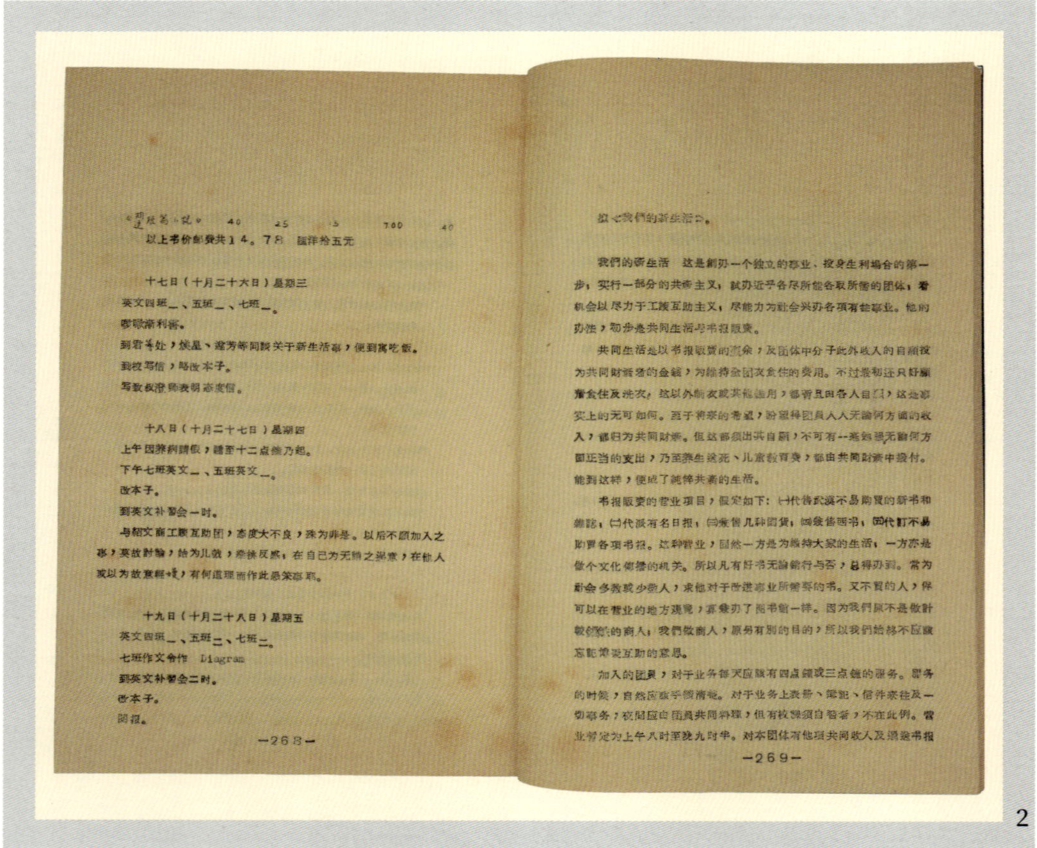

《[illegible]》 40 25 5 700 40

以上书价邮费共14。78 该洋拾五元

十七日（十月二十六日）星期三

英文四班一、五班一、七班一。

[illegible]。

到君英处，焕星、遵芳等同谈关于新生活事，便到寓吃饭。

到校写信，略改本子。

写致叔澄师表明态度信。

十八日（十月二十七日）星期四

上午因养病请假，睡至十二点钟乃起。

下午七班英文一、五班英文一。

改本子。

到英文补习会一时。

与绍文商工读互助团，态度大不良，殊为非是。以后不愿加入之事，莫故討論，始为儿戏，殊徒反感，在自己为无謂之[illegible]，在他人或以为故意輕[illegible]，有何道理而作此[illegible]耶。

十九日（十月二十八日）星期五

英文四班一、五班二、七班二。

七班作文命作 Diagram

到英文补習会二时。

改本子。

阅报。

—268—

拟《我們的新生活》。

我們的新生活　这是創办一个独立的事业、投身生利場合的第一步，实行一部分的共產主义，試办近乎各尽所能各取所需的团体，看机会以尽力于工读互助主义，尽能力为社会兴办各項有益事业。他的办法，初步是共同生活与书报販賣。

共同生活是以书报販賣的赢余，及团体中分子此外收入的自願投为共同財產者的金錢，为維持全团衣食住的费用。不过最初还只好顧着食住及洗衣，这以外補衣或其他需用，都暂且由各人自[illegible]，这是事实上的无可如何。至于將来的希望，盼望得团員人人无論何方面的收入，都归为共同財產。但这都須出共自願，不可有一毫勉强。无論何方面正当的支出，乃至养生送死、儿童教育费，都由共同財產中撥付。能到这样，便成了純粹共產的生活。

书报販賣的營业项目，假定如下：㈠代售武汉不易购買的新书和雜誌；㈡代派有名日报；㈢兼售几种国货；㈣發售西书；㈤代訂不易购買各項书報。这种營业，固然一方是为維持大家的生活，一方亦是做个文化傳播的机关。所以凡有好书无論銷行与否，总得办到。常为社会多数或少数人，求他对于改進事业所需要的书。又不買的人，保可以在營业的地方观览，算兼办了图书館一样。因为我們原不是做計較[illegible]的商人；我們做商人，原另有別的目的，所以我們始終不应該忘記博爱互助的意思。

加入的团員，对于业务每天应該有四点鐘或三点鐘的服务。服务的时候，自然应該手續清楚。对于业务上表册、簿記、信件来往及一切事务，夜間应由团員共同料理，但有校課須自習者，不在此例。營业暂定为上午八时至晚九时半。对本团体有他項共同收入及[illegible]书报

—269—

1. 1919 年秋，新村主义从日本传入中国，幻想通过“和平的社会改造的办法”，实现理想社会，引起中国广大进步青年的浓厚兴趣。图为日本新村劳动场景。
2. 这是恽代英 1919 年的日记，其中有关于新村主义的记载。

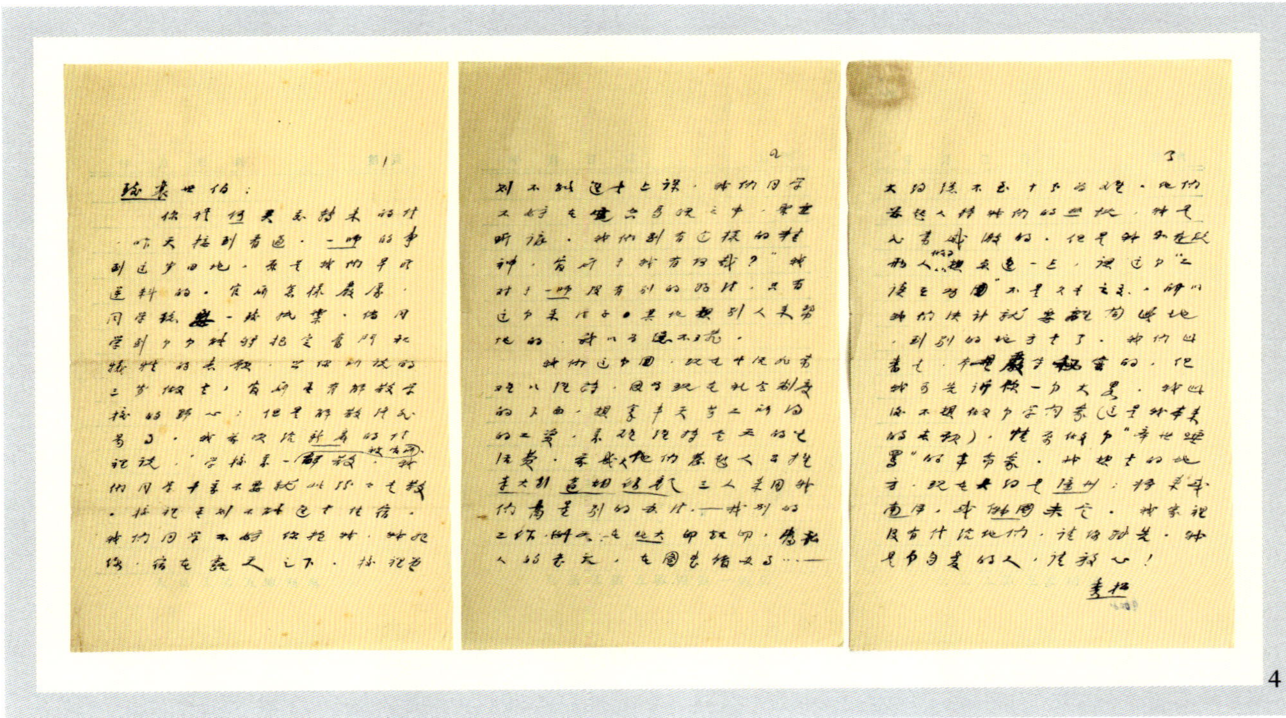

3. 1919 年底，受新村主义、互助论等思潮影响，北京、上海等地兴起工读互助与新村主义的实验。图为当时北京女子工读互助团劳动场景。

4. 工读互助团和新村实验都如同昙花一现，很快因种种无法克服的困难而解体。这是俞秀松写给好友的信，表达了对工读互助团的失望之情。

社会主义的讨论，常常引起我们无限的兴味。然而究竟如俄国十九世纪四十年代的青年思想似的，模糊影响，隔着纱窗看晓雾，社会主义流派，社会主义意义都是纷乱，不十分清晰的。正如久壅的水闸，一旦开放，旁流杂出，虽是喷沫鸣溅，究不曾自定出流的方向。

——瞿秋白《饿乡纪程》

十月革命的影响

十月革命一声炮响，给我们送来了马克思列宁主义。

——毛泽东

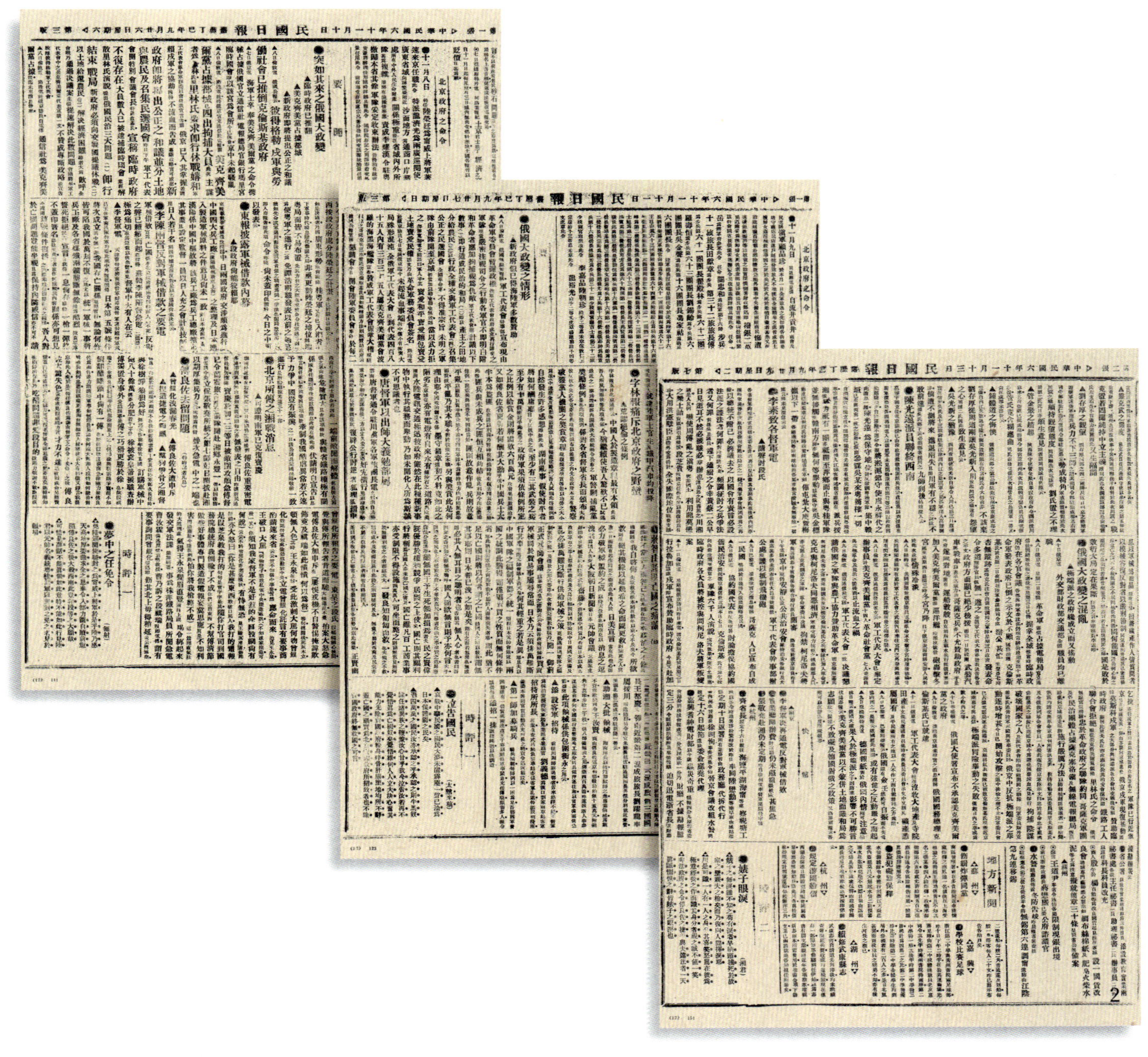

1. 1917 年 11 月 7 日，俄国爆发十月革命，建立了世界上第一个社会主义国家。这是油画《列宁宣布苏维埃政权成立》。
2. 十月革命胜利后第三天，上海《民国日报》就报道《突如其来之俄国大政变》，并连续多日刊发相关报道。

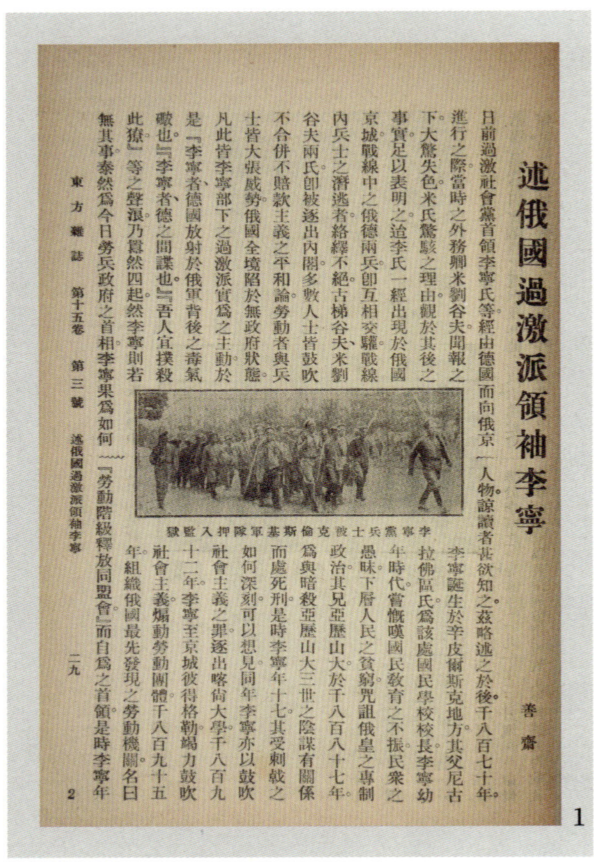

述俄國過激派領袖李寧

杳齋

日前過激社會黨首領李寧氏等經由德國而向俄京進行之際。當時之外務卿米劉谷夫聞報之下。大驚失色。米氏驚駭之理由。觀於其後之事實。足以表明之。迨李氏一經出現於俄國京城。戰線中之俄德兩兵。即互相交驩。戰線內兵士之潛逃者。絡繹不絕。古梯谷夫米劉谷夫兩氏。即被逐出內閣。多數人士皆鼓吹不合併不賠款主義之平和論。勞動者與兵士皆大張威勢。俄國全境陷於無政府狀態。凡此皆李寧部下之過激派實為之主動。於是『李寧者德國放射於俄軍背後之毒氣礮也』『李寧者德之間諜也』『吾人宜撲殺此獠』等之聲浪。乃囂然四起。然李寧則若無其事。泰然為今日勞兵政府之首相。李寧果為如何一人物。諒讀者甚欲知之。茲略述之於後。千八百七十年。李寧誕生於辛皮爾斯克地方。其父尼古拉佛區氏。為該處國民學校校長。李寧幼年時代。嘗慨嘆國民教育之不振。民衆之愚昧。下層人民之貧窮。咒詛俄皇之專制政治。其兄亞歷山大。於千八百八十七年。為與暗殺亞歷山大三世之陰謀有關係而處死刑。是時李寧年十七。其受刺戟之如何深刻。可以想見。同年李寧亦以鼓吹社會主義之罪。逐出喀尙大學。千八百九十二年。李寧至京城彼得格勒。竭力鼓吹社會主義。煽動勞動團體。千八百九十五年。組織俄國最先發現之勞動機關。名曰『勞動階級釋放同盟會』。而自為之首領。是時李寧年

李寧黨兵士被克倫斯基軍隊押入監獄

東方雜誌　第十五卷　第三號　述俄國過激派領袖李寧　二九

1

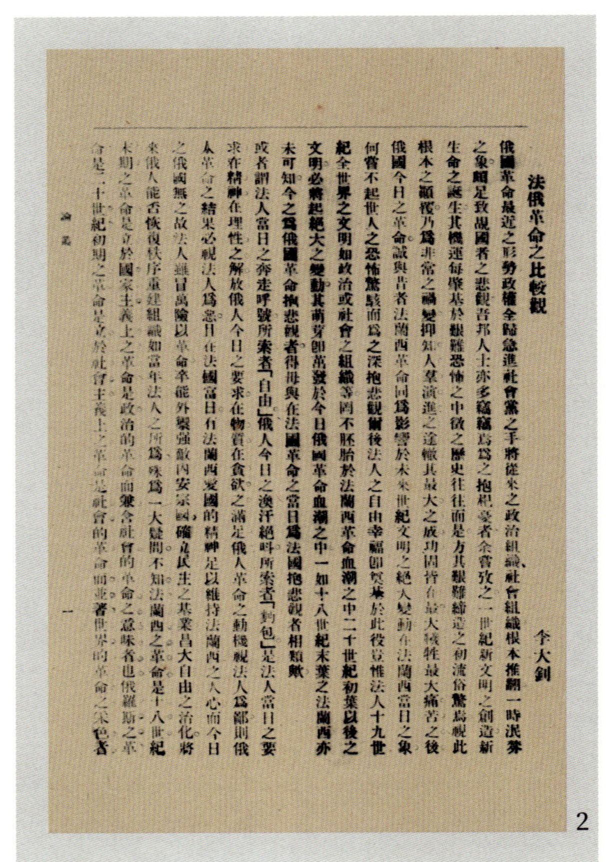

法俄革命之比較觀

李大釗

俄國革命最近之形勢。政權全歸急進社會黨之手。將從來之政治組織、社會組織根本推翻。一時泯棼之象。頗足致覘國者之悲觀。吾邦人士。亦多竊竊焉為之抱杞憂者。余嘗攷之。一世紀新文明之創造。新生命之誕生。其機運每肇基於艱難恐怖之中。徵之歷史。往往而是。方其艱難締造之初。流俗驚焉。視此根本之顛覆。乃為非常之禍變。抑知人羣演進之途轍。其最大之成功。固皆在最大犧牲最大痛苦之後。俄國今日之革命。誠與昔者法蘭西革命同為影響於未來世紀文明之絕大變動。在法蘭西當日之象。何嘗不起世人之恐怖驚駭而為之深抱悲觀。爾後法人之自由幸福。即奠基於此役。豈惟法人。十九世紀全世界之文明。如政治或社會之組織等。罔不胚胎於法蘭西革命血潮之中。二十世紀初葉以後之文明。必將起絕大之變動。其萌芽即發於今日俄國革命血潮之中。一如十八世紀末葉之法蘭西。亦未可知。今之為俄國革命抱悲觀者。得毋與在法國革命之當日為法國抱悲觀者相類歟。

或者謂法人當日之奔走呼號。所索者「自由」。俄人今日之渙汗絕叫。所索者「麪包」。是法人當日之要求在精神。在理性之解放。俄人今日之要求在物質。在貪欲之滿足。俄人革命之動機。視法人為鄙。則俄人革命之結果。必視法人為悲。且在法國當日。有法蘭西愛國的精神。足以維持法蘭西之人心。而今日之俄國無之。故法人雖冒萬險。以革命卒能外禦強敵。內安宗國。確立民主之基業。昌大自由之治化。將來俄人能否恢復秩序。重建組織。如當年法人之所為。殊為一大疑問。不知法蘭西之革命。是十八世紀末期之革命。是立於國家主義上之革命。是政治的革命而兼含社會的革命之意味者也。俄羅斯之革命。是二十世紀初期之革命。是立於社會主義上之革命。是社會的革命而並著世界的革命之采色者

論叢　一

2

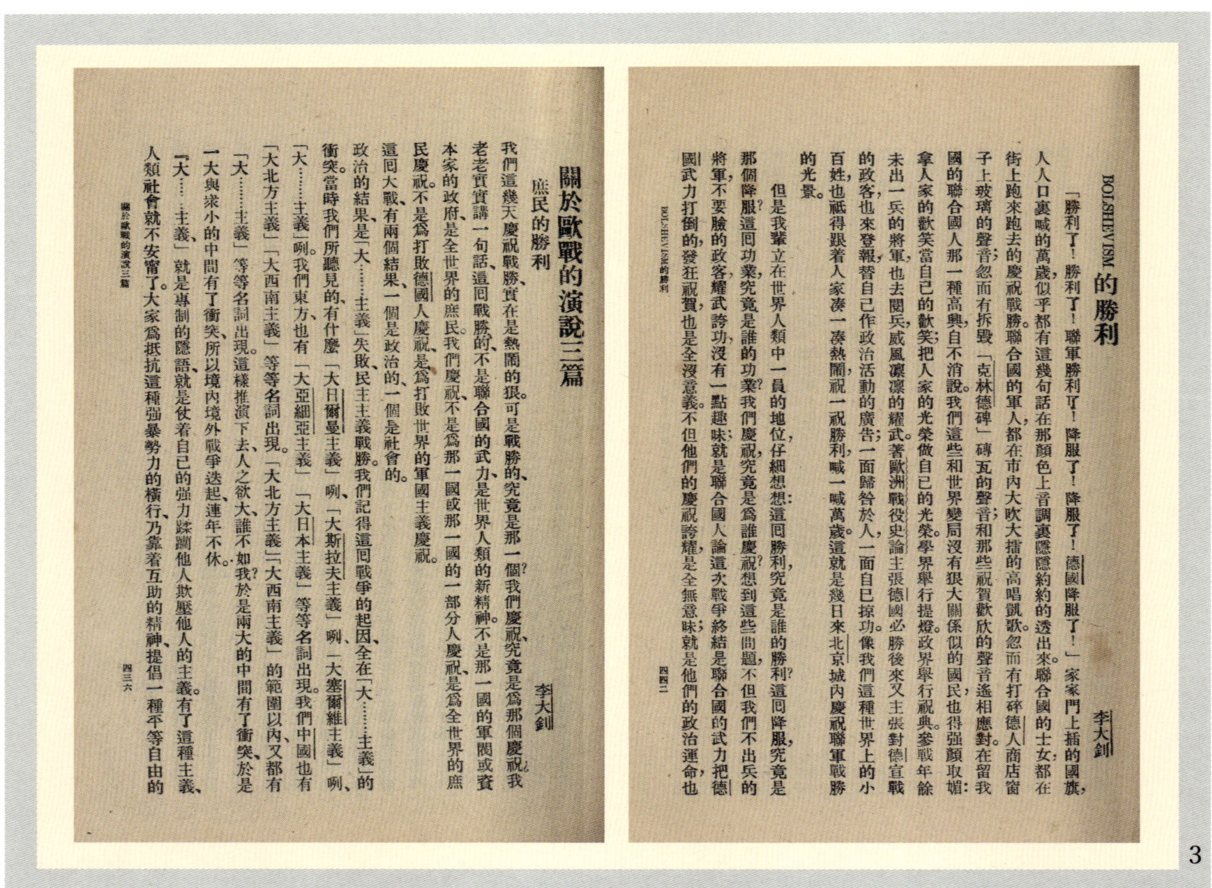

關於歐戰的演說三篇

李大釗

庶民的勝利

我們這幾天慶祝戰勝、實在是熱鬧的狠。可是戰勝的、究竟是那一個？我們慶祝、究竟是為那個慶祝？我老老實實講一句話、這回戰勝的、不是聯合國的武力、是世界人類的新精神。不是那一國的軍閥或資本家的政府、是全世界的庶民。我們慶祝、不是為那一國或那一國的一部分人慶祝、是為全世界的庶民慶祝。不是為打敗德國人慶祝、是為打敗世界的軍國主義慶祝。

這回大戰、有兩個結果、一個是政治的、一個是社會的。

政治的結果、是「大……主義」失敗、民主主義戰勝。我們記得這回戰爭的起因、全在「大……主義」的衝突。當時我們所聽見的、有什麼「大日爾曼主義」咧、「大斯拉夫主義」咧、「大塞爾維主義」咧、「大……主義」咧。我們東方、也有「大亞細亞主義」「大日本主義」等等名詞出現。我們中國也有「大北方主義」「大西南主義」等等名詞出現。「大北方主義」「大西南主義」的範圍以內、又都有「大……主義」等等名詞出現。這樣推演下去、人之欲大、誰不如我？於是兩大的中間有了衝突、於是一大與眾小的中間有了衝突、所以境內境外戰爭迭起、連年不休。

「大……主義」就是專制的隱語、就是仗着自己的強力蹂躪他人欺壓他人的主義。有了這種主義、人類社會就不安甯了。大家為抵抗這種強暴勢力的橫行、乃靠着互助的精神、提倡一種平等自由的

關於歐戰的演說三篇　四三六

BOLSHEVISM 的勝利

李大釗

「勝利了！勝利了！聯軍勝利了！降服了！降服了！德國降服了！」家家門上插的國旗、人人口裏喊的萬歲、似乎都有這幾句話在那顏色上音調裏隱隱約約的透出來。聯合國的士女、都在街上跑來跑去的慶祝戰勝。聯合國的軍人、都在市內大吹大擂的高唱凱歌。忽而有打碎德人商店窗子上玻璃的聲音；忽而有拆毀「克林德碑」磚瓦的聲音；和那些祝賀歡欣的聲音遙相應對。在留我國的聯合國人那一種高興、自不消說。我們這些和世界變局沒有狠大關係似的國民、也得強顏取媚：拿人家的歡笑當自己的歡笑；把人家的光榮做自己的光榮。學界舉行提燈。政界舉行祝典。參戰年餘未出一兵的將軍、也去閱兵、威風凜凜的耀武。著歐洲戰役史論主張德國必勝後來又主張對德宣戰的政客、也來登報、替自己作政治活動的廣告；一面歸咎於人、一面自己掠功。像我們這種世界上的小百姓、也祇得跟着人家湊一湊熱鬧、祝一祝勝利、喊一喊萬歲。這就是幾日來北京城內慶祝聯軍戰勝的光景。

但是我輩立在世界人類中一員的地位、仔細想想：這回勝利、究竟是誰的勝利？這回降服、究竟是那個降服？這回功業、究竟是誰的功業？我們慶祝、究竟是為誰慶祝？想到這些問題、不但我們不出兵的將軍、不要臉的政客、耀武誇功、沒有一點趣味；就是聯合國人論這次戰爭終結是聯合國的武力把德國武力打倒的、發狂祝賀、也是全沒意義。不但他們的慶祝誇耀、是全無意味；就是他們的政治運命、也

BOLSHEVISM 的勝利　四四二

3

1. 1918 年 3 月 15 日，《东方杂志》第 15 卷第 3 号刊登《述俄国过激派领袖李宁》，首次向国人介绍列宁的生平和革命事迹。
2. 1918 年 7 月，李大钊发表《法俄革命之比较观》，指出十月革命是真正的社会革命。
3. 1918 年，李大钊先后发表《庶民的胜利》《BOLSHEVISM 的胜利》等文章，热情歌颂十月革命的胜利是“劳工主义的战胜”。

4

晨報　即舊曆己未年三月初十日　第三版

由協商國派兵監視吾國亦輪派若干名二過激黨在海濱省發動由日本派兵往勤三自海參威至西比利亞鐵路由協商國分段派兵保護云

勞農政府治下之俄國（一）

▲實行社會共產主義之俄國真相

▲緒言　一千九百十七年十月列寧一派獲得了政權的時候世間有許多人都嗤笑他們以爲這不過如曇花一現不久就要消滅的然而在嬉笑怒罵之中所產生出來的勞農政府現在是維持了一年有半的天下往後還要維持多少的日子固然是不能預測的以現在形勢看起來恐怕這個勞農政府是可以維持他的政權與世同休的本來由國家的生命看起來一年半的日子並不算甚麼長命但是這勞農政府的出產的時候世間人纔不多是以洪水猛獸看待他們恐怕現在還是有許多人抱這一種的思想的然而他們居然在這四面楚歌之中步步實現他們的理想步步培植他們的主義　因此狠紛亂的　俄國（歐洲方面）秩序一天好過一天據最近由俄國回來的人談起來彼得格勒一處已經是狠可觀的了假使舊黨不在那兒鬧亂子俄國全國恐怕都可以全變了舊觀不過因爲現在世界各國與俄國幾乎是交通斷絕所以俄國的眞相外間都不知道就有知道的也是以訛傳訛不免有許多誤會的地方所以把俄國現在所實行的社會共產主義的政治寫給我們國人看看是必要的一方可以知道究竟俄國現在是怎麼樣子一方面又可以知道世人所謂過激派政府所行的政治到底是怎麼東西恐怕說起來我們政府還要害羞啊

▲教育方針　世間人多說勞農政府只重體力不重智力這個話實在太寃了他們列寧一派初獲政權的時候因爲政府基礎未固國內的秩序未復反對黨勢力還是不可輕視一所以他專心致意於撲滅舊黨鼓吹他們的主義恢復秩序沒有工夫去整頓教育方面的事情這好像我們中國七年以來內亂頻仍如今把教育的事業還是擱開不理然而列寧政府不過幾個月以後到了政府基礎稍爲鞏固國內秩序稍爲恢復的時候他便着手整頓他們的教育方針當然是採用社會主義把鼓吹和宣傳社會主義做一種教育的目的無論陸軍學校海軍學校普通學校專門學校商業學校工業學校中等學校小學校沒有一個學校不敎授社會主義綱要的都認做一種必修的科目并且因爲要普及社會共產的思想

5

4. 1919 年 1 月，李大钊在《每周评论》第 3 号发表《新纪元》，指出十月革命开辟了人类觉醒的新纪元，中国人民应当走苏俄革命的道路。

5. 1919 年 4 月，《晨报》连续刊载长篇文章《劳农政府治下之俄国》，介绍苏俄建设成就。

主义的抉择
痛定思痛 他们开始认识到
They painfully realized
十月革命的影响

重点展项“主义的抉择”，运用大量五四前后传播新思潮的刊物，配合动态影像，展现经过五四运动的洗礼，中国人民有了新的觉醒，特别是青年中的一批先进分子，通过撰写文章、创办刊物、成立社团，研究和传播各种新思潮，最终选择马克思主义。

马克思主义的广泛传播

试看将来的环球，必是赤旗的世界。

——李大钊

1. 李大钊（1889—1927），字守常，直隶（今河北）乐亭人，中国最早的马克思主义传播者，中国共产党的主要创始人之一，党成立后革命运动的重要领导者。
2. 李大钊使用过的“CORONA”牌英文打字机。

3

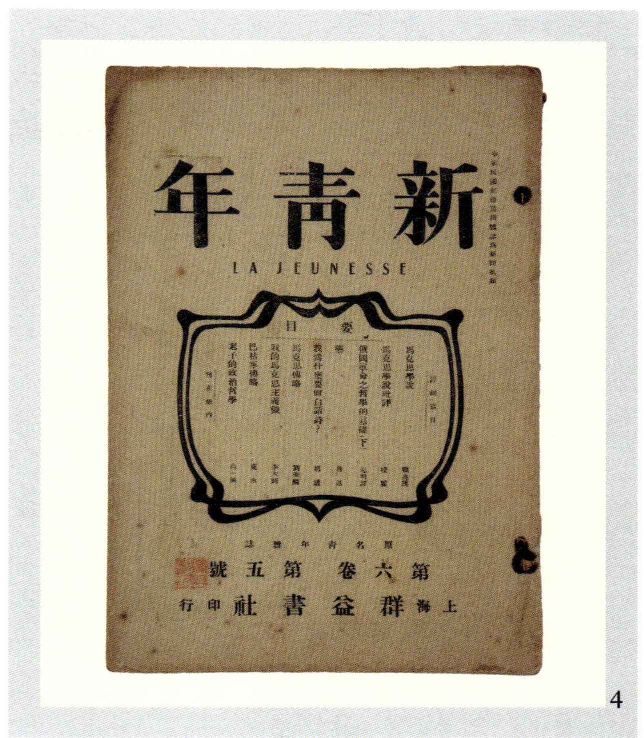

4

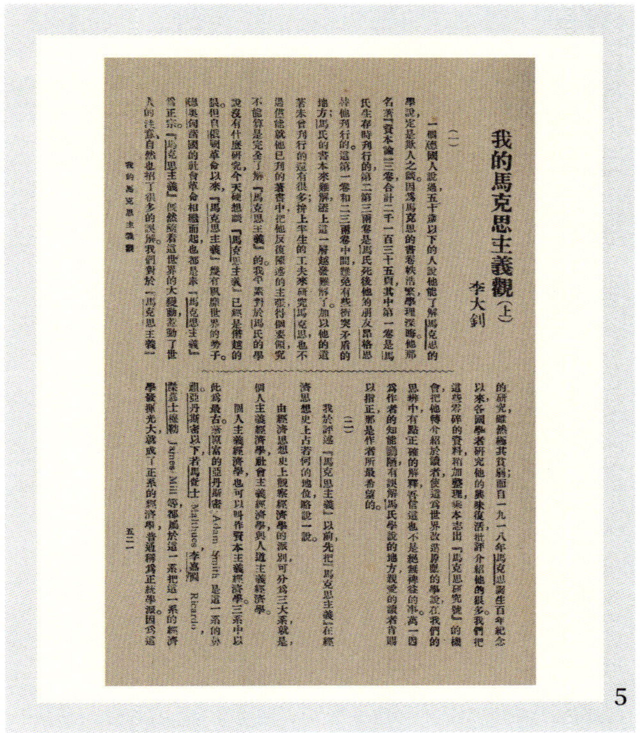

5

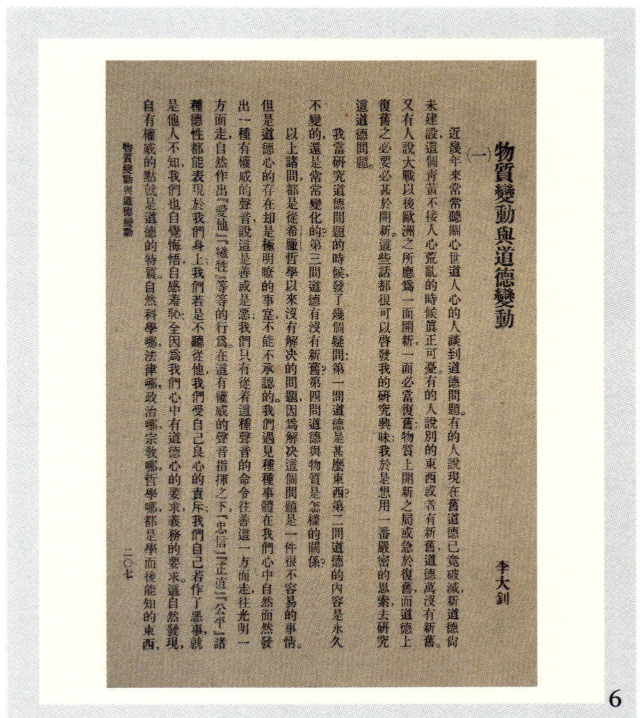

6

3. 1949 年上海北新书局印行的《守常文集》。
4. 1919 年，李大钊把《新青年》第 6 卷第 5 号编成“马克思研究专号”，集中刊登介绍马克思主义的文章，并发表自己的长篇文章《我的马克思主义观》。
5. 李大钊《我的马克思主义观》标志着马克思主义在中国进入比较广泛的传播阶段。
6. 李大钊《物质变动与道德变动》等宣传唯物史观的文章，引导进步青年信仰马克思主义。

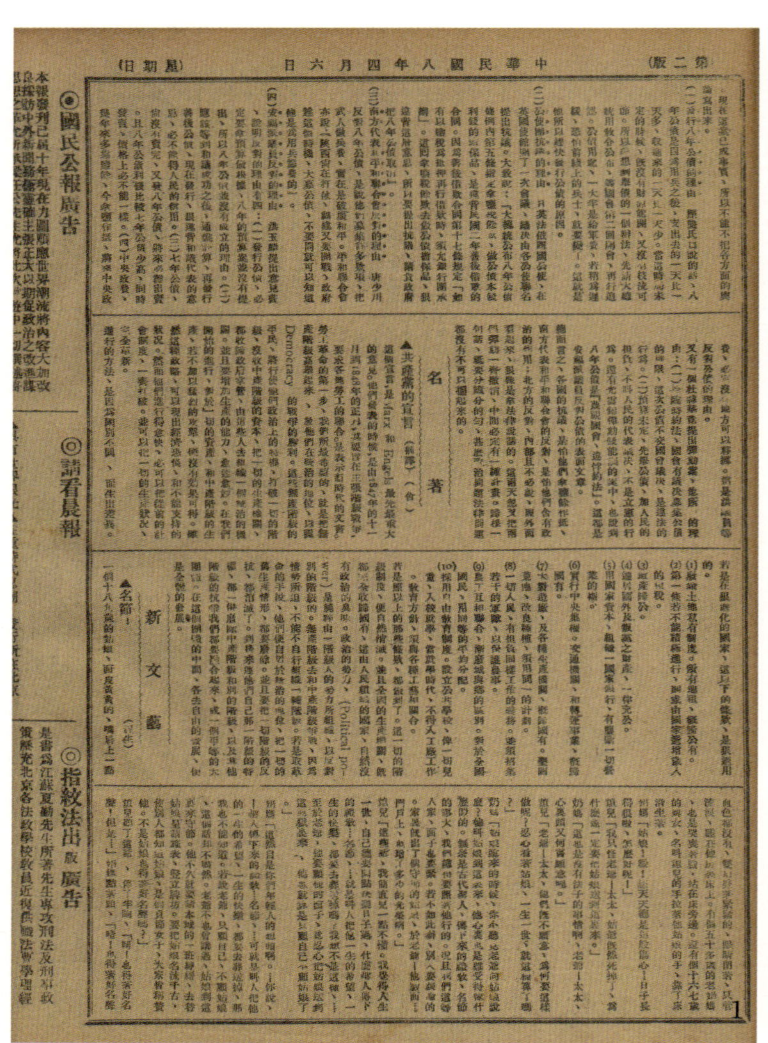

中華民國八年四月六日 (星期日) 第二版

名著

共產黨的宣言

新文藝

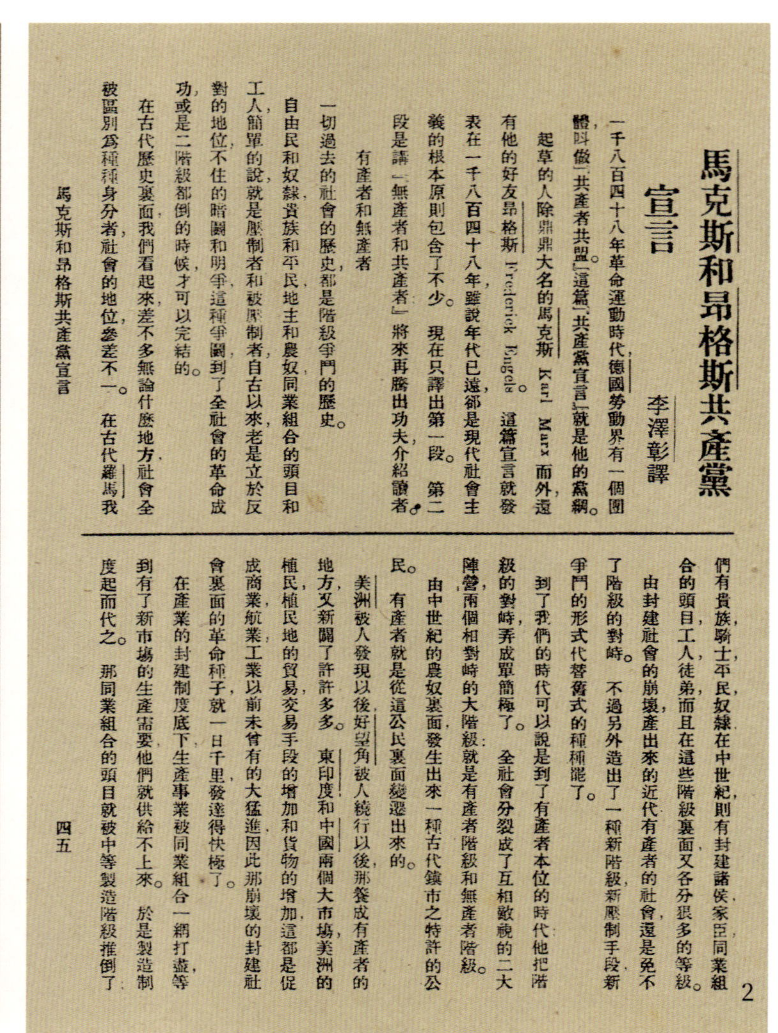

馬克斯和昂格斯共產黨宣言

李澤彰譯

一千八百四十八年革命運動時代，德國勞動界有一個團體，叫做「共產者共盟」。這篇「共產黨宣言」就是他的黨綱。起草的人除鼎鼎大名的馬克斯 Karl Marx 而外，還有他的好友昂格斯 Frederick Engels。這篇宣言就發表在一千八百四十八年，雖說年代已遠，卻是現代社會主義的根本原則包含了不少。現在只譯出第一段。第二段是講「無產者和共產者」將來再騰出功夫，介紹讀者。

有產者和無產者

一切過去的社會的歷史，都是階級爭鬥的歷史。

自由民和奴隸，貴族和平民，地主和農奴，同業組合的頭目和工人，簡單的說，就是壓制者和被壓制者，自古以來老是立於反對的地位，不住的暗鬬和明爭，這種爭鬬到了全社會的革命成功，或是二階級都倒的時候，才可以完結的。

在古代歷史裏面我們看起來，差不多無論什麽地方，社會全被區別爲種種身分者，社會的地位，參差不一。在古代羅馬我們有貴族，騎士，平民，奴隸，在中世紀，則有封建諸侯，家臣，同業組合的頭目，工人，徒弟，而且在這些階級裏面又各分狠多的等級。

由封建社會的崩壞產出來的近代有產者的社會，還是免不了階級的對峙。不過另外造出了一種新階級，新壓制手段，新爭鬥的形式代替舊式的種種罷了。

到了我們的時代，可以說是到了有產者本位的時代，他把階級的對峙，弄成單簡極了。全社會分裂成了互相敵視的二大陣營，兩個相對峙的大階級：就是有產者階級和無產者階級。

由中世紀的農奴裏面，發生出來一種古代鎮市之特許的公民。有產者就是從這公民裏面變遷出來的。

美洲被人發現以後，好望角被人繞行以後，那發成有產者的地方，又新闢了許許多多。東印度和中國兩個大市場，美洲的植民，植民地的貿易，交易手段的增加和貨物的增加，這都是促成商業，航業，工業以前未曾有的大猛進，因此那崩壞的封建社會裏面的革命種子，就一日千里，發達得快極了。

在產業的封建制度底下，生產事業被同業組合一網打盡，等到有了新市場的生產需要，他們就供給不上來。於是製造制度起而代之。那同業組合的頭目就被中等製造階級推倒了。

馬克斯和昂格斯共產黨宣言　四五

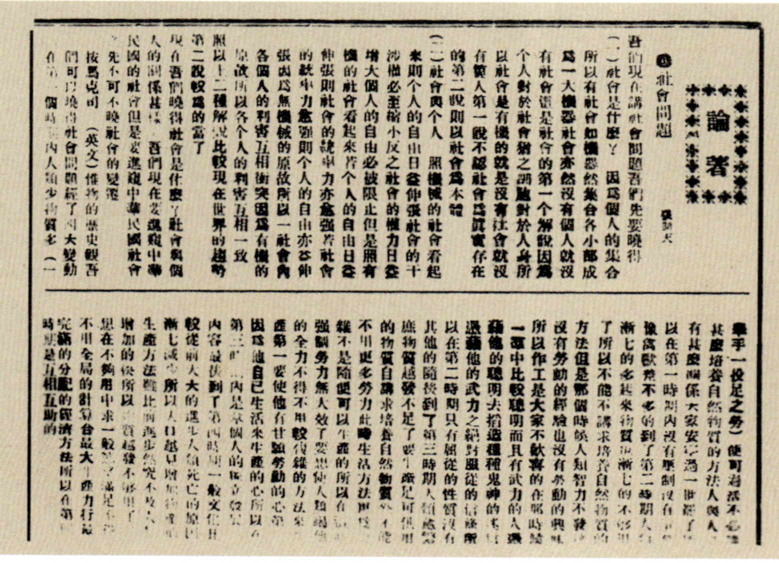

論著

社會問題　張聞天

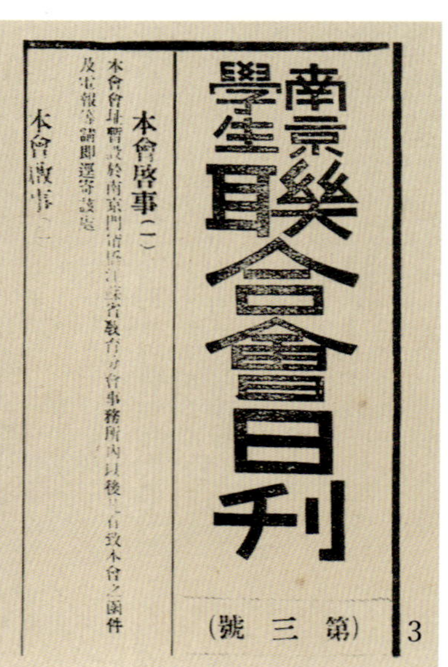

南京學生聯合會日刊

(第三號)

本會啓事(一)

1. 1919 年 4 月，《每周评论》第 16 号刊载了成舍我摘译的《共产党宣言》第二章最后部分。
2. 1919 年 11 月，《国民》杂志刊登李泽彰翻译的《共产党宣言》第一章。
3. 1919 年 8 月 19 日至 21 日，《南京学生联合会日刊》连载张闻天《社会问题》，文末节录《共产党宣言》第二章的十条纲领。

馬克思研究叢書

馬克思經濟學說

德國柯祖基著

陳溥賢譯

共學社

1922

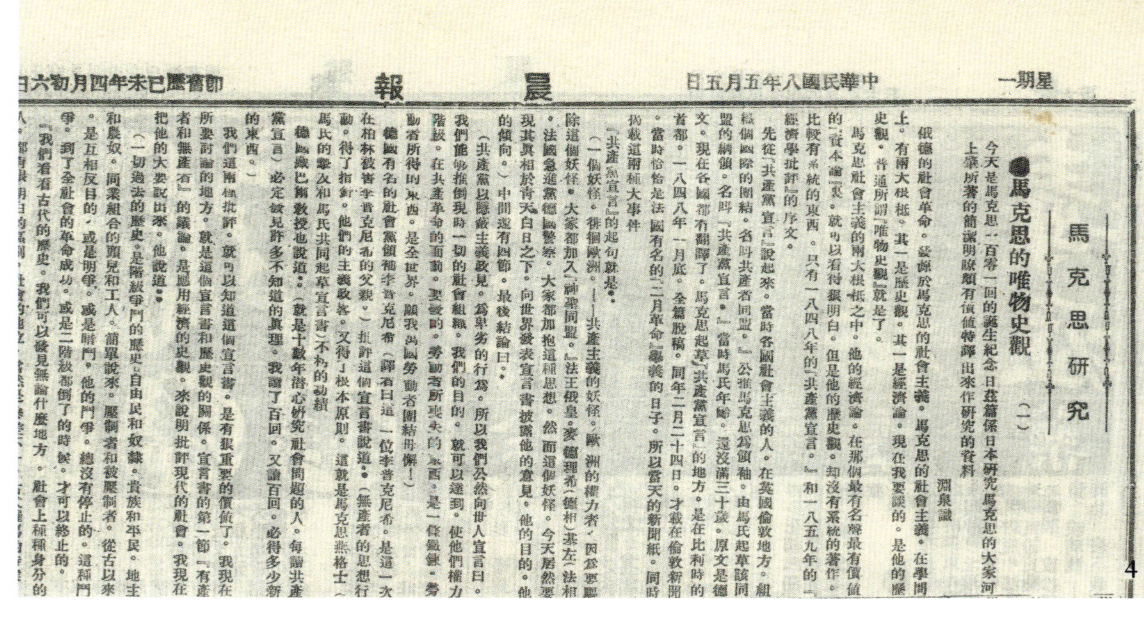

星期一　中華民國八年五月五日　晨報　舊曆己未年四月初六日

馬克思研究

馬克思的唯物史觀（一）

淵泉識

今天是馬克思一百零一回的誕生紀念日。這篇係日本研究馬克思的大家河上肇所著的簡潔明瞭頗有價值特譯出來作研究的資料

4

星期評論

女子解放從那裏做起？

5

民國日報

覺悟

6

4. 1919 年 5 月 5 日，《晨报》副刊开设“马克思研究”专栏，刊载马克思《劳动与资本》、考茨基《马克思经济学说》等论著。左为 1920 年印行的《马克思经济学说》单行本。右图为《晨报》副刊“马克思研究”专栏。

5. 1919 年 6 月 8 日创刊于上海的《星期评论》，刊发了大量研究劳动问题和介绍十月革命的文章，与北京《每周评论》被时人誉为“舆论界中最亮的两颗明星”。

6. 1919 年 6 月 16 日创办的《民国日报》副刊《觉悟》，也是介绍和宣传马克思主义的重要阵地。

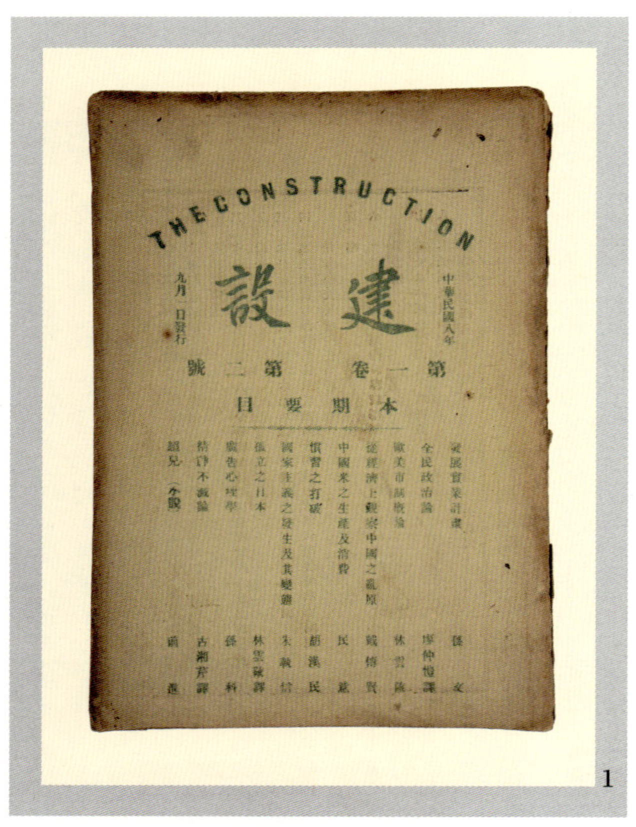
THE CONSTRUCTION

建設

中華民國八年九月一日發行

第一卷第二號

本期要目

發展實業計畫	孫文
全民政治論	廖仲愷譯
歐美市制概論	林雲陔
從經濟上觀察中國之亂原	戴傳賢
中國米之生產及消費	民意
憤書之打破	胡漢民
國家主義之發生及其變遷	朱執信
孤立之日本	林雲陔譯
廣告心理學	[illegible]
精神不滅論	古湘芹譯
超兒（小說）	[illegible]

1

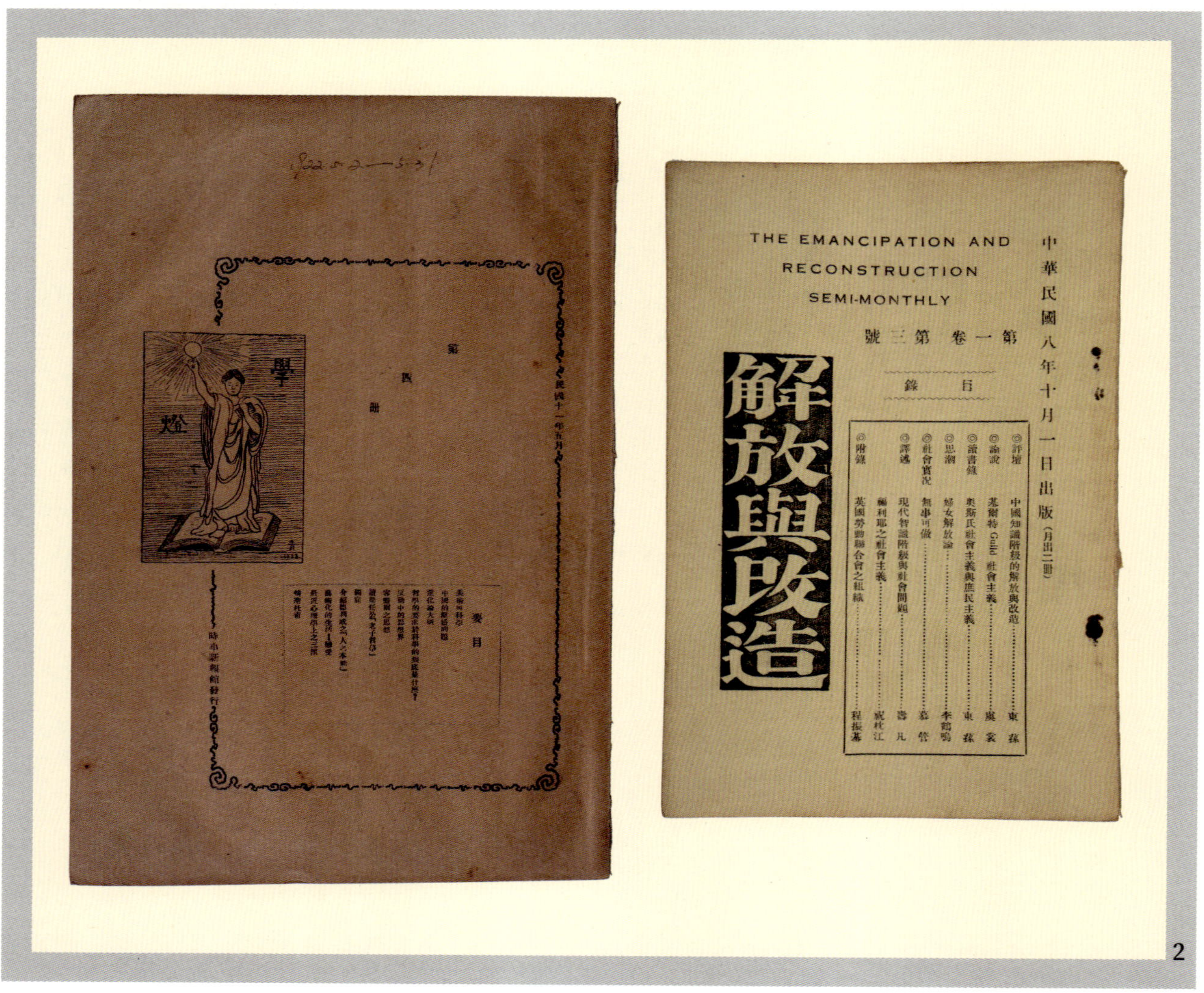
THE EMANCIPATION AND RECONSTRUCTION SEMI-MONTHLY

中華民國八年十月一日出版（月出二冊）

解放與改造

第一卷第三號

目錄

◎評壇	中國知識階級的解放與改造	東蓀
◎論說	基爾特 Guild 社會主義	廣衆
◎讀書錄	奧斯氏社會主義與庶民主義	東蓀
◎思潮	婦女解放論	李鶴鳴
◎社會實況	無事可做	慕管
◎譯述	現代智識階級與社會問題	壽凡
	蘇利耶之社會主義	祝枕江
◎附錄	英國勞動聯合會之組織	程振基

2

1. 1919 年 8 月创刊的《建设》，刊登了大量介绍马克思主义经济学和唯物史观的文章。
2. 研究系主办的刊物《时事新报》《解放与改造》也刊载了许多介绍和宣传马克思主义的文章。左为《时事新报》副刊《学灯》。右为《解放与改造》。

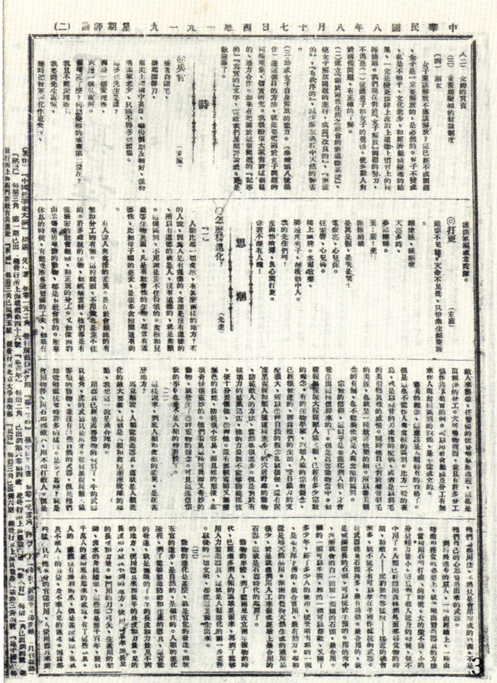

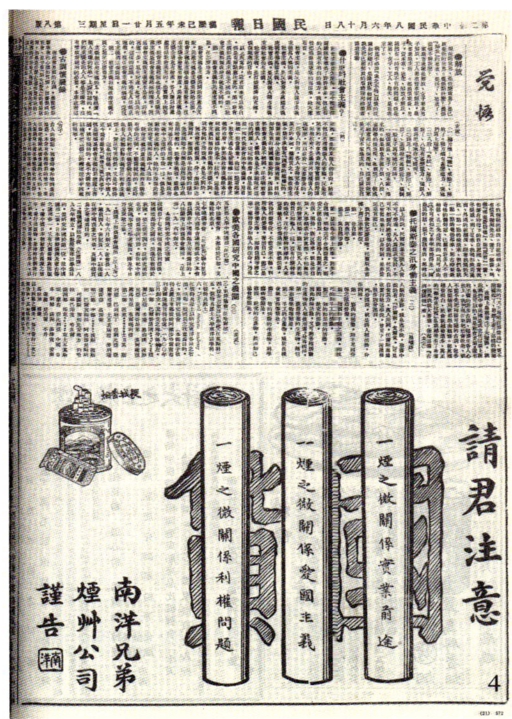

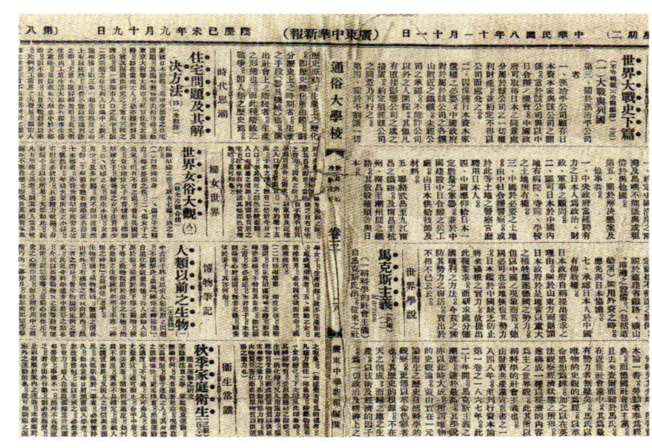

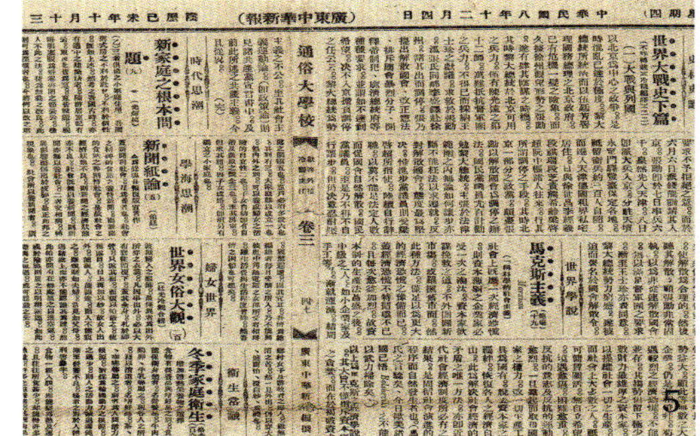

3. 1919 年 8 月至 1922 年春，李汉俊发表宣传马克思主义的文章、时评近百篇。图为李汉俊及其文章《怎么样进化？》。
4. 1919 年 6 月至 1920 年夏，李达撰译多篇有影响力的文章，比较全面地介绍了马克思主义的组成部分。图为李达及其文章《什么叫社会主义？》。
5. 1919 年 11 月至 12 月，杨匏安在《广东中华新报》连载《马克斯主义》，标志着马克思主义在华南地区开始传播。图为杨匏安及其文章《马克斯主义》。

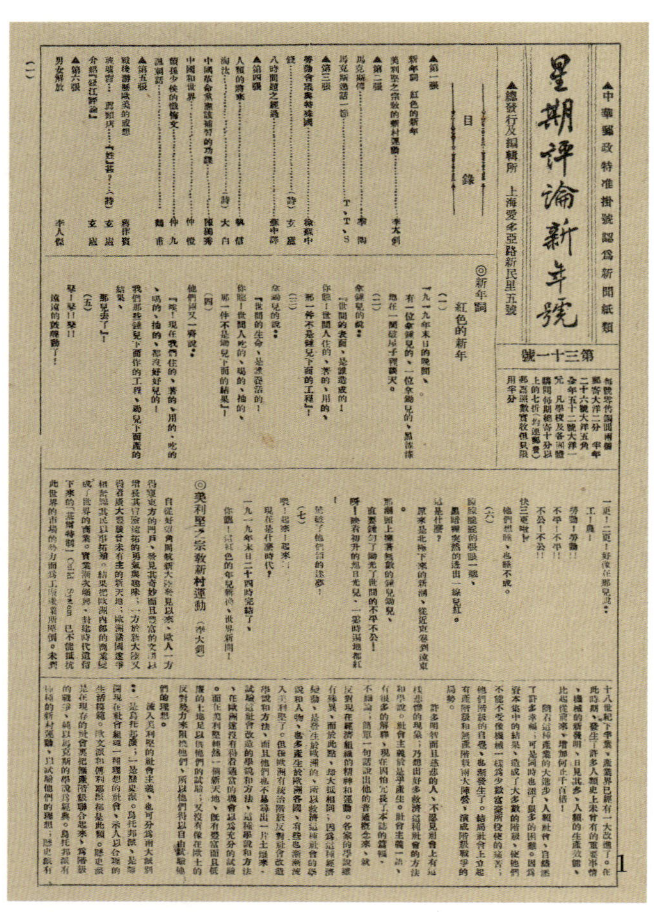

▲中華郵政特准掛號認爲新聞紙類

星期評論新年號

▲總發行及編輯所　上海愛多亞路新民里五號

第三十一號

每號零售銅圓兩個　郵寄大洋二分　半年二十六號大洋五角　全年五十二號大洋一元　凡學校及各團體購閱每期總寄十分以上的七折（均連郵費）郵票照數實收但只限用半分

目錄

▲第一張
新年詞　紅色的新年
美利堅之宗教的新村運動……李大釗

▲第二張
馬克斯傳……季陶
馬克斯逸話一節……T、T、S

▲第三張
勞動會議與特殊國……徐蘇中
錢……（詩）玄廬
八時間題之經過……蔡中踨

▲第四張
人類的將來……執信
淘汰……（詩）大白
中國革命家應該補習的功課……陳獨秀
中國和世界……仲愷
顛孫少侯的懺悔文……仲九
諷刺話……鶴甫

▲第五張
戰後游歷歐美的感想……蔣作賓
琉璃窗：君知否……【姓】甚？……（詩）玄廬
介紹『錢江評論』……玄廬

▲第六張
男女解放……李人傑

◎新年詞
紅色的新年

（一）
一九一九年末日的晚間，有一位拿錘兒的，一位拿鋤兒的，黑漆漆地在一間破屋子裏談天。

（二）
拿錘兒的說：『世間的表面，是誰造成的！你瞧！世間人住的、著的、用的，那一件不是錘兒下面的工程』！

（三）
拿鋤兒的說：『世間的生命，是誰養活的！你瞧！世間人吃的、喝的、抽的，那一件不是鋤兒下面的結果』！

（四）
他們倆又一齊說：『唉！現在我們住的、著的、用的、吃的、喝的、抽的，都沒好好兒的！我們那些錘兒下面作的工程、鋤兒下面產的結果，那兒去了』！

1.《星期评论》1920 年新年号登载的《马克斯传》，是五四时期介绍马克思最详细的传记。

2. 五四运动后，以毛泽东为代表的一批先进青年相继转变为马克思主义者。图为 1920 年 5 月毛泽东（左七）与新民学会部分成员在上海半淞园合影。

3. 1920 年 8 月，李大钊在觉悟社、少年中国学会等进步团体于北京陶然亭举行的会议上强调“标明本会主义之必要”。此后，这些社团开始分化，周恩来等人迅速转向马克思主义。图为 1920 年觉悟社部分社员（后排右一为周恩来）。

4. 觉悟社成员创办的刊物《觉悟》。

5. 在巴黎成立的工学世界社，是留法勤工俭学生中最早信仰马克思主义的团体。图为 1920 年末工学世界社法国蒙达尔纪会议合影。

问题与主义之争

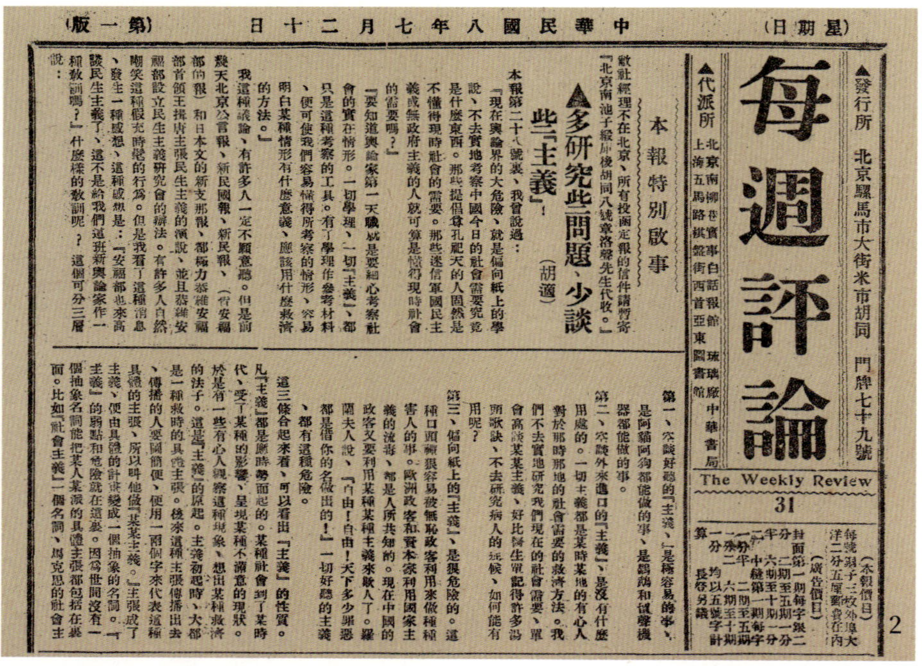

(星期日) 中華民國八年七月二十日 (第一版)

每週評論

The Weekly Review

31

▲發行所 北京騾馬市大街米市胡同 門牌七十九號

▲代派所 北京南柳巷實事白話報館 琉璃廠中華書局 上海五馬路棋盤街西首亞東圖書館

(本報價目) 每號銅子三枚外埠大洋二分五厘郵費在內

(廣告價目)

本報特別啟事

敝社經理不在北京、所有投函定報的信件請暫寄『北京南池子緞庫後胡同八號章洛聲先生代收。』

▲多研究些問題、少談些『主義』！

（胡適）

本報第二十八號裏、我曾說過：

『現在輿論界的大危險、就是偏向紙上的學說、不去實地考察中國今日的社會需要究竟是什麼東西。那些提倡尊孔祀天的人固然是不懂得現時社會的需要。那些迷信軍國民主義或無政府主義的人就可算是懂得現時社會的需要嗎？』

『要知道輿論家第一天職就是要細心考察社會的實在情形。一切學理、一切『主義』、都只是這種考察的工具。有了學理作參考材料、便可使我們容易懂得所考察的情形、容易明白某種情形有什麼意義、應該用什麼救濟的方法。』

我這種議論、有許多人一定不願意聽。但是前幾天北京公言報、新民國報、新民報、（皆安福部的報）和日本文的新支那報、都極力恭維安福部首領王揖唐主張民生主義的演說、並且恭維安福部設立民生主義研究會的辦法。有許多人自然嘲笑這種假充時髦的行為。但是我看了這種消息、發生一種感想、這種感想是：『安福部也來高談民生主義了、這不是給我們這班新輿論家作一種教訓嗎？』什麼樣的教訓呢？這個可分三層說：

第一、空談好聽的『主義』、是極容易的事、是阿貓阿狗都能做的事、是鸚鵡和留聲機器都能做的事。

第二、空談外來進口的『主義』、是沒有什麼用處的。一切主義都是某時某地的有心人對於那時那地的社會需要的救濟方法。我們不去實地研究我們現在的社會需要、單會高談某某主義、好比醫生單記得許多湯頭歌訣、不去研究病人的症候、如何能有用呢？

第三、偏向紙上的『主義』、是很危險的。這種口頭禪很容易被無恥政客利用來做種種害人的事。歐洲政客和資本家利用國家主義的流毒、都是人所共知的。現在中國的政客又要利用某種某種主義來欺人了。羅蘭夫人說、『自由！自由！天下多少罪惡、都是借你的名做出的！』一切好聽的主義、都有這種危險。

這三條合起來看、可以看出『主義』的性質。凡『主義』都是應時勢而起的。某種社會到了某時代、受了某種的影響、呈現某種不滿意的現狀。於是有一些有心人觀察這種現象、想出某種救濟的法子。這是『主義』的原起。主義初起時、大都是一種救時的具體主張。後來這種主張傳播出去、傳播的人要圖簡便、使用一兩個字來代表這種具體的主張、所以叫他做『某某主義。』主張成了主義、便由具體的計畫變成一個抽象的名詞。『主義』的弱點和危險就在這裏。因為世間沒有一個抽象名詞能把某人某派的具體主張都包括在裏面。比如『社會主義』一個名詞、馬克思的社會主

1. 1919 年 5 月，美国实验主义代表人物杜威来华讲学，宣传实用主义哲学。图为杜威（前排左五）与少年中国学会南京分会会员合影。
2. 受杜威影响，胡适发表文章，引发了要不要马克思主义、用什么主义改造中国社会的论争。

每週評論

The Weekly Review

33

中華民國八年八月三日

本報特別啟事

問題與主義

3

每週評論

The Weekly Review

35

中華民國八年八月十七日

論說

再論問題與主義

4

3. 蓝公武（署名“知非”）发表《问题与主义》，反驳胡适观点，从多方面论证宣传主义的必要。

4. 1919 年 8 月，李大钊发表《再论问题与主义》，阐明研究问题必须有主义作指导。

每週評論

The Weekly Review

36

三論問題與主義

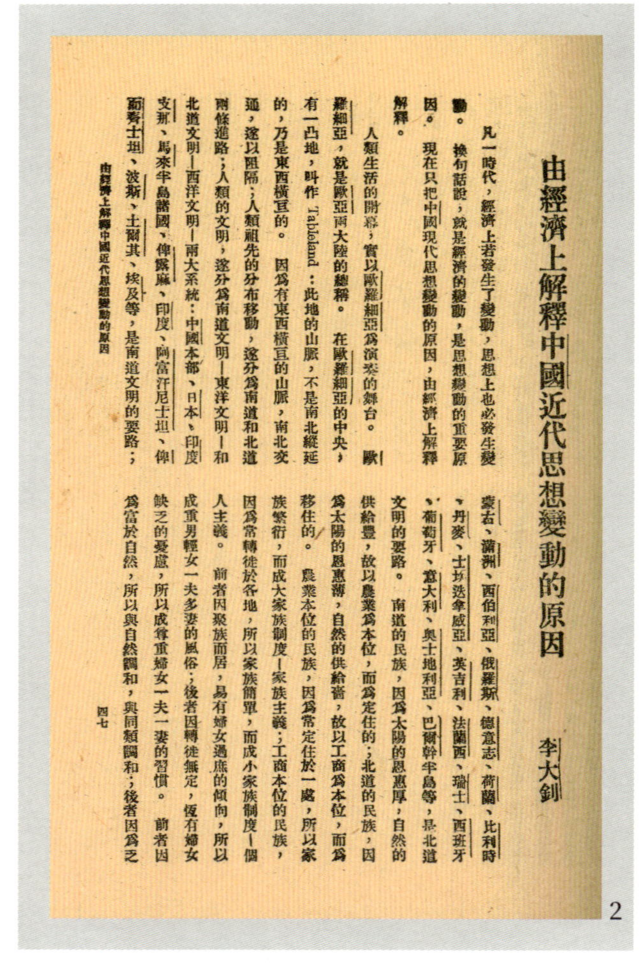

由經濟上解釋中國近代思想變動的原因

李大釗

凡一時代，經濟上若發生了變動，思想上也必發生變動。換句話說，就是經濟的變動，是思想變動的重要原因。現在只把中國現代思想變動的原因，由經濟上解釋解釋。

人類生活的開幕，實以歐羅細亞爲演奏的舞台。歐羅細亞，就是歐亞兩大陸的總稱。在歐羅細亞的中央，有一凸地，叫作 Tableland：此地的山脈，不是南北縱延的，乃是東西橫亘的。因爲有東西橫亘的山脈，南北交通，遂以阻隔；人類祖先的分布移動，遂分爲南道和北道兩條進路；人類的文明，遂分爲南道文明—東洋文明—和北道文明—西洋文明—兩大系統：中國本部、日本、印度支那、馬來半島諸國、俾路麻、印度、阿富汗尼士坦、俾路齊士坦、波斯、土爾其、埃及等，是南道文明的要路；蒙古、滿洲、西伯利亞、俄羅斯、德意志、荷蘭、比利時、丹麥、士坎迭拿威亞、英吉利、法蘭西、瑞士、西班牙、葡萄牙、意大利、奧士地利亞、巴爾幹半島等，是北道文明的要路。南道的民族，因爲太陽的恩惠厚，自然的供給豐，故以農業爲本位，而爲定住的；北道的民族，因爲太陽的恩惠薄，自然的供給嗇，故以工商爲本位，而爲移住的。農業本位的民族，因爲常定住於一處，所以家族繁衍，而成大家族制度—家族主義；工商本位的民族，因爲常轉徙於各地，所以家族簡單，而成小家族制度—個人主義。前者因聚族而居，易有婦女過庶的傾向，所以成重男輕女一夫多妻的風俗；後者因轉徙無定，恆有婦女缺乏的憂慮，所以成尊重婦女一夫一妻的習慣。前者因爲富於自然，所以與自然調和，與同類調和；後者因爲之

由經濟上解釋中國近代思想變動的原因　四七

1. 胡适再次撰文，不赞成马克思主义的社会革命。这是刊载胡适文章的《每周评论》第 36 号。

2. 1919 年底，李大钊撰文，立场鲜明地指出马克思主义在中国的传播是时代的要求。

第三部分

早期组织 星火初燃

在学习、传播马克思主义和“与劳工为伍”的实践中，中国的马克思主义者逐渐认识到建立无产阶级政党的必要性和紧迫性。在共产国际的帮助下，中国第一个共产党早期组织1920年在上海成立，并积极指导和推动各地共产主义者开展建党活动。各地共产党早期组织成立后，有计划、有组织地研究和宣传马克思主义，批判各种反马克思主义思潮，在工人中开展宣传和组织工作，成立社会主义青年团，进一步推动马克思主义的传播及其与中国工人运动的结合，为中国共产党的正式成立奠定基础。

第三部分

PART Ⅲ

早期组织 星火初燃

EARLY PARTY GROUPS MUSHROOMING

在学习、传播马克思主义和“与劳工为伍”的实践中，中国的马克思主义者逐渐认识到建立无产阶级政党的必要性和紧迫性。在共产国际的帮助下，中国第一个共产党早期组织1920年在上海成立，并积极指导和推动各地共产主义者开展建党活动。各地共产党早期组织成立后，有计划、有组织地研究和宣传马克思主义，批判各种反马克思主义思潮，在工人中开展宣传和组织工作，成立社会主义青年团，进一步推动马克思主义的传播及其与中国工人运动的结合，为中国共产党的正式成立奠定基础。

Through the study of Marxist theories and engagement with laborers and workers, Marxists in China gradually realized the dire necessity and urgency of establishing a proletarian party. With the support of the Comintern, the first communist party group was set up in Shanghai in 1920, which actively guided and motivated the forming of more such groups across the country. All local party groups systematically organized activities of studying and spreading Marxism, educating and organizing workers, while criticizing various anti-Marxist thoughts. They also set up Socialist Youth Leagues to further promote the integration of Marxism and workers' movements, paving the way for the official founding of the Communist Party of China.

南陈北李
相约建党

初心的守护

第一单元 中国共产党的发起组织在上海成立

在广泛传播马克思主义、宣传劳工运动的过程中，陈独秀和李大钊开始酝酿和准备建立共产党组织。1920 年，在中国工人阶级最密集的中心城市——上海，以上海马克思主义研究会为基础，中国的第一个共产党早期组织正式成立。上海的共产党早期组织积极推动各地共产党早期组织的建立，成为各地共产主义者进行建党活动的联络中心，实际上起着中国共产党的发起组织的作用。

建党前夕的上海社会

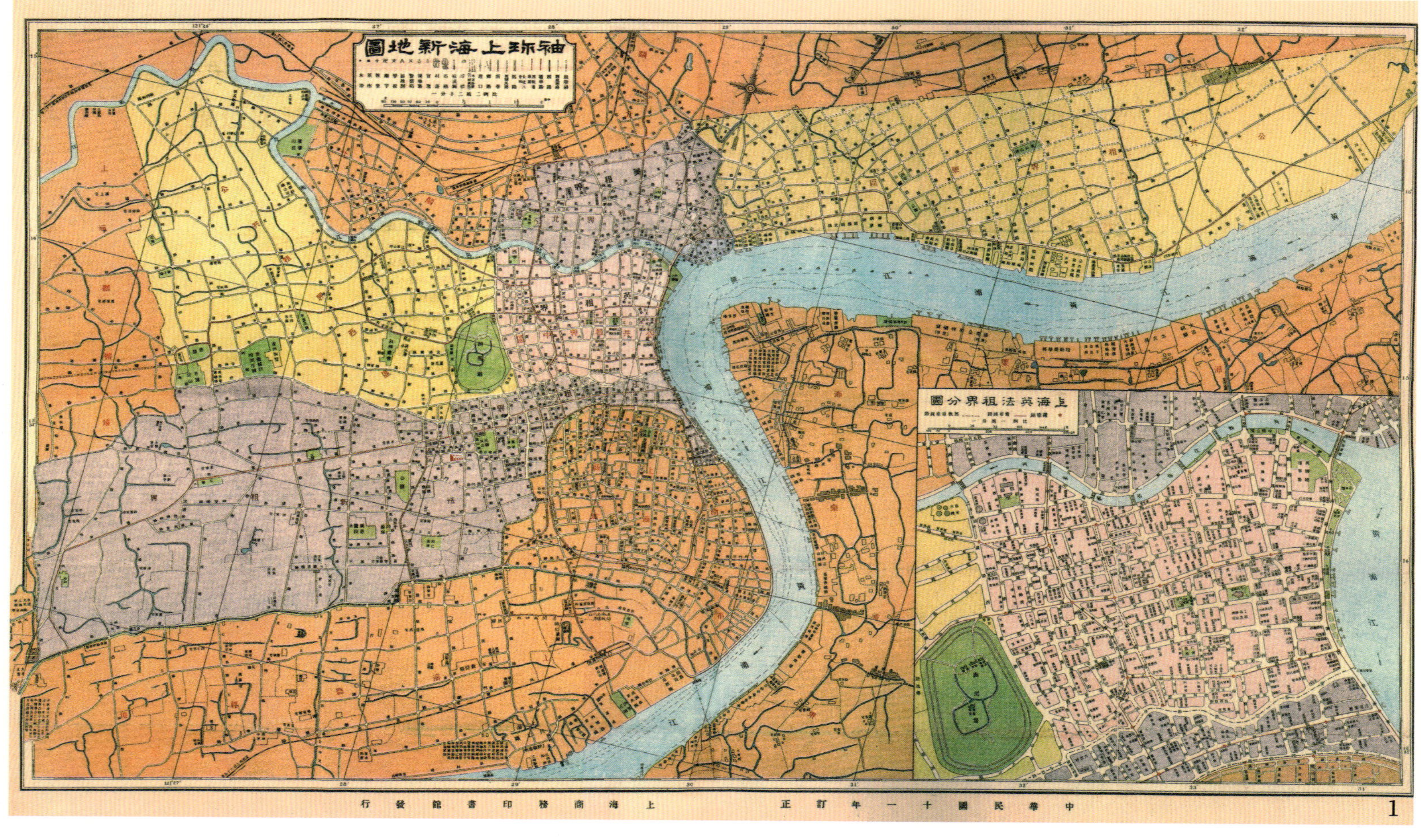

1. 近代上海存在公共租界（原英美租界）、法租界和华界，形成了“一市三治”的政治格局。图为上海租界示意图。

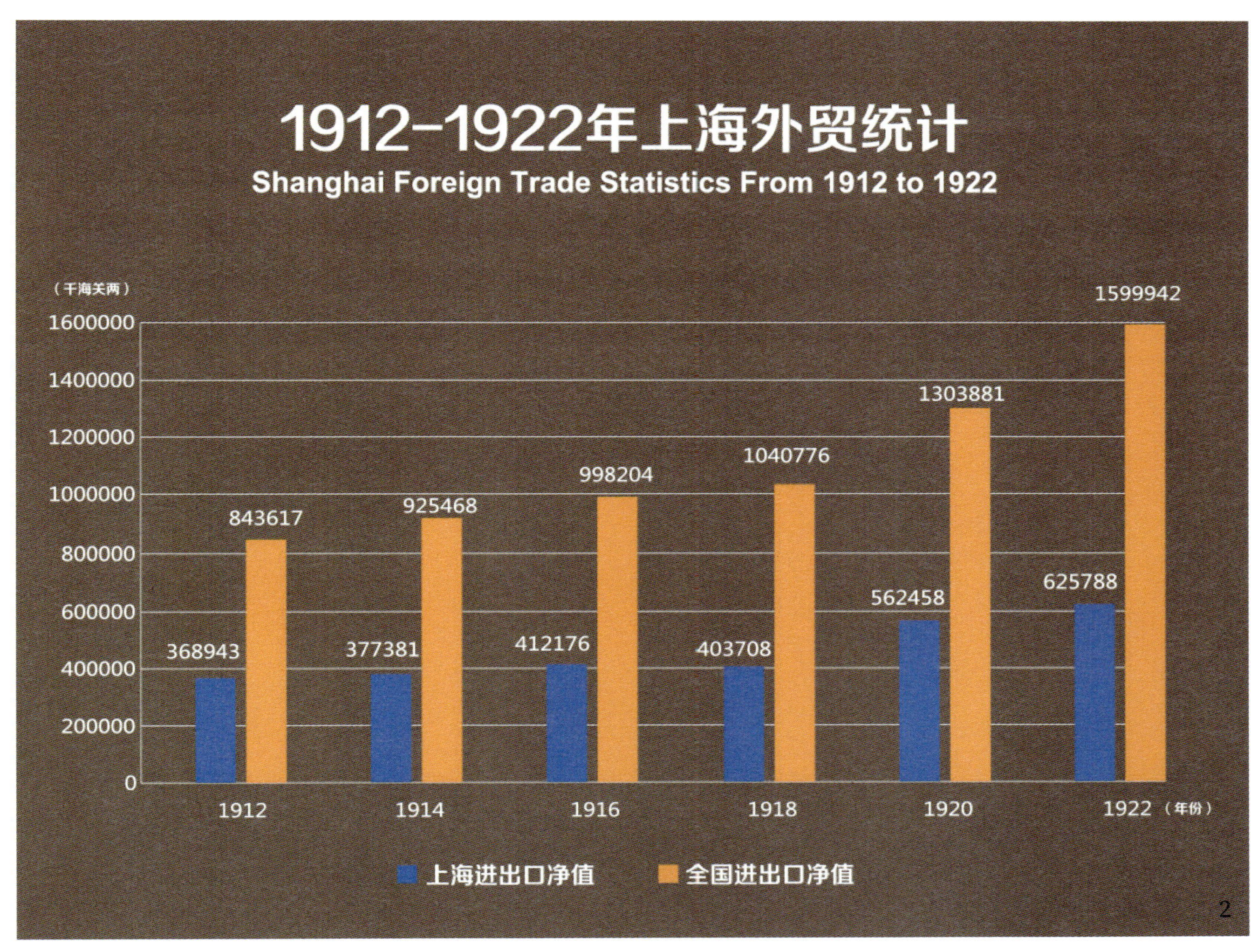

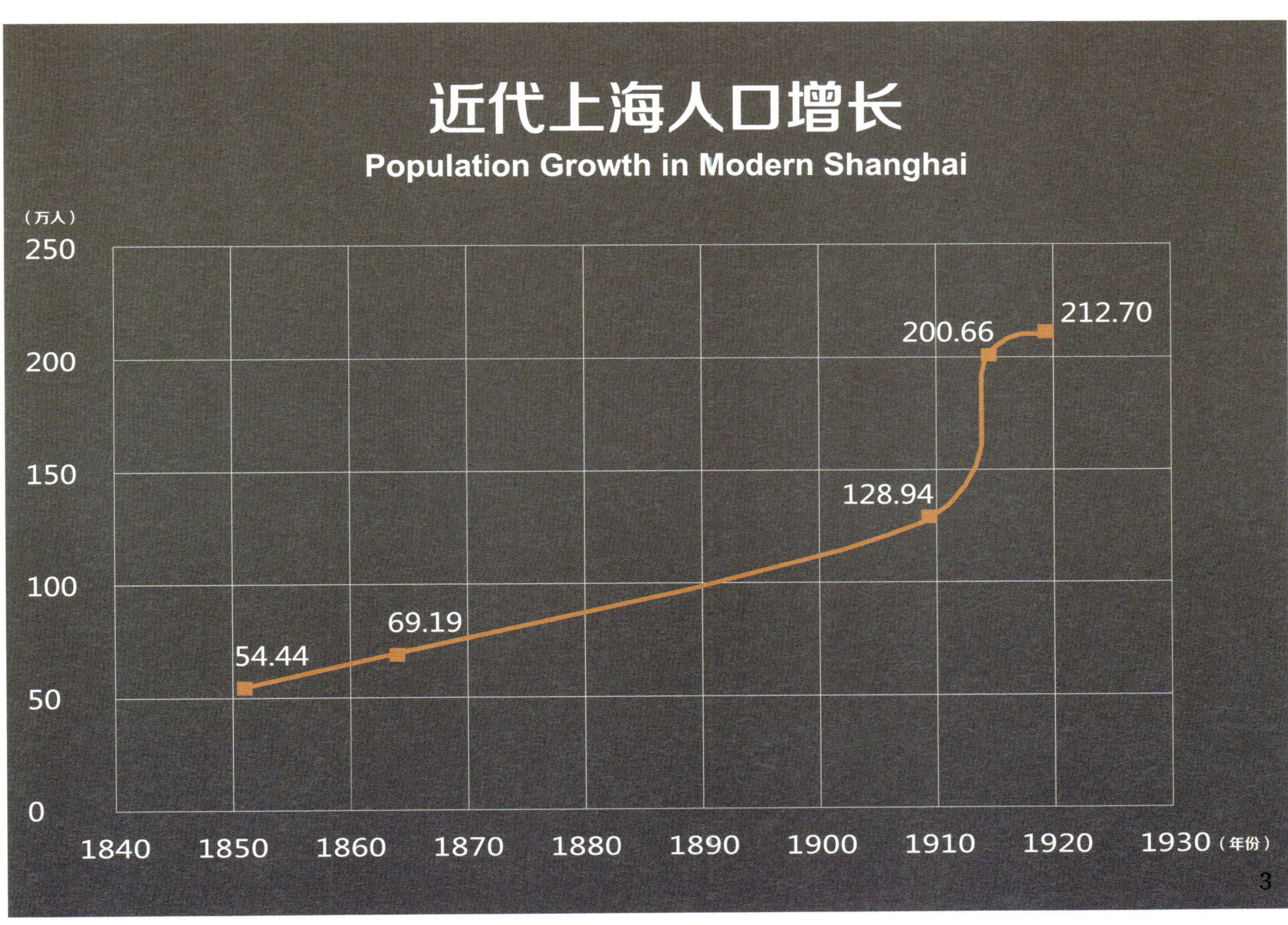

2. 1912—1922年，上海进出口贸易净值从3.69亿关两增长至6.26亿关两，占同期全国进出口净值40%以上。

3. 近代上海是中国人口增长最快的城市。

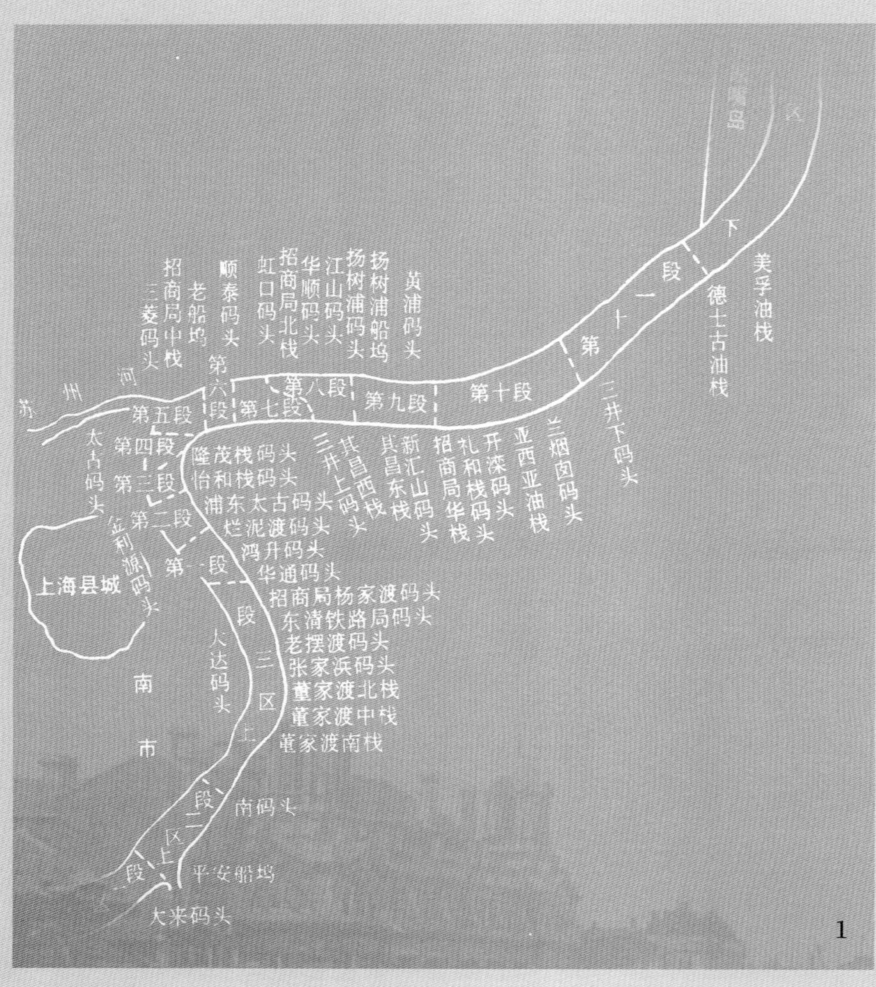

1. 近代上海通江达海，航运发达。图为 1918 年黄浦江外国船停泊区分段与沿岸码头分布示意图。
2. 20 世纪 20 年代初，上海已成为中国交通运输和邮政电信枢纽，轮船、铁路四通八达，邮政、电报联通国际国内。图为当时的上海北火车站。

3. 上海是近代中国“西学东渐”的窗口，新闻、出版、教育、文化事业发达，为进步思想的产生和传播创造了条件。图为上海商务印书馆中文排字部场景。

4. 20 世纪 20 年代报馆书局林立的上海福州路山东路一带。

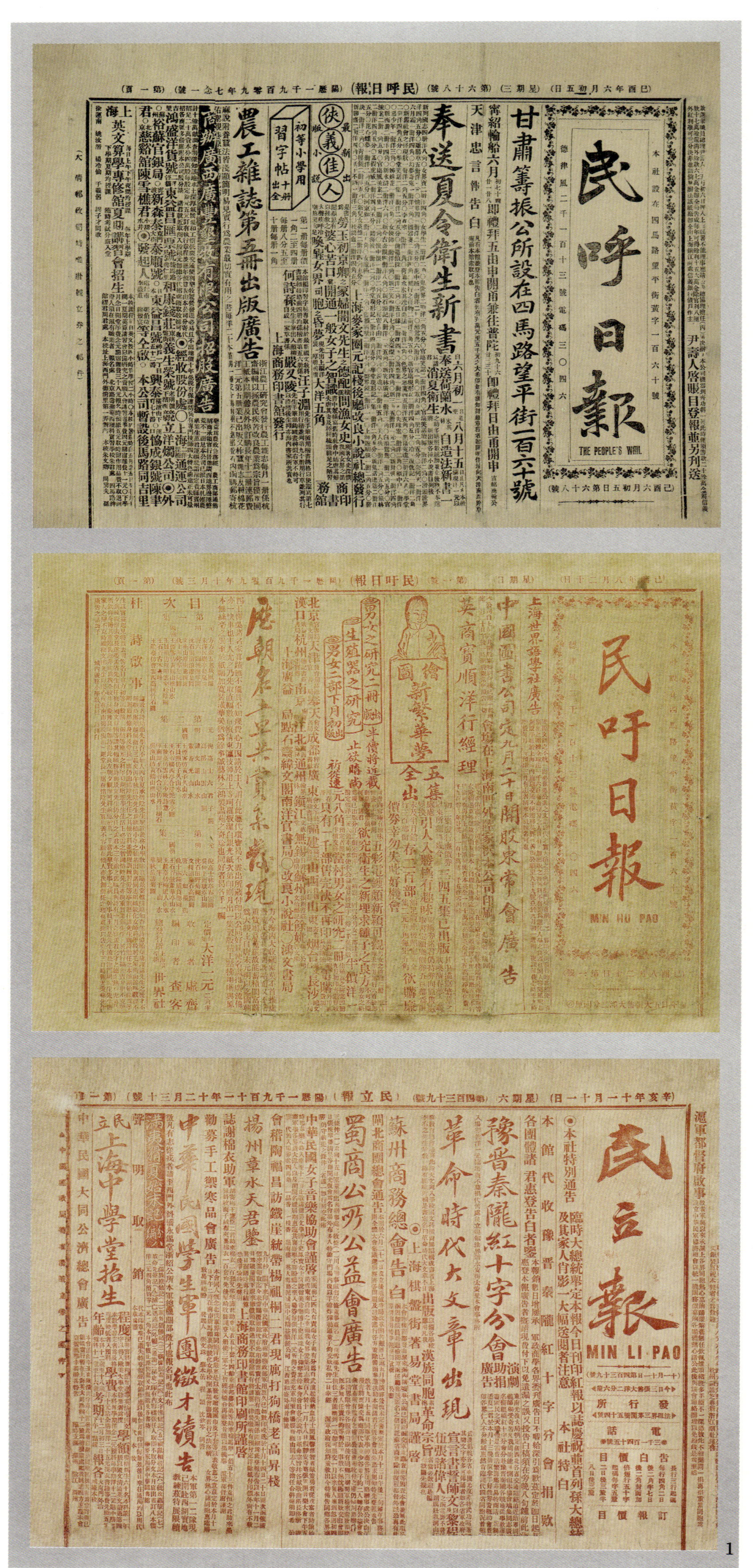
民呼日報
THE PEOPLE'S WAIL
甘肅籌振公所設在四馬路望平街一百六十號
奉送夏令衛生新書
農工雜誌第五冊出版廣告

民吁日報
MIN HU PAO

民立報
MIN LI PAO
豫晉秦隴紅十字分會
革命時代大文章出現
蘇州商務總會告白
蜀商公所公益會廣告
中華民國學生軍團徵才續告
民立上海中學堂招生

1

1. 各种宣传革命进步思想的书籍报刊在上海纷纷涌现。这是于右任在上海先后创办的革命报刊《民呼日报》《民吁日报》《民立报》，史称“竖三民”。

上海是中国社会主义者的大本营，在这里可以公开的进行宣传。上海有许多社会主义性质的团体，出版三百多种书刊（报纸、杂志和书籍），均为社会主义性质。

——1920 年 10 月 5 日刘谦向俄共（布）阿穆尔省委的报告

2. 近代上海汇聚各国外侨，形成华洋混处、五方杂居的城市格局。图为洋行林立的洋泾浜（今延安东路）一带。

3. 随着城市的发展，石库门逐渐成为近代上海最主要的民居。这种建筑中西结合，独门独院，前后相通，成排连片，既为大量外来人口提供了住所，也为革命活动提供了方便。

4. 1920 年，上海有俄国侨民 5000 多人，为俄共（布）开展工作提供了掩护。图为俄侨在霞飞路（今淮海中路）开设的餐厅。

南陈北李，相约建党

你今出狱了，我们很欢喜！
他们的强权和威力，终竟战不胜真理。
什么监狱什么死，都不能屈服了你；
因为你拥护真理，所以真理拥护你。
——李大钊

1

第二張　中華民國九年二月二十日　民國日報　舊曆己未年十二月廿三日星期四　第七版

議憲停頓中之建白（續）

武漢學生歡迎陳獨秀

日警越界捕人之交涉

威爾遜演說國際聯盟

1. 1919 年 9 月 16 日，陈独秀获释出狱。《新青年》第 6 卷第 6 号发表李大钊的白话诗《欢迎陈独秀出狱》。
2. 五四运动后，陈独秀开始转向马克思主义。1920 年 2 月 5 日，陈独秀在武汉文华学校发表演讲《社会改造的方法与信仰》，主张打破阶级制度。图为陈独秀在武汉讲学的报道。

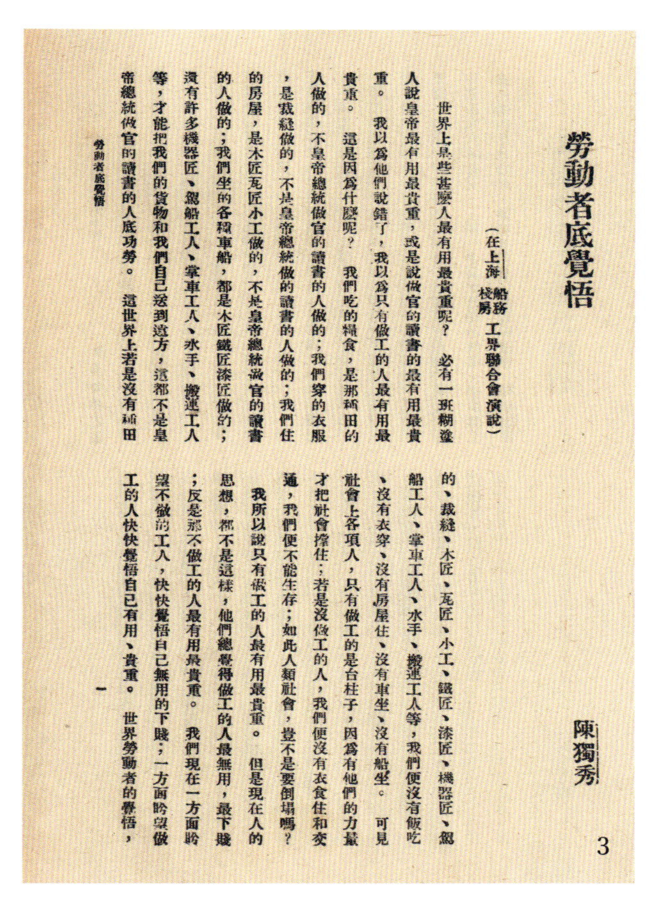

勞動者底覺悟

（在上海船務棧房工界聯合會演說）

陳獨秀

世界上是些甚麼人最有用最貴重呢？　必有一班糊塗人說皇帝最有用最貴重，或是說做官的讀書的最有用最貴重。　我以爲他們說錯了，我以爲只有做工的人最有用最貴重。　這是因爲什麼呢？　我們吃的糧食，是那種田的人做的，不是皇帝總統做官的讀書的人做的；我們穿的衣服，是裁縫做的，不是皇帝總統做的讀書的人做的；我們住的房屋，是木匠瓦匠小工做的，不是皇帝總統做官的讀書的人做的；我們坐的各種車船，都是木匠鐵匠漆匠做的；還有許多機器匠、駕船工人、掌車工人、水手、搬運工人等，才能把我們的貨物和我們自己送到遠方，這都不是皇帝總統做官的讀書的人底功勞。　這世界上若是沒有種田的、裁縫、木匠、瓦匠、小工、鐵匠、漆匠、機器匠、駕船工人、掌車工人、水手、搬運工人等，我們便沒有飯吃、沒有衣穿、沒有房屋住、沒有車坐、沒有船坐。　可見社會上各項人，只有做工的是台柱子，因爲有他們的力量才把社會撐住；若是沒做工的人，我們便沒有衣食住和交通，我們便不能生存；如此人類社會，豈不是要倒塌嗎？

我所以說只有做工的人最有用最貴重。　但是現在人的思想，都不是這樣，他們總覺得做工的人最無用，最下賤；反是那不做工的人最有用最貴重。　我們現在一方面盼望不做的工人，快快覺悟自己無用的下賤；一方面盼望做工的人快快覺悟自己有用、貴重。　世界勞動者的覺悟，

勞動者底覺悟　一

“可见社会上各项人，只有做工的是台柱子，因为有他们的力量才把社会撑住；若是没做工的人，我们便没有衣、食、住和交通，我们便不能生存；如此，人类社会，岂不是要倒塌吗？我所以说只有做工的人最有用最贵重。”

——陈独秀《劳动者底觉悟》

3. 1920 年 2 月，陈独秀秘密离开北京来到上海。4 月 2 日，他出席“船务栈房工界联合会”成立大会并发表演说《劳动者底觉悟》，主张开展劳动运动以提高工人觉悟。这是《新青年》第 7 卷第 6 号发表的演说全文。

4. 1920 年 3 月，李大钊在北京大学成立马克思学说研究会。这是中国最早学习和研究马克思主义的团体。图为马克思学说研究会成员合影。

▲上海工人宣言云　我們上海各業大部分工人。同時休業。舉行第一次世界勞動紀念大會。竟被蔑視人民集會自由權的軍警。以強橫的武力一日之中兩次阻止。同人因為保持和平態度起見。遂改在青年會操場草率宣布散會。真是一件憾事。但是『五月一日』這一個世界的勞動紀念日。多謝今天軍警的強橫行動。竟能使中國人。由驚訝而懷疑。由懷疑而認識。由認識而決心。由決心而奮鬥。從今天起。我們中國工人覺悟的團結的精神。已經足以使壓制我們的人。膽戰心驚。這一個事實。一定能夠使全世界的朋友認識。『不入支那人清夢的五月一日』。這一個可羞的批評。更由吾人今天的努力。稍微洗去一點。

今天上海全市許多從事於商業勞動的朋友。對於吾輩生產的工人。表示親愛和敬重。將來負担勞動任務的男女學生。對於吾輩生產的工人。表示同情和感謝。上海的言論界。在『五月一日』這一個神聖的日子。給我們許多安慰和勉勵。這都是我們所十分感激的。

全國生產的工人呵！我們惟有一致努力團結。為製造幸福而奮鬥。在三百六十五日後的五月一日。再表示我們的勇氣和人格！

1. 1920年5月1日，在陈独秀指导下，上海5000多各行各业工人为五一国际劳动节集会，通过《上海工人宣言》。图为5月3日《民国日报》发表的《上海工人宣言》。
2. 1920年5月1日，李大钊在北京大学召开有500多工友和学生参加的纪念国际劳动节大会。图为北京学生上街庆祝劳动节。
3. 1920年5月1日，《新青年》“劳动节纪念号”出版，共收录28篇文章，介绍国内外劳动组织和工人运动的情况。

五月一日　星期評論　四十八號

勞動日紀念

勞動世界歌

北京大學學生週刊

一九二〇，五，一。　星期六出版　第十四號

LA STUDENTARO DE LA ŜTATA PEKIN-UNIVERSITATO

發行所：北京大學學生會出版股。本校三枚。外埠三分。半年七角。全年一元四角。外國全年二元。

勞働紀念號

新社會

第十七號

本期目錄

勞動號(一)

什麼是勞動問題？

4

4. 1920 年 5 月 1 日，上海和北京部分进步刊物同时发行劳动节特刊。这是《星期评论》《新社会》《北京大学学生周刊》的“劳动日纪念”号。

共产国际的推动

1

In May last Lizerovitch (*vide* Weekly Report No. 19) applied for a *visa* to enable him to go to England, but was refused as he was unable to comply with the requirements regarding *visas*. Both he and his fiancee, Adaline Eda, who is British by birth but known to be openly and fanatically *anti*-British, are reported to be active in Bolshevik interests. He recently invited to dinner a number of Bolshevik agents and sympathisers, when the health of Soviet Russia was drunk and Bolshevism discussed. Lunden (*vide* Weekly Report No. 18), who was present on the occasion, was reported to be proceeding shortly on a mission to Moscow *viâ* the United States and England.

A Russian named Hedoroff, who is now residing in Tienstin, has also come to notice as an ardent Bolshevik. He makes no secret of his being a semi-official delegate of the Soviet Government. He first came to Shanghai in April 1919, and while there was in touch with Agarieff, another Bolshevik agent who has since come into prominence as an active propagandist working in close co-operation with Lizerovitch and Adalina Eda, mentioned above. and also with another Russian agent named Yudoroff. Latter is a Russian journalist and has been engaged in propaganda at Shanghai.

2

1. 1919 年 3 月，共产国际在莫斯科成立，在指导欧美各国无产阶级政党开展革命斗争的同时，也积极推动亚洲各国建立无产阶级政党。图为列宁（右二）出席在共产国际第一次代表大会。
2. 十月革命后的最初几年，俄共（布）和苏俄各机构秘密派遣工作人员前来中国了解情况，推动共产主义运动。左图为波波夫。中图为霍多洛夫。右图为反映霍多洛夫等人活动情况的报告。

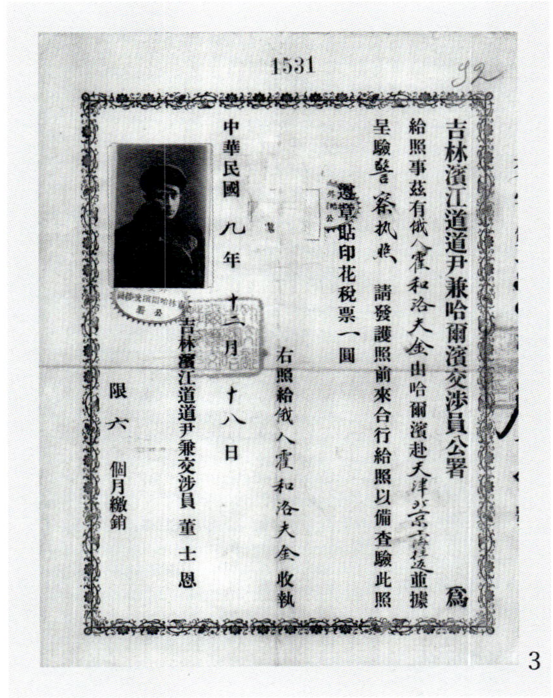

1531

吉林濱江道道尹兼哈爾濱交涉員公署 為

給照事茲有俄人霍和洛夫金由哈爾濱赴天津北京上海往返並據

呈驗警察执照、請發護照前來合行給照以備查驗此照

遵章貼印花稅票一圓

右照給俄人霍和洛夫金收執

中華民國九年十二月十八日

吉林濱江道道尹兼交涉員 董士恩

限六個月繳銷

ШАНХАЙСКАЯ ЖИЗНЬ

Цѣна 10

上海俄文生活日報

Saturday, July 23, 1921. The SHANGHAI LIFE

Суббота, 23 Іюля 1921 г.

„Шанхайская Жизнь"

ДОКТОР Е. А. ФОРТУНАТОВ

ДѢТСКІЯ и ВНУТРЕННІЯ БОЛѢЗНИ

„Victoria Theatre" „Театр Викторія"

„Поверьте мнѣ Ксантиппа"

„Театр АПОЛЛО"

„Поруганная репутація"

„Мужчина и его деньги"

„Olympic Theatre" „Театр Олимпик"

„Разрушеніе Рима"

Доктор Медицины Р. И. ГОЛЬПЕР

Е. Г. ЛОБЗОВСКІЙ

THE CHEMISTS & PHARMACISTS Co., Ltd.

АПТЕКА

КЕФИР

3. 苏俄秘使霍和洛夫金 1920 年 12 月 18 日来华护照。

4. 1920 年初，随着中俄交通线逐渐打通，苏俄开始派遣人员来华活动，同时建立通讯和宣传机构。这是 1920 年 2 月被苏俄政府收购的《上海俄文生活日报》。

5. 1920 年春，列宁写下《民族和殖民地问题提纲初稿》，为亚洲各国革命运动提供理论指导。图为列宁在共产国际二大做报告。

6. 1920 年 4 月，维经斯基（本名 Г.Н.Войтинский，又名扎尔欣，中文名吴廷康）受俄共（布）远东局符拉迪沃斯托克（海参崴）分局外国处派遣，来到中国。

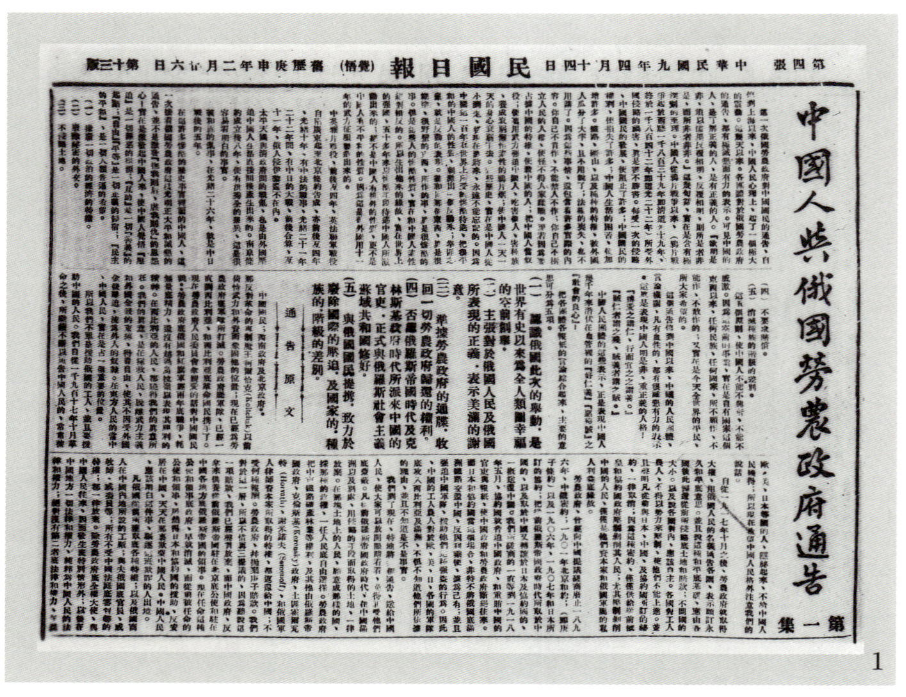

民國日報

中國人與俄國勞農政府通告

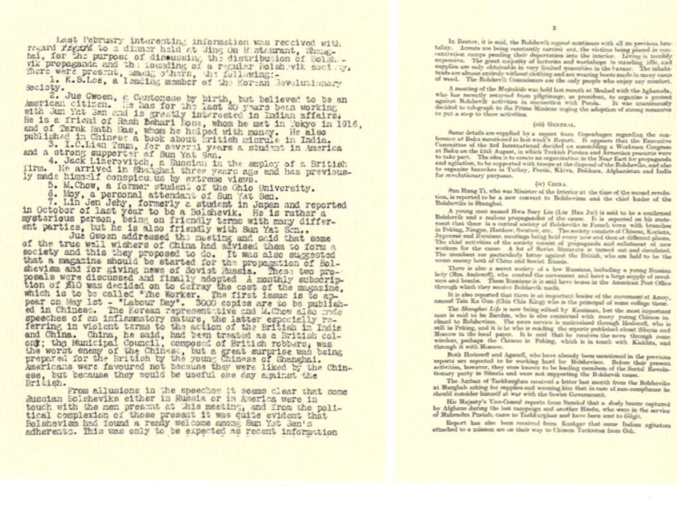

Last February interesting information was received with regard to a dinner held at Wing On Restaurant, Shanghai, for the purpose of discussing the distribution of Bolshevik propaganda and the founding of a regular Bolshevik society. There were present, among others, the following:-

1. K.S.Lee, a leading member of the Korean Revolutionary Society.

2. Jue Gwoen, a Cantonese by birth, but believed to be an American citizen. He has for the last 20 years been working with Sun Yat Sen and is greatly interested in Indian affairs. He is a friend of Rash Behari Bose, whom he met in Tokyo in 1916, and of Tarak Nath Das, whom he helped with money. He also published in Chinese a book about British misrule in India.

3. I.C.Lien Tsun, for several years a student in America and a strong supporter of Sun Yat Sen.

4. Jack Lizerovitch, a Russian in the employ of a British firm. He arrived in Shanghai three years ago and has previously made himself conspicuous by extreme views.

5. M.Chow, a former student of the Ohio University.

6. Moy, a personal attendant of Sun Yat Sen.

7. Lin Jen Jehy, formerly a student in Japan and reported in October of last year to be a Bolshevik. He is rather a mysterious person, being on friendly terms with many different parties, but he is also friendly with Sun Yat Sen..

Jue Gwoen addressed the meeting and said that some of the true well wishers of China had advised them to form a society and this they proposed to do. It was also suggested that a magazine should be started for the propagation of Bolshevism and for giving news of Soviet Russia. These two proposals were discussed and finally adopted A monthly subscription of $10 was decided on to defray the cost of the magazine, which is to be called "The Worker. The first issue is to appear on May 1st - "Labour Day". 3000 copies are to be published in Chinese. The Korean representative and M.Chow also made speeches of an inflammatory nature, the latter especially referring in violent terms to the action of the British in India and China. China, he said, had been treated as a British colony; the Municipal Council, composed of British robbers, was the worst enemy of the Chinese, but a great surprise was being prepared for the British by the young Chinese of Shanghai. Americans were favoured not because they were liked by the Chinese, but because they would be useful one day against the British.

From allusions in the speeches it seems clear that some Russian Bolsheviks either in Russia or in America were in touch with the men present at this meeting, and from the political complexion of those present it was quite evident that Bolshevism had found a ready welcome among Sun Yat Sen's adherents. This was only to be expected as recent information

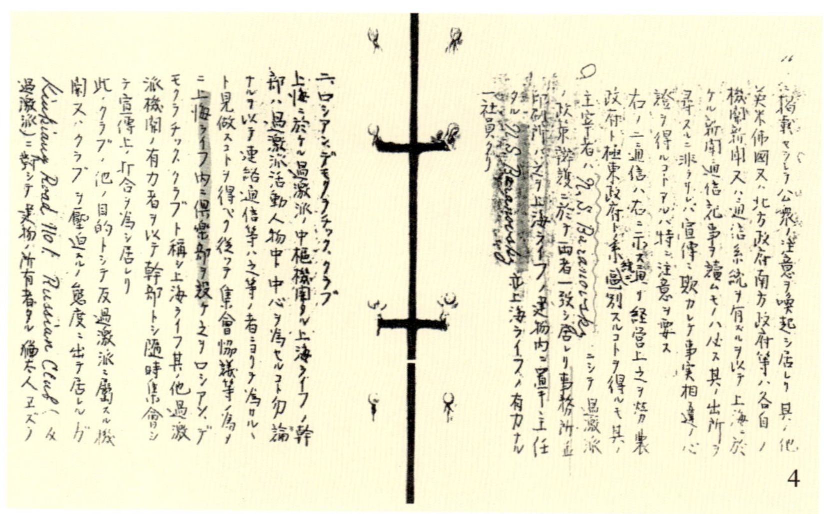

1. 1920 年，苏俄政府第一次对华宣言在中国公布，引起热烈反响，为维经斯基等人在华开展工作提供了有利环境。这是 1920 年 4 月国内报纸刊载的报道。

4. 维经斯基来到上海后，以《上海俄文生活日报》社记者身份开展工作。该报社被日本情报机构视为“过激派在上海的中枢机构”。图为《上海俄文生活日报》社旧址（今长治路 177 号）今貌。

3. 英国情报机构记载的苏俄情报人员在上海的活动情况。

4. 日本情报机构记载，《上海俄文生活日报》社所在建筑内还设有俄罗斯民主俱乐部、罗斯塔和达尔塔通讯社、西比利亚印刷公司等多个“过激派”机构。

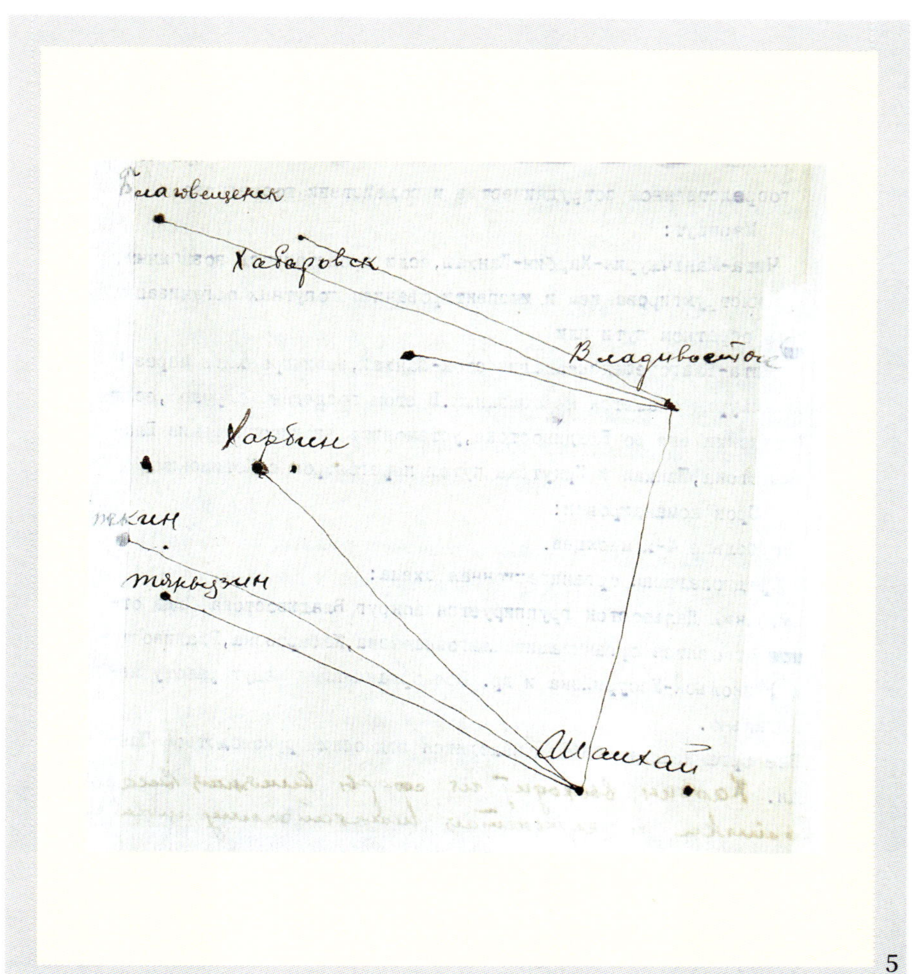

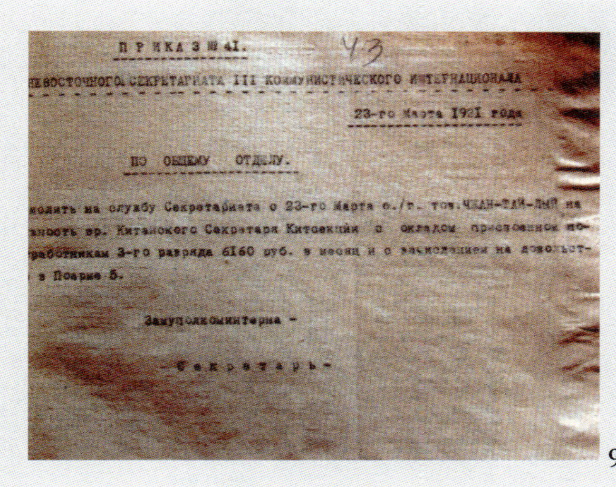

ПРИКАЗ №41.

...ЕВОСТОЧНОГО СЕКРЕТАРИАТА III КОММУНИСТИЧЕСКОГО ИНТЕРНАЦИОНАЛА

23-го Марта 1921 года

ПО ОБЩЕМУ ОТДЕЛУ.

...лить на службу Секретариата с 23-го Марта с./г. тов. ЧЖАН-ТАЙ-ЛЕЙ на ...ность вр. Китайского Секретаря Китсекции с окладом присвоенным со-...работникам 3-го разряда 6160 руб. в месяц и с зачислением на довольст-... в Пошрне 5.

Замуполкоминтерна -

-Секретарь-

5 1920 年 7 月，俄共（布）西伯利亚州局东方民族部在伊尔库茨克成立，规定“上海处”为其远东工作的临时中心。这是苏俄远东地区与中国各城市联络示意图。

6. 1921 年 1 月，共产国际决定以俄共（布）西伯利亚州局东方民族部为基础，在伊尔库茨克设立远东书记处，负责领导中国等远东各国的革命工作。图为 1921 年共产国际远东书记处成员合影。

7. 共产国际远东书记处（伊尔库茨克市原第 4 士兵大街 2 号，今基辅大街 2 号）今貌。

8. 1921 年 3 月 23 日，张太雷被任命为远东书记处中国科书记，成为第一个在共产国际工作的中国人。6 月，作为中国共产党组织的代表参加共产国际三大并作发言。

9. 1921 年 3 月共产国际远东书记处给张太雷的任命书。

10. 1921 年 4 月，共产国际创办东方劳动者共产主义大学。该校为中国共产党培养了大批干部。图为东方大学旧貌。

中国共产党的发起组织的成立

1. 在上海，陈独秀与《星期评论》社成员来往密切。图为《星期评论》社旧貌。
2. 受《星期评论》社成员的影响，俞秀松抛弃了原先的空想社会主义。这是1920年4月俞秀松写给父亲好友骆致襄的信，信中表达了要“进工厂”的想法。
3. 1920年5月，施存统在《星期评论》发表长文《“工读互助团”底实验和教训》。

> 来自上海的报告继续提到布尔什维克代理人在那里的活动集中于《星期评论》报社，据说报社聚藏着十四个男人和两个女人，确信他们都在为“事业”而工作。最近发现，其中一些人正在翻译无政府主义和布尔什维主义的宣传品以便秘密发行。
>
> ——第 19 号文件（截至 1920 年 6 月 26 日的一周报告）
>
> 英国国家档案馆档案藏（档案号 FO 228/3216）

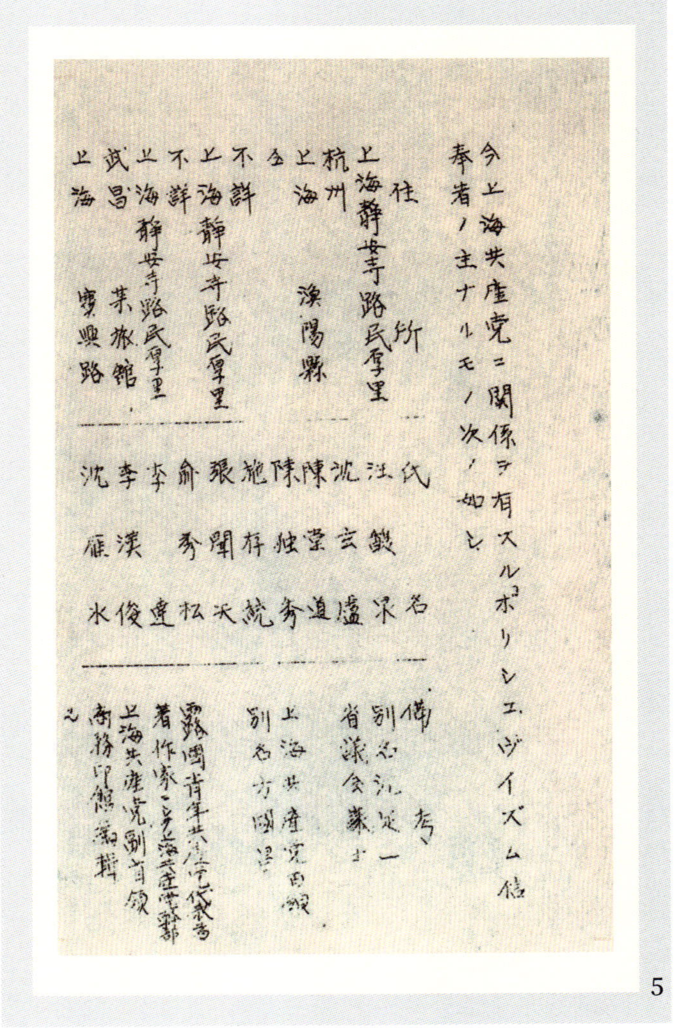
今上海共産党ニ関係ヲ有スルボリシェヴィズム信奉者ノ主ナルモノ次ノ如シ

住所
上海静安寺路民厚里
杭州
上海 漢陽縣
仝
不詳
上海静安寺路民厚里
不詳
上海静安寺路民厚里
武昌
上海 業旅館
上海 寶興路

氏名
沈玄廬
陳望道
陳独秀
施存統
張聞天
俞秀松
李達
李漢俊
沈雁冰

備考
別名沈定一
省議会議士
上海共産党首領
別名方國昌
露國青年共産党代表者
著作家ニシテ上海共産党幹部
上海共産党副首領
商務印書館編輯

4. 在维经斯基等人帮助下，1920 年 6 月，陈独秀同李汉俊、俞秀松、施存统、陈公培等 5 人决定成立共产党组织，初定名“社会共产党”。这是俞秀松日记中的相关记载。

5. 日本情报机构记载的上海共产党早期组织成员名单。

1

1. 1920 年 8 月，上海的共产党早期组织正式定名为“共产党”。这是中国共产党的发起组织，是各地共产主义者进行建党活动的联络中心。图为上海共产党早期组织成立地老渔阳里 2 号。

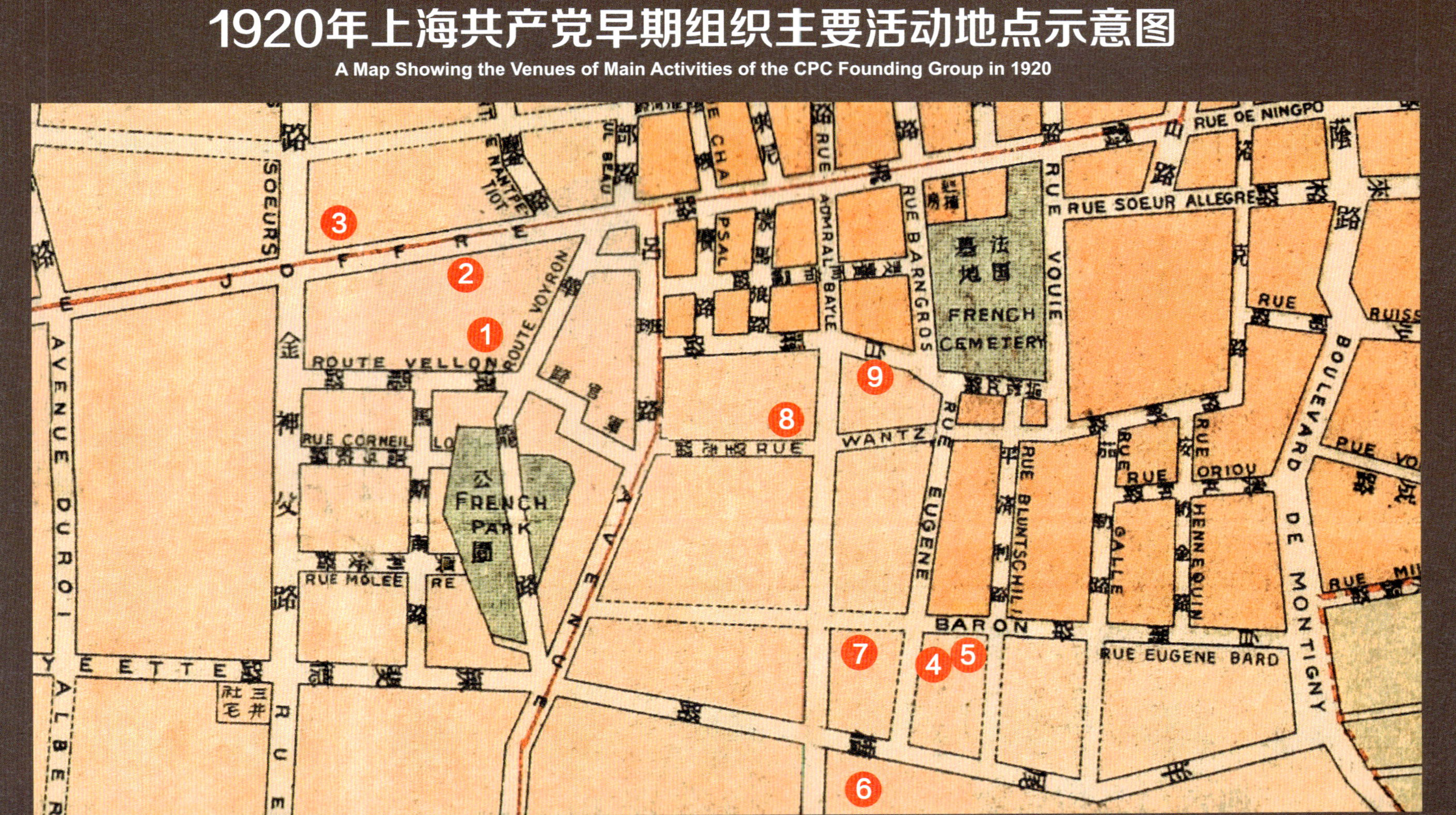

1.环龙路老渔阳里2号（今南昌路100弄2号）。时为陈独秀寓所、《新青年》编辑部，中国共产党发起组成立于此。

2.霞飞路新渔阳里6号（今淮海中路567弄6号）。上海社会主义青年团成立于此，也是外国语学社、中国社会主义青年团临时中央机关所在地。

3.霞飞路716号（今淮海中路瑞金一路东北一带）。时为维经斯基寓所。

4.白尔路三益里17号（今自忠路顺昌路东南一带）。时为《星期评论》社编辑部，李汉俊、李书城兄弟寓所。

5.白尔路三益里5号（今自忠路顺昌路东南一带）。时为邵力子寓所、《民国日报》副刊《觉悟》编辑部。

6.辣斐德路成裕里12号（今复兴中路顺昌路西南一带）。又新印刷所设立于此。

7.西门路泰康里41号（今自忠路顺昌路西南一带）。1920年10月，上海机器工会临时会所设立于此。

8.望志路106号（今兴业路76号）。1920年秋，李汉俊、李书城一家从三益里迁入此处。次年7月，中共一大在此召开。

9.白尔路389号（今太仓路127号）。时为博文女校，1921年7月，中共一大召开时部分代表下榻于此。

2

2. 1920 年上海共产党早期组织主要活动地点示意图。

1

2

3

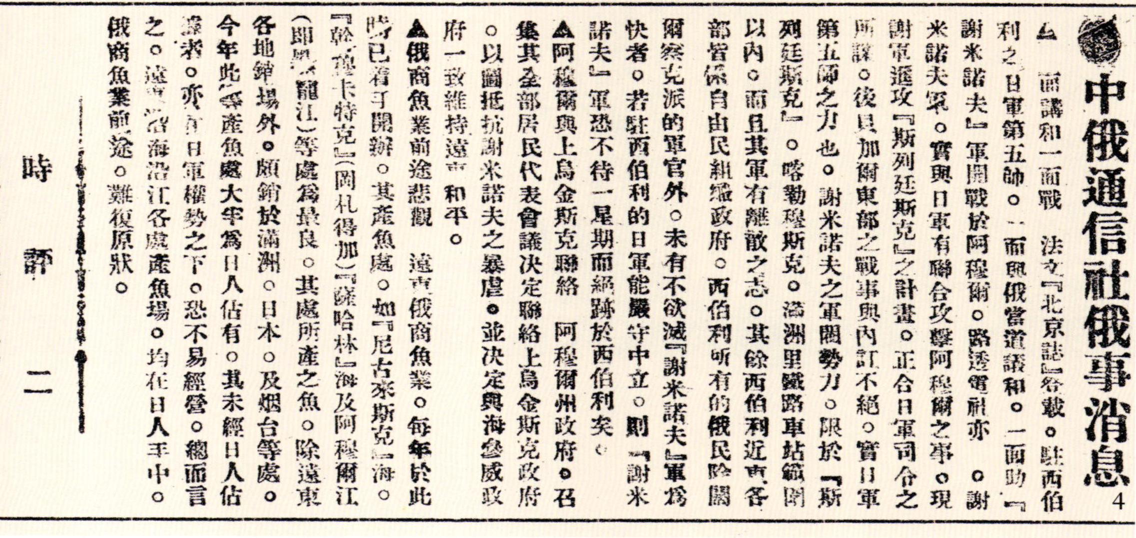

4

中俄通信社俄事消息

▲一面講和一面戰　法文『北京誌』登載。駐西伯利之日軍第五師。一面與俄當道議和。一面助『謝米諾夫』軍開戰於阿穆爾。路透電社亦[illegible]。謝米諾夫軍。實與日軍有聯合攻擊阿穆爾之事。現謝軍進攻『斯列廷斯克』之計畫。正合日軍司令之所謀。後貝加爾東部之戰事與內訌不絕。實日軍第五師之力也。謝米諾夫之軍閥勢力。限於『斯列廷斯克』。喀勒穆斯克。滿洲里鐵路車站範圍以內。而且其軍有離散之志。其餘西伯利近東各部皆係自由民組織政府。西伯利所有的俄民除關爾察克派的軍官外。未有不欲滅『謝米諾夫』軍爲快者。若駐西伯利的日軍能嚴守中立。則『謝米諾夫』軍恐不待一星期而絕跡於西伯利矣。

▲阿穆爾與上烏金斯克聯絡　阿穆爾州政府。召集其全部居民代表會議決定聯絡上烏金斯克政府。以圖抵抗謝米諾夫之暴虐。並決定與海參威政府一致維持遠東和平。

▲俄商魚業前途悲觀　遠東俄商魚業。每年於此時已着手開辦。其產魚處。如『尼古萊斯克』海。『幹穆卡特克』(岡札得加)『薩哈林』海及阿穆爾江(即黑龍江)等處爲最良。其處所產之魚。除遠東各地銷場外。頗銷於滿洲。日本。及烟台等處。今年此等產魚處大半爲日人佔有。其未經日人佔據者。亦在日軍權勢之下。恐不易經營。總而言之。遠東沿海沿江各處產魚場。均在日人手中。俄商魚業前途。難復原狀。

時評　二

1. 上海共产党早期组织成立后，为研究和宣传马克思主义，成立新青年社。图为新青年社总经销处旧址。
2. 为出版马克思主义著作，上海共产党早期组织在辣斐德路成裕里创办又新印刷所。图为又新印刷所旧址。
3. 上海共产党早期组织在霞飞路新渔阳里（今淮海中路 567 弄）6 号设立中俄通信社，由杨明斋负责，发布了大量苏俄及工人运动方面的新闻。图为杨明斋。
4. 中俄通信社发布的有关苏俄情况的消息。

THE COMMUNIST

共產黨

每月一次　七日出版

第二號　一九二〇年十二月七日　實價一角

短言

日本改造雜誌十二月號上說道：『近今漸漸聽見到北京游學的聲音了。』又說：『諸君之文明驅逐策（指日本政府禁止所謂危險思想的書報輸入）。使我民族十年二十年後在世界上是何等孤立？ 而且使光輝燦爛的國家成爲何等暗淡？ 到北京——到北京之聲……——想到遣唐使時代之再現，古時學問自由個人自由之悲劇重復演出豈不可悲』。

又日本批評雜誌十一月號上說：『羅素未來日本以前，我們不能不從支那文翻譯羅素的思想。 西洋思想經由日本再輸出支那最近的現象雖是如此，照此時日本這樣思想的大逆行，我們以爲不得不由支那輸入文化之時代漸漸又到了』。

我們對於日本同志諸君這些話有兩種感想：（一）我們明明知道他們是一種刺激青年的話，而我們中國人聽了都萬分慚愧！ 羅素來中國全是由於政客利用他出風頭擴張黨勢，和中國思想界關係很少。 日本政府雖然有驅逐文明底皮氣，但是中國關於自由思想的書報及社會主義的宣傳與勞動運動比日本簡直的等於Zero日本青年諸君呵！ 你們到北京爲什麼？ （二）國際主義是社會主義必然的屬性，我們如在本國做社會主義的運動，自然所做的多關於本地的事，并且我們固然不相信國家主義是好的東西，都承認國家這個機關可以做我們改造底一種工具；但同時我們萬萬不可忘記了國際主義，因爲少了他，社會主義便很難實行而且減了很重要的一個原素，使世界的和平不能實現。 在這一點我很希望日本同志諸君勿將社會主義放在光輝燦爛的國家及民族的本位上。

5. 1920 年 9 月，上海共产党早期组织将《新青年》第 8 卷第 1 号改版为公开宣传马克思主义、开展社会主义讨论的理论刊物，并特设“俄罗斯研究”专栏。

6. 1920 年 11 月，上海共产党早期组织创办面向早期共产主义者的党内理论刊物——《共产党》月刊，由李达主编。该刊立场鲜明地树起共产党的旗帜，为建立全国统一的无产阶级政党做好理论准备。

7. 1920 年 11 月，上海共产党早期组织起草了《中国共产党宣言》。宣言第一次比较系统地阐述了中国共产主义者的理想和主张，明确了吸纳成员的标准，对各地早期组织开展建党工作具有重要指导意义。

真理的味道
陈望道是浙江义乌人，早年留学日本，学习文学、哲学和法律，并广泛接触社会主义学说。一九一九年回国后，在浙江省立第一师范任国文教员，与进步师生一起投身五四新文化运动，因「非孝」事件遭反动当局迫害，卷入「一师风潮」。
信仰

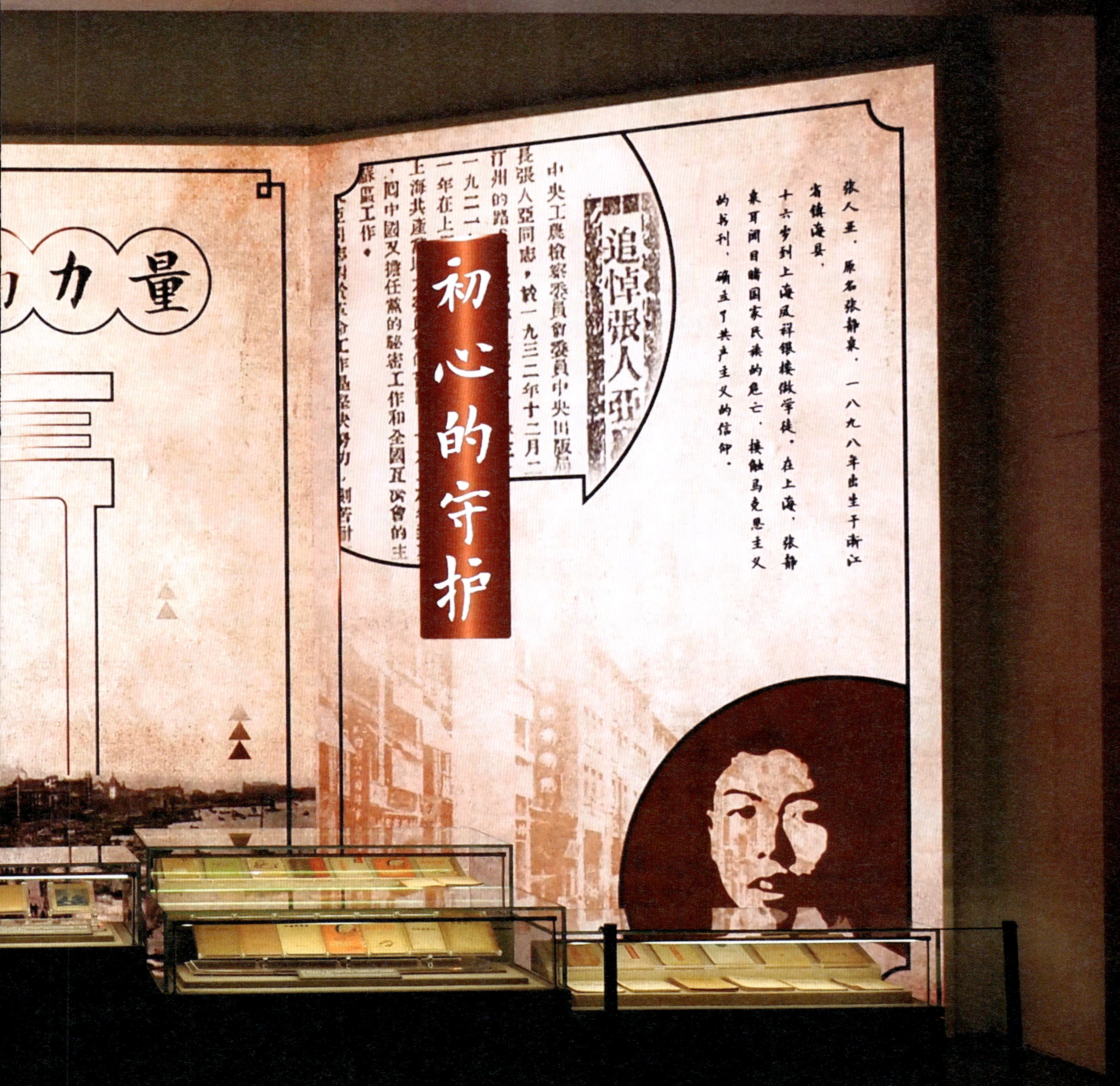

重点展项“真理的味道”，通过多维空间动态场景剧的形式，讲述与《共产党宣言》第一个中文全译本相关的三个故事。

“真理的味道”讲述陈望道在老家翻译《共产党宣言》的故事；

“信仰的力量”讲述又新印刷所出版《共产党宣言》，推动马克思主义广泛传播的故事；

“初心的守护”讲述共产党人张人亚和父亲冒着生命危险守护《共产党宣言》等革命文献的故事。

社會主義研究小叢書第一種
共黨產宣言
馬格斯安格爾斯合著
陳望道譯
馬格斯

1920 年 8 月，上海共产党早期组织以上海社会主义研究社的名义出版了陈望道翻译的《共产党宣言》第一个中文全译本。这是 1920 年 8 月和 9 月的第一、第二版《共产党宣言》中文全译本。

1. 这是馆藏的《共产党宣言》部分译本。

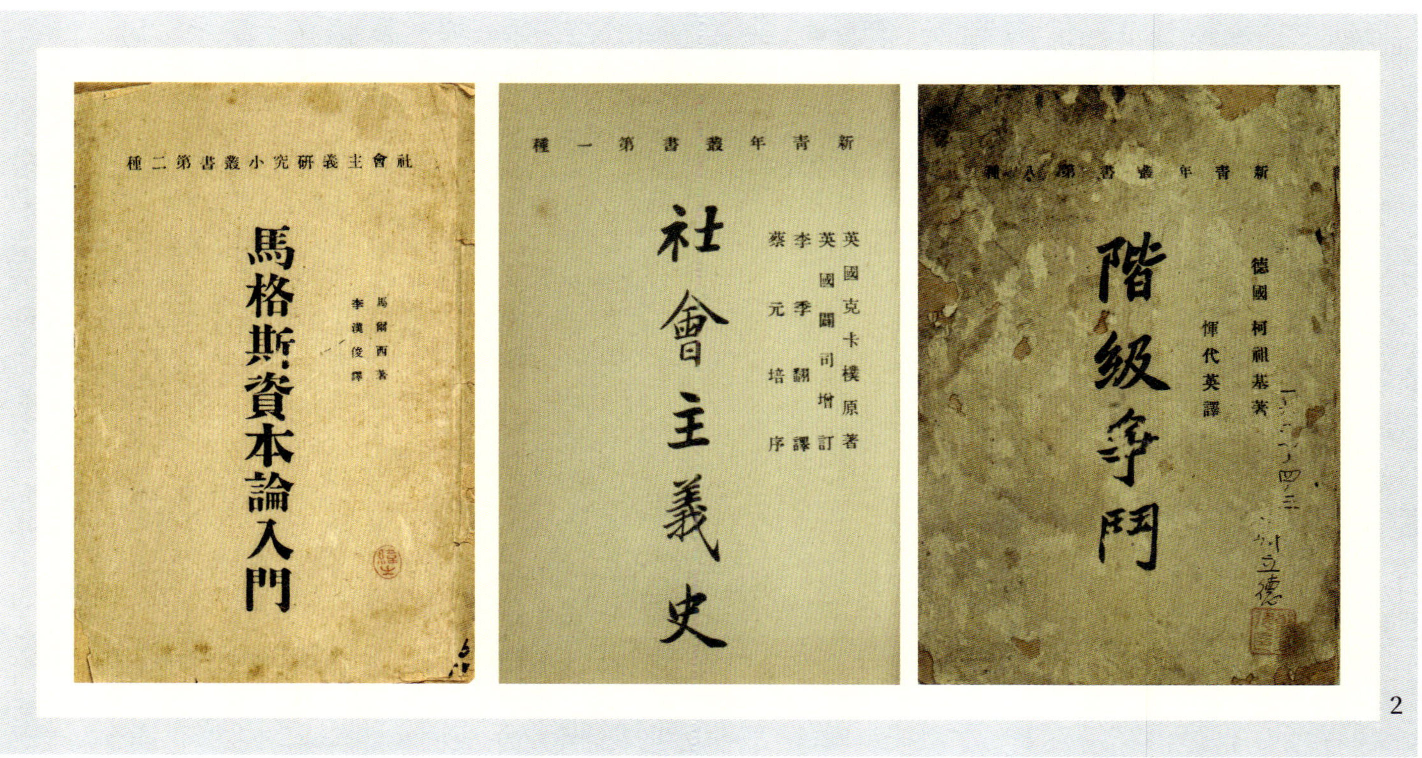

2

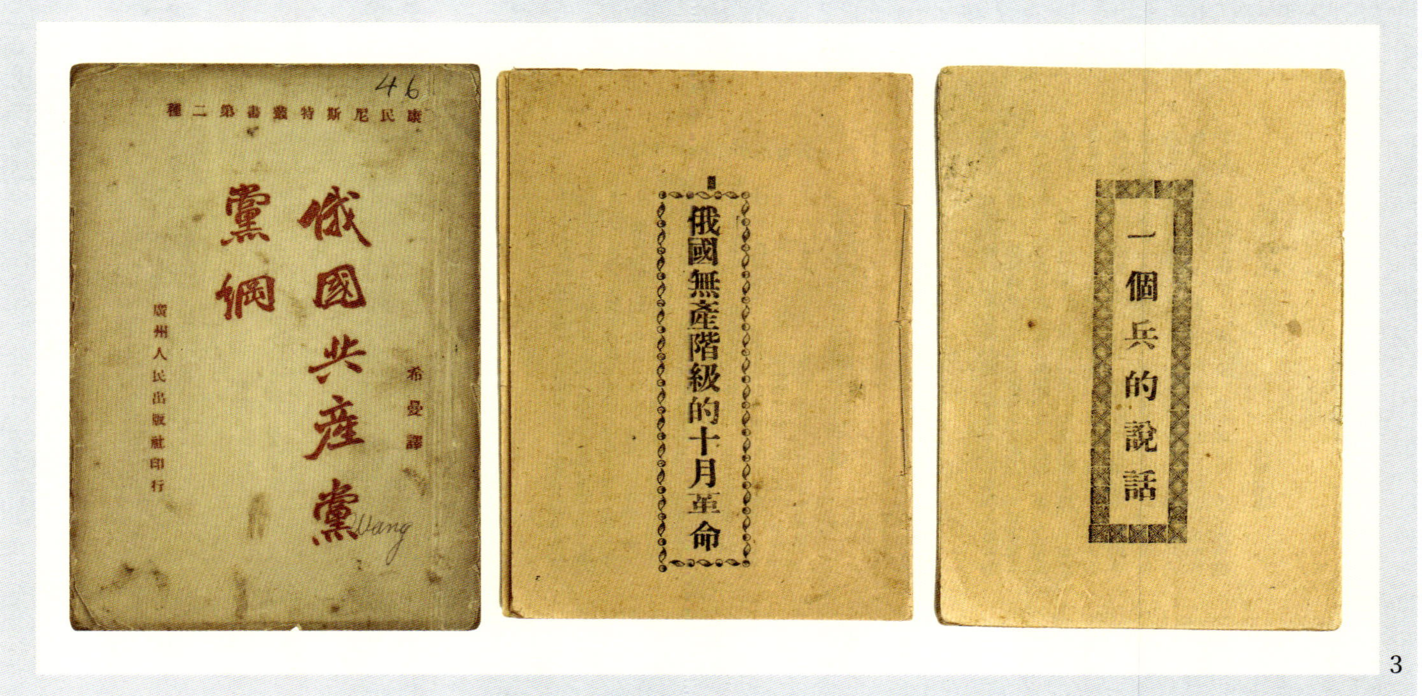

3

2. 上海共产党早期组织组织翻译出版的马克思主义著作中，较有影响的还有李汉俊的《马格斯资本论入门》、李季的《社会主义史》、恽代英的《阶级争斗》等。这是出版的部分译著。

3. 上海共产党早期组织积极编撰各类宣传小册子，供先进青年交流学习。这是中国共产党早期组织刊印的部分小册子。

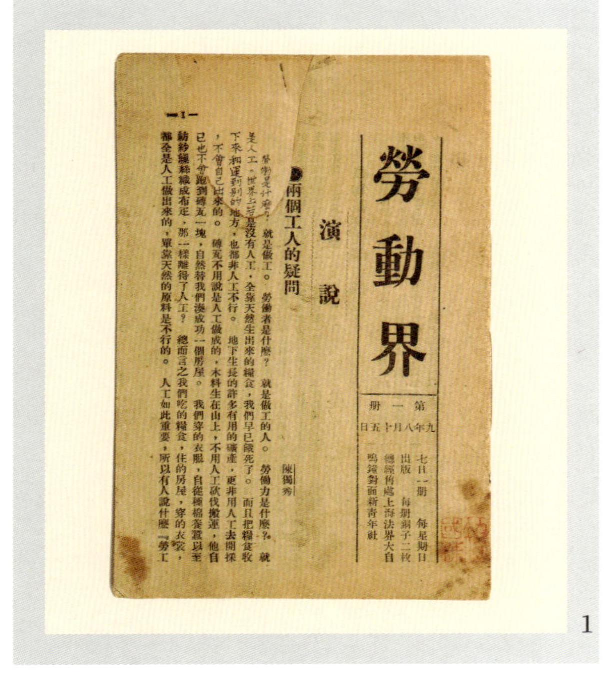
勞動界

第一冊

九年八月十五日

七日一冊　每星期日出版　每冊銅子二枚

總經售處上海法界大自鳴鐘對面新青年社

演說

兩個工人的疑問　陳獨秀

勞働是什麼？就是做工。勞働者是什麼？就是做工的人。勞働力是什麼？就是人工。世界上若是沒有人工，全靠天然生出來的糧食，我們早已餓死了。而且把糧食收下來和運到別的地方，也都非人工不行。地下生長的許多有用的礦產，更非用人工去開採，不會自己出來的。磚瓦不用說是人工做成的，木料生在山上，不用人工砍伐搬運，他自己也不會跑到磚瓦一塊，自然替我們湊成功一個房屋。我們穿的衣服，自從種棉養蠶以至紡紗織綢織成布疋，那一樣離得了人工？總而言之我們吃的糧食，住的房屋，穿的衣裳，都全是人工做出來的，單靠天然的原料是不行的。人工如此重要，所以有人說什麼「勞工

—1—

1

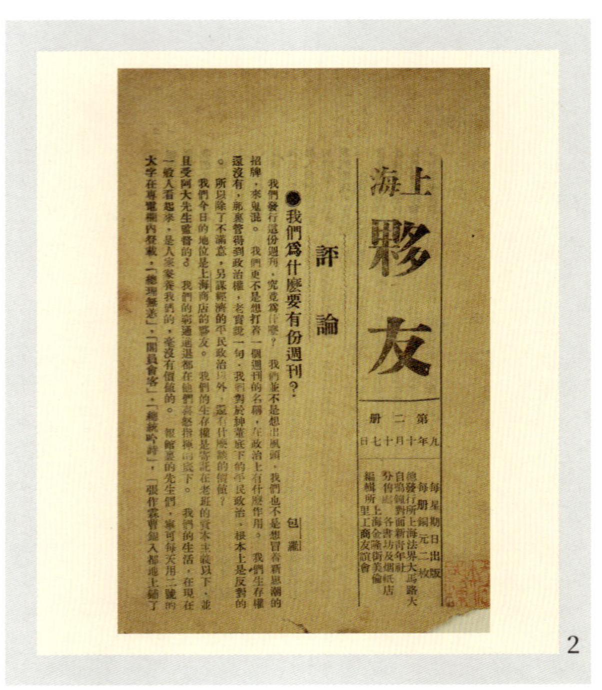
上海夥友

第二冊

九年十月十七日

每星期日出版　每冊銅元二枚

總發行所上海法界大馬路大自鳴鐘對面新青年社

分售處各書坊及烟紙店

編輯所上海金隆街美倫里工商友誼會

評論

我們爲什麼要有份週刊？　包[illegible]

我們發行這份週刊，究竟爲什麼？我們並不是想出風頭，我們也不是想冒着新思潮的招牌，來鬼混。我們更不是想打着一個週刊的名稱，在政治上有什麼作用。我們生存權還沒有，那裏管得到政治權，老實說一句，我們對於紳董底下的平民政治，根本上是反對的。所以除了不滿意，另謀經濟的平民政治以外，還有什麼[illegible]的價值？

我們今日的地位是上海商店的夥友。我們的生存權是寄托在老班的資本主義以下，並且受阿大先生監督的。我們的窮通進退都在他們喜怒指揮的底下。我們的生活，在現在一般人看起來，是人家豢養我們的，毫沒有價值的。報館裏的先生們，寧可每天用二號的大字在專電欄內登載，「總理無恙」，「閣員會客」，「總統吟詩」，「張作霖曾親入都地上舖了

2

3

4

1. 1920 年 8 月 15 日，上海共产党早期组织创办了面向工人的《劳动界》周刊，用通俗易懂的语言，结合工人身边的事例，深入浅出地宣传革命道理。
2. 1920 年 10 月，上海共产党早期组织帮助上海工商友谊会创办面向广大店员的通俗刊物《上海伙友》，着重启发店员的阶级意识。
3. 1920 年秋，上海共产党早期组织在工厂集中的沪西小沙渡试办工人半日学校。这是共产党早期组织创办的第一所工人学校。图为该校旧貌。
4. 工人半日学校由李启汉主持。他一面教工人识字，一面向工人讲授马克思主义理论知识，还帮助工人筹组纺织工会，组织工人罢工。

5

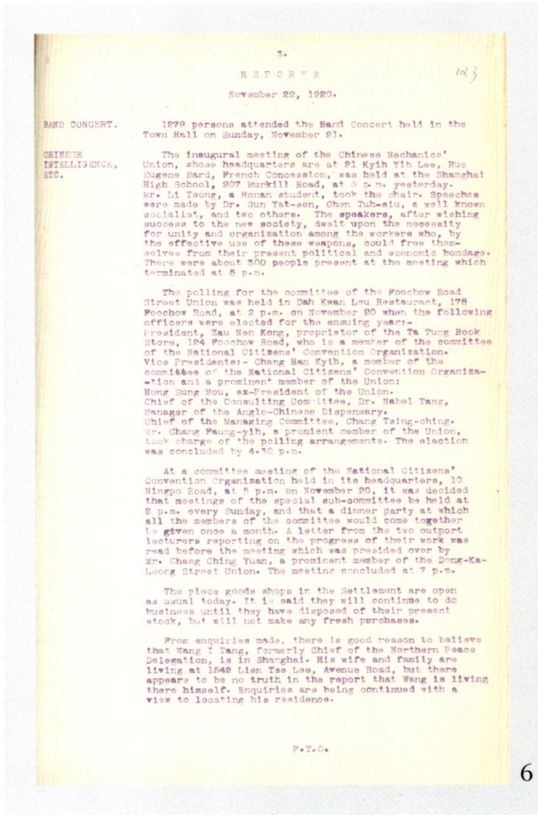

3.

REPORTS

November 22, 1920.

BAND CONCERT. 1279 persons attended the Band Concert held in the Town Hall on Sunday, November 21.

CHINESE INTELLIGENCE, ETC. The inaugural meeting of the Chinese Mechanics' Union, whose headquarters are at 21 Kyih Yih Lee, Rue Eugene Bard, French Concession, was held at the Shanghai High School, 207 Burkill Road, at 3 p.m. yesterday. Mr. Li Tsong, a Honan student, took the chair. Speeches were made by Dr. Sun Yat-sen, Chen Tuh-siu, a well known socialist, and two others. The speakers, after wishing success to the new society, dwelt upon the necessity for unity and organization among the workers who, by the effective use of these weapons, could free themselves from their present political and economic bondage. There were about 300 people present at the meeting which terminated at 5 p.m.

The polling for the committee of the Foochow Road Street Union was held in Dah Kwan Leu Restaurant, 178 Foochow Road, at 2 p.m. on November 20 when the following officers were elected for the ensuing year:-
President, Zau Nen Kong, proprietor of the Ta Tung Book Store, 124 Foochow Road, who is a member of the committee of the National Citizens' Convention Organization.
Vice Presidents:- Chang Han Kyih, a member of the committee of the National Citizens' Convention Organization and a prominent member of the Union:
Hong Sung Mou, ex-President of the Union.
Chief of the Consulting Committee, Dr. Nabel Tang, Manager of the Anglo-Chinese Dispensary.
Chief of the Managing Committee, Chang Tsing-ching.
Mr. Chang Faung-yih, a promient member of the Union, took charge of the polling arrangements. The election was concluded by 4.30 p.m.

At a committee meeting of the National Citizens' Convention Organization held in its headquarters, 10 Ningpo Road, at 5 p.m. on November 20, it was decided that meetings of the special sub-committee be held at 2 p.m. every Sunday, and that a dinner party at which all the members of the committee would come together be given once a month. A letter from the two outport lecturers reporting on the progress of their work was read before the meeting which was presided over by Mr. Chang Ching Yuan, a prominent member of the Dong-Ka-Loong Street Union. The meeting concluded at 7 p.m.

The piece goods shops in the Settlement are open as usual today. It is said they will continue to do business until they have disposed of their present stock, but will not make any fresh purchases.

From enquiries made, there is good reason to believe that Wang I Tang, formerly Chief of the Northern Peace Delegation, is in Shanghai. His wife and family are living at 1542 Lien Tse Lee, Avenue Road, but there appears to be no truth in the report that Wang is living there himself. Enquiries are being continued with a view to locating his residence.

P.T.O.

6

7

社論

我對於罷工問題的感想

（淺俊）

工人罷工，在世界上已不算是甚麼奇事，在中國，去年唐山有礦工底罷工，香港有機器工人底罷工，上海有米荒時代的許多罷工，也不算是甚麼奇事。不過電車是社會用慣的交通器具，上海又是交通頻繁的地方，一般人因此感受的痛苦很大，當然更有深切的感想了。

「中國人沒有團結性，尤其工人沒有智識不行」這些話是一般人所相信的，就是對於工人有同情心的人，也有許多人是這麼說。這回工人居然一致團結起來了。人到了饑寒交迫的時候，總要做出努力爭存的事業來。這就是人類底適應力。人類因爲有這種適應力，所以纔能有百萬多年的歷史。人類在這百萬多年的歷史上，雖然受過許多自然的壓，以及種種人爲的殘酷壓迫，不但沒有滅亡，反是向前發展，而且以後也還要發展的，也就是因爲人類有這個適應力。我們對於人類之所以不抱悲觀也是在這里，我們對於中國社會之運動，所以有莫大希望也是在這里。「沒有智識，不行」的中國工人，現在也團結起來了，就是這個適應力促成的。那般說「工人沒有智識，不行」的人們，也就該醒了。

有許多人說：「中國與外國情形不同，不能說外國有勞動運動，中國也有勞動運動，在中國講甚麼勞動運動，就與無病呻吟無異。」現在的中國居然也發生外國常有的罷工事件了。人類是環境底動物，人類底行動是受環境支配的，人類

8

◎上海勞動節之經過

上海勞動節情形。已略紀本報。昨接署名（比）之白話油印品一件。紀載較詳。節錄如下。

（上畧）在四月初間。就有十多個勞工團體。假座法租界某處開會。發起「五一紀念大會」。經全體贊成。推定籌備員五拾餘人。借該處作爲籌備地點。陸續加入還有籌備員十多人。到了月底。籌備處被捕房查覺。並且經過一度嚴厲的檢查。反干涉籌備員心中都有點動搖。後來幸得有少數人維持。就改在公共租界某處開會。仍積極進行。（中略）捕房既經知道。中國官廳也不用說。自然知道了。到了五一這一天。警察和兵士都荷槍實彈。在各大馬路巡梭。公共體育場。除了派兵警巡察外。還架了幾枝機關鎗。如臨大敵。到公共體育場開會。當然是不行了。所以臨時就改了地點。一在楊樹浦附近。一在車袋角附近。都是偏僻的地方。並且是臨時改的。所以捕房沒有知道。會場改易既經通知了各工人。屆時他們也就分道赴會。不一刻楊樹浦會場。差不多就有萬餘人。車袋角會場。也不下幾千人。發言的很多。並且都十分激烈。幾有不得到工作八小時教育八小時休息八小時雖至官廳捕房如何干涉。決不與資本家干休之勢。先是預備遊行示威。二處會場工人都在英大馬路會集。但時已五時多。並且細雨紛紛。祇好作罷。三呼勞動萬歲後。就宣告散會了。（下畧）

又「五一紀念籌備會」。亦寄來油印通告一律。聲明解散。其通告云。『記者先生：我們爲紀念一年中最有意義的時節而組織的本會。承諸

9

5 1920 年 11 月 21 日，上海机器工会成立。这是在上海共产党早期组织的领导下，中国工人阶级建立的第一个产业工会。图为上海机器工会临时会所旧貌。

6. 上海机器工会成立当天，孙中山、陈独秀等应邀出席大会并发表演说。这是公共租界工部局警务处记录的演说内容。

7. 1920 年 12 月，上海共产党早期组织领导成立上海印刷工会。图为印刷工会创办的刊物《友世画报》。

8. 1921 年 1 月，上海共产党早期组织成立职工运动委员会，密切关注和支持上海工人的罢工斗争。图为发表的罢工报道评论。

9. 1921 年 5 月 1 日，上海共产党早期组织召开五一国际劳动节纪念大会。上万名工人与会，各界代表踊跃发言。图为《民国日报》刊载的报道。

1

3

上海社会主义青年团主要成员
Main Members of Shanghai Socialist Youth League

俞秀松	李 中	金家凤	吴溶沧	叶天底
李启汉	任 岳	陈启沃	袁达时	胡士廉
刘少奇	任弼时	萧劲光	韦素园	谢文锦
柯庆施	华 林	严信民	任作民	魏以新
梁柏台	罗亦农	王一飞	王会悟	吴葆萼
周兆秋	彭述之	许之桢	吴 芳	卜士奇
傅大庆	曹靖华	雷晋笙	陈为人	蒋光慈

2

4

1. 1920 年 8 月 22 日，上海社会主义青年团宣告成立。图为上海社会主义青年团成立地新渔阳里 6 号。
2. 上海社会主义青年团主要成员。
3. 上海社会主义青年团第一任书记俞秀松。
4. 俞秀松使用过的铜笔架。

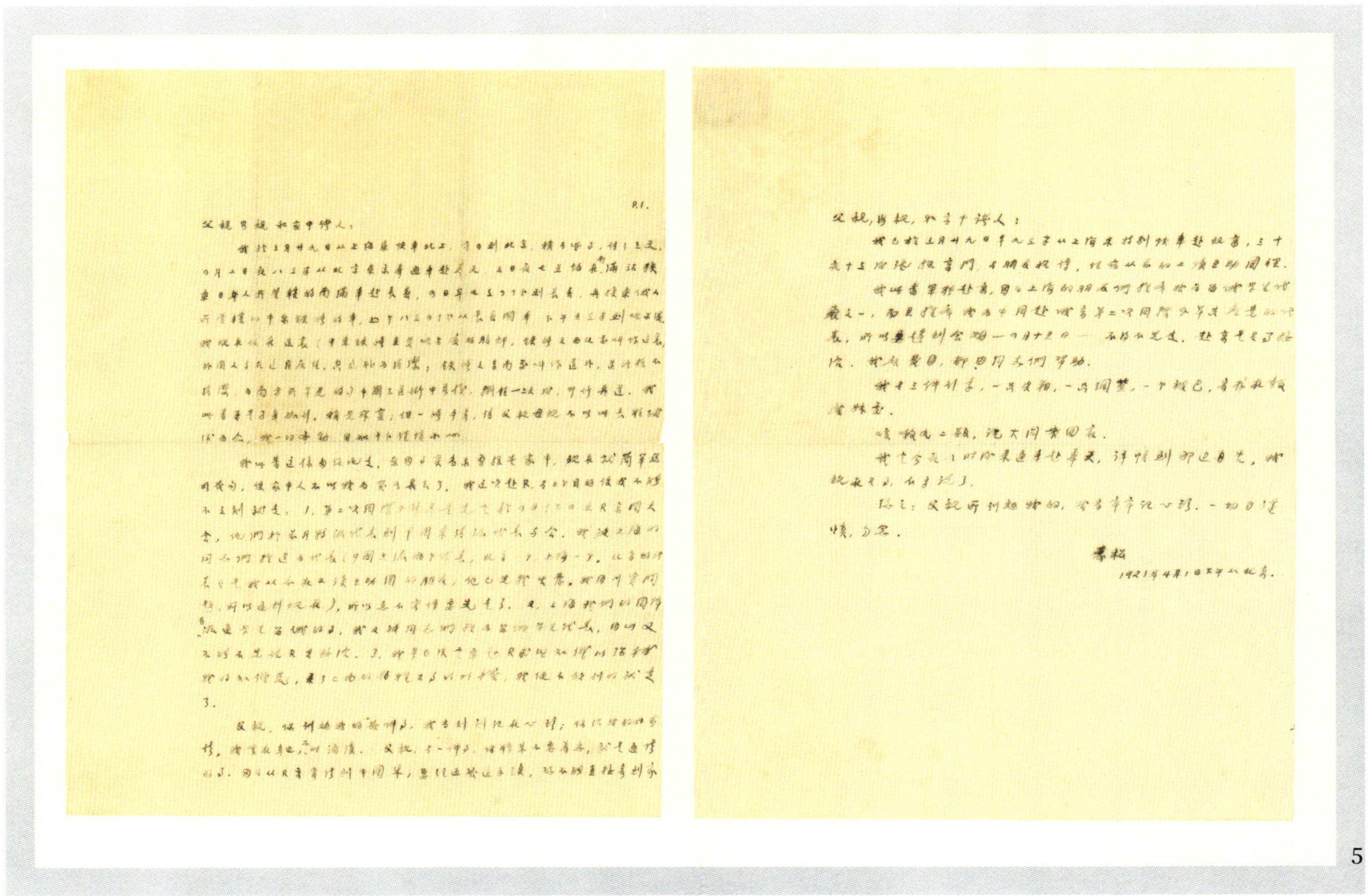

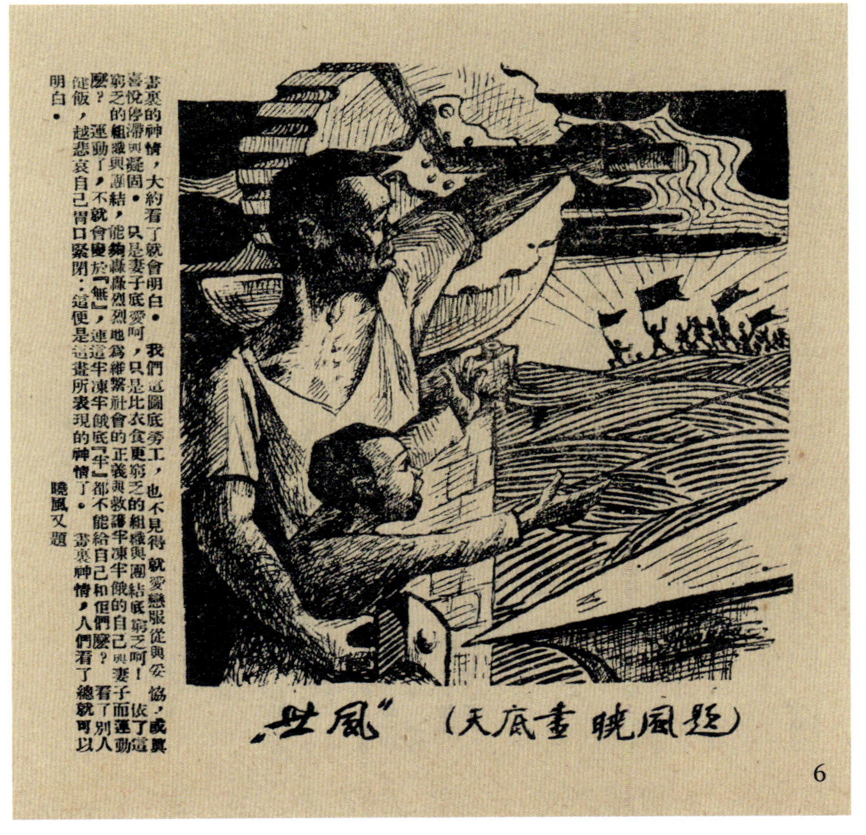

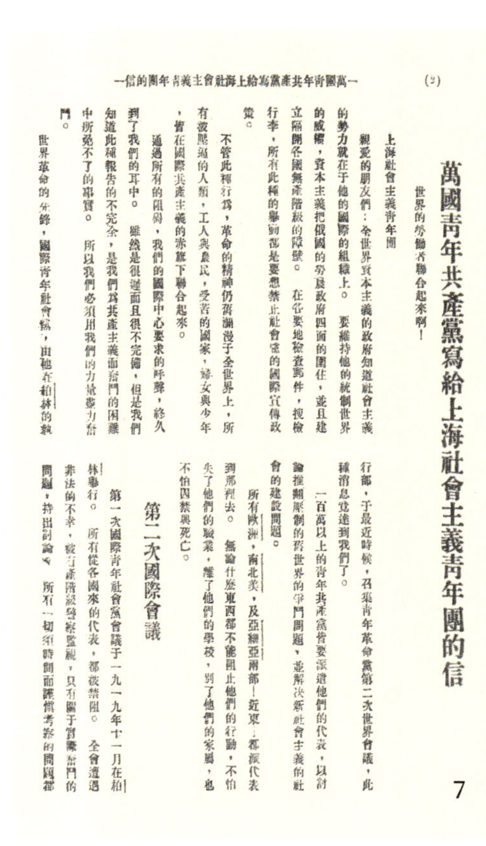

一萬國青年共產黨寫給上海社會主義青年團的信一 (2)

萬國青年共產黨寫給上海社會主義青年團的信

世界的勞働者聯合起來啊！

上海社會主義青年團

親愛的朋友們：全世界資本主義的政府知道社會主義的勢力就在于他的國際的組織上。要維持他的統制世界的威權，資本主義把俄國的勞農政府四面的圍住，並且建立隔開各國無產階級的障壁。在必要地檢查郵件，搜檢行李，所有此種的舉動都是要想禁止社會黨的國際宣傳政策。

不管此種行爲，革命的精神仍舊瀰漫于全世界上，所有被壓迫的人類，工人與農民，受害的國家，婦女與少年，皆在國際共產主義的赤旗下聯合起來。

通過所有的阻礙，我們的國際中心要求的呼聲，終久到了我們的耳中。雖然是很遲而且很不完備，但是我們知道此種報告的不完全，是我們爲共產主義而奮鬥的困難中所免不了的事實。所以我們必須用我們的力量盡力奮鬥。

世界革命的先鋒，國際青年社會黨，由他在柏林的執行部，于最近時候，召集青年革命黨第二次世界會議，此種消息覺達到我們了。

一百萬以上的青年共產黨皆要派遣他們的代表，以討論推翻壓制的舊世界的爭鬥問題，並解決新社會主義的社會的建設問題。

所有歐洲，南北美，及亞細亞兩部—近東—都派代表到那裡去。無論什麽東西都不能阻止他們的行動，不怕失了他們的職業，離了他們的學校，別了他們的家屬，也不怕囚禁與死亡。

第二次國際會議

第一次國際青年社會黨會議于一九一九年十一月在柏林舉行。所有從各國來的代表，都被禁阻。全會遭遇非法的不幸，被有產階級警察監視，只有關于實際奮鬥的問題，持出討論。所有一切須時間而講慣考察的問題都

5. 1921 年 4 月俞秀松赴俄途中写给父母的信，信中述及将要参加青年国际会议之事。

6. 上海社会主义青年团成立后，团员们主动深入工人群众，开展实际斗争。图为团员叶天底为 1921 年 5 月《民国日报》劳动纪念号创作的版画《世风》。

7. 上海社会主义青年团曾被青年国际赞誉为“中国青年团中最好的一个”。图为青年国际给上海社会主义青年团的来信。

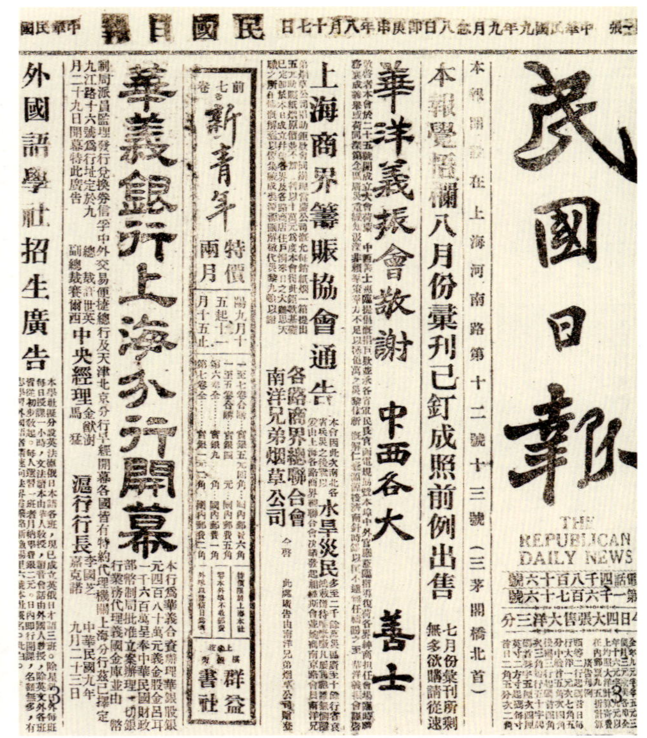
民國日報
THE REPUBLICAN DAILY NEWS
本報館設在上海河南路第十二號十三號（三茅閣橋北首）
本報覺悟欄八月份彙刊已釘成照前例出售
華洋義振會敬謝中西各大善士
上海商界籌賑協會通告
南洋兄弟烟草公司
新青年 特價
華義銀行上海分行開幕
外國語學社招生廣告

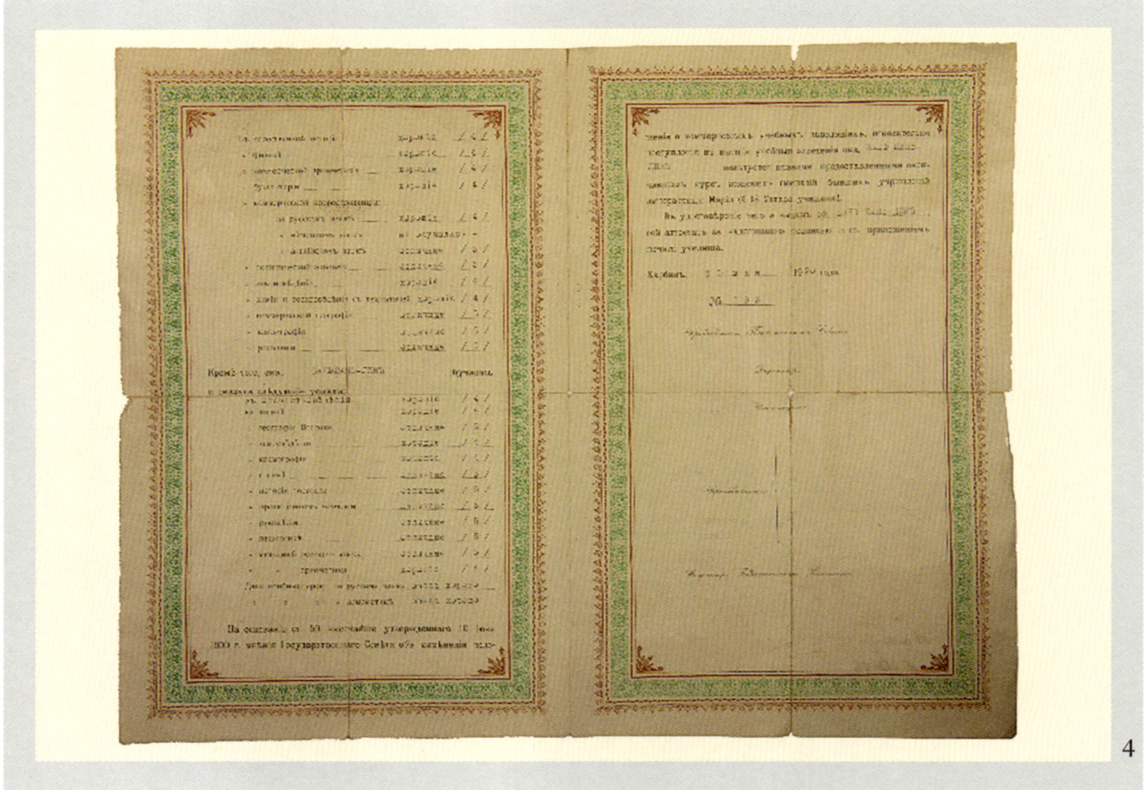

1. 1920 年 9 月，上海共产党早期组织在新渔阳里 6 号创办外国语学社，招募和培养各地先进青年，为输送优秀青年干部赴苏俄学习做准备。杨明斋任校长。图为复原的外国语学社教室。
2. 外国语学社社牌。
3. 外国语学社在《民国日报》上刊登的招生广告。
4. 外国语学社由杨明斋、库兹涅佐娃（维经斯基夫人）、王元龄教授俄文。这是王元龄的俄语毕业证。

5. 部分外国语学社成员合影。
6. 这是 1921 年 4 月罗亦农等学员赴苏俄前与外国语学社同学离别合影，左起：周伯棣、罗亦农、柯庆施。
7. 外国语学社学员汪寿华在苏俄学习及回国后在上海工作时使用过的线毯。
8. 外国语学社学员曹靖华穿过的中山装。

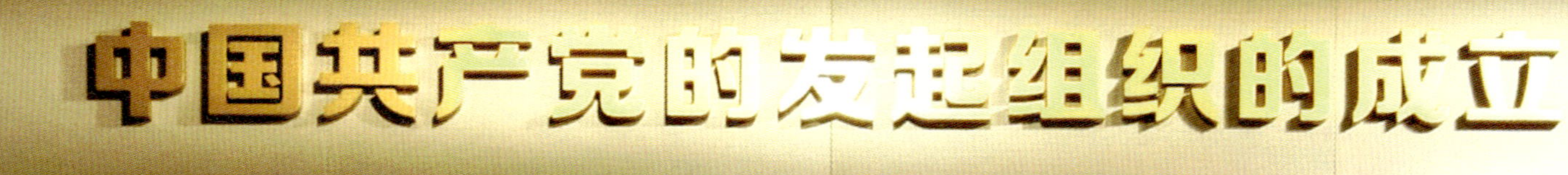
中国共产党的发起组织的成立

重点展项“中国共产党的发起组织的成立”，还原中国共产党的发起组织成立地老渔阳里 2 号二楼书房内景，同时两侧布设触摸屏介绍周围 8 处与建党相关的重要革命旧址，共同展现 1920 年中国的第一个共产党早期组织在上海成立。

第二单元　各地共产党早期组织的建立和活动

在上海及北京共产党早期组织的联络和推动下，1920 年秋至 1921 年春，武汉、长沙、济南、广州等地的先进分子以及旅日、旅法留学生和华侨中的先进分子，相继建立了共产党早期组织。各地共产党早期组织成立后，有组织有计划地开展各项工作，进一步扩大了马克思主义的影响，促进了马克思主义同中国工人运动的结合，为建立全国统一的中国共产党夯实基础。

北京共产党早期组织

1. 李大钊 1920 年的签名照。

2. 到中共一大召开前，北京共产党早期组织主要成员有李大钊、张申府、张国焘、邓中夏、罗章龙、刘仁静、张太雷、高君宇、何孟雄、范鸿劼、缪伯英（女）等。图为北京共产党早期组织部分成员，右起：缪伯英、何孟雄、高君宇、罗章龙。
3. 1920 年 10 月，北京共产党早期组织在北京大学图书馆李大钊办公室正式成立，最初成员有李大钊、张申府、张国焘。图为李大钊办公室复原场景。
4. 图为石驸马后宅 35 号李大钊寓所旧貌，北京共产党早期组织经常在这里活动。

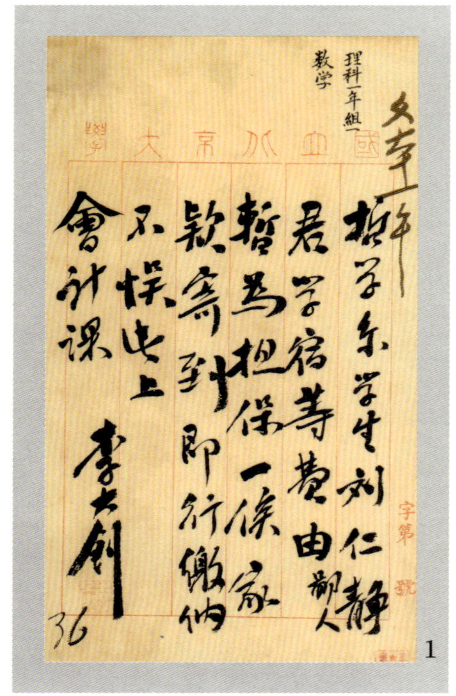

1. 李大钊用自己的薪水作为组织活动经费，并时常帮助有困难的成员。这是李大钊替刘仁静出具的缓缴学费的担保书。
2. 李大钊开设“唯物史观研究”等课程，讲授马克思主义。这是李大钊著作《史学思想史》。
3. 北京共产党早期组织成员利用到外校讲学的机会宣传社会主义。图为 1921 年夏邓中夏、黄日葵赴重庆讲学时的合影。
4. 1920 年 12 月初，李大钊在北大组织社会主义研究会，帮助进步青年学习和研究社会主义思想。图为研究会活动消息。

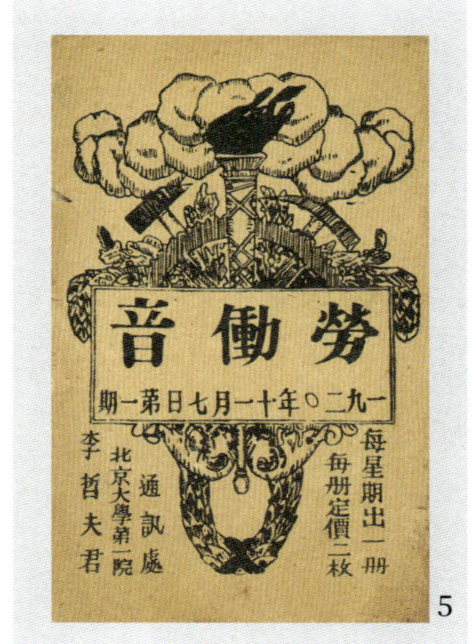

5

6

工人週刊

第二十八號

非賣品

7

8

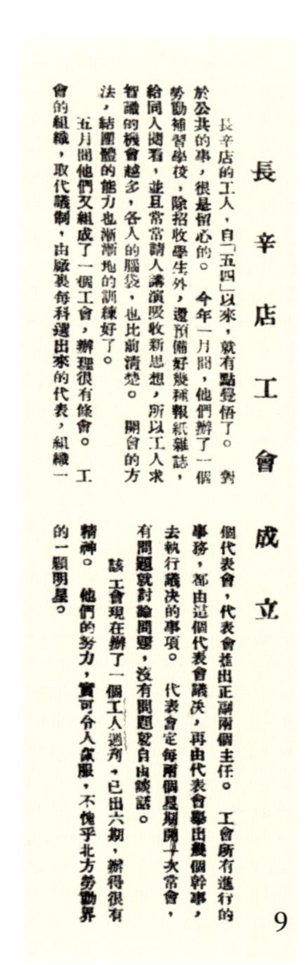

長辛店工會成立

長辛店的工人，自「五四」以來，就有點覺悟了。對於公共的事，很是留心的。今年一月間，他們辦了一個勞動補習學校，除招收學生外，還預備好幾種報紙雜誌，給同人閱看，並且常常請人講演吸收新思想，所以工人求智識的機會越多，各人的腦袋，也比前清楚。開會的方法，結團體的能力也漸漸地訓練好了。

五月間他們又組成了一個工會，辦理很有條會。工會的組織，取代議制，由廠裏每科選出來的代表，組織一個代表會，代表會推出正副兩個主任。工會所有進行的事務，都由這個代表會議決，再由代表會舉出幾個幹事，去執行議決的事項。代表會定每兩個星期開一次常會，有問題就討論問題，沒有問題就自由談話。

該工會現在辦了一個工人週刊，已出六期，辦得很有精神。他們的努力，實可令人欽服，不愧乎北方勞動界的一顆明星。

9

5. 北京共产党早期组织十分重视开展工人工作。1920 年 11 月，创办发行《劳动音》周刊，用通俗易懂的文字诉说工人的心声，向工人宣传马克思主义。

6. 北京共产党早期组织编写印刷了《工人的胜利》《五月一日》，在 1921 年 5 月 1 日劳动节当天分发给工人，启发他们的阶级觉悟。

7. 北京共产党早期组织创办《工人周刊》，大量提倡工人组织起来，开展维护自身利益的斗争，销量最多时达 2 万份。

8. 1920 年 12 月，北京共产党早期组织派邓中夏、张国焘等人到长辛店筹办劳动补习学校。图为学校旧址。

9. 在北京共产党早期组织的领导下，1921 年五一劳动节，长辛店工人举行大会，宣布成立长辛店工人俱乐部。图为《共产党》月刊上的报道，热情称赞它是“北方劳动界的一颗明星”。

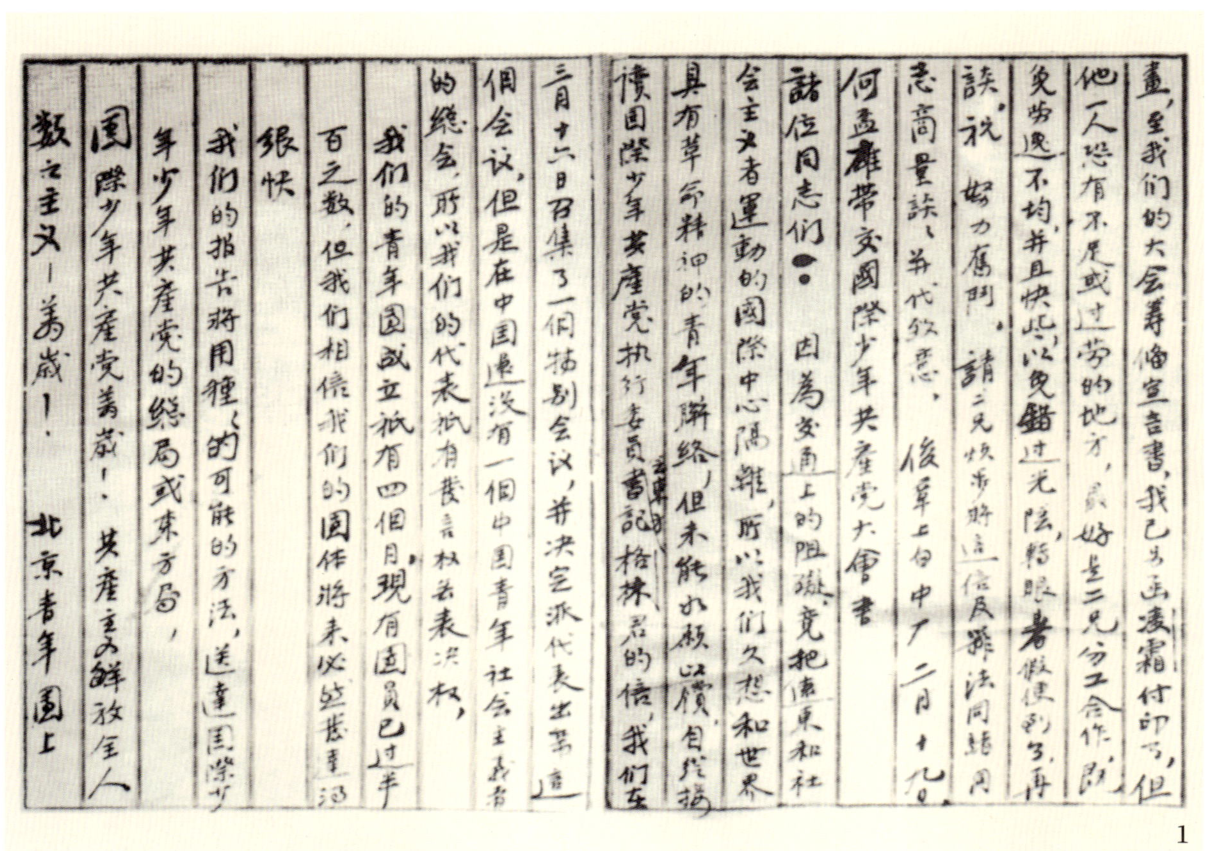

画，至我们的大会尊倫宣言書，我已与孟凌霜付印了，但
他一人恐有不足或过劳的地方，最好与二兄分工合作，既
免劳逸不均，并且快些，以免错过光阴，暂眼者假使劲写，再
谈，祝 努力奋斗。 请二兄快步将这信及联法同志同
志商量谈，并代致意。 俊草于白中，二月十九

何孟雄带交国際少年共産党大會書

諸位同志们！ 因為交通上的阻礙，竟把遠東和社
会主义者運動的國際中心隔離，所以我們久想和世界
具有革命精神的青年聯絡，但未能如願以償，自從接
讀国際少年共産党执行委員書記格林君的信，我们在
三月十六日召集了一個特别会议，并决定派代表出席这
個会议，但是在中国還沒有一個中国青年社会主义者
的總会，所以我们的代表祇有發言权無表决权，
我们的青年团成立祇有四個月，現有团員已过半
百之數，但我们相信我们的团体将来必能甚蓬勃
很快
我们的報告将用種々的可能的方法，送達国際少
年少年共産党的總局或東方局，
国際少年共産党萬歲！ 共産主义解放全人
類之主义－萬歲！ 北京青年团上

1

2

1 1921 年 3 月 16 日，北京社会主义青年团公推何孟雄出席青年国际代表大会。图为北京青年团致青年国际大会书。

2. 1920 年 11 月，天津社会主义青年团在北京共产党早期组织帮助下成立。图为天津社会主义青年团旧貌。

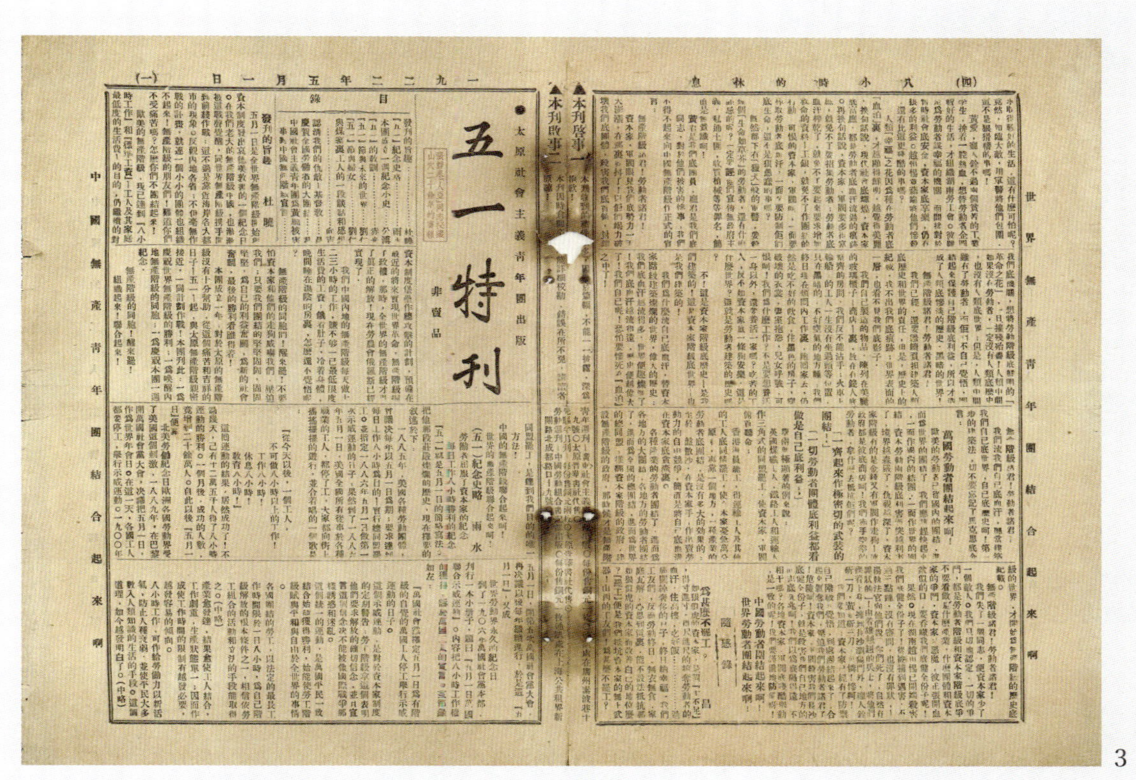

（一） 一九二一年五月一日

五一特刊

太原社會主義青年團出版

非賣品

目錄

發刊的旨趣

世界無產青年團結合起來啊

中國無產青年團結合起來啊

八小時的休息 （四）

萬國勞動者團結起來啊

3. 1921年5月1日，太原社会主义青年团在北京社会主义青年团书记高君宇的推动下成立，并发行《五一特刊》。

4. 1921年7月，唐山社会主义青年团正式成立，邓培任书记。

5. 1921年7月，北京党、团组织成员邓中夏、高君宇、刘仁静、黄日葵等出席少年中国学会南京大会，并在会上鲜明地亮出马克思主义观点。图为少年中国学会部分成员合影。

武汉共产党早期组织

1. 武汉共产党早期组织最初有刘伯垂、董必武、张国恩、陈潭秋、郑凯卿、包惠僧、赵子健等 7 名成员。图为武汉共产党早期组织部分成员，右起：刘伯垂、张国恩、郑凯卿、赵子健。
2. 在陈独秀、李汉俊推动下，1920 年秋，武汉共产党早期组织正式成立。图为武汉共产党早期组织成立地点旧貌。

3. 武汉共产党早期组织租用湖北警察厅背后的武昌多公祠5号作为党的机关，以刘伯垂律师事务所作为招牌掩护党组织活动。附近的武昌龙王庙也是武汉早期组织的重要活动地点。图为多公祠5号（上）和龙王庙旧貌。

4 1920年11月，武昌社会主义青年团在武汉中学正式成立。不久，汉口也建立了社会主义青年团组织。图为武汉中学今貌。

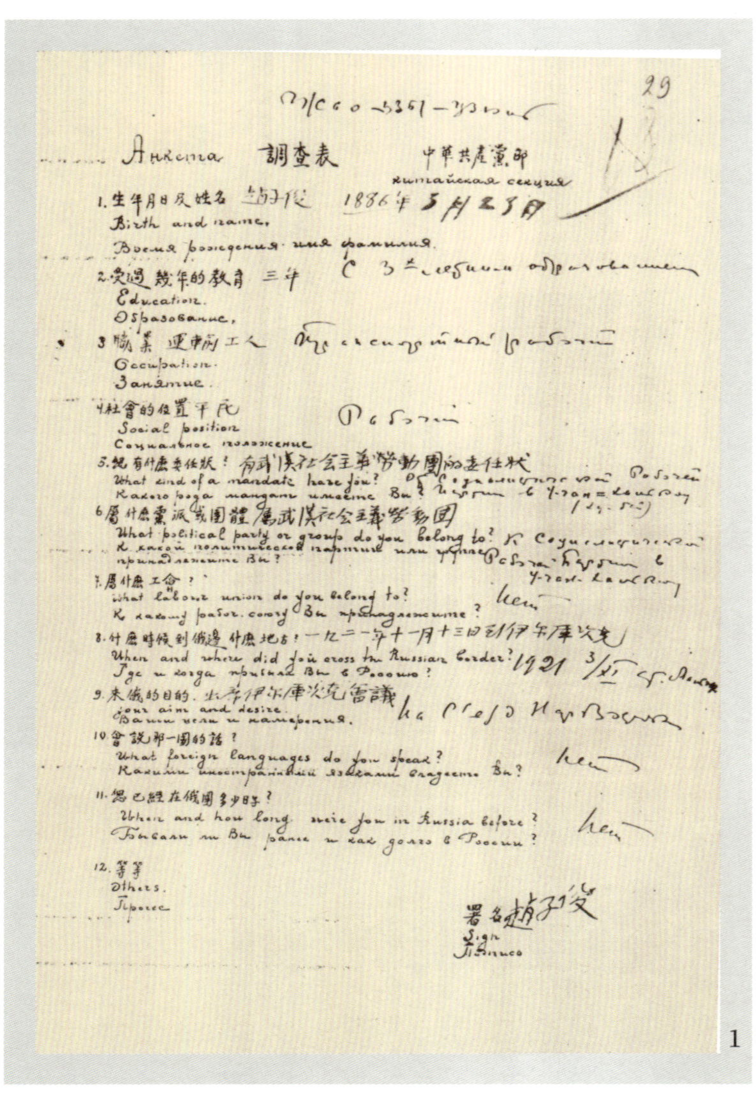

29

Анкета　調查表　中華共產黨部
китайская секция

1. 生年月日及姓名　趙子俊　1886年5月23日
Birth and name.
Время рождения. имя фамилия.

2. 受過幾年的教育　三年
Education.
Образование.

3. 職業　運輸工人
Occupation.
Занятие.

4. 社會的位置　平民
Social position
Социальное положение

5. 帶有什麽委任狀？　有武漢社会主義勞動團的委任狀
What kind of a mandate have you?
Какого рода мандат имеете Вы?

6. 屬什麽黨派或團體　屬武漢社会主義勞動團
What political party or group do you belong to?
К какой политической партии или группе принадлежите Вы?

7. 屬什麽工會？
What labour union do you belong to?
К какому рабоч. союзу Вы принадлежите?

8. 什麽時候到俄邊什麽地方？　一九二一年十一月十三日到伊尔庫次克
When and where did you cross the Russian border?　1921 3/XI
Где и когда пришли Вы в Россию?

9. 來俄的目的　出席伊尔庫次克會議
Your aim and desire.
Ваши цели и намерения.

10. 會説那一國的話？
What foreign languages do you speak?
Какими иностранными языками владеете Вы?

11. 您已經在俄國多少日子？
When and how long were you in Russia before?
Бывали ли Вы ранее и как долго в России?

12. 等等
Others.
Прочее

署名　趙子俊
Sign
Подпись

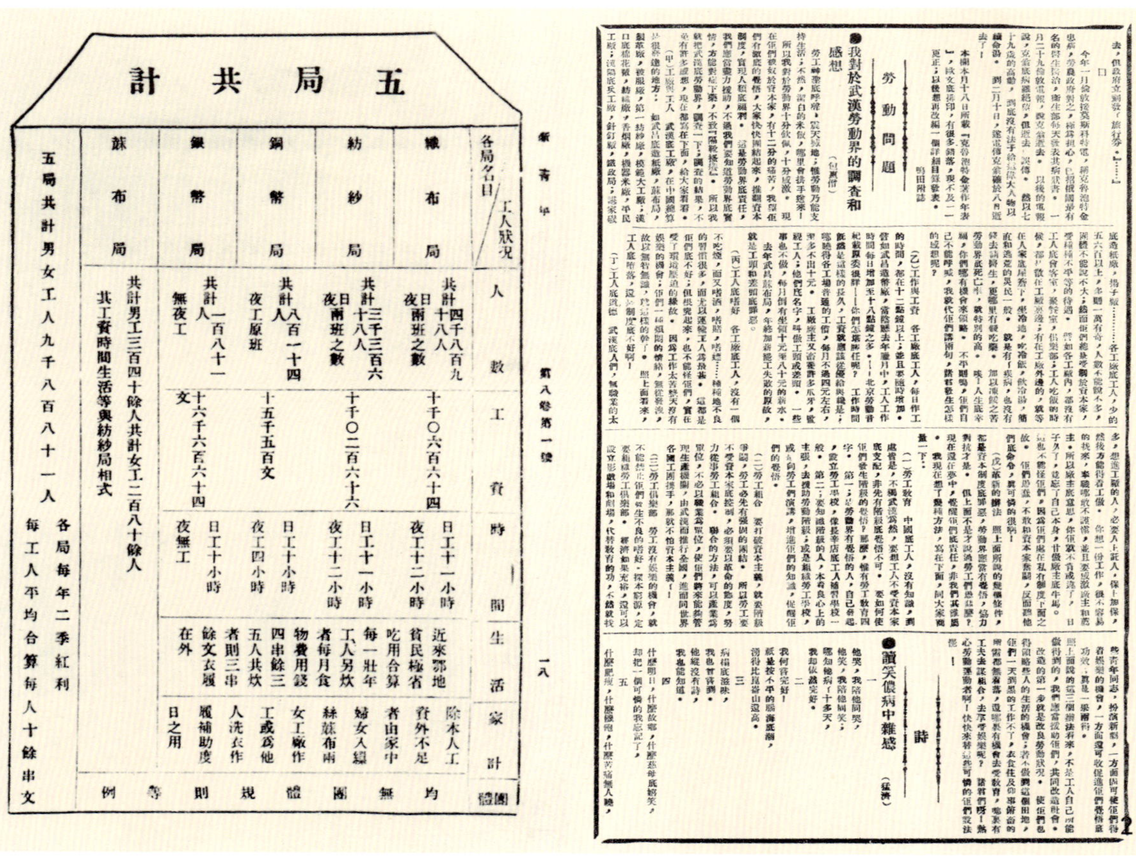

五局共計

各局名目／工人狀況	織布局	紡紗局	銅幣局	銀幣局	蔴布局
人數	共計四千八百九十八人 日夜兩班之數	共計三千三百六十八人 日夜兩班之數	共計八百一十四人 夜工原班	共計一百八十一人 無夜工	共計男工三百四十餘人共計女工二百八十餘人 其工資時間生活等與紡紗局相式
工資	十千〇六百六十四	十千〇二百六十六	十五千五百文	十六千六百六十四文	
時間	日工十一小時 夜工十二小時	日工十一小時 夜工十二小時	日工十小時 夜工四小時	日工十小時 夜無工	
生活	近來鄂地貧民極省吃用合算每一壯年工人另炊者每月食物費用錢四串餘三五人共炊者則三串餘文衣履在外				
家計	除本人工資外不足者由家中婦女人縫絲蔴布兩女工廠作工或爲他人洗衣作履補助度日之用				
團體	均無團體規則等例				

五局共計男女工人九千八百八十一人　各局每年二季紅利　每工人平均合算每人十餘串文

新青年　第八卷第一號　一八

勞動問題

我對於武漢勞動界的調查和感想

讀《笑傻病中雜感》

詩

1. 武汉共产党早期组织成立后，首要任务是进行思想和组织建设，发展了失业工人赵子俊等新成员。这是赵子俊的调查表。
2. 武汉共产党早期组织大力开展工人调查，推动工人运动发展。图为发表的调查文章。

3

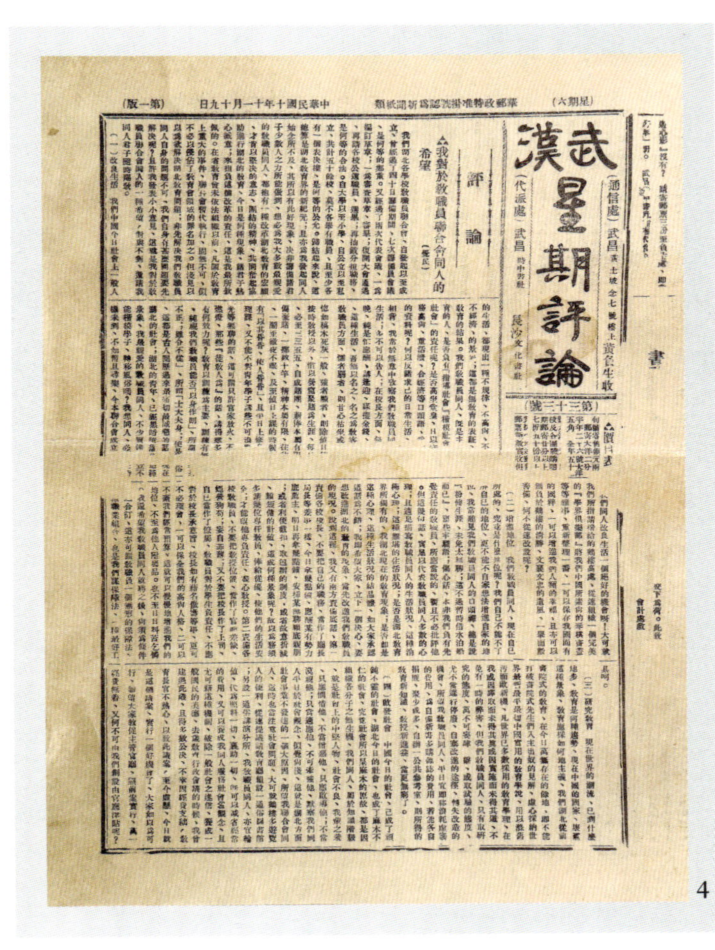
武漢星期評論

評論

4

3. 武汉共产党早期组织各校进步师生，积极开展对旧教育的斗争。这是武昌高等师范学校（武汉大学前身）的照片。
4. 1921 年 1 月，恽代英、陈潭秋等人发起创办《武汉星期评论》，不久成为党组织直接领导下的重要宣传刊物。

长沙共产党早期组织

本社職員
易禮容（經理）
毛澤東 特別交涉員
李庠（營業員——管書）
唐自光（營業員——管報兼管書）
王仙梅（營業員——管報）
黃德安（燒飯兼走雜）
以上是現在的職員。在這臨期內尚有陳君子博任君培道在社各擔任營業約兩個月。
（完）
（四六）

社設長沙潮宗街五十六號

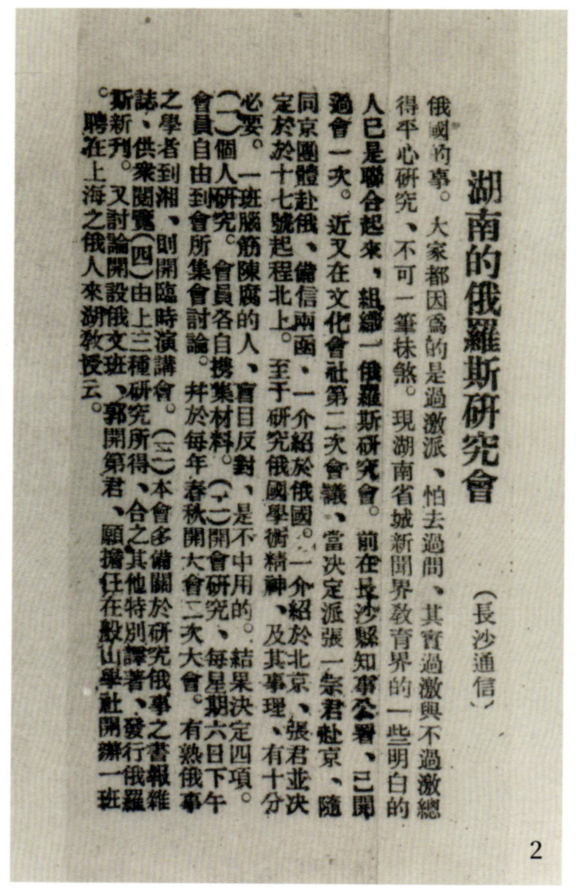

湖南的俄羅斯研究會（長沙通信）

俄國的事。大家都因爲的是過激派、怕去過問、其實過激與不過激總得平心研究、不可一筆抹煞。現湖南省城新聞界教育界的一些明白的人已是聯合起來，組織一個俄羅斯研究會。前在長沙縣知事公署、已開過會一次。近又在文化會社第二次會議、當決定派張一棨君赴京、隨同京團體赴俄、備信兩函、一介紹於俄國。一介紹於北京、張君並決定於於十七號起程北上。至于研究俄國學術精神、及其事理、有十分必要。一班腦筋陳腐的人、盲目反對、是不中用的。結果決定四項。（一）個人研究。會員各自携集材料。（二）開會研究、每星期六日下午會員自由到會所集會討論。并於每年春秋開大會二次大會。有熟俄事之學者到湘、則開臨時演講會。（三）本會多備關於研究俄事之書報雜誌、供衆閱覽（四）由上三種研究所得、合之其他特別譯著、發行俄羅斯新刊。又討論開設俄文班、郭開第君、願擔任在船山學社開辦一班。聘在上海之俄人來湖教授云。

1. 1920 年 7 月，毛泽东回到长沙，开始在湖南进行建党的准备工作。当月，他发起创办文化书社。图为文化书社故址纪念标识及长沙文化书社部分职员名单。
2. 1920 年 9 月，毛泽东、彭璜、何叔衡等发起组织湖南俄罗斯研究会。图为当时刊登在报纸上的研究会通讯。
3. 1920 年 9 月，毛泽东与彭璜等人发起湖南自治运动，因军阀赵恒惕的镇压而失败。这是 1920 年 12 月泰东图书局出版的《湖南自治运动史》。

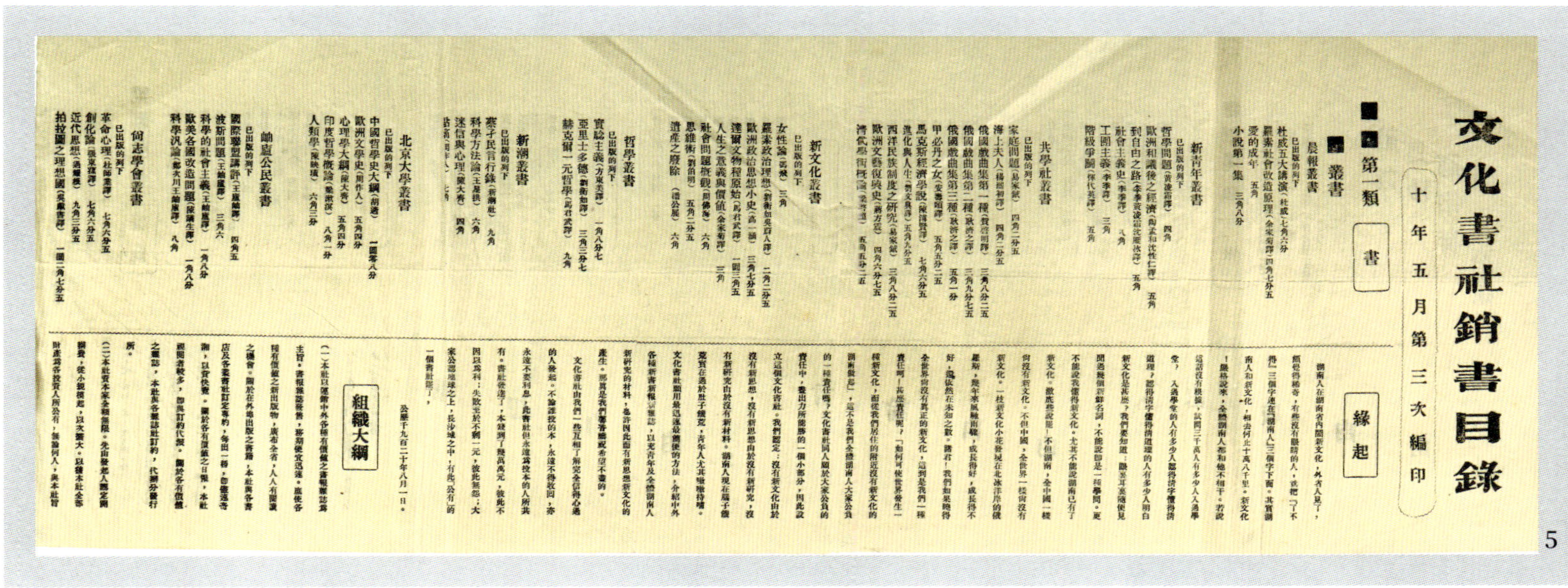

文化書社銷書目錄

十年五月第三次編印

緣起

組織大綱

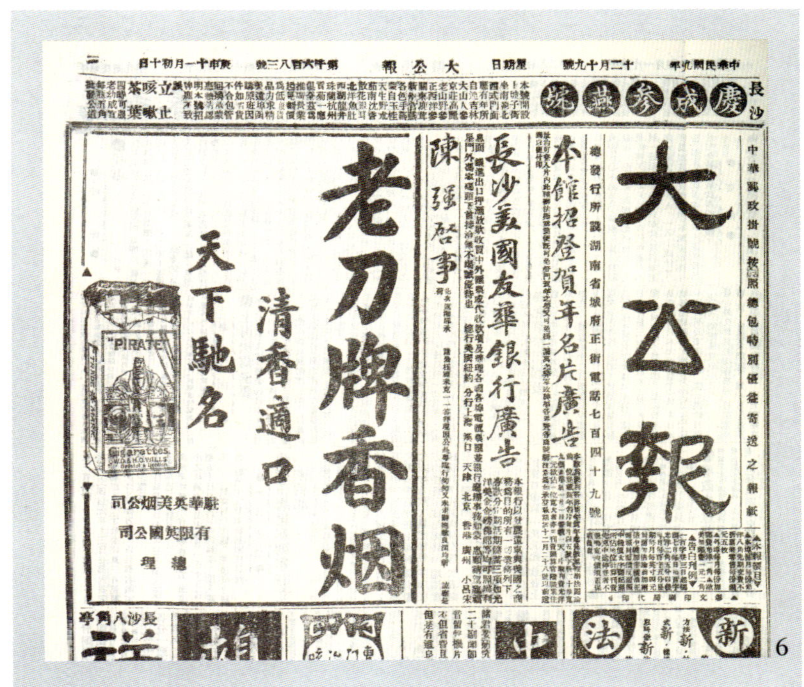

大公報

本館招登賀年名片廣告

長沙美國友華銀行廣告

陳强啓事

老刀牌香烟

清香適口

天下馳名

駐華英美烟公司

4. 1920 年冬，长沙共产党早期组织成立。图为长沙共产党早期组织主要成员，右起：毛泽东、何叔衡、彭璜。

5. 长沙共产党早期组织积极扩大文化书社业务。在长沙以外又建立 7 个分社，销售书籍扩充至 164 种、杂志 50 种、日报 5 种。这是文化书社销书目录。

6. 长沙共产党早期组织成立后，毛泽东等人积极向湖南《大公报》等公开刊物推荐宣传马克思主义的文稿。这是湖南《大公报》。

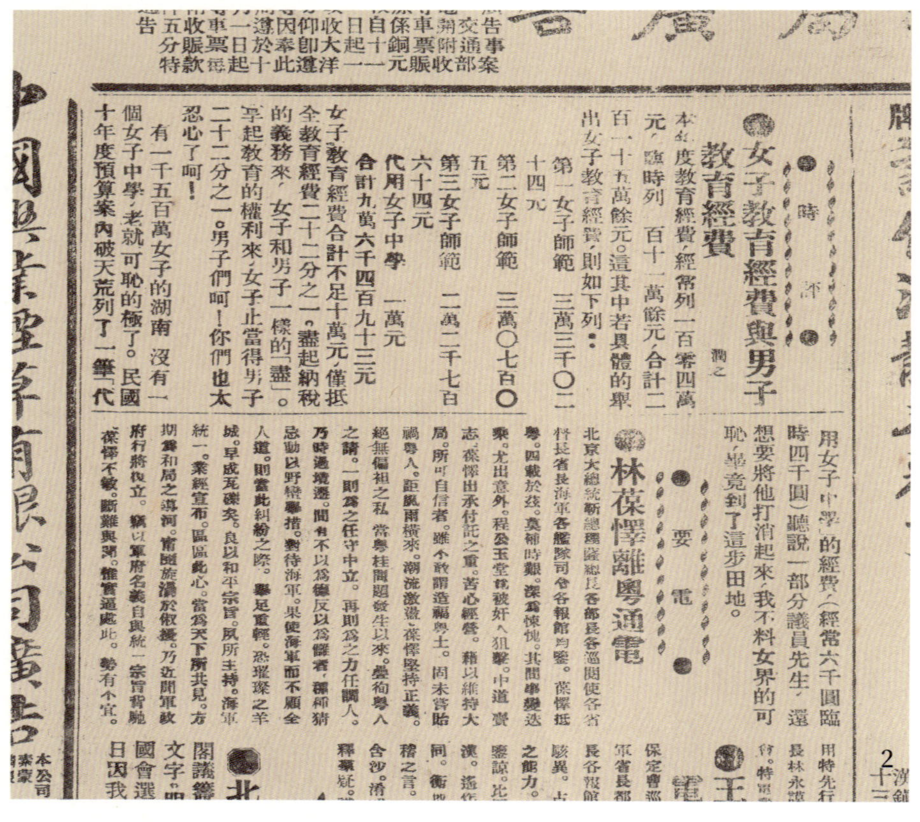

時評

女子教育經費與男子教育經費

潤之

本年度教育經費，經常列一百零四萬元，臨時列一百十一萬餘元，合計二百一十五萬餘元。這其中若具體的舉出女子教育經費，則如下列：

第一女子師範　三萬三千〇二十四元

第二女子師範　三萬〇七百〇五元

第三女子師範　二萬二千七百六十四元

代用女子中學　一萬元

合計九萬六千四百九十三元

女子教育經費合計不足十萬元，僅抵全教育經費二十二分之一。盡起納稅的義務來，女子和男子一樣的「盡」。享起教育的權利來，女子止當得男子二十二分之一。男子們呵！你們也太忍心了呵！

有一千五百萬女子的湖南，沒有一個女子中學，老就可恥的極了。民國十年度預算案內破天荒列了一筆「代用女子中學」的經費，（經常六千圓臨時四千圓）聽說一部分議員先生，還想要將他打消起來，我不料女界的可恥，畢竟到了這步田地。

要電

林葆懌離粵通電

1. 1920 年冬，毛泽东在湖南第一师范附小创办夜校，招收附近工厂工人学习文化。图为湖南第一师范附小旧貌。
2. 毛泽东主张发展女子教育，促进女子和男子享有同等的受教育权利。图为 1920 年 11 月毛泽东发表的揭露当局轻视女子教育的文章。
3. 长沙共产党早期组织还帮助黄爱、庞人铨创建湖南劳工会。图为湖南劳工会领导人黄爱（右）、庞人铨。

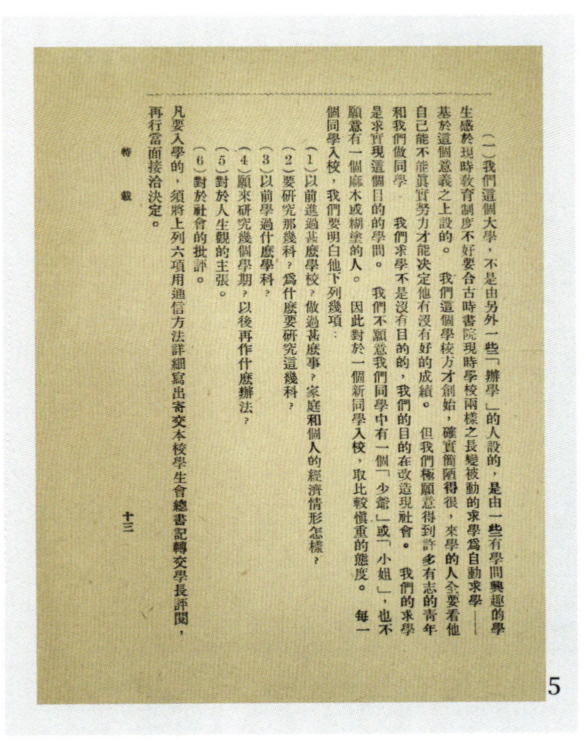

(一)我們這個大學，不是由另外一些「辦學」的人設的，是由一些有學問興趣的學生感於現時教育制度不好要合古時書院現時學校兩樣之長變被動的求學爲自動求學——基於這個意義之上設的。我們這個學校方才創始，確實簡陋得很，來學的人全要看他自己能不能眞實努力才能決定他有沒有好的成績。但我們極願意得到許多有志的青年和我們做同學，我們求學不是沒有目的的，我們的目的在改造現社會。我們的求學是求實現這個目的的學問。我們不願意我們同學中有一個「少爺」或「小姐」，也不願意有一個麻木或糊塗的人。因此對於一個新同學入校，取比較愼重的態度。每一個同學入校，我們要明白他下列幾項：

(1)以前進過甚麼學校？做過甚麼事？家庭和個人的經濟情形怎樣？

(2)要研究那幾科？爲什麼要研究這幾科？

(3)以前學過什麼學科？

(4)願來研究幾個學期？以後再作什麼辦法？

(5)對於人生觀的主張。

(6)對於社會的批評。

凡要入學的，須將上列六項用通信方法詳細寫出寄交本校學生會總書記轉交學長評閱，再行當面接洽決定。

特載 十三

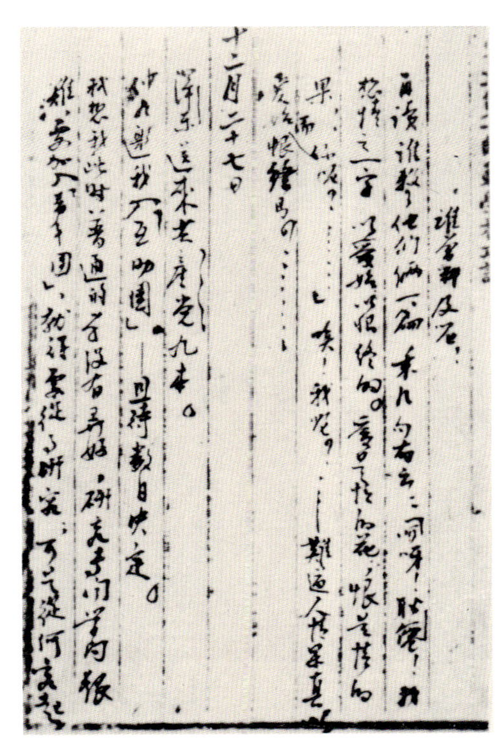

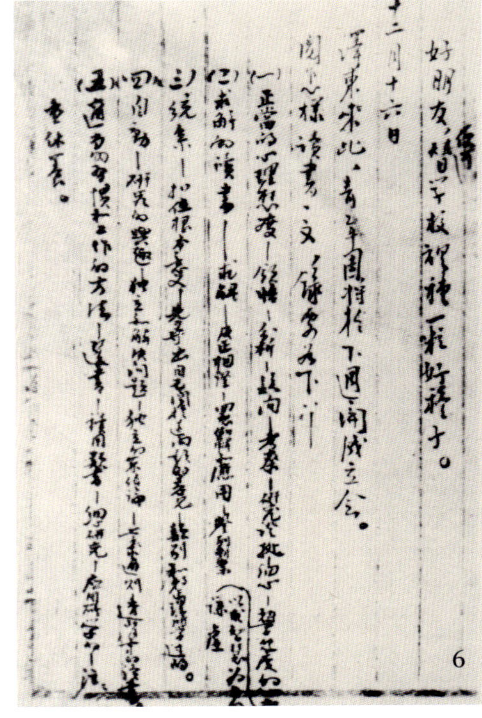

4. 长沙共产党早期组织活动地之一：船山学社旧貌。

5. 1921 年 8 月，毛泽东、彭璜等发表《湖南自修大学组织大纲》，9 月开办湖南自修大学，作为宣传马克思主义的重要阵地。这是大纲部分内容。

6. 1921 年 1 月，长沙社会主义青年团成立。这是团员张文亮日记中关于毛泽东指导建团的记载。

济南共产党早期组织

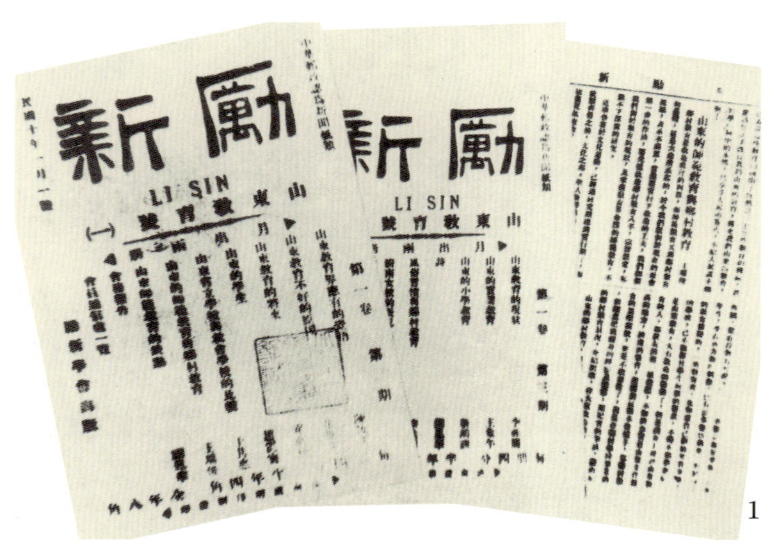
勵新
LI SIN
山東教育號

濼源新刊
LUOYUANHSINKAN
第拾貳號
山東省立第一師範學校學生自治會出版

1. 1920 年夏秋之际，王尽美、邓恩铭秘密组织康米尼斯特学会，后又发起筹建励新学会，创办《励新》半月刊。
2. 励新学会会员经常为省立一师《泺源新刊》、山东学生联合总会《新山东》等杂志积极撰稿。这是《泺源新刊》。
3. 1921 年春，王尽美、邓恩铭、王翔千等建立济南共产党早期组织。图为部分活动地点之一：全胜街 30 号、三合街 75 号。

世界的工人們聯合起來啊

中國勞動組合書記部山東支部出版

山東勞動週刊

一九二二年七月九號

第一號

本刊出版的宣言

中國勞動組合書記部山東支部宣言

八小時工作

特別記事

4. 济南共产党早期组织主要成员，右起：王尽美、邓恩铭、王翔千。

5. 1921 年 5 月，济南共产党早期组织创办山东第一份工人报刊《济南劳动周刊》（次年改名《山东劳动周刊》），用通俗的语言和生动的事例，向工人传播“劳工神圣”的思想。

6. 1921 年 6 月，津浦铁路济南机厂工人俱乐部在王尽美等人指导下成立。图为该部旧貌。

广州共产党早期组织

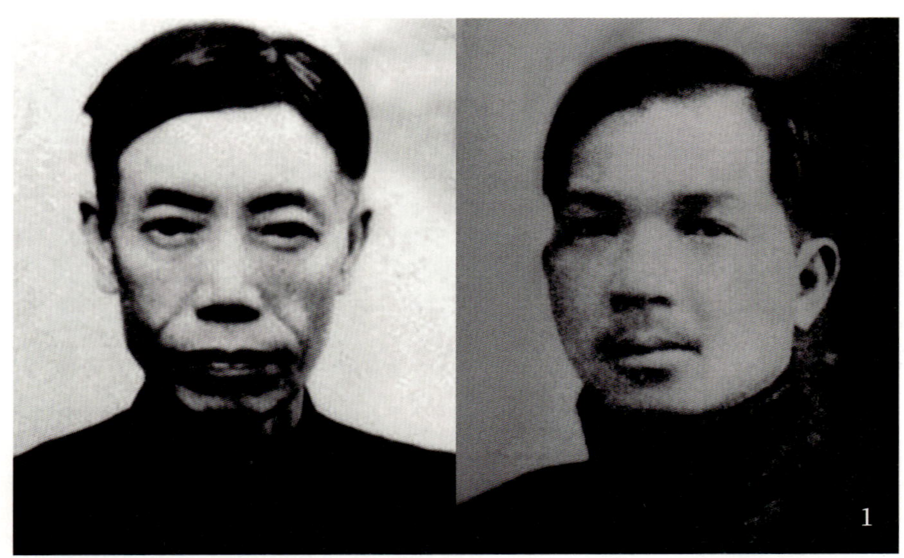

反對的是宗教迷信，所以無政府主義進一步，科學也進一步，到了實現的時候，盲目的羣衆心理，斷沒有出現的，而先生拿宗教迷信之群衆心理比方科學昌明之群衆心理，未免時代錯誤了。

（四）陳獨秀再答區聲白書

聲白先生：

前天在群報上看見你的答復，現在再略陳鄙意如左：

1，先生不贊成個人絕對的自由，我很佩服你的見解比別的無政府黨好得多（我在廣州晨報上見過幾篇文章，一面說他們是共產的無政府主義不是個人的無政府主義，個人無政府主義他們曾反對過；一面却口口聲聲說：『我們主張極端自由，不是多得少得』『我們既贊成安那其，而要求絕對自由。』『但是先生所主張對於這種個人主義的頑固派之辦法，我却有點懷疑：一，你說施以善良教育，達到無政府共產實現的時候，一定很少很少，我請問照你的說法，善良教育未普遍以前無政府主義是不能實現的了，那末，在私產政府之下有何法何人施行，普遍的善良教育呢？這才眞叫做走投無路了！二，你說假使遇了這種人，我們單可用誠懇的態度把正當的理由告訴他；我請問照這樣告訴他，他仍然固執，那便怎麽樣呢？即以你對嶺南學生而論，你總用過誠懇的態度把正當的理由告訴他們，效果如何呢，先生說：『便甘與羣衆爲敵，雖爲衆人屏斥亦奚足惜。』『不顧公共利益的個人自由，是自由的大敵。』『既志願而爲一羣，則必共守信約』。這些話我們都很以爲然，因爲若不共守信約屏斥一羣之敵，便不能保這羣底組織及利益。換一句話說，信約既定之後，我們便不能容認不顧公共利益的少數人有『主張極端自由』『要求絕對自由』之餘地了。先生所謂信約，也可以說就是法律，不過是名稱不同。但先生說信約是共同訂定的，法律是幾個人訂定的，這種全稱肯定，在邏輯上殊欠妥當。因爲自來共同信約不見得盡是全體共同意思，並且有時還是一二人煽動羣衆盲行的；反之，自來法律底實質多半根據在全社會的習慣及心理底基礎上面，至於成立法律底手續，

討論無政府主義　一三

1. 1921 年春，陈独秀与谭平山、陈公博、谭植棠等重组广州共产党早期组织。图为谭平山（右）、谭植棠。
2. 1920 年下半年，广州社会主义青年团在广东省立高等师范学校成立。图为广东省立高等师范学校旧貌。
3. 1920 年底，陈独秀到广州出任广东省教育委员会委员长，在党组织发展问题上，与无政府主义者产生争论。

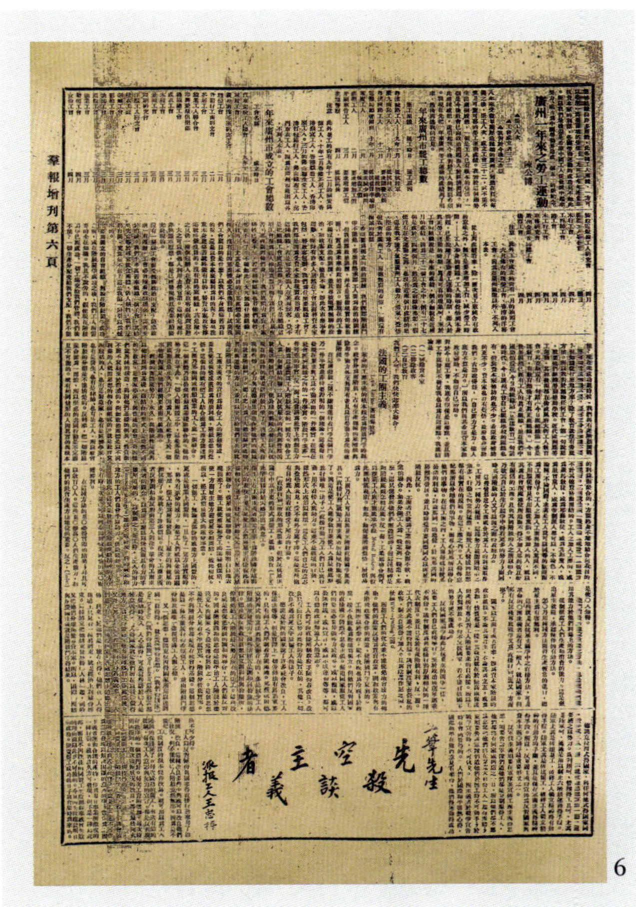

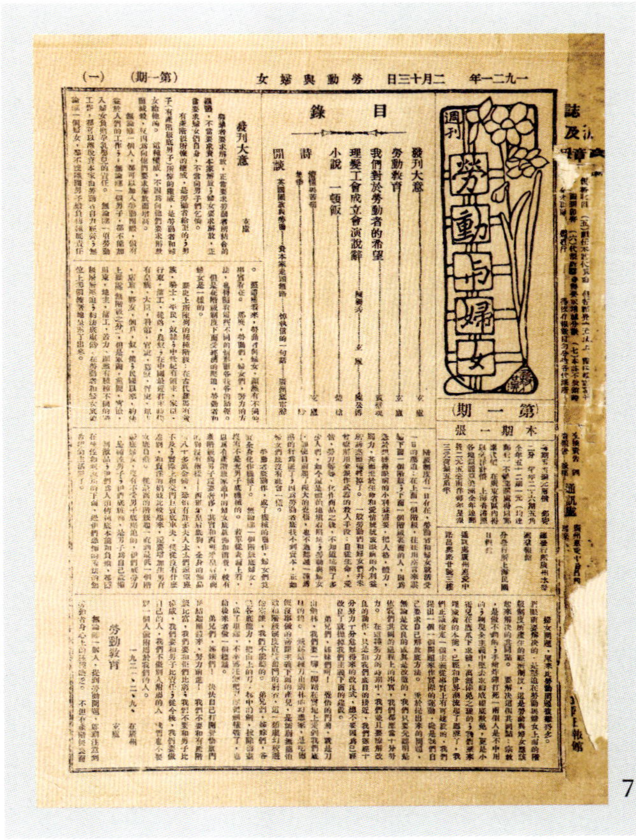

4. 广州共产党早期组织成立后，将《广东群报》改为机关刊物，开辟“马克思研究”“工人消息”“俄国通讯”等专栏。

5. 广州共产党早期组织创办“宣讲员养成所”等组织，培养宣传马克思主义的骨干。图为高第街素波巷宣讲员养成所旧貌。

6. 在广州共产党早期组织推动下，广州及周边各地工人组织发展迅速，先后成立了广东土木建筑工会、广州理发工会等大型工会。这是《广东群报》相关报道。

7. 1921 年 2 月，由沈玄庐主编的、以劳动者和妇女解放为宗旨的《劳动与妇女》在广州创刊。

旅日共产党早期组织

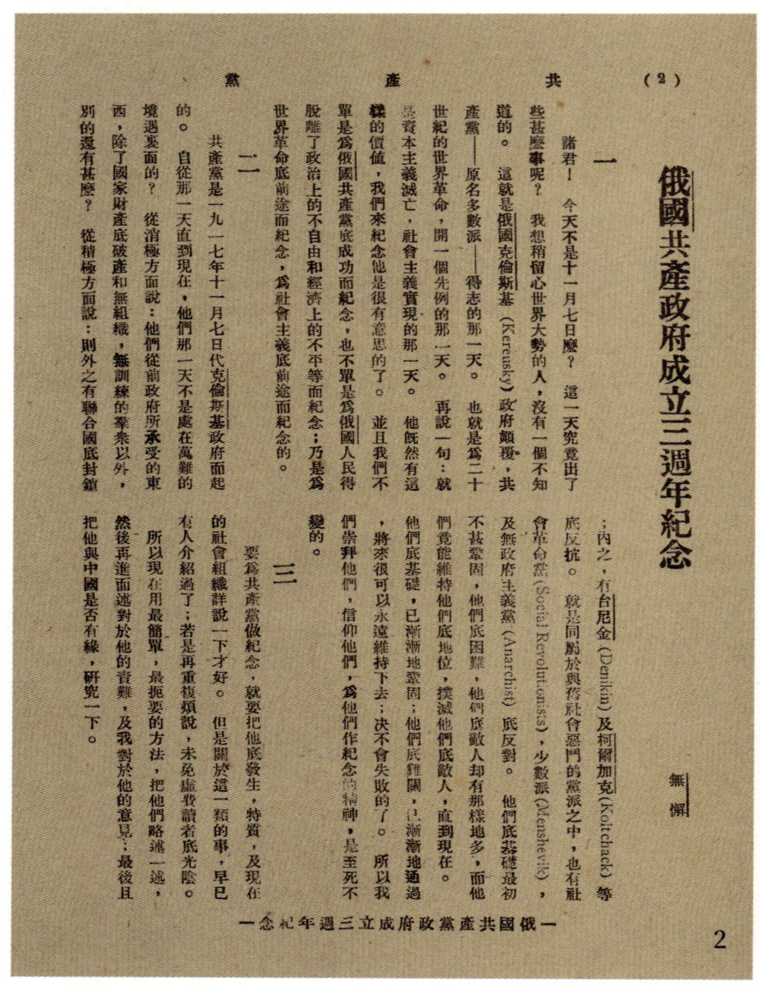

（2）　共　產　黨

俄國共產政府成立三週年紀念

無懈

一

諸君！今天不是十一月七日麼？這一天究竟出了些甚麼事呢？我想稍留心世界大勢的人，沒有一個不知道的。這就是俄國克倫斯基(Kereusky)政府顛覆，共產黨——原名多數派——得志的那一天。也就是爲二十世紀的世界革命，開一個先例的那一天。再說一句：就是資本主義滅亡，社會主義實現的那一天。他既然有這樣的價值，我們來紀念他是很有意思的了。並且我們不單是爲俄國共產黨底成功而紀念，也不單是爲俄國人民得脫離了政治上的不自由和經濟上的不平等而紀念；乃是爲世界革命底前途而紀念，爲社會主義底前途而紀念的。

二

共產黨是一九一七年十一月七日代克倫斯基政府而起的。自從那一天直到現在，他們那一天不是處在萬難的境遇裏面的？從消極方面說：他們從前政府所承受的東西，除了國家財產底破產和無組織，無訓練的羣衆以外，別的還有甚麼？從積極方面說：則外之有聯合國底封鎖；內之，有台尼金(Denikin)及柯爾加克(Koltchack)等底反抗。就是同屬於與舊社會惡鬥的黨派之中，也有社會革命黨(Social Revolutionists)，少數派(Menshevik)，及無政府主義黨(Anarchist)底反對。他們底基礎最初不甚鞏固，他們底困難，他們底敵人却有那樣地多，而他們竟能維持他們底地位，撲滅他們底敵人，直到現在。他們底基礎，已漸漸地鞏固；他們底難關，已漸漸地通過，將來很可以永遠維持下去；決不會失敗的了。所以我們崇拜他們，信仰他們，爲他們作紀念的精神，是至死不變的。

三

要爲共產黨做紀念，就要把他底發生，特質，及現在的社會組織詳說一下才好。但是關於這一類的事，早已有人介紹過了；若是再重複煩說，未免虛費讀者底光陰。所以現在用最簡單，最扼要的方法，把他們略述一述，然後再進而述對於他的責難，及我對於他的意見；最後且把他與中國是否有緣，研究一下。

—俄國共產黨政府成立三週年紀念—

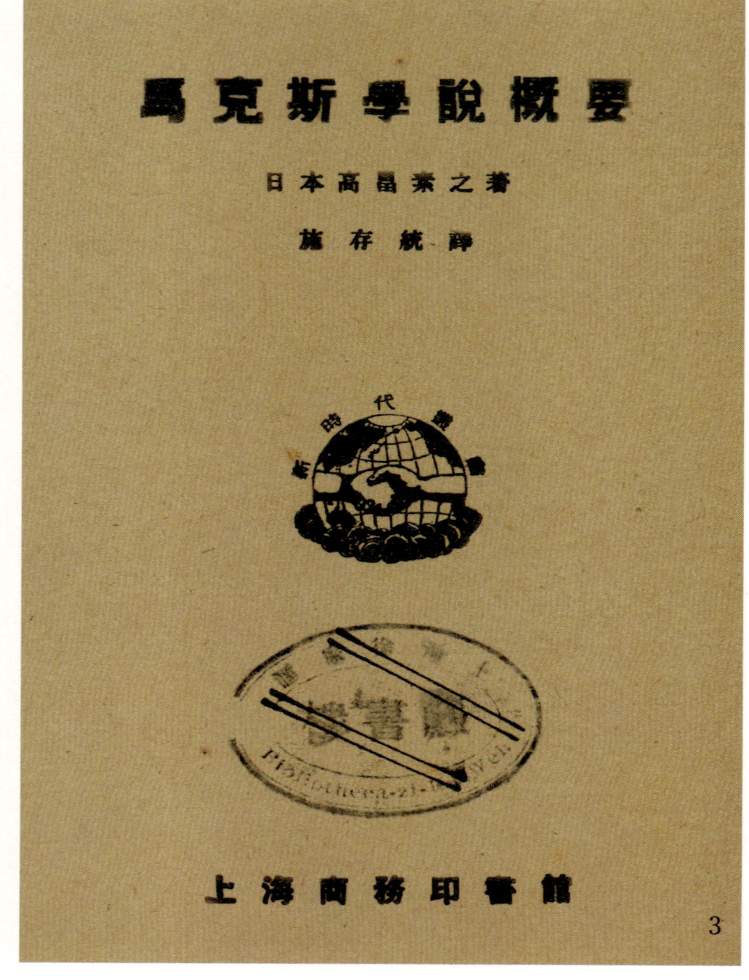

馬克斯學說概要

日本高畠素之著

施存統譯

上海商務印書館

1. 陈独秀指定施存统为旅日共产党早期组织负责人。

2. 周佛海留日期间，经常为《共产党》《新青年》撰稿。

3. 施存统留日期间积极向国内翻译介绍日本社会主义者的文章。

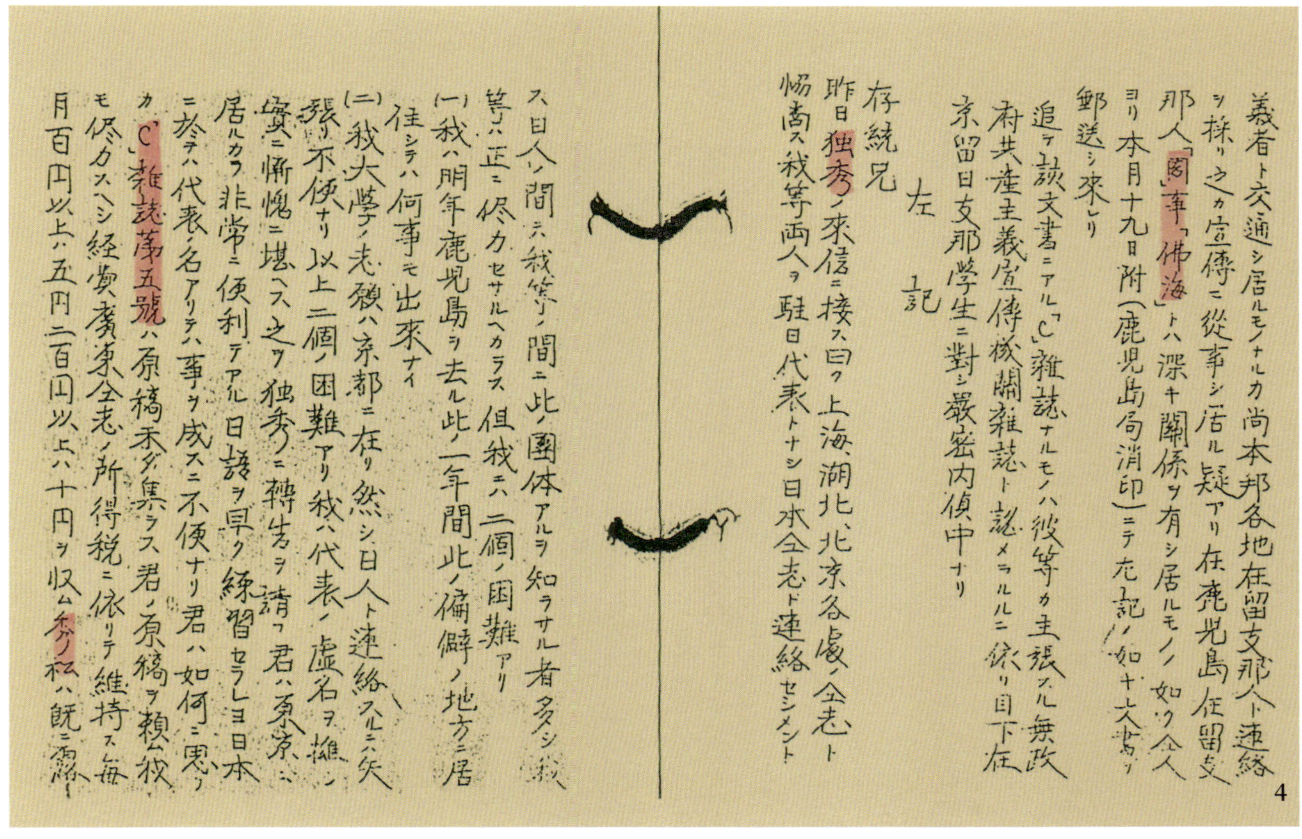

義者ト交通シ居ルモノナルカ尚本邦各地在留支那人ト連絡シ採リ之カ宣傳ニ從事シ居ル疑アリ在鹿児島在留支那人「周」「佛海」トハ深キ關係ヲ有シ居ルモノノ如ク今人ヨリ本月十九日附(鹿児島局消印)ニテ左記ノ如キ文書ヲ郵送シ來レリ

追テ該文書ニアル「C」雜誌ナルモノハ彼等カ主張スル無政府共産主義宣傳機關雜誌ト認メラルルニ依リ目下在京留日支那學生ニ對シ嚴密内偵中ナリ

左　記

存統兄

昨日獨秀ノ來信ニ接ス曰ク上海、湖北、北京各處ノ同志ト協商ス我等両人ヲ駐日代表トナシ日本同志ト連絡セシメントトス日人ノ間ニ我等ノ間ニ此ノ團体アルヲ知ラサル者多シ我等ハ正ニ努力セサルヘカラス但我ニハ二個ノ困難アリ

(一)我ハ明年鹿児島ヲ去ル此ノ一年間此ノ偏僻ノ地方ニ居住シテハ何事モ出來ナイ

(二)我大學ノ志願ハ京都ニ在リ然シ日人ト連絡スルニハ矢張リ不便ナリ以上二個ノ困難アリ我ハ代表ノ虚名ヲ擁シ實ニ慚愧ニ堪ヘス之ヲ獨秀ニ轉告ヲ請フ君ハ東京ニ居ルカラ非常ニ便利デアル日語ヲ早ク練習セラレヨ日本ニ於テハ代表ノ名アリテハ事ヲ成スニ不便ナリ君ハ如何ニ思フカ「C」雜誌第五號ハ原稿未ダ集ラス君ノ原稿ヲ賴ム我モ努カスヘシ經費ハ廣東同志ノ所得税ニ依リテ維持ス毎月百円以上ハ五円二百円以上ハ十円ヲ収ム秀ノ私ハ既ニ[illegible]

4. 1921 年 4 月，施存统与周佛海接到陈独秀来信，委派两人成立旅日共产党早期组织。图为周佛海给施存统的信。

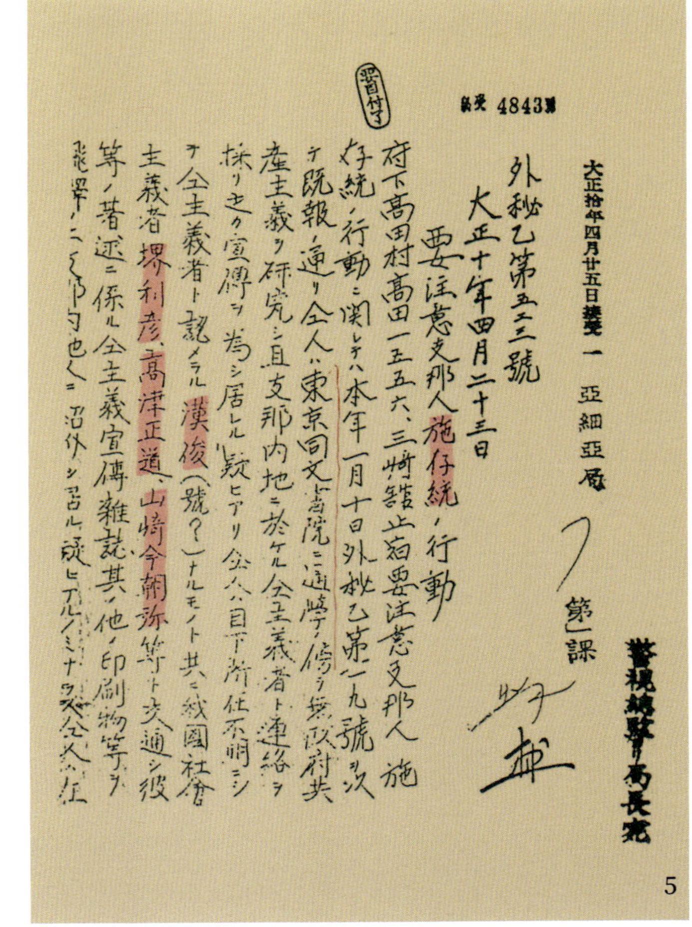

大正拾年四月廿五日接受 一 亞細亞局

第一課

4843號

外秘乙第五二三號

大正十年四月二十三日

要注意支那人施存統ノ行動

府下高田村高田一五五六、三崎館止宿要注意支那人施存統ノ行動ニ関シテハ本年一月十日外秘乙第一九號ヲ以テ既報ノ通リ同人ハ東京同文書院ニ通學ノ傍ラ無政府共産主義ヲ研究シ且支那内地ニ於ケル同主義者ト連絡ヲ採リ之カ宣傳ヲ為シ居レル疑ヒアリ同人ハ目下所在不明ニシテ同主義者ト認メラル漢俊(號?)ナルモノト共ニ我國社會主義者堺利彦、高津正道、山崎今朝弥等ト交通シ彼等ノ著述ニ係ル同主義宣傳雜誌其ノ他ノ印刷物等ヲ[illegible]

警視總監[illegible]

5. 施存统在日期间受到日本政府的严密监视。图为日本警察关于施存统的监视报告。

旅法共产党早期组织

1. 1920 年 5 月，赵世炎赴法勤工俭学，途经上海与陈独秀结识。图为 1920 年 6 月赵世炎等人抵达法国后的合影。
2. 赵世炎在法国期间，与陈独秀等人保持书信往来。这是赵世炎从法国寄回的明信片。
3. 1920 年 6 月，陈公培赴法勤工俭学，随身携带一份陈独秀草拟的党纲。图为陈公培乘坐的邮轮。

4

5

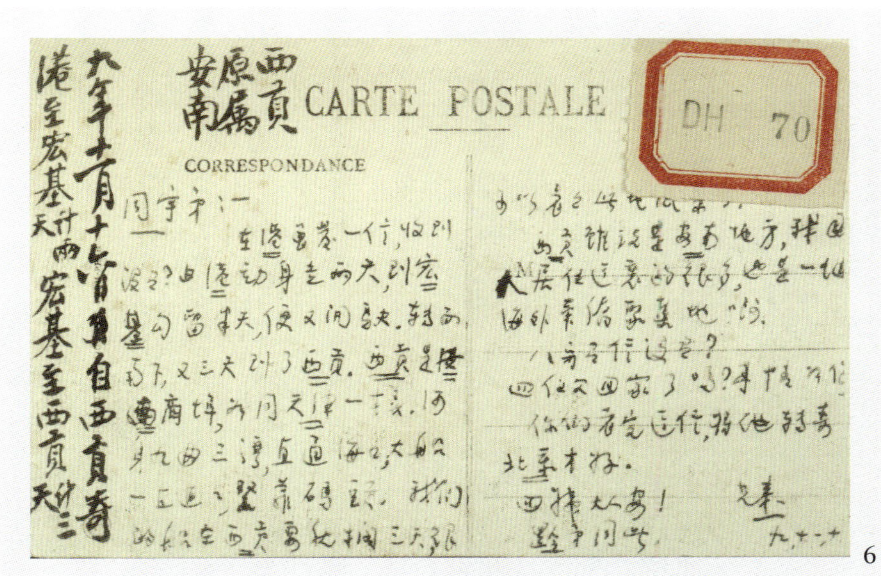

6

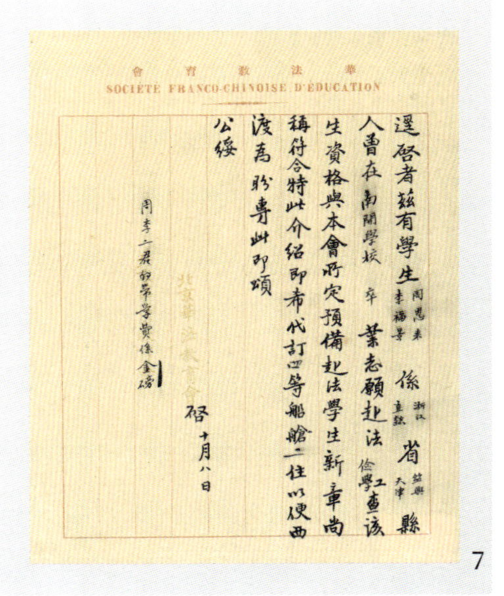

7

4. 1921 年春，赵世炎、陈公培、张申府、周恩来、刘清扬等 5 人一起在张申府住所成立旅法共产党早期组织。图为旅法共产党早期组织成员，左起：刘清扬、周恩来、赵世炎、陈公培。

5. 1920 年 11 月，张申府赴法任教，负责筹建旅法党组织，随后介绍刘清扬和周恩来入党。图为张申府（左一）等人在法国合影。

6. 周恩来赴法途径越南时寄给弟弟的明信片。

7. 周恩来赴法勤工俭学时的证明信。

天津益世報

中華民國十年五月 九號

西歐通信

留法勤工儉學生之大波瀾

（周恩來）

拒款大會啓

1. 1921 年 2 月 28 日，400 多名勤工俭学生涌向中国驻法公使馆，发起争取求学权的二 · 二八运动。图为中国驻法公使馆旧貌。

2. 赵世炎、周恩来积极参与领导了二 · 二八运动。图为周恩来发表的通讯。

3. 1921 年 6 月，北洋政府以出卖国家利益，向法国政府借款。周恩来等为此展开声势浩大的拒款斗争。图为《拒款大会启》。

重点展项“各地共产党早期组织”，以光电地图与液晶屏相互配合，介绍中共一大召开前在国内各地和海外华人中建立的8个共产党早期组织及其成员。

第三单元 建党思想的探索与论争

围绕建立一个什么样的党和怎样建党等关键而重要的问题，中国早期马克思主义者进行了积极的探索，初步明确了党的根本性质、奋斗目标、组织原则和革命手段，为建立新型的无产阶级政党筑牢理论根基。同改良主义、无政府主义等反马克思主义思潮的论战，帮助一批进步青年划清科学社会主义与资产阶级、小资产阶级社会主义流派的界限，走上马克思主义的道路。

建党思想的早期探索

●世界思潮之方向 （山川菊榮原作）（金剛）（漢俊）節譯

俄國革命發生以來、世界形勢、日日變化、簡直使人『目迷五色』。大家認做『軍閥與官僚之金城鐵壁』的德國、也歸社會黨支配了、『軍國主義之守護神』的凱撒、也倒了、單看世界這一點猛烈的變化、真不能不說爲神奇。

俄德革命、不過纔和中國劇場裡、打擂台的一樣。講和成功以後我想世界上一定有些戲好看。

受俄德革命載刺、被生活困難壓迫、恍然大悟各國平民階級、不問那裡、都想互相呼應互相結合起來奮鬥。歐美各國、大規模的同盟罷工、和叛亂、陸續發生。那種紛爭、決不是對於政府措置、生活窮苦毫無自覺、頃刻發作的不平爆發。決不是所謂愚民妄動一類單純的東西。乃是根底深、由來很久、意識的、永續的、運動表現。什麼內閣更迭哩？些微的救濟設施哩？老實說一句、譬如拿石頭拋在水裏、多少還要起些波紋。像這些辦法、那裡能發生出起波紋的効果來呢？

1

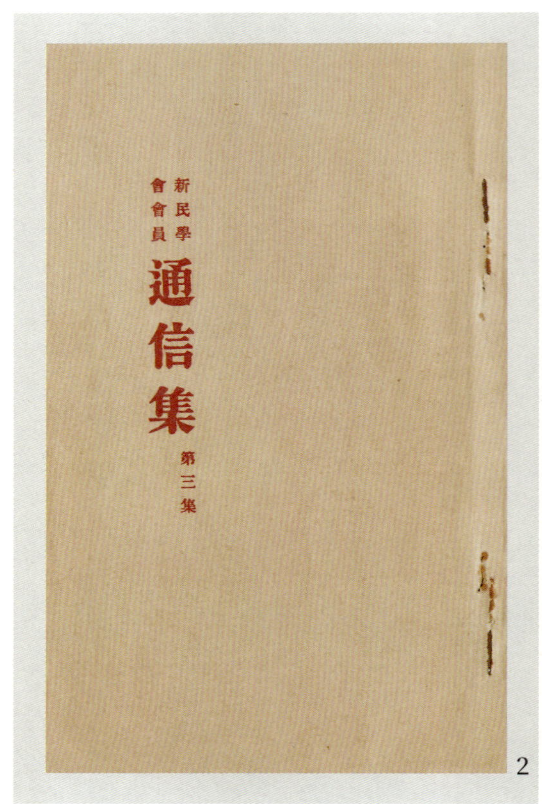

2

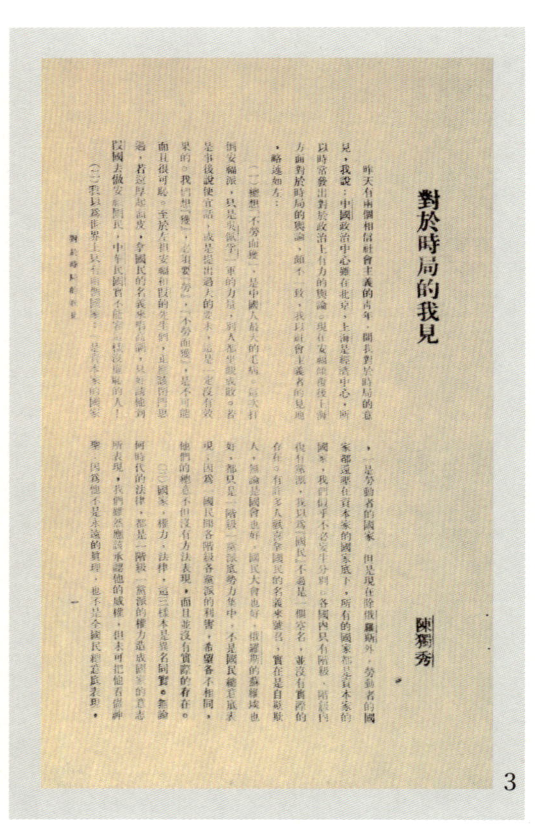

3

1. 1919 年 9 月，《民国日报》副刊《觉悟》刊载李汉俊节译的山川菊荣《世界思潮之方向》。译文附言表达了在中国建立无产阶级政党的想法。图为李汉俊文章。
2. 1920 年 8 月 13 日和 9 月 16 日，蔡和森致信毛泽东，明确提出“明目张胆正式成立一个中国共产党”。这是二人刊登通信的《新民学会会员通信集第三集》。
3. 从“社会共产党”到后来定名为“共产党”，中国早期马克思主义者对党的名称有一个探讨和思考的过程。这是陈独秀的文章，以“社会党”自称。

(28) 共產黨

同；多數派主張注重內政的根本改造，再進而達到各國的改造，少數派主張與聯軍一致勝德後再改造內政。

一九一七年十月革命後，少數派簡直的加入了有產階級，公然對於多數派宣戰，甚至於破壞建築，鎗斃勞動者。因此多數派於一九一八年三月八號召集大會於莫斯科，將其黨改名為俄國共產黨。這個『俄國共產黨』的黨名，起源於馬克思在世時。一九一九年三月十九，多數派召集第八次大會時，通過了『俄國共產黨』的新黨綱。

一九二〇年三月，俄國共產黨，召集全體大會於莫斯科，曾決議全勞農議會俄國的各經濟整頓的重要問題。(完)

列寧的歷史

A I

列寧本姓烏爾彥諾夫，名烏拉底米爾—宜里宜赤，後改姓列寧名尼古來矣。他生於一八七〇年西穆比爾斯克省。他的父親在該省充當監督學校員，後來因監查學校有功，得了一二等文官銜，並加入了貴族。他的母親麻里牙—啊里克散得洛夫那，原來是個大地主，在喀雜斯克省有些田園。伊的丈夫死後，伊曾領國家的恩俸度日。

一八八六年，列寧的兄亞列山大要入聖彼得堡大學的時候，因與其同志安得列有士金，放西班諾夫，舍維料夫等，謀殺俄皇第三，遭了失敗，被捉入獄，後降旨勒死。

列寧自己在西穆比爾斯克中學受教育，這個中學校的校長，就是一九一七年二月革命後的那個臨時政府的國務總理，克倫斯基的父親。這個校長，自然是沒想到他的兒子克倫斯基後來得了俄國行政機關的最高位置，那個監督學校員烏爾彥諾夫更是夢想不到他的兒子改造新俄創立世界自古未有之人生的生活抵抗全地球來攻擊他的各國，作大最大的偉人。

列寧畢業於中學後，隨入喀雜斯克大學。在這個大學中，因為他傳播社會主義和他與其同志組織學生示威運動，校長就把他逐出了大學。由大學被逐後，他就充當律師，但是他自充當律師共計只赴裁判所辯護了一回訟案。一八九一年，列寧由鄉移於聖彼得堡，在此地他又入了聖彼得堡經濟大學，這個時候就把他著作的那部馬克思

—列寧的歷史—

(29) 共產黨

主義論出了版，此書出版以後，列寧纔漸漸的出了名。由此十五年以後，列寧纔作了多數派社會主義運動的最勇敢最精神的首領。

列寧

列寧自成年至今，他的政治理想和他的政治作用，都本着他決定的主義實行，他的主義完全是傾向於實行社會主義，因此他積極的組織工會，設立勞工團體，逐漸作成了俄國勞工貧民的唯一的戰將首領。列寧從未與聞他的兄所作的那樣的恐怖暴動暗殺等事，唯有極力傳播他的社會政治經濟主義，並實行組織工會。帝制政府因為他傳播社會主義，於一八九七年一月二十九日把他監押起來，充軍於西伯利亞。列寧因為傳播馬克思的社會主義和堅持實行改造的宗旨，遂被逐流於大荒人稀茂林獸多之西伯利亞。他在這冰山雪地荒野寬闊之地，時久多暇之際，纔能發達了他的平生觀念思想和分析社會上所有應改造的諸大問題。他在西伯利亞是住在蘇城的一個村裏。在這個村裏，他還是傳播他的主義，並有他的經濟改造著作。他的著作，都是借着別姓名發表的。他所借的姓名為宜

—列寧的歷史—

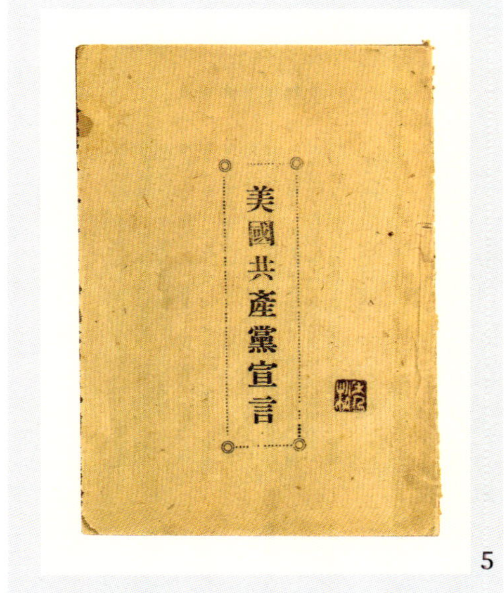

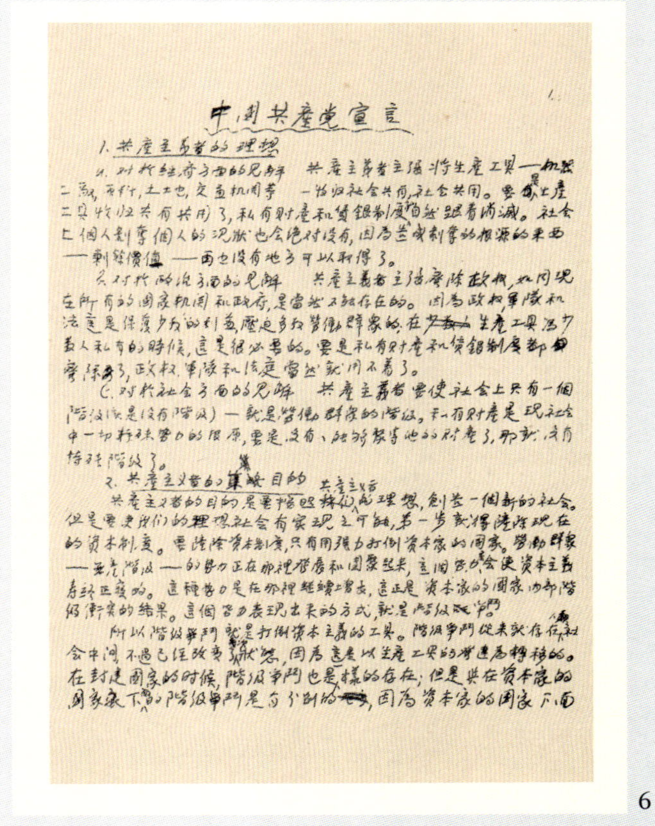

中国共產党宣言

1. 共產主义者的理想

a. 对於经济方面的见解 共產主義者主張將生產工具——机器工厂，原料，土地，交通机关等——收归社会共有，社会共用。要是生產工具收归共有共用了，私有财產和赁银制度自然跟着消灭。社会上個人剥夺個人的现状也会绝对没有，因为造成剥夺的根源的东西——剩余價值——再也没有地方可以取得了。

b. 对於政治方面的见解 共產主義者主張废除政权，如同现在所有的国家机关和政府，是当然不能存在的。因为政权，軍隊和法庭是保護少数的利益，壓迫多数劳働群衆的，在生產工具为少数人私有的時候，這是很必要的。要是私有財產和賃銀制度都废除了，政权，軍隊和法庭当然就用不着了。

c. 对於社会方面的见解 共產主義者要使社会上只有一個階級（实是没有階級）——就是勞働群衆的階級。私有财產是现社会中一切特殊势力的根原，要是没有人能够聚集他的财產了，那就没有特殊階級了。

2. 共產主义者的目的

共產主义者的目的是要按照共產主义者的理想，創造一個新的社会。但是要使我们的理想社会有实现之可能，第一步就得铲除现在的资本制度。要铲除资本制度，只有用强力打倒资本家的国家。劳動群衆——无產階级——的势力正在那裡发展和团聚起来，这個势力会使资本主義寿终正寝的。這種势力是在那裡继续增長，這正是资本家的国家内部階级冲突的结果。這個势力表现出来的方式，就是階级争鬥。

所以階级争鬥就是打倒资本主義的工具。階级争鬥從来就存在於社会中间，不過已经改变了形状，因为這是以生產工具的变迁而转移的。在封建国家的时候，階级争鬥也是一樣的存在；但是在资本家的国家底下的階级争鬥是有分别的，因为资本家的国家下面

4. 中国共产党在创建之初就重视介绍和研究列宁的建党思想。《共产党》月刊经常刊载阐述列宁建党思想的重要文章。图为《共产党》月刊刊载的《列宁的历史》一文。

5.《共产党》月刊经常刊载各国共产党的重要文件，有的被印成单行本小册子，为中国马克思主义者拟订中国共产党的党纲和宣言提供了借鉴。这是俞秀松收藏的《美国共产党宣言》。

6. 1920 年 11 月，上海共产党早期组织起草了《中国共产党宣言》，是中国早期马克思主义者探索建党思想的重要成果。这是《中国共产党宣言》部分内容。

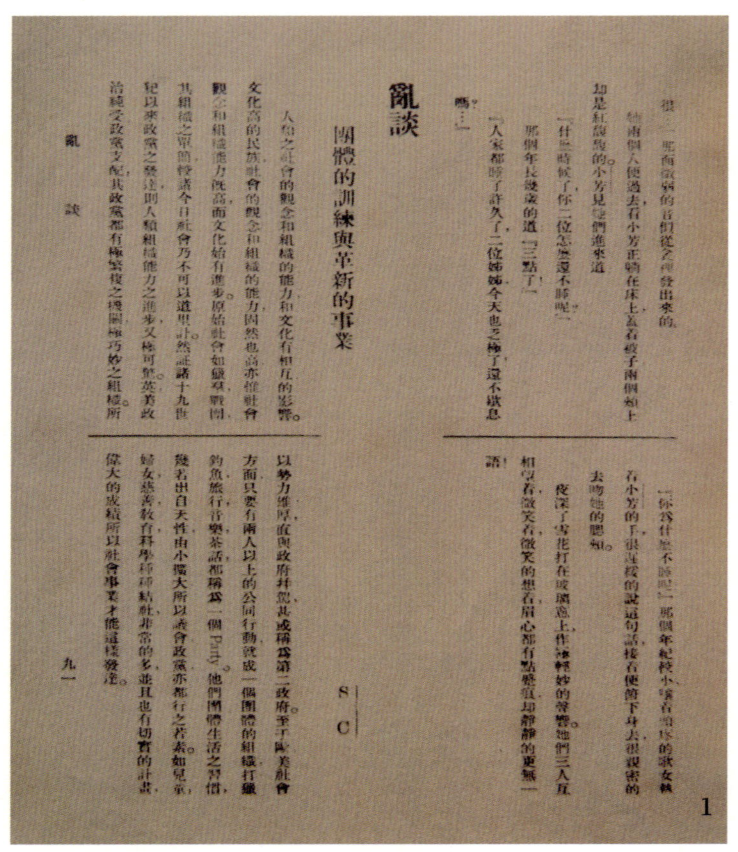
「什麼時候了你二位怎麼還不睡呢？」
那個年長些的道「三點了！」
「人家都睡了許久了二位姊姊今天也乏極了還不歇息嗎？……」
「你為什麼不睡呢」那個年紀較小嗓音帶啞的歌女執着小芳的手很溫柔的說這句話接着便俯下身去很親密的去吻她的腮頰。
夜深了雪花打在玻璃窗上作一種輕妙的聲響她們三人互相望着微笑着微笑的想着眉心都有點蹙痕却靜靜的更無一語！

亂談

團體的訓練與革新的事業

人類之社會的觀念和組織的能力和文化有相互的影響。文化高的民族社會的觀念和組織的能力固然也高亦惟社會觀念和組織能力既高而文化始有進步原始社會如獵夫，戰關，其組織之單簡姑諸今日社會乃不可以道里計。然試諸十九世紀以來政黨之發達則人類組織能力之進步又極可驚英美政治純受政黨支配其政黨都有極繁複之機關極巧妙之組織。所以勢力雄厚直與政府并駕甚或稱為第二政府。至于歐美社會方面只要有兩人以上的公同行動就成一個團體的組織打獵釣魚旅行音樂茶話都稱為一個Party。他們團體生活之習慣，幾若出自天性由小攬大所以議會政黨亦都行之若素。如兒童，婦女慈善教育科學種種結社非常的多並且也有切實的計畫，偉大的成績所以社會事業才能這樣發達。

S C

亂談　九一

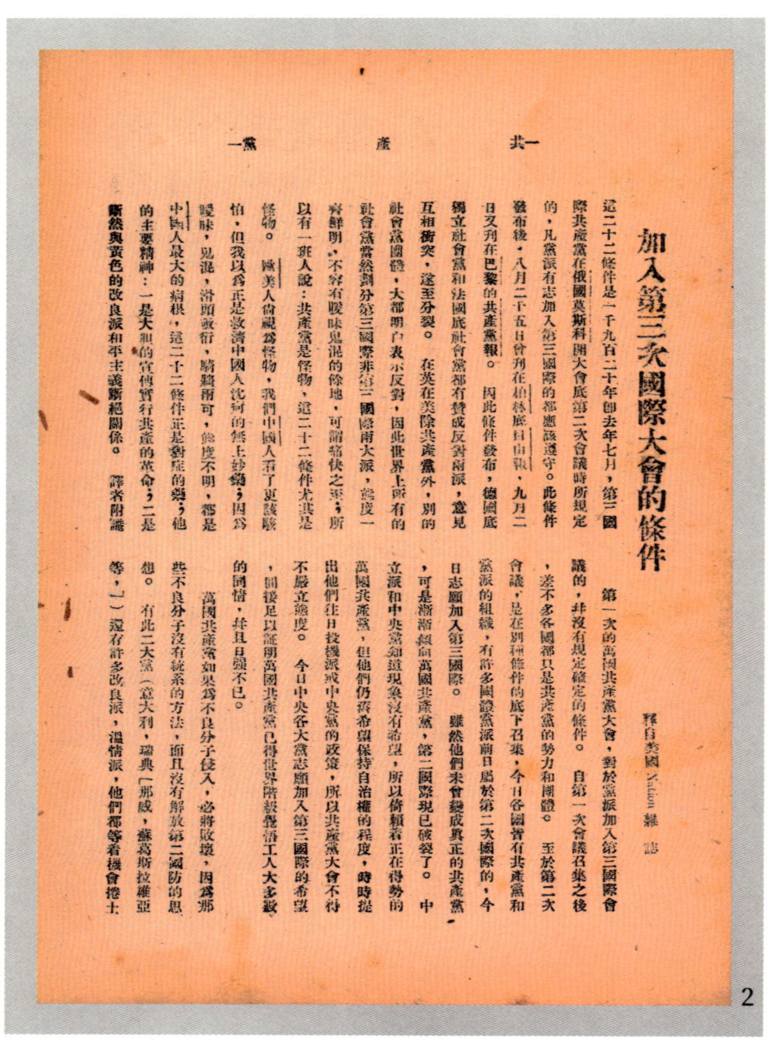
共產黨

加入第三次國際大會的條件

譯自美國Nation雜誌

這二十二條件是一千九百二十年即去年七月，第三國際共產黨在俄國莫斯科開大會底第二次會議時所規定的，凡黨派有志加入第三國際的都應該遵守。此條件發布後，八月二十五日曾刊在柏林底自由報，九月二日又列在巴黎的共產黨報。因此條件發布，德國底獨立社會黨和法國底社會黨都有贊成反對兩派，意見互相衝突，遂至分裂。在英在美除共產黨外，別的社會黨團體，大都明白表示反對，因此世界上所有的社會黨當然劃分第三國際非第三國際兩大派，態度一齊鮮明，不容有曖昧鬼混的餘地，可謂痛快之至；所以有一班人說：共產黨是怪物，這二十二條件尤其是怪物。歐美人尚視為怪物，我們中國人看了更該駭怕，但我以為正是救濟中國人沈痾的無上妙藥；因為曖昧，鬼混，滑頭敷衍，騎牆兩可，態度不明，都是中國人最大的病根，這二十二條件正是對症的藥；他的主要精神：一是大胆的宣傳實行共產的革命；二是斷然與黃色的改良派和平主義斷絕關係。譯者附識

第一次的萬國共產黨大會，對於黨派加入第三國際會議的，并沒有規定確定的條件。自第一次會議召集之後，差不多各國都只是共產黨的勢力和團體。至於第二次會議，是在別種條件的底下召集，今日各國皆有共產黨和黨派的組織，有許多團體黨派前日屬於第二次國際的，今日志願加入第三國際。雖然他們未曾變成真正的共產黨，可是漸漸傾向萬國共產黨，第二國際現已破裂了。中立派和中央黨知道現象沒有希望，所以倚賴着正在得勢的萬國共產黨，但他們仍舊希望保持自治權的程度，時時提出他們往日投機派或中央黨的政策，所以共產黨大會不得不嚴立態度。今日中央各大黨志願加入第三國際的希望，間接足以証明萬國共產黨已得世界階級覺悟工人大多數的同情，并且日强不已。

萬國共產黨如果為不良分子侵入，必將敗壞，因為那些不良分子沒有統系的方法，而且沒有解放第二國防的思想。有此二大黨（意大利，瑞典〔那威，蘇葛斯拉維亞等，〕）還有許多改良派，溫情派，他們都等着機會捲土

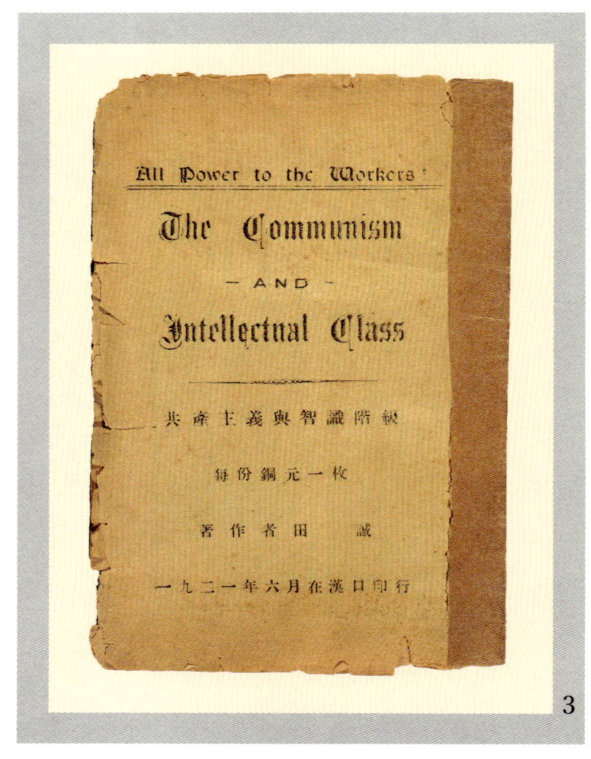
All Power to the Workers!

The Communism

— AND —

Intellectual Class

共產主義與智識階級

每份銅元一枚

著作者　田誠

一九二一年六月在漢口印行

1. 1921 年 3 月，李大钊发表文章，论述团体的重要性，赞扬俄罗斯共产党在革命中的领导作用，为建立全国统一的无产阶级新型政党做舆论准备。图为李大钊文章《团体的训练与革新的事业》。

2.《共产党》月刊第 3 号刊发《加入第三国际大会的条件》，详细列举了加入第三国际的各国共产党应具备的资格和要求。

3. 1921 年 6 月，中国马克思主义者在汉口印行《共产主义与智识阶级》，第一次详细阐述了知识阶级在中国共产主义运动中的定位和作用。

《新青年》第 8 卷介绍苏俄的文章

刊号（印行日期）	作者 / 译者	篇名
第 1 号（1920 年 9 月 1 日）	陈独秀撰	俄国精神
	汉俊译	俄罗斯同业组合运动
	汉俊译	我在新俄罗斯的生活
	张慰慈译	俄罗斯苏维埃政府
第 2 号（1920 年 10 月 1 日）	郑振铎译	文学与现在的俄罗斯
	李少穆译	哥尔基在莫斯科万国大会演说
	汉俊译	苏维埃共和国底产妇和婴儿及科学家
	中俄通信社	关于苏维埃俄罗斯的一个报告
	杨明斋译	苏维埃平民教育
第 3 号（1920 年 11 月 1 日）	震瀛译	我们要从那里做起？
	杨明斋译	俄国职工联合会发达史
	震瀛译	全俄职工联合大会
	震瀛译	劳农协社
	震瀛译	俄罗斯的我观
	震瀛译	列宁
	震瀛译	克鲁巴特金告英国工人
	雁冰译	罗素论苏维埃俄罗斯
第 4 号（1920 年 12 月 1 日）	震瀛译	批评罗素论苏维埃俄罗斯
	震瀛译	苏维埃的教育
	震瀛译	彼得格拉的写真
	震瀛译	苏维埃俄罗斯的劳动组织
	震瀛译	革命的俄罗斯底学校和学生
	震瀛译	苏维埃政府的经济政策
	震瀛译	文艺与布尔塞维克
	震瀛译	赤军教育
	震瀛译	中立派大会
	震瀛译	俄罗斯的实业问题
	震瀛译	苏维埃俄罗斯的社会改造
	震瀛译	劳农政府召集经过情形
	震瀛译	过渡时代的经济
第 5 号（1921 年 1 月 1 日）	周作人译	文学上的俄国与中国
	震瀛译	俄国与女子（6 篇）
	震瀛译	俄国底社会教育
	周佛海撰	劳农俄国底农业制度
	陈望道译	劳农俄国底劳动联合
第 6 号（1921 年 4 月 1 日）	李达译	俄国农民阶级斗争史
	李达译	劳农俄国底结婚制度
	震瀛译	俄罗斯
	震瀛译	列宁与俄国进步

与基尔特社会主义者的论争

社會主義研究

星期評論

第五十號

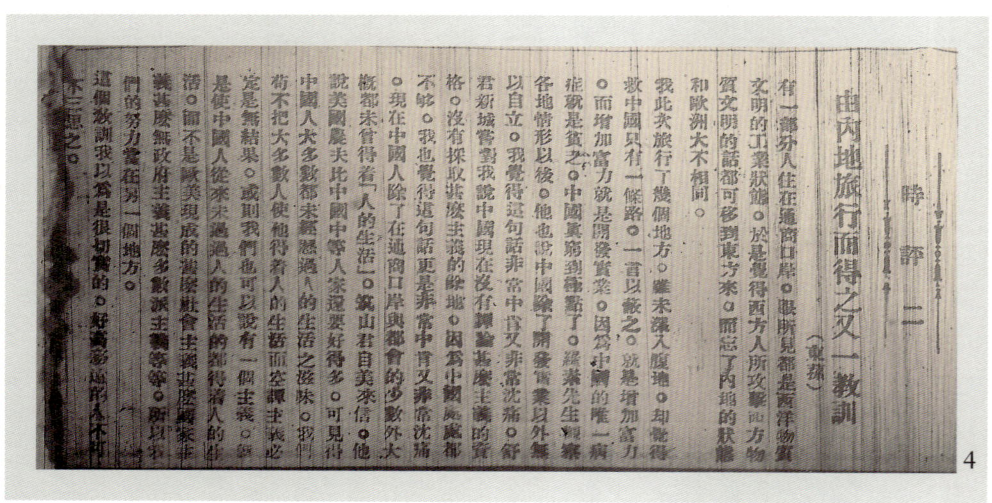

時評 二

由內地旅行而得之又一教訓

（東蓀）

有一部分人住在通商口岸。眼所見都是西洋物質文明的工業狀態。於是覺得西方人所攻擊西方物質文明的話都可移到東方來。而忘了內地的狀態和歐洲大不相同。

我此次旅行了幾個地方。雖未深入腹地。却覺得救中國只有一條路。一言以蔽之。就是增加富力。而增加富力就是開發實業。因為中國的唯一病症就是貧乏。中國真窮到極點了。羅素先生觀察各地情形以後。他也說中國除了開發實業以外無以自立。我覺得這句話非常中肯又非常沈痛。舒君新城嘗對我說中國現在沒有談論甚麼主義的資格。沒有採取甚麼主義的餘地。因為中國處處都不够。我也覺得這句話更是非常中肯又非常沈痛。現在中國人除了在通商口岸與都會的少數外大概都未曾得着「人的生活」。寅山君自美來信。他說美國農夫比中國中等人家還要好得多。可見得中國人大多數都未經過人的生活之滋味。我們苟不把大多數人使他得着人的生活而空談主義必定是無結果。或則我們也可以說有一個主義。就是使中國人從來未過過人的生活的都得着人的生活。而不是歐美現成的甚麼社會主義甚麼國家主義甚麼無政府主義甚麼多數派主義等等。所以我們的努力當在另一個地方。

這個教訓我以為是很切實的。好高鶩遠的人不可不三思之。

1. 在中国宣传基尔特社会主义的主要有张东荪、梁启超等，宣传阵地包括《解放与改造》《社会主义研究》等。图为1920年9月创刊的《社会主义研究》。
2. 李汉俊于1920年5月发表文章批判张东荪的主张，率先揭开了批判基尔特社会主义的序幕。图为李汉俊文章《浑朴的社会主义者底特别的劳动运动意见》。
3. 1920年10月，英国著名哲学家罗素到中国讲学，认为中国当务之急是发展实业。图为罗素（右一）在中国的合影。
4. 1920年11月，张东荪附和罗素的社会改良论，认为中国经济落后，不能建设劳动阶级的国家，也不能建立共产党。这是张东荪发表的《由内地旅行而得之又一教训》。

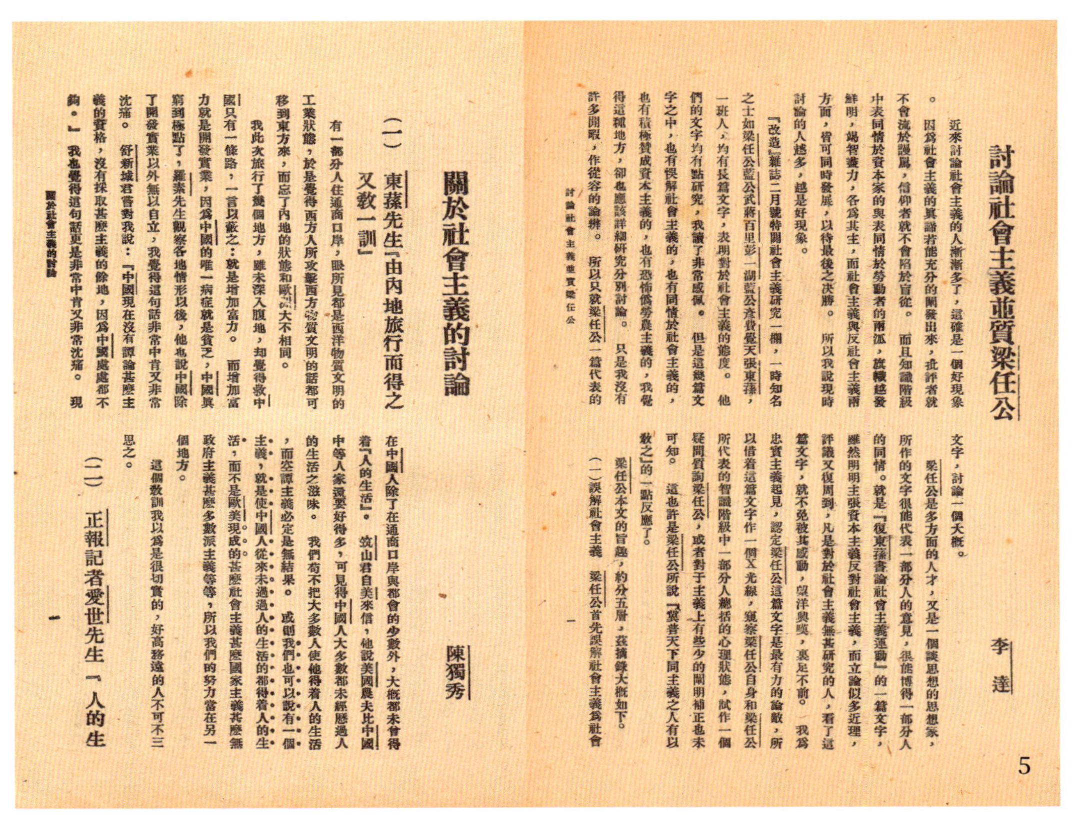

討論社會主義並質梁任公

李達

關於社會主義的討論

陳獨秀

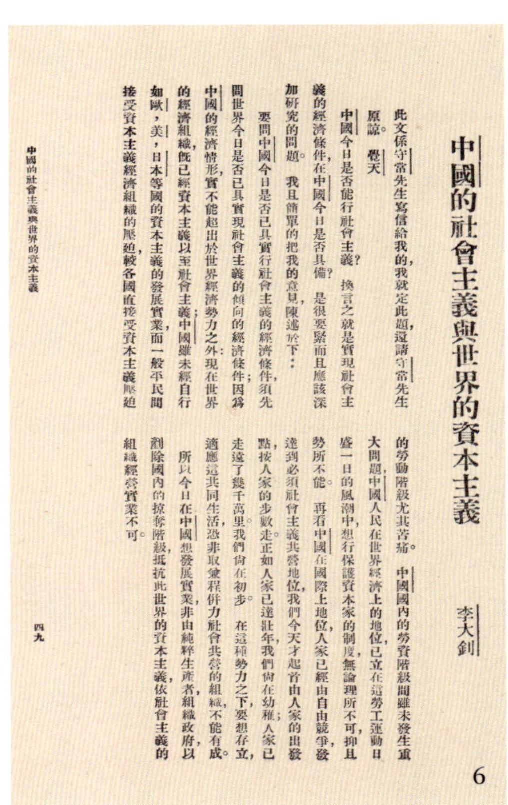

中國的社會主義與世界的資本主義

李大釗

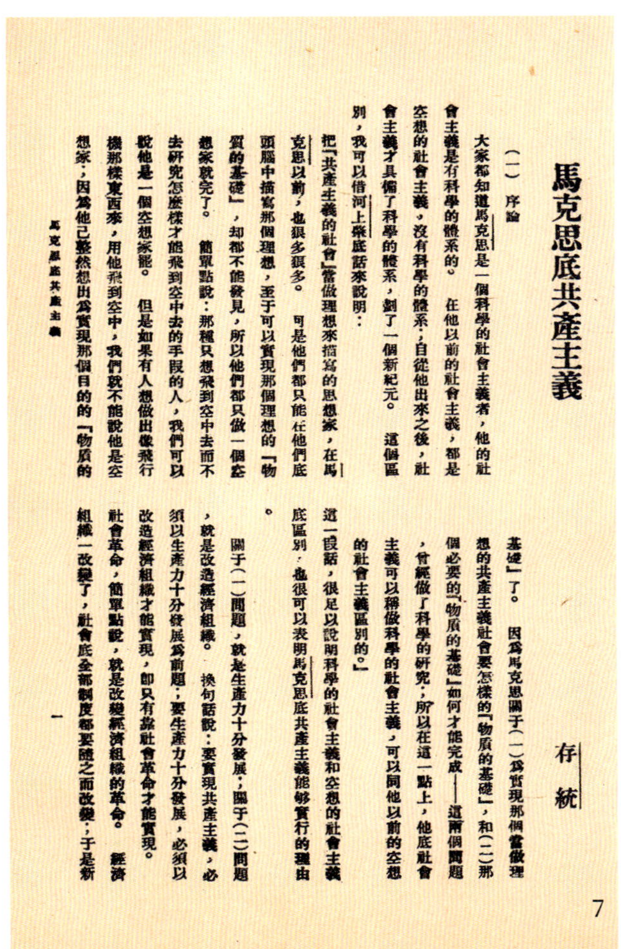

馬克思底共產主義

存統

5. 针对基尔特社会主义，早期马克思主义者指出中国经济虽然落后，但无产阶级的存在是客观事实，且有强烈的革命要求。图为阐述这一思想的《关于社会主义的讨论》《讨论社会主义并质梁任公》。

6. 早期马克思主义者指出中国基尔特社会主义发展实业的实质就是发展资本主义。他们列举、斥责了资本主义的各种弊病，坚决主张中国只能走社会主义道路。图为李大钊阐述这一思想的文章《中国的社会主义与世界的资本主义》。

7. 这是施存统批驳基尔特社会主义的文章，认为在中国建立共产党，不仅有必要，而且有条件。

8. 这场论争在 1921 年达到高潮，并延续到 1922 年，是中国早期马克思主义者锤炼提高理论水平的重要一步。这是陈独秀 1922 年出版的论争文章。

与无政府主义者的论争

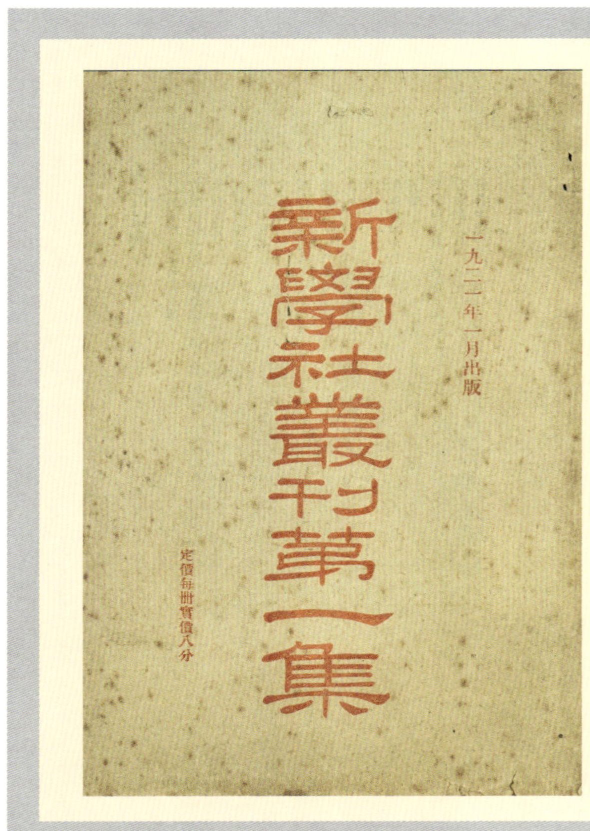

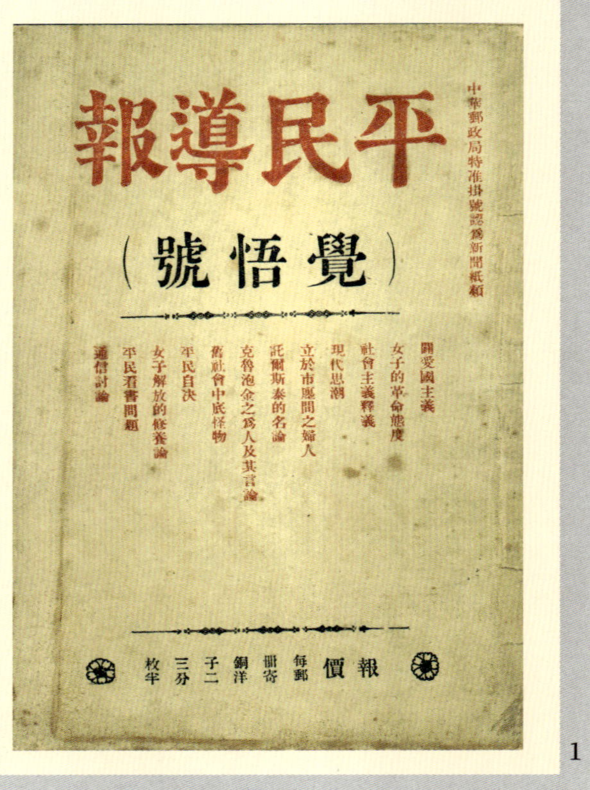

1

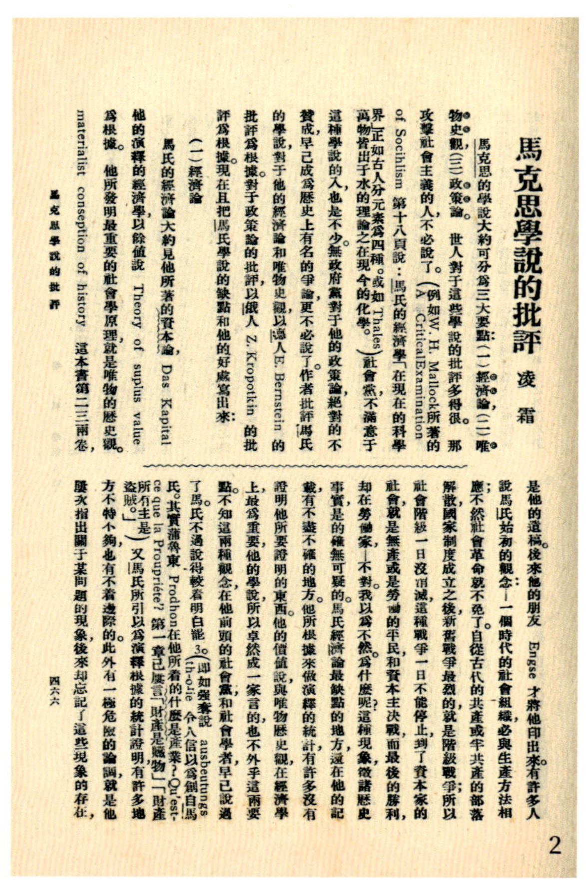

馬克思學說的批評　凌霜

馬克思的學說大約可分為三大要點：（一）經濟論，（二）唯物史觀，（三）政策論。世人對于這些學說的批評多得很。那攻擊社會主義的人不必說了。（例如W. H. Mallock所著的A Critical Examination of Socilism第十八頁說：馬氏的經濟學「在現在的科學界，正如古人分元素為四種。或如Thales萬物皆出于水的理論之在現今的化學。」）社會黨，不滿意于這種學說的人也是不少。無政府黨對于他的政策論絕對的不贊成，早已成為歷史上有名的爭論，更不必說了。作者批評馬氏的學說，對于他的經濟論和唯物史觀，以德人E. Bernstein的批評為根據；對于政策論的批評，以俄人Z. Kropotkin的批評為根據。現在且把馬氏學說的缺點和他的好處寫出來：

（一）經濟論

馬氏的經濟論大約見他所著的資本論，Das Kapital 他的演釋的經濟學，以餘值說 Theory of suplus value 為根據。他所發明最重要的社會學原理，就是唯物的歷史觀。materialist conseption of history 這本書第二三兩卷，是他的遺稿。後來他的朋友 Engse 才將他印出來。有許多人說馬氏始初的觀念：一個時代的社會組織，必與生產方法相應；不然社會革命就不免了。自從古代的共產或半共產的部落解散，國家制度成立之後，新舊戰爭最烈的就是階級戰爭；所以社會階級一日沒消滅，這種戰爭一日不能停止，到了資本家的社會，就是無產或是勞働的平民和資本主決戰，而最後的勝利，卻在勞働家。—不對。我以為不然。為什麼呢？這種現象，徵諸歷史事實，是的確無可疑的。馬氏經濟論最缺點的地方，還在他的記載，有不盡不確的地方。他所根據來做演繹的統計，有許多沒有證明他所要證明的東西。他的價值說，與唯物歷史觀，在經濟學上，最為重要，他的學說所以卓然成一家言的，也不外乎這兩要點。不知這兩種觀念，在他前頭的社會黨，和社會學者，早已說過了。馬氏不過說得較着明白罷3。（即如強奪說 ausbeutungs th-oie 令人信以為創自馬氏。其實蒲魯東 Prodhon 在他所着的什麼是產業？Qu'est-ce que la Proupriéte? 第一章已屢言「財產是贓物」「財產所有主是盜賊。」）又馬氏所引以為演釋根據的統計證明有許多地方不特不夠，也有不着邊際的。此外有一極危險的論調，就是他屢次指出關于某問題的現象，後來卻忘記了這些現象的存在，

馬克思學說的批評　四六六

2

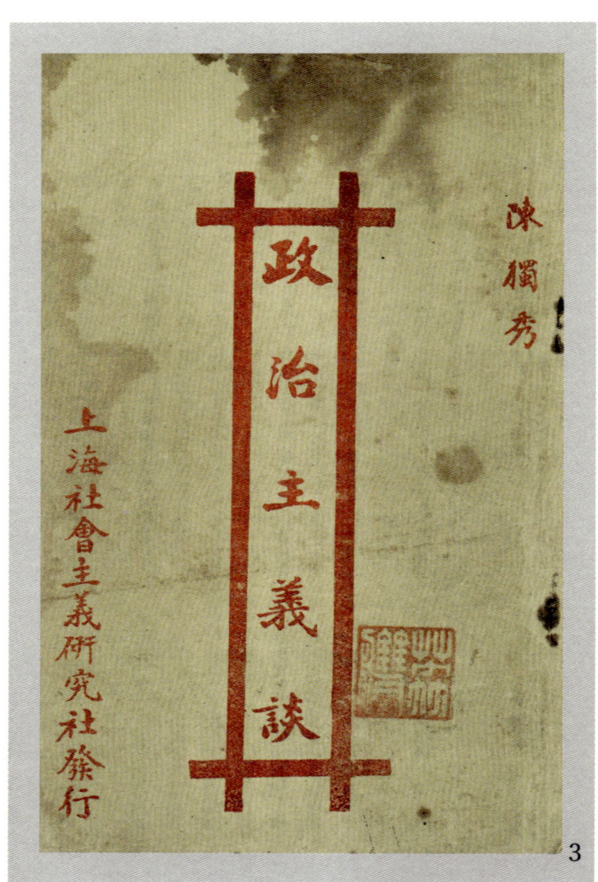

3

1. 五四时期，无政府主义吸引了大量青年知识分子。这是当时宣传无政府主义的刊物。
2. 随着十月革命影响的扩大和马克思主义在中国的进一步传播，中国无政府主义者开始攻击马克思主义国家学说和俄国的无产阶级专政。图为无政府主义者黄凌霜发表的反马克思主义的文章。
3. 为纠正无政府主义错误影响，1920 年 9 月，陈独秀发表《谈政治》一文，率先对其展开批判。这是后期出版的该文单行本，书名改为《政治主义谈》。

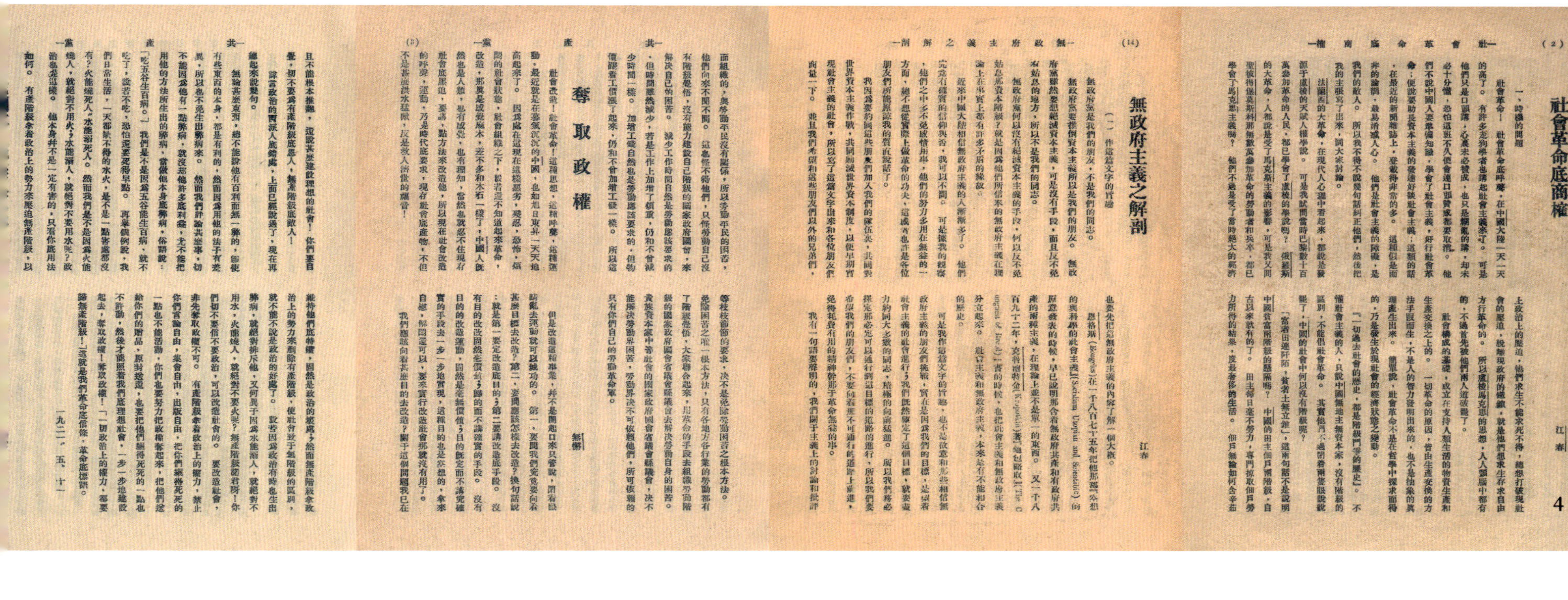

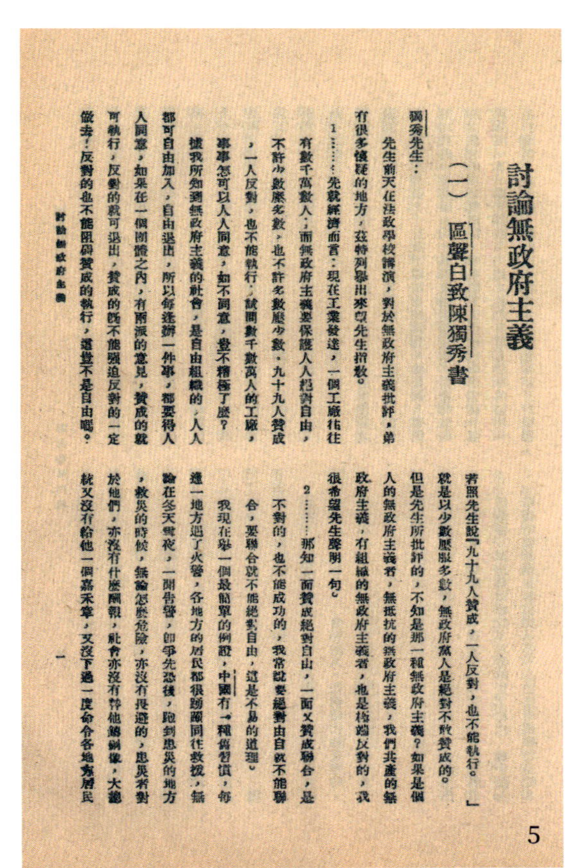

討論無政府主義

（一）區聲白致陳獨秀書

獨秀先生：

先生前天在法政學校講演，對於無政府主義批評，弟有很多懷疑的地方，茲特列舉出來請先生指教。

1……先就經濟而言：現在工業發達，一個工廠往往有數千萬數人，而無政府主義要保護人人絕對自由，不許少數壓多數，也不許多數壓少數，九十九人贊成，一人反對，也不能執行，試問數千數萬人的工廠，事事怎可以人人同意，如不同意，豈不糟極了麼？

據我所知到無政府主義的社會，是自由組織的，人人都可自由加入，自由退出，所以每逢辦一件事，都要得人人同意，如果在一個團體之內，有兩派的意見，贊成的就可執行，反對的就可退出，贊成的既不能强迫反對的一定做去，反對的也不能阻碍贊成的執行，這豈不是自由嗎？

若照先生說「九十九人贊成，一人反對，也不能執行。」就是以少數壓服多數，無政府黨人是絕對不敢贊成的。但是先生所批評的，不知是那一種無政府主義？如果是個人的無政府主義者，無抵抗的無政府主義，我們共產的無政府主義，有組織的無政府主義者，也是極端反對的，我很希望先生聲明一句。

2……那知一面贊成絕對自由，一面又贊成聯合，是不對的，也不能成功的，我常說要絕對自由就不能聯合，要聯合就不能絕對自由，這是不易的道理。

我現在舉一個最簡單的例證，中國有一種習慣，每逢一地方遇了火警，各地方的居民都很踴躍同往救援，無論在冬天雪夜，一聞告警，即爭先恐後，跑到患災的地方，救災的時候，無論怎麼危險，亦沒有畏避的，患災者對於他們，亦沒有什麼酬報，社會亦沒有替他鑄銅像，大總統又沒有給他一個嘉禾章，又沒下過一度命令各地方居民

討論無政府主義 一

5

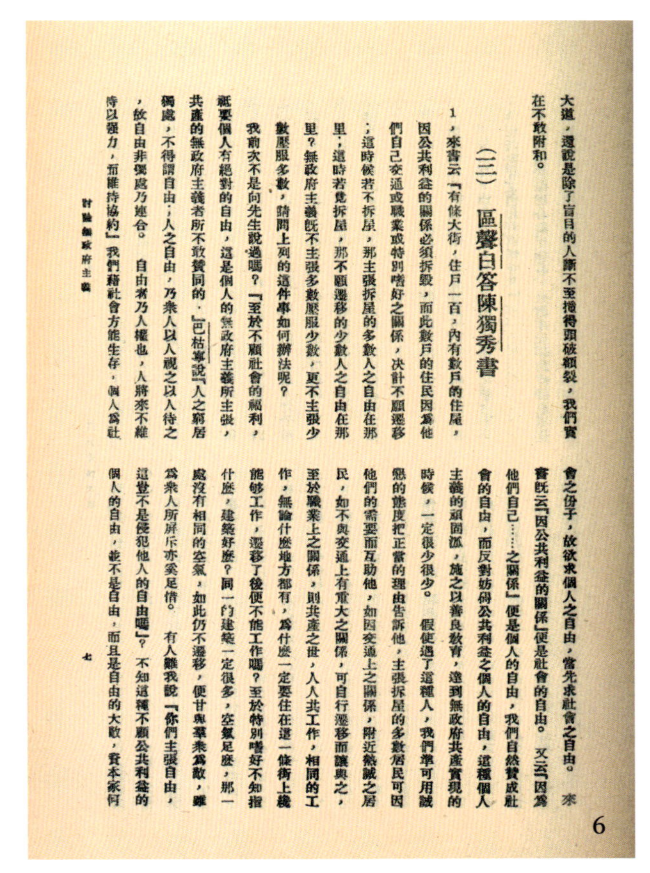

大道，還說是除了盲目的人斷不至撞得頭破額裂，我們實在不敢附和。

（三）區聲白答陳獨秀書

1，來書云「有條大街，住戶一百，內有數戶的住屋，因公共利益的關係必須拆毀，而此數戶的住民因為他們自己交通或職業或特別嗜好之關係，決計不願遷移；這時候若不拆屋，那主張拆屋的多數人之自由在那里；這時若竟拆屋，那不願遷移的少數人之自由在那里？無政府主義既不主張多數壓服少數，更不主張少數壓服多數，請問上列的這件事如何辦法呢？

我前次不是向先生說過嗎？「至於不顧社會的福利，祇要個人有絕對的自由，這是個人的無政府主義所主張，共產的無政府主義者所不敢贊同的。」巴枯寧說「人之窮居獨處，不得謂自由；人之自由，乃衆人以人視之以人待之，故自由非獨處乃連合。 自由者乃人權也，人將來不維持以强力，而維持協約」我們藉社會方能生存，個人爲社會之份子，故欲求個人之自由，當先求社會之自由。 來書既云「因公共利益的關係」便是社會的自由。 又云「因為他們自己……之關係」便是個人的自由，我們自然贊成社會的自由，而反對妨碍公共利益之個人的自由，這種個人主義的頑固派，施之以善良教育，達到無政府共產實現的時候，一定很少很少。 假使遇了這種人，我們準可用誠懇的態度把正當的理由告訴他，主張拆屋的多數居民可因他們的需要而互助他，如因交通上之關係，附近熱誠之居民，如不與交通上有重大之關係，可自行遷移而讓與之，至於職業上之關係，則共產之世，人人共工作，相同的工作，無論什麼地方都有，為什麼一定要住在這一條街上纔能够工作，遷移了後便不能工作嗎？至於特別嗜好不知指什麼，建築好麼？同一的建築一定很多，空氣足麼，那一處沒有相同的空氣，如此仍不遷移，便甘爲衆人所摒斥亦奚足惜。 有人難我說「你們主張自由，這豈不是侵犯他人的自由嗎」？ 不知這種不顧公共利益的個人的自由，並不是自由，而且是自由的大敵，資本家何

討論無政府主義 七

6

4. 早期马克思主义者纷纷发表文章，以鲜明的马克思主义立场，阐明无产阶级专政的历史作用，以及社会主义制度下组织纪律、集中领导的必要性，揭露和批判无政府主义的理论渊源和哲学基础。图为马克思主义者的部分代表文章。
5. 1921 年 8 月，陈独秀在《新青年》开辟“讨论无政府主义”专栏。批判无政府主义思潮，是中国共产党成立前后思想战线三次论争中规模最大的一次。图为《新青年》第 9 卷第 4 号上发表的“讨论无政府主义”专栏。
6. 经过这场论争，许多受无政府主义思想影响的青年抛弃错误思想，转变成为马克思主义者。图为无政府主义者区声白答陈独秀的信，承认无产阶级专政的必要性。

重点展项“星火”，以写实手法创作大型油画，展现各地共产党早期组织50余名成员在马克思主义的引领下，加入党的队伍，领导工人运动，开展建党活动，如同星火燎原，为中国革命谱写崭新的篇章。

第四部分

开天辟地 日出东方

1921 年 7 月 23 日，中国共产党第一次全国代表大会在上海开幕。中共一大的召开，宣告中国共产党正式成立。从此，在古老落后的中国出现了完全新式的，以马克思列宁主义为行动指南的，以实现社会主义和共产主义为奋斗目标的，以中华民族伟大复兴为历史使命的统一的无产阶级政党。这一开天辟地的大事变，给灾难深重的中国人民带来了光明和希望。自从有了中国共产党，中国革命的面目焕然一新。

第四部分
PART Ⅳ
开天辟地
日出东方
EMERGENCE AND RISE
OF THE COMMUNIST
PARTY OF CHINA
1921年7月23日，中国共产党第一次全国代表大会在上海开幕。中共一大的召开，宣告中国共产党正式成立。从此，在古老落后的中国出现了完全新式的，以马克思列宁主义为行动指南的，以实现社会主义和共产主义为奋斗目标的，以中华民族伟大复兴为历史使命的统一的无产阶级政党。这一开天辟地的大事变，给灾难深重的中国人民带来了光明和希望。自从有了中国共产党，中国革命的面目焕然一新。
On July 23, 1921, the First National Congress of the Communist Party of China opened in Shanghai. The event marked the official establishment of the Communist Party of China – a completely new proletarian party which regards Marxism-Leninism as its guidance, realization of socialism and communism as its goal, and the great rejuvenation of China as its ultimate mission. This is a ground-breaking event in the history of China, bringing light and hope to the disaster-ridden people in an old and backward country. Since the establishment of the Communist Party of China, Chinese revolution took a new turn to embrace a bright future.

会议地点

中共中央在上海
1921—1933

开天辟地大事变
AN EARTH-SHAKING MILESTONE
党的一大宣告中国共产党正式成立。中国共产党的成立，是近代中国历史发展的必然产物，是中国人民在救亡图存斗争中顽强求索的必然产物，是实现中华民族伟大复兴的必然产物。中国共产党作为中国最先进的阶级——工人阶级的政党，不仅代表着工人阶级的利益，而且代表着整个中国人民和中华民族的利益。它从一开始就坚持以马克思主义为行动指南，始终把为中国人民谋幸福、为中华民族谋复兴作为初心和使命。中国共产党的创建，是中华民族发展史上开天辟地的大事变，具有伟大而深远的意义。
The 1st National Congress of the Communist Party of China marked the official establishment of the Party, which was a natural consequence to the evolutionary history of modern China and the protracted struggle and practice of the Chinese people in pursuing national liberation and rejuvenation. The CPC as the vanguard of the Chinese working class represents the interests of not only the working class but also the Chinese people and the Chinese nation. Since its founding, the CPC has taken Marxism as its guide to action and remained true to its original aspiration and mission to seek happiness for the Chinese people and rejuvenation for the Chinese nation. Its establishment is a ground-breaking event of far-reaching significance in the history of China.

第一单元　中国共产党第一次全国代表大会的筹备

1921 年 6 月，共产国际代表抵达上海，与上海共产党早期组织成员取得联系。经讨论并征求陈独秀和李大钊的意见，决定在上海召开中国共产党第一次全国代表大会。上海共产党早期组织负责筹备会议。来自 7 个地区共产党早期组织的代表和 2 名共产国际代表出席会议。

大会的发起

SATURDAY, JUNE 4, 1921.

ARRIVALS

Date	Name	Tons	Captain	Flag	From	Where berthed	Consignees
Jun 2	Chekiang	1313	Carver	Br		CNWP	B & Swire
... 2	Haean	837	Wallace	Chi	Wenchow	KLYW	C M S N Co
... 3	Hsin Peking	2866	Oudney	Br	Ningpo	CNCW	B & Swire
... 3	Hsin Ningshao	2151	Edgren	Chi	Ningpo	NSCW	Ningshao S N Co
... 3	Kaho	1076	MacLean	Chi	Foochow	KLYW	C M S N Co
... 3	Sakaki Maru	1346	Ohtsuka	Jap	Dalny	WW	S M Railway Co
... 3	Lui Hsing	750	Sabel	Chi	Cruise	PB III	Customs
... 3	Mingshun	866	Vogeler	Chi	Chefoo	HSWP	San Peh S N Co
... 3	Shinping	1425	Torgerson	Chi	Chefoo	1 c	San Peh S N Co
... 3	Wuchang	1975	Torrible	Br	Hankow	CNWP	B & Swire
... 3	Esang	1127	Christie	Br	Hankow	ONW	J M & Co Ld
... 3	Tafoo Maru	1526	Taniguchi	Jap	Hankow	NKKW	N Kisen Kaisha
... 3	Tsenglee	556	Kita	Chi	Dalny	CKPW	Charles R. Shaw
... 3	Chenan	1455	Purslow	Br	Tsingtao	CNCW	B & Swire
... 3	Hiyoshi Maru			Jap	Japan	LPDO W	
... 3	Koonshing	1333	Baker	Br	Tientsin	HW	J M & Co Ld
... 3	Toonan	1317	Klausen	Chi	Chefoo	KLYW	C M S N Co
... 3	Toyoro Maru			Jap	Japan	WSW	
... 3	Kaiping	1605	M'farlane	Br	Chinwangtao	KMAW	K M A'nistratio
... 3	Aquileia			Ital	Hongkong		L T S N Co
... 3	Kiangfoo	1468	Sorensen	Chi	Hankow	KLYW	C M S N Co
... 3	Likin		Toll	Chi	Cruise		Customs

1

2

1921 年 6 月书记处派尼克尔斯基到上海工作。我也同时到达那里，立即同这个同志取得联系，他与我合作一直到 12 月初。我们几乎天天见面……和尼克尔斯基同志同在上海的期间，我做的仅仅是帮助他完成书记处交办的任务。

——1922 年 7 月 11 日马林向共产国际执行委员会的报告

3

六月间，第三国际派了马林和尼可洛夫两人来到上海。他们和我们接洽了之后，知道我们党的情形，就要我即时召开党代表大会，宣告中共的正式成立。当时党的组织共有七个地方单位，我发出了七封信，要各地党部选派代表，到上海参加。

——《李达自传》

4

1. 1921 年 6 月 3 日，马林乘坐阿奎利亚号邮轮到达上海。图为 6 月 4 日《字林西报》刊登邮轮到港的消息。
2. 马林是共产国际派到中国的第一位正式代表，在上海化名安德莱森，以日本《东方经济学家》杂志记者身份开展工作。图为马林下榻的上海东亚旅馆。
3. 1921 年 6 月，共产国际远东书记处代表尼克尔斯基也抵达上海。
4. 到上海后，马林和尼克尔斯基与上海共产党早期组织成员李达、李汉俊取得联系，经与陈独秀和李大钊书信商议，决定在上海召开中国共产党第一次全国代表大会。

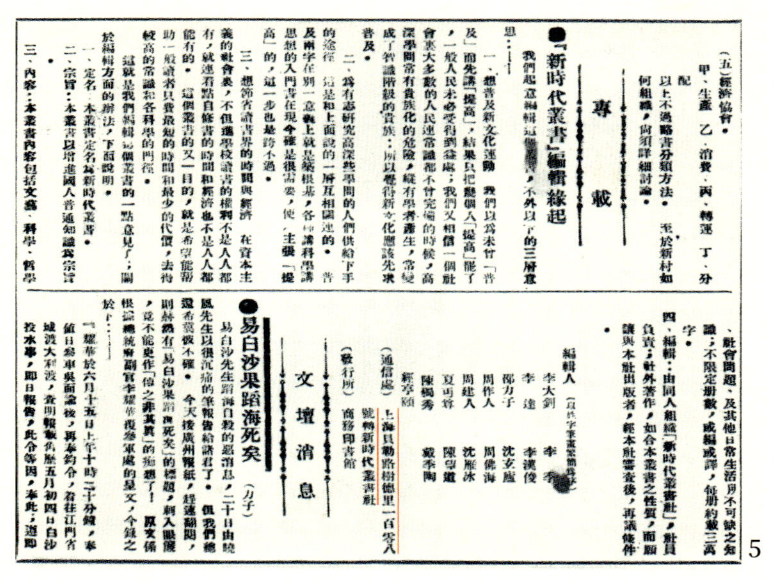
专载

「新时代丛书」编辑缘起

易白沙果蹈海死矣

文坛消息

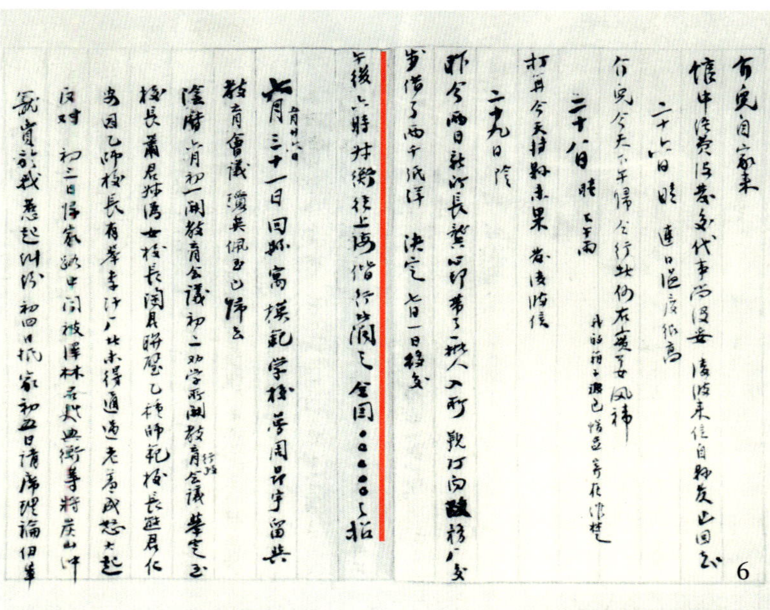

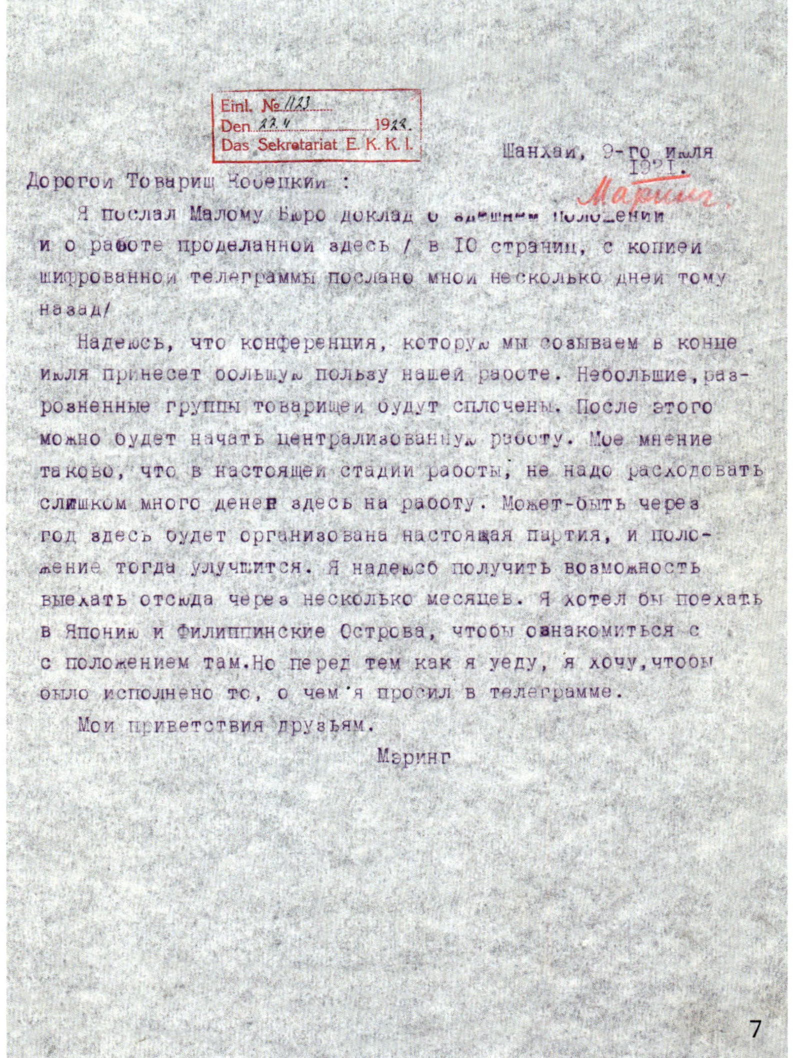
Einl. № 1123
Den 22.4 1922.
Das Sekretariat E. K. K. I.

Шанхай, 9-го июля 1921.

Дорогой Товарищ Кобецкий :

Я послал Малому Бюро доклад о здешнем положении и о работе проделанной здесь / в 10 страниц, с копией шифрованной телеграммы послано мной несколько дней тому назад/

Надеюсь, что конференция, которую мы созываем в конце июля принесет большую пользу нашей работе. Небольшие, разрозненные группы товарищей будут сплочены. После этого можно будет начать централизованную работу. Мое мнение таково, что в настоящей стадии работы, не надо расходовать слишком много денег здесь на работу. Может-быть через год здесь будет организована настоящая партия, и положение тогда улучшится. Я надеюсь получить возможность выехать отсюда через несколько месяцев. Я хотел бы поехать в Японию и Филиппинские Острова, чтобы ознакомиться с с положением там. Но перед тем как я уеду, я хочу, чтобы было исполнено то, о чем я просил в телеграмме.

Мои приветствия друзьям.

Маринг

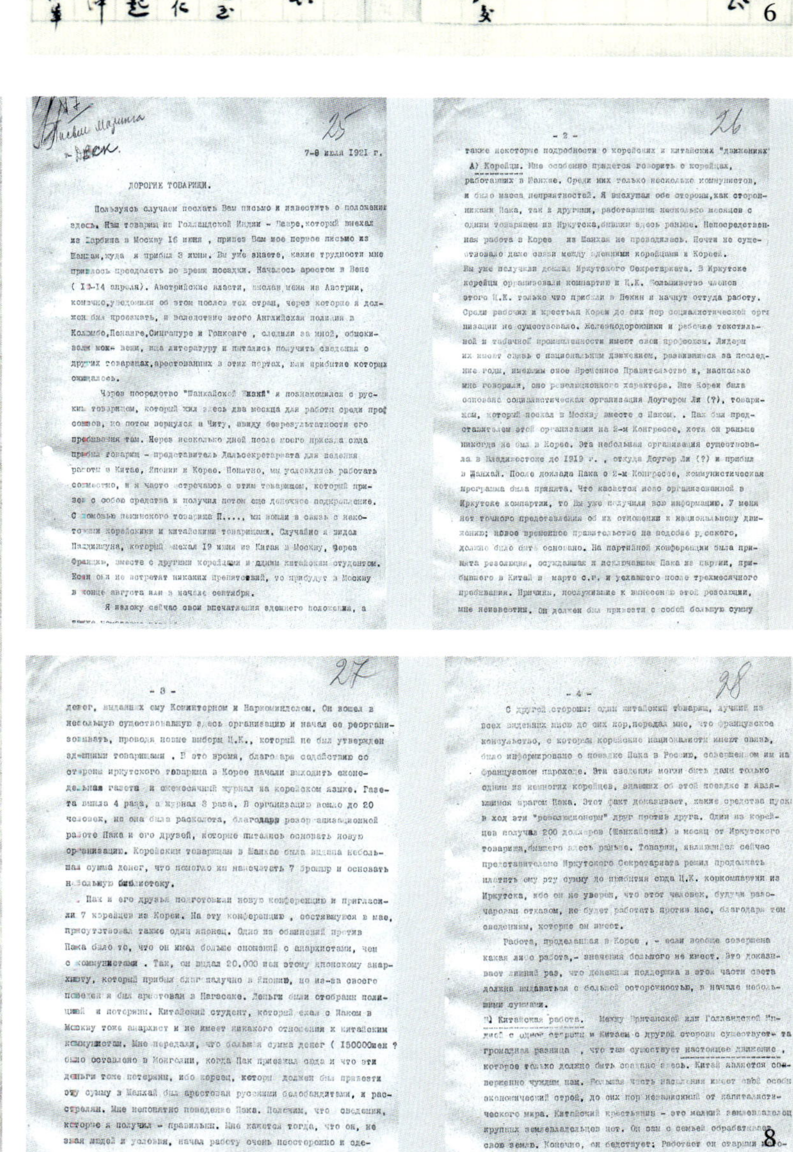

5. 1921 年 6 月 24 日，《民国日报》副刊《觉悟》刊登《< 新时代丛书 > 编辑缘起》，丛书编辑处通讯地址为上海贝勒路树德里 108 号。
6. 各地早期组织接到会议通知后，相继选派代表参会。图为 1921 年 6 月 29 日新民学会成员谢觉哉记载毛泽东、何叔衡赴会的日记。
7. 1921 年 7 月 9 日，马林致信共产国际执行委员会小局书记科别茨基，提到中共一大会议日期等事宜。
8. 1921 年 7 月 7—9 日，马林致信共产国际远东书记处，汇报他和尼克尔斯基正与中国同志一起筹备将于 7 月底召开的共产党代表大会。

出席的代表

中国共产党第一次全国代表大会代表简况

姓名	代表地区	年龄	社会身份	教育背景
李 达	上海	31	学者、编辑	日本第一高等学校
李汉俊	上海	31	学者、编辑	东京帝国大学
张国焘	北京	24	学生	北京大学（在读）
刘仁静	北京	19	学生	北京大学（在读）
毛泽东	长沙	28	小学主事	湖南省立第一师范学校
何叔衡	长沙	45	教师	湖南省立第一师范学校
董必武	武汉	35	中学校长	东京私立日本大学
陈潭秋	武汉	25	教师	武昌高等师范学校
王尽美	济南	23	学生	山东省立第一师范学校（在读）
邓恩铭	济南	20	学生	山东省立第一中学（在读）
陈公博	广州	29	教授、编辑	北京大学
周佛海	日本	24	学生	日本第七高等学校（在读）
包惠僧	陈独秀指定	27	记者	湖北省立第一师范学校

白铜雕塑“本党定名为中国共产党”，形象生动地展示中国共产党第一次代表大会召开时，会议代表们聚精会神讨论“中国共产党第一个纲领”的历史瞬间。

1. 李达（1890—1966），字永锡，号鹤鸣，湖南零陵（今永州市冷水滩区）人。上海共产党早期组织代表。1923 年脱党。大革命失败后从事教育工作，坚持宣传马克思主义。中华人民共和国成立后重新入党，历任湖南大学、武汉大学校长。1966 年在武汉去世。
2. 李达出生于湖南零陵一户农民家庭，15 岁时入零陵萍洲书院，20 岁时考入京师优级师范学堂。图为李达故居。

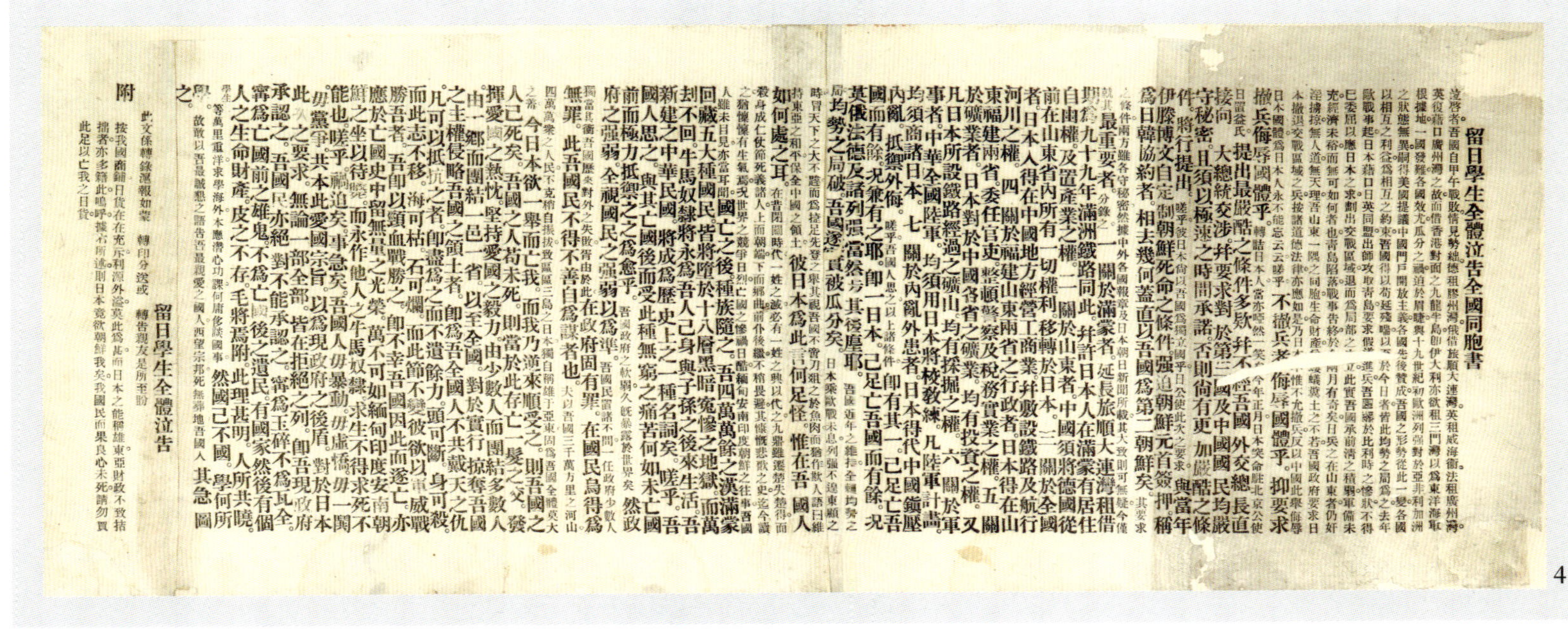

留日學生全體泣告全國同胞書

3. 1913 年李达考取湖南留日官费生，1917 年入日本第一高等学校学习。图为日本第一高等学校。

4. 1918 年，为抗议北洋政府与日本签订卖国条约，李达参加留日学生救国团回国请愿。这是《留日学生全体泣告全国同胞书》。

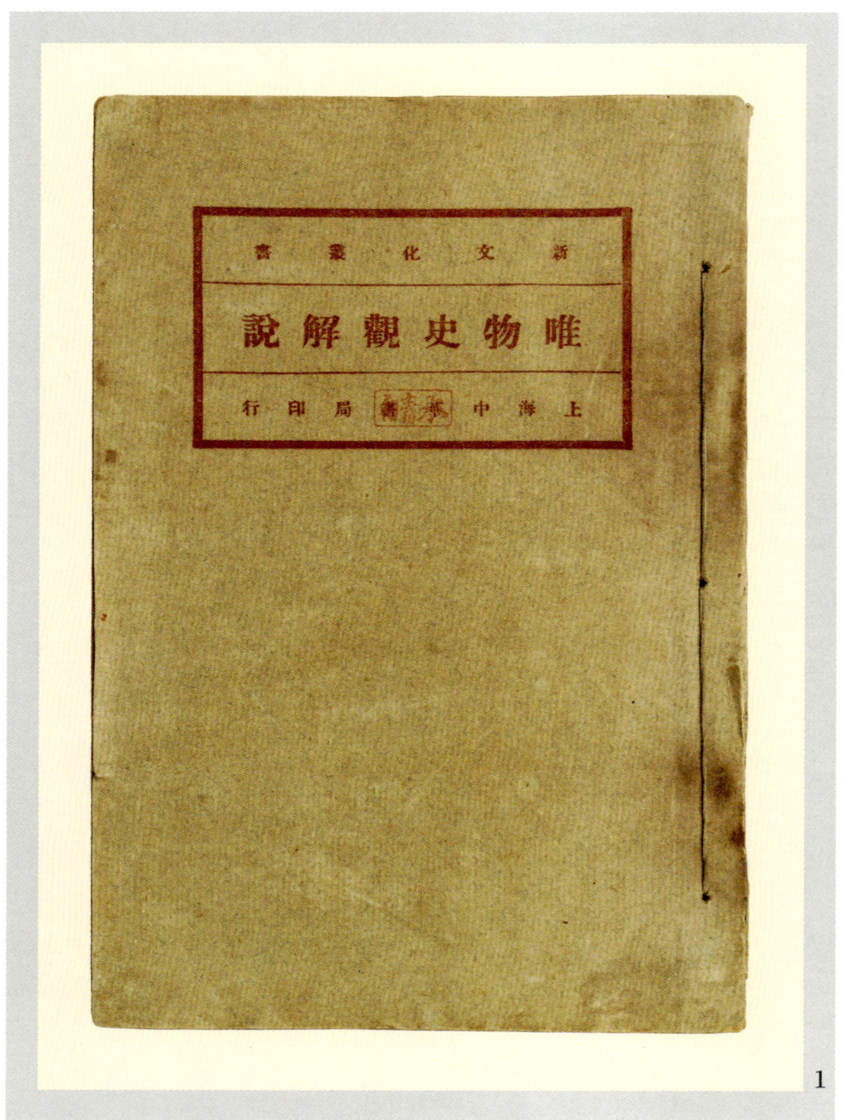

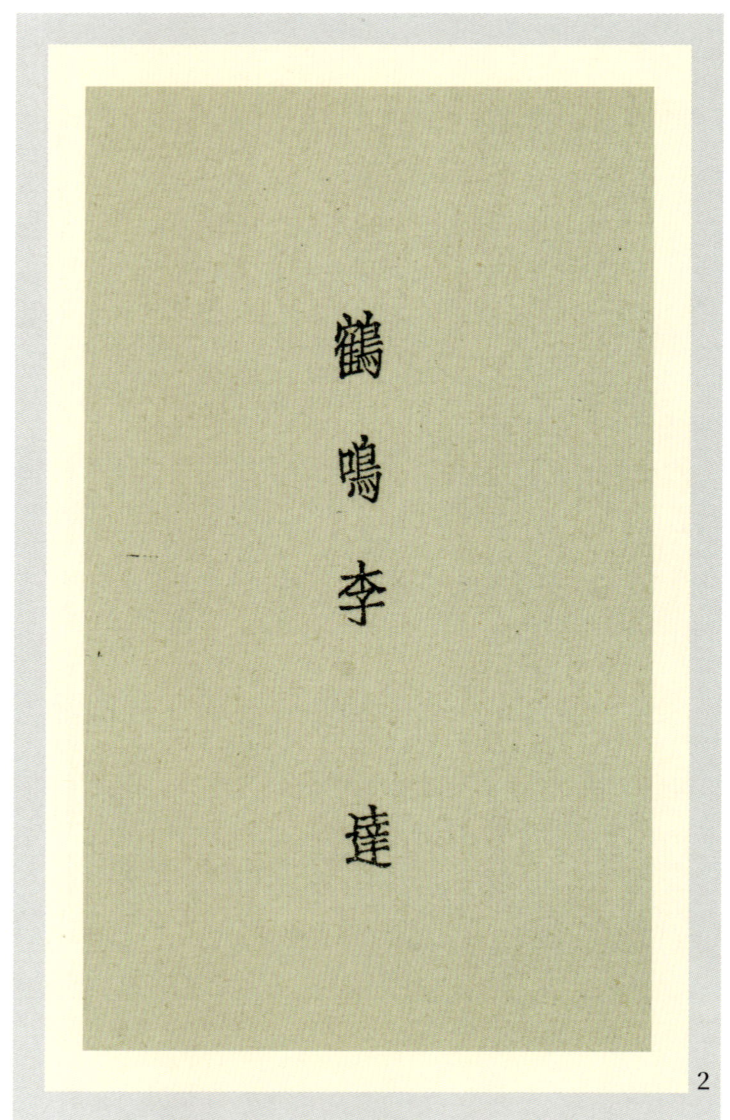

1. 1919 年 6 月，李达再赴日本，潜心研究马克思主义，翻译《唯物史观解说》《社会问题总览》两书。这是 1921 年 5 月出版的《唯物史观解说》。
2. 李达的名片。

3

4

3. 李汉俊（1890—1927），原名书诗，号汉俊，湖北潜江人。上海共产党早期组织代表。中共一大后先后在武汉中华大学、武昌高等师范学校任教，从事马克思主义宣传和革命活动。1924 年脱党。后任上海大学教授、湖北教育厅厅长。1927 年在武汉被军阀杀害。
4. 李汉俊出生于湖北潜江一户教书先生家庭。图为李汉俊与兄长李书城出生地纪念碑。

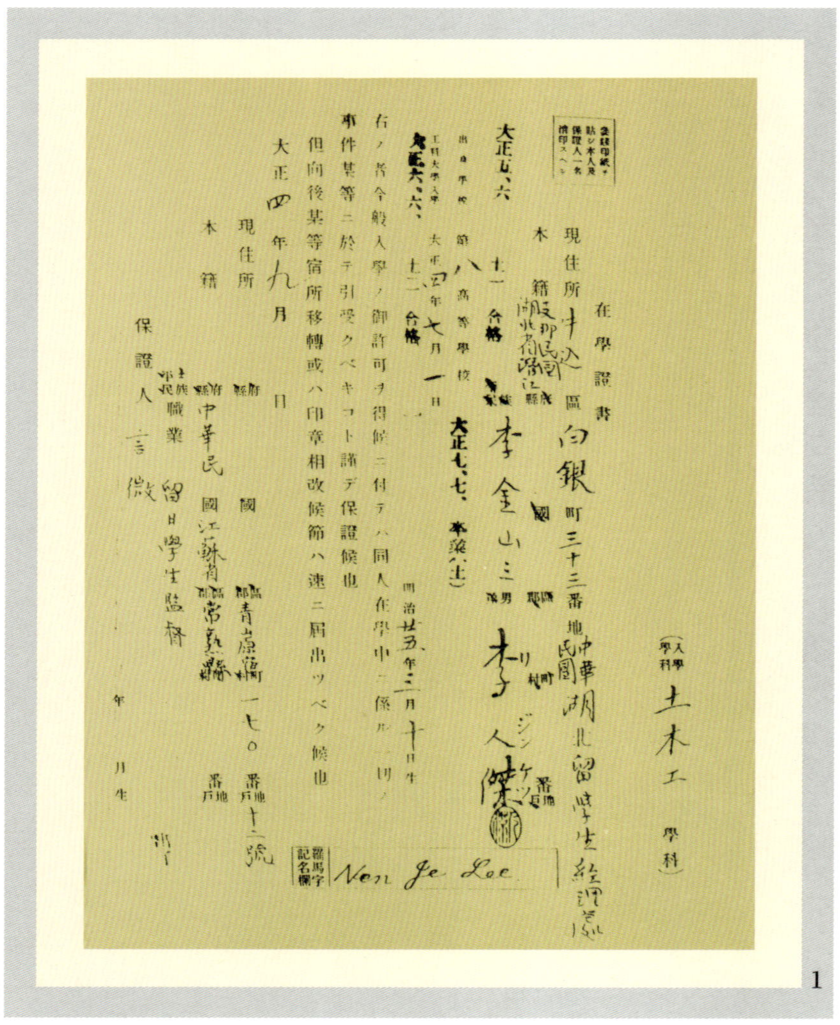

在學證書

現住所　牛込區白銀町三十三番地

本籍　中華民國湖北省

右ノ者今般入學ノ御許可ヲ得候ニ付テハ同人在學中ニ係ル一切ノ事件某等ニ於テ引受ク可キコト請テ保證候也

但向後某等宿所移轉或ハ印章相改候節ハ速ニ屆出ツベク候也

大正四年九月　日

保證人

Non Je Lee

1

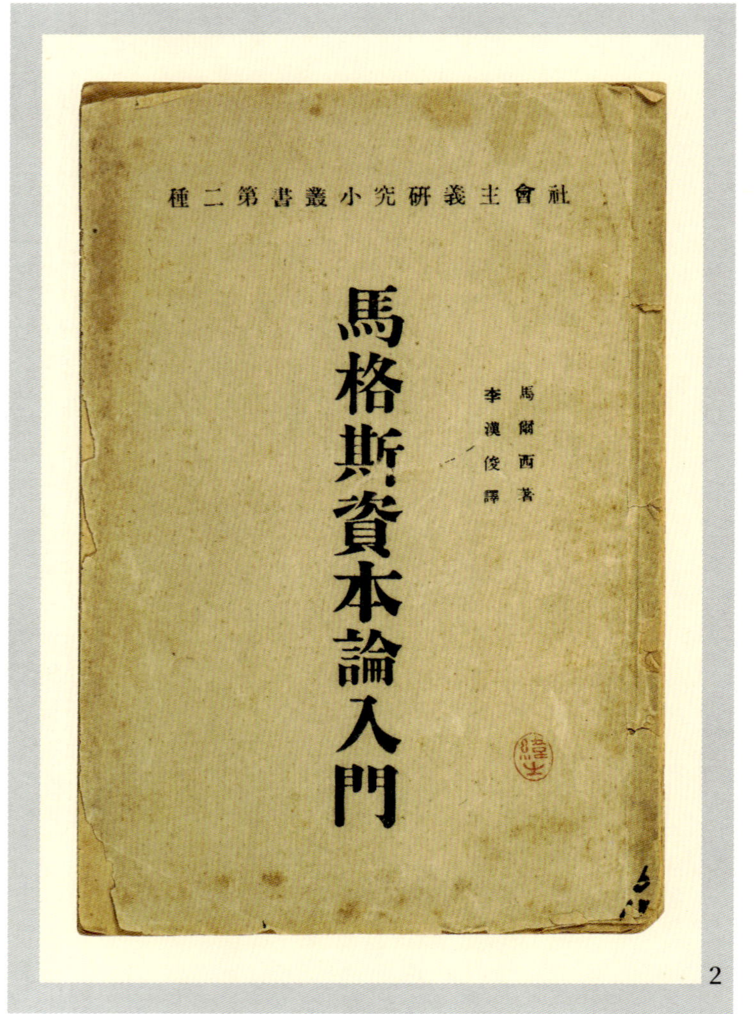

2

1. 1904 年李汉俊赴日留学，后考入东京帝国大学，在校期间接受马克思主义。这是李汉俊东京帝国大学在学证书。

2. 李汉俊 1918 年底毕业回国后，在上海撰译了大量宣传马克思主义的文章、著作。这是 1920 年 9 月出版的李汉俊译《马格斯资本论入门》。

3. 1920 年底陈独秀赴广州后，李汉俊代理上海共产党早期组织书记。图为 1920 年李汉俊（后排左二）与家人合影。
4. 李汉俊结婚时穿的马甲。
5. 1920 年代初李汉俊使用的皮包。

1. 张国焘（1897—1979），字恺荫，又名特立，江西萍乡（今上栗县）人。北京共产党早期组织代表。中共一大后任中国劳动组合书记部主任。1922 年赴苏俄参加远东各国共产党及民族革命团体第一次代表大会。1935 年长征途中进行分裂党和红军的活动。1938 年叛变，被开除出党。1979 年在加拿大去世。
2. 张国焘出生于江西萍乡一户乡绅家庭。图为张国焘故居。

北京大學日刊

3

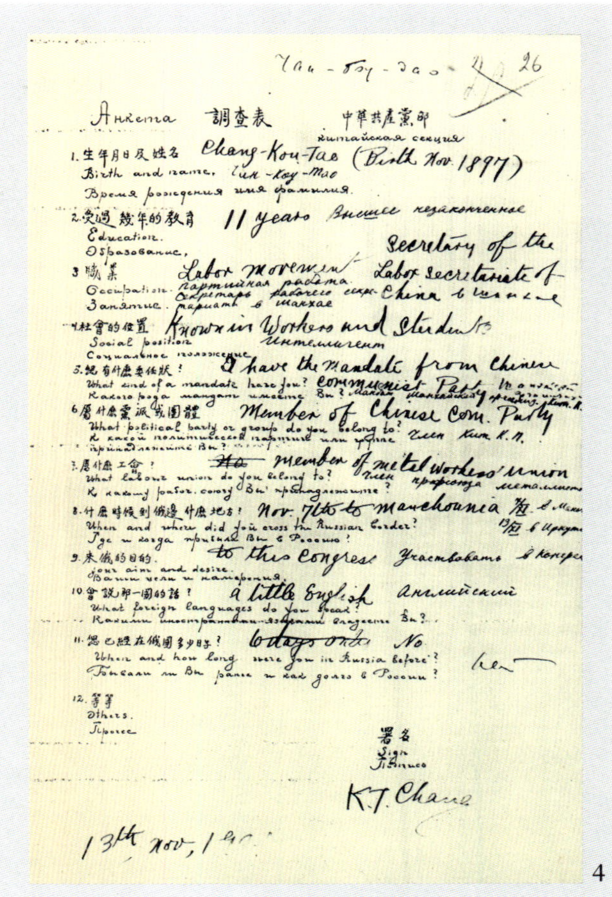
Анкета 調查表 中華共產黨部
китайская секция

1. 生年月日及姓名 Chang-Kou-Tao (Birth Nov. 1897)
Birth and name.
Время рождения имя фамилия.

2. 受過幾年的教育 11 years
Education.
Образование.

3. 職業 Labor movement Secretary of the Labor secretariate of China
Occupation.
Занятие.

4. 社會的位置 Known in Workers and Students
Social position
Социальное положение

5. 帶有什麽委任狀？ I have the mandate from Chinese Communist Party
What kind of a mandate have you?
Какого рода мандат имеете Вы?

6. 屬什麽黨派或團體 Member of Chinese Com. Party
What political party or group do you belong to?
К какой политической партии или группе принадлежите Вы?

7. 屬什麽工會？ member of metal workers' union
What labour union do you belong to?
К какому рабоч. союзу Вы принадлежите?

8. 什麽時候到俄邊什麽地方？ Nov. 7th to Manchounea
When and where did you cross the Russian border?
Где и когда прибыли Вы в Россию?

9. 來俄的目的. to this Congress
Your aim and desire.
Ваши цели и намерения.

10. 會說那一國的話？ a little English
What foreign languages do you speak?
Какими иностранными языками владеете Вы?

11. 曾已經在俄國多少日子？ No
When and how long were you in Russia before?
Бывали ли Вы ранее и как долго в России?

12. 等等
Others.
Прочее

署名
Sign
Подпись

K.T. Chang

13th Nov, 19[illegible]

4

5

3. 张国焘 1916 年考入北京大学，1919 年初参加国民杂志社和平民教育讲演团。这是《北京大学日刊》报道平民教育讲演团的消息。

4. 1921 年张国焘赴苏俄参加远东各国共产党及民族革命团体代表大会途中填写的调查表。

5. 五四时期，张国焘积极参加反帝爱国运动，后加入北大马克思学说研究会。图为张国焘（后排左二）与友人合影。

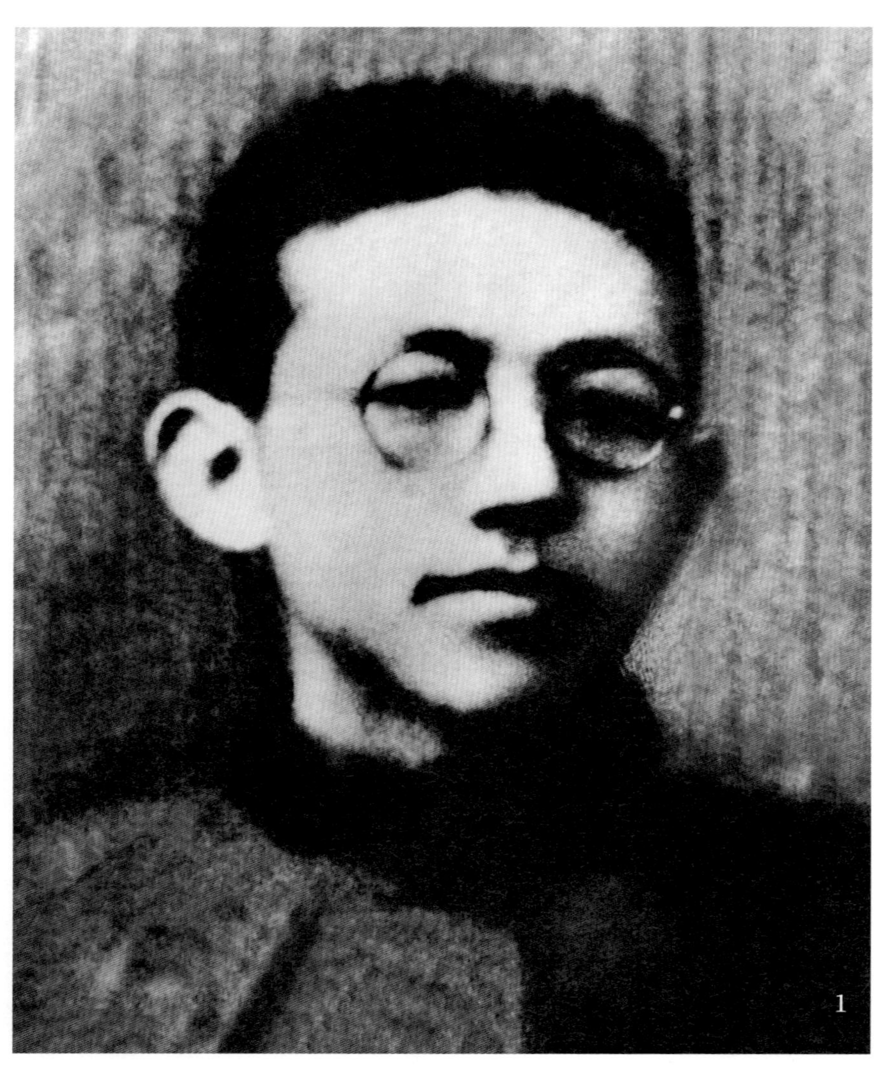

1. 刘仁静（1902—1987），又名敬云、竞人，字养初，湖北应城人。北京共产党早期组织代表。1922 年参加共产国际四大、青年共产国际三大。后任团中央委员长。1926 年赴莫斯科列宁学院学习。1930 年因参加托派组织被开除出党。中华人民共和国成立后任国务院参事。1987 年在北京去世。
2. 刘仁静出生于湖北应城一户教书先生家庭。1916 年秋考入武昌中华大学附中。图为武昌中华大学附中旧貌。

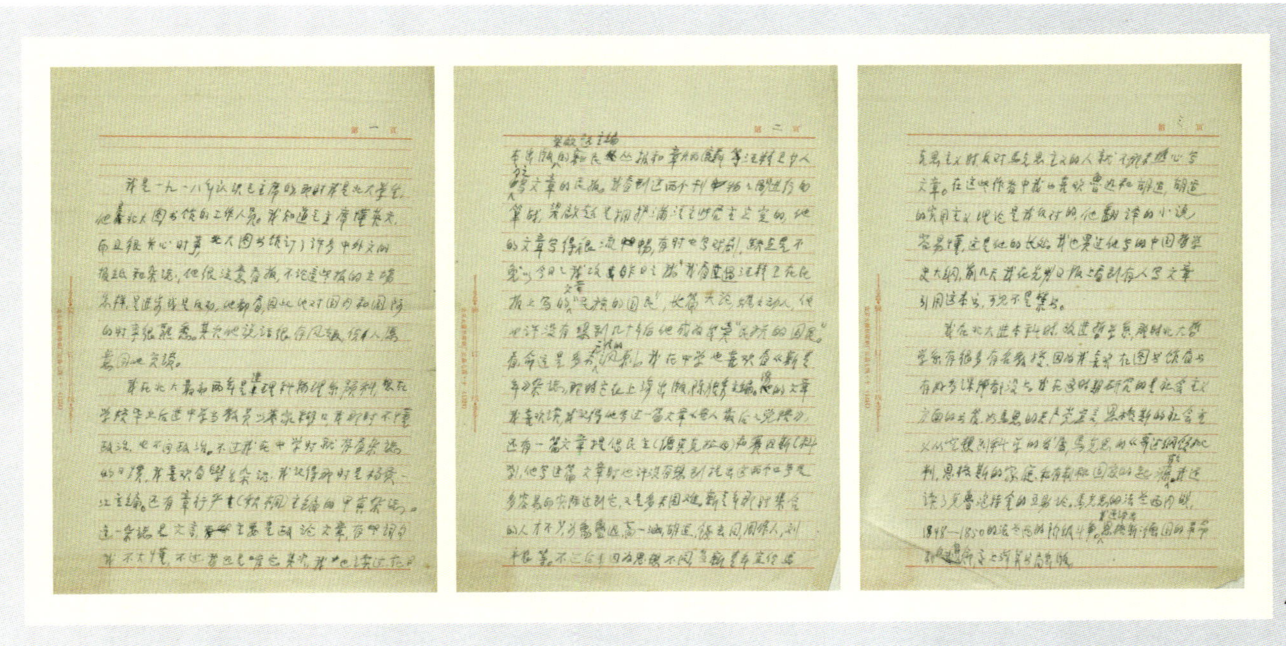

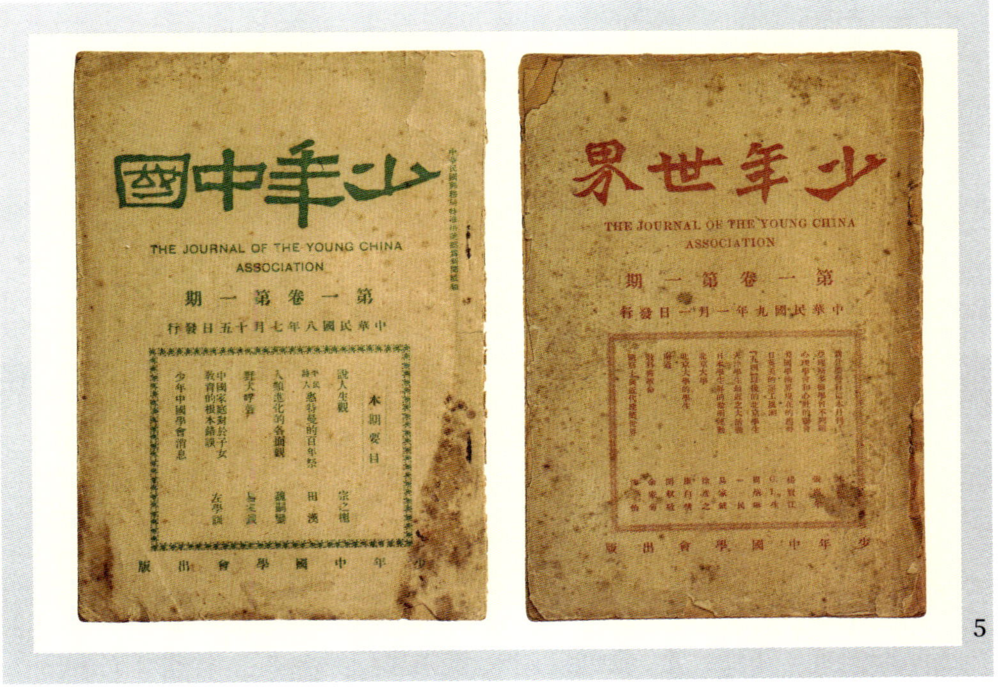

3. 就读武昌中华大学附中期间，刘仁静加入互助社。图为 1918 年 6 月刘仁静（前排右一）与互助社部分成员合影。
4. 刘仁静 1918 年考入北京大学物理系预科，本科升入哲学系，后转入英语系。这是刘仁静回忆在北大学习情况的手稿。
5. 刘仁静 1919 年加入少年中国学会，后参加北大马克思学说研究会。这是少年中国学会出版的刊物。

1. 毛泽东（1893—1976），字润之，湖南湘潭（今韶山市）人。长沙共产党早期组织代表。1922 年任中共湘区委员会书记。中共三大当选为中央执行委员。1931 年任中华苏维埃共和国临时中央政府主席。1935 年遵义会议当选为中央政治局常委，确立在中共中央和红军的领导地位，后任中央军事委员会主席、中央政治局主席。1945 年中共七届一中全会起任中共中央主席。1949 年当选为中华人民共和国中央人民政府主席。1954 年第一届全国人大第一次会议当选为中华人民共和国主席。1976 年 9 月 9 日在北京逝世。
2. 毛泽东出生于湖南湘潭韶山冲一户农民家庭。图为毛泽东故居。

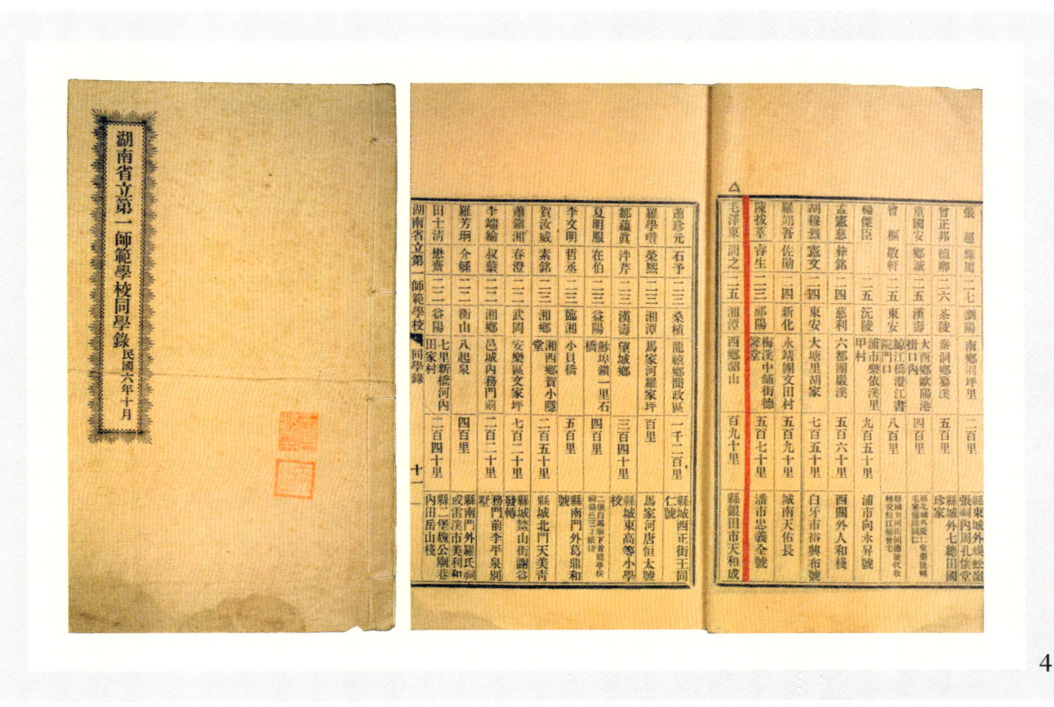

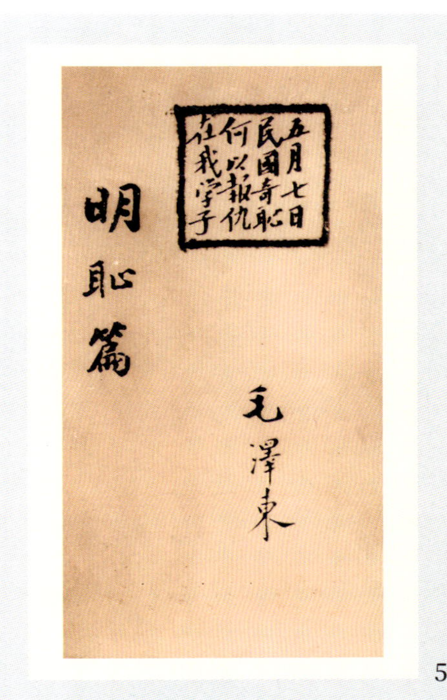

3. 1913 年春，毛泽东考入湖南省立第四师范学校（翌年并入湖南一师）。图为 1918 年毛泽东（四排右二）与同学合影。

4. 就读湖南一师期间，毛泽东多次利用假期深入农村考察。这是湖南一师同学录。

5. 1915 年 5 月，为揭露袁世凯卖国行径，湖南一师教师石润山编写《明耻篇》。毛泽东在封面题字明志。

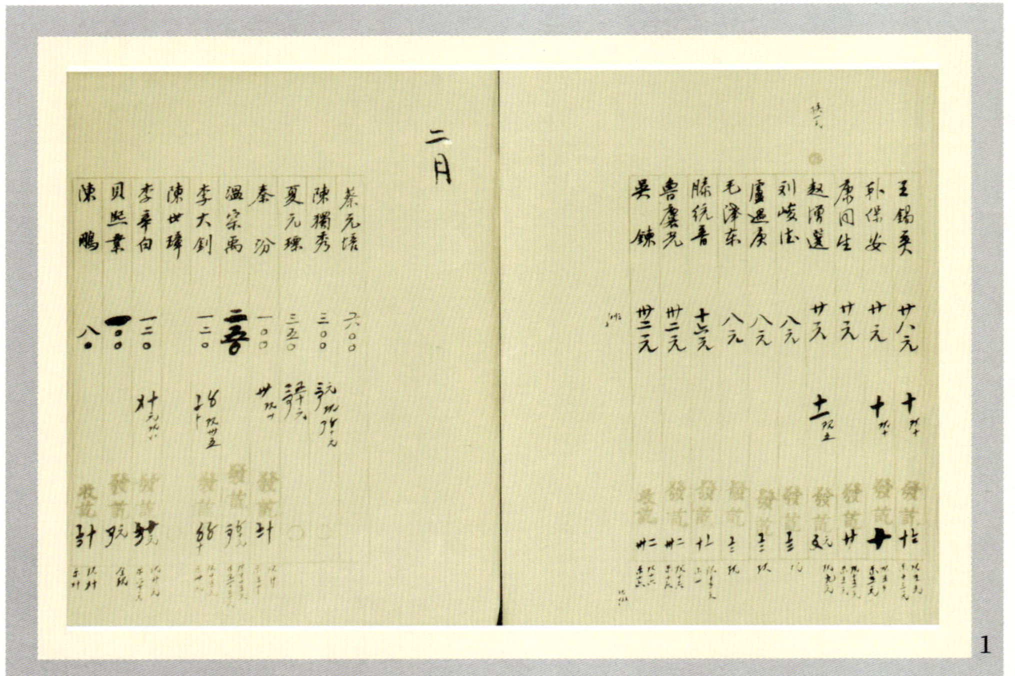

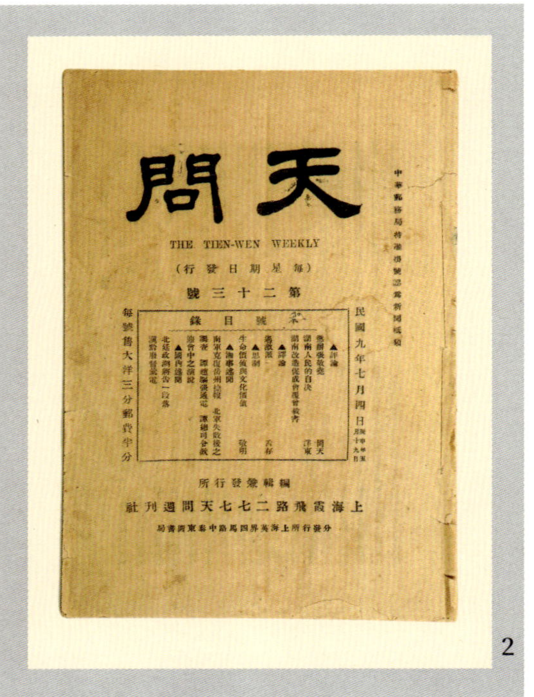

1. 1918 年任北京大学图书馆助理员期间，毛泽东广泛接触进步思想。这是记录毛泽东在北大工作的薪金册。
2. 1920 年夏，毛泽东第二次到上海的时候，已经在理论上和在某种程度的行动上，成为一个马克思主义者了。这是刊载毛泽东文章的《天问》第 23 号。
3. 1919 年 3 月 15 日，毛泽东（后排右一）在上海参加寰球中国学生会送别赴法勤工俭学青年。
4. 1936 年接受美国记者埃德加·斯诺采访时，毛泽东谈到参加中共一大的情况。这是 1938 年版《西行漫记》相关记述。

5. 何叔衡（1876—1935），字玉衡，号琥璜，湖南宁乡人。长沙共产党早期组织代表。1922 年任中共湘区委员会组织委员。1931 年起任中华苏维埃共和国临时中央政府工农检察人民委员、临时最高法庭主席等职。1935 年牺牲于福建长汀。
6. 何叔衡出生于湖南宁乡杓子冲一户农民家庭。图为何叔衡故居。

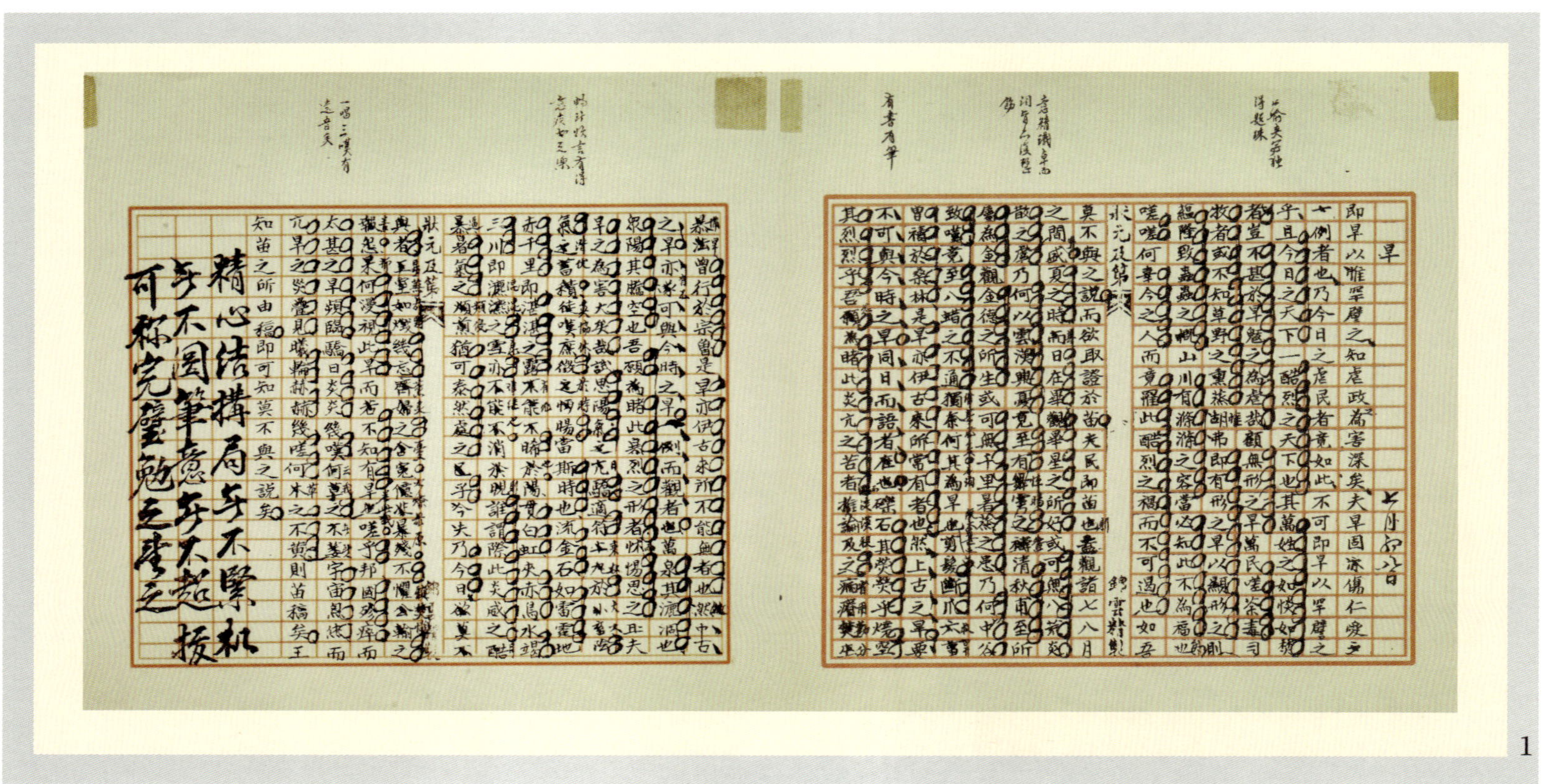
旱

……知苗之所由槁，即可知莫不與之說矣。

精心結構，句無不緊，機無不圓，筆意無不超拔，可稱完璧，勉之勉之。

1. 何叔衡青少年时期撰写的古体文《旱》。
2. 何叔衡的眼镜。
3. 何叔衡 1913 年考入湖南省立第四师范学校，毕业后任教于长沙楚怡学校，期间加入新民学会。图为楚怡学校。
4. 何叔衡（左二）与谢觉哉、王凌波、姜梦周都是湖南宁乡人。五四前后，四人相约蓄须以掩护革命活动，合称为“宁乡四髯”。

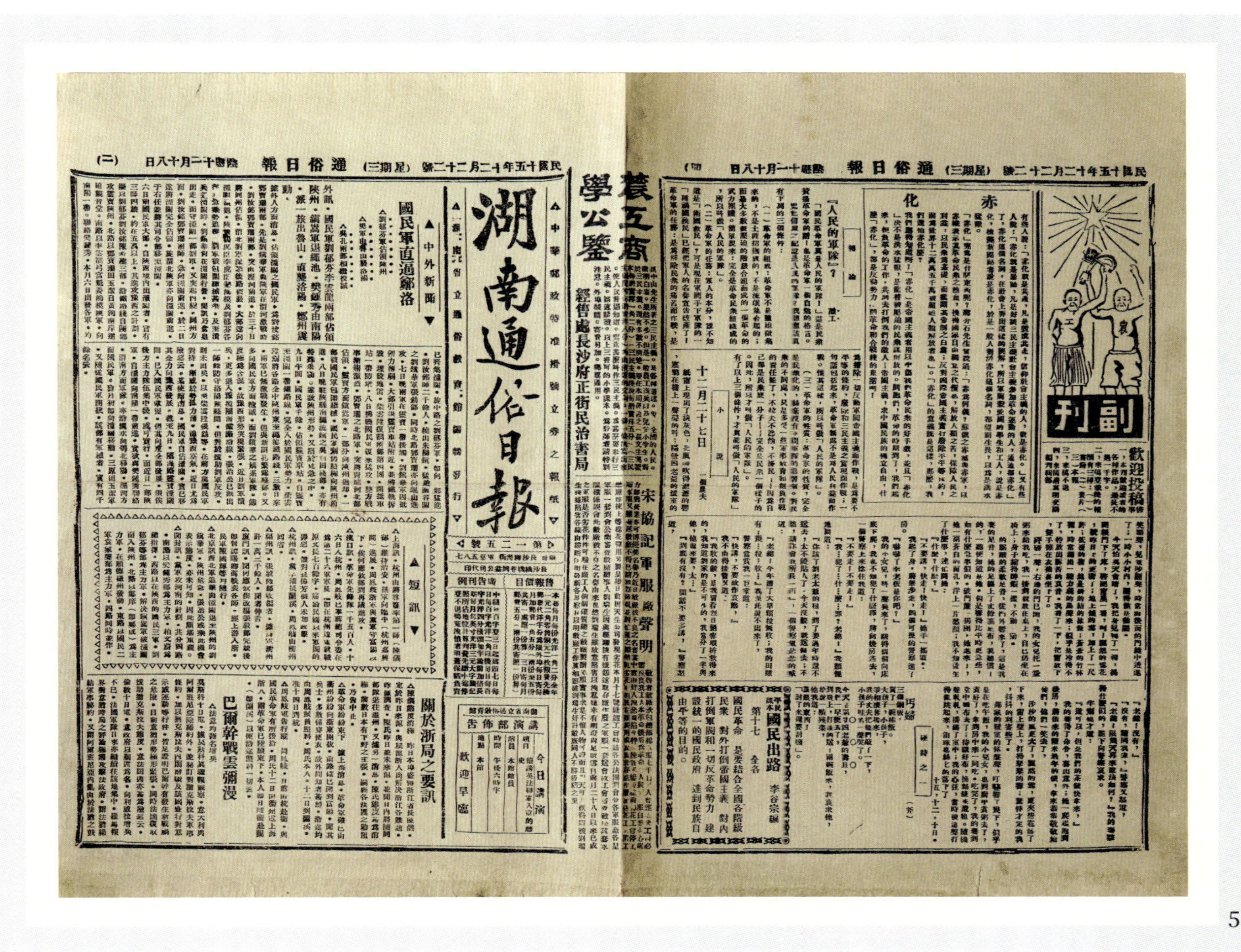

湖南通俗日報

國民軍直逼鄭洛

中外新聞

關於浙局之要訊

巴爾幹戰雲彌漫

副刊

歡迎投稿

赤化

國民出路

5

6

5. 1920 年 6 月，何叔衡受聘为湖南通俗教育馆馆长，主办《湖南通俗报》，积极宣传马克思主义。

6. 1932 年 1 月，何叔衡（左二）与中共苏区中央局工作人员在列宁纪念日留影。

1. 董必武（1886—1975），原名贤琮，又名用威，字洁畲，号璧伍，湖北黄安（今红安县）人。武汉共产党早期组织代表。1922 年初任中共武汉区委组织委员。1934 年起历任中华苏维埃中央政府临时最高法庭主席、中央党校校长、中央财政经济部部长、华北人民政府主席等职。中华人民共和国成立后，先后任政务院副总理、最高人民法院院长、中华人民共和国副主席、第十届中央政治局常委。1975 年 4 月在北京逝世。
2. 董必武出生于湖北黄安一户教书先生家庭，1903 年考取秀才。图为董必武故居旧貌。

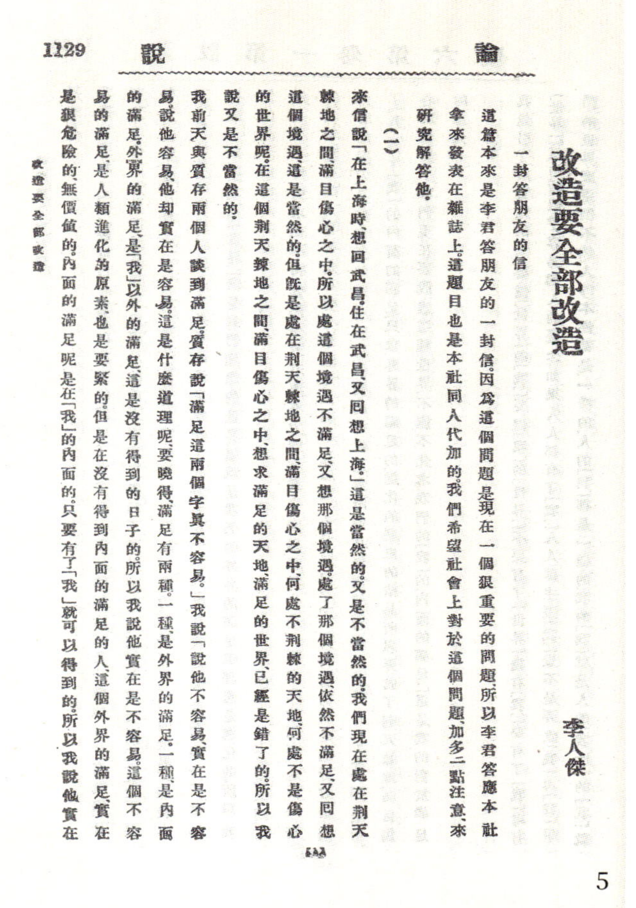

1129 論說

改造要全部改造

李人傑

一封答朋友的信

這篇本來是李君答朋友的一封信。因為這個問題是現在一個狠重要的問題，所以李君答應本社拿來發表在雜誌上。這題目也是本社同人代加的。我們希望社會上對於這個問題，加多二點注意，來研究解答他。

(一)

來信說「在上海時，想回武昌。住在武昌，又回想上海。」這是當然的。又是不當然的。我們現在處在荊天棘地之間，滿目傷心之中。所以處這個境遇不滿足，又想那個境遇。處了那個境遇，依然不滿足，又回想這個境遇，這是當然的。但既是處在荊天棘地之間，滿目傷心之中，何處不荊棘的天地，何處不是傷心的世界呢。在這個荊天棘地之間，滿目傷心之中，想求滿足的天地，滿足的世界，已經是錯了的。所以我說又是不當然的。

我前天與賓存兩個人談到滿足。賓存說「滿足這兩個字真不容易。」我說「說他不容易，實在是不容易。說他容易，他却實在是容易。這是什麼道理呢，要曉得，滿足有兩種。一種，是外界的滿足。一種，是內面的滿足。外界的滿足，是「我」以外的滿足，這是沒有得到的日子的。所以我說他實在是不容易。這個不容易的滿足，是人類進化的原素，也是要緊的。但是在沒有得到內面的滿足的人，這個外界的滿足，實在是狠危險的，無價值的。內面的滿足呢，是在「我」的內面的。只要有了「我」，就可以得到的。所以我說他實在

改造要全部改造

3. 1905 至 1910 年，董必武就读湖北省文普通学堂，接触民主革命思想，后投身辛亥革命。图为文普通学堂旧址。

4. 1914 年 1 月，董必武考入东京私立日本大学攻读法律，后回国参加护法斗争。图为东京私立日本大学旧址。

5. 1919 年初，受李汉俊的影响，董必武开始接受马克思主义。这是 1920 年初李汉俊答董必武的文章。

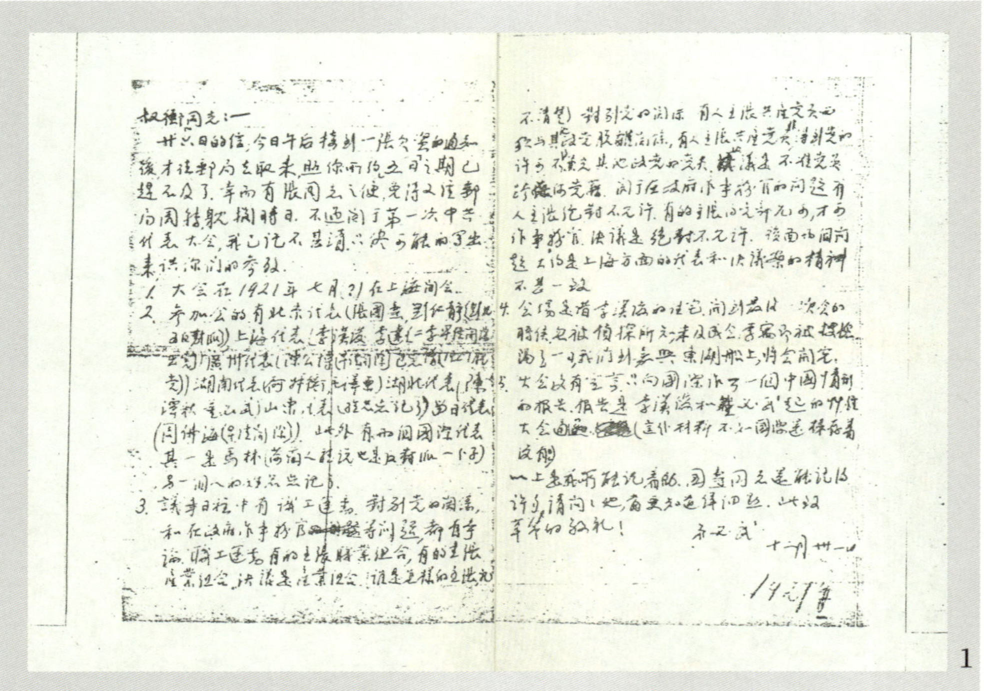

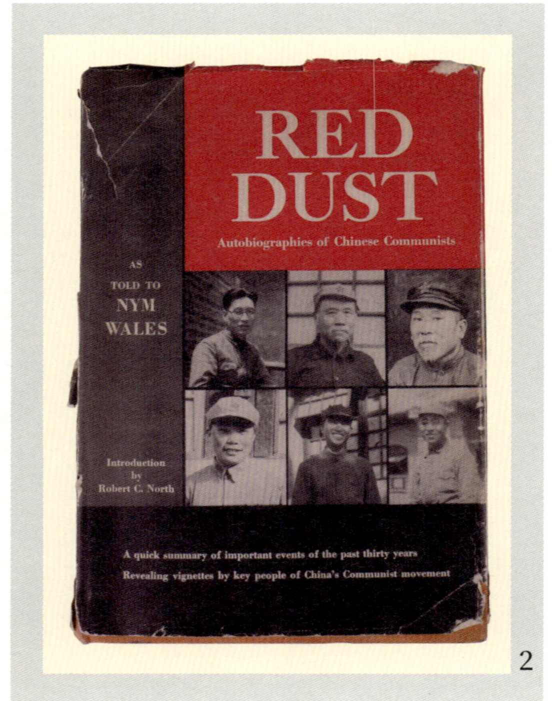

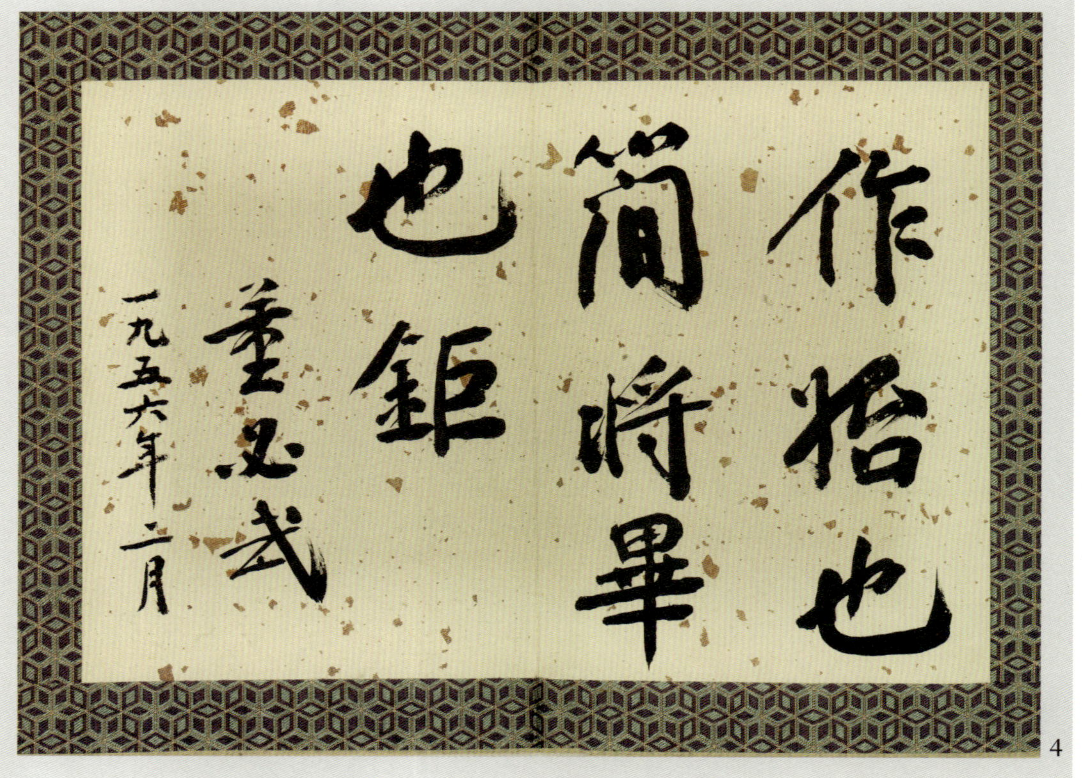

1. 1929 年 12 月 31 日，董必武复信何叔衡，回忆中共一大召开的情况。
2. 1937 年，董必武在延安向海伦 · 斯诺回忆中共一大。这是 1952 年英文版《红色尘土》相关记述。
3. 董必武的帽子。
4. 1956 年 2 月董必武为中共一大会址题词。

5. 陈潭秋（1896—1943），名澄，字云先，湖北黄冈（今黄冈市黄州区）人。武汉共产党早期组织代表。先后任中共武昌地委委员长、湖北区委书记、江西省委书记、福建省委书记等职。1935 年赴莫斯科列宁学院学习，并参加中共驻共产国际代表团工作。1939 年任中共驻新疆代表、八路军驻新疆办事处主任。1943 年 9 月在新疆被害。
6. 陈潭秋出生于湖北黄冈陈策楼村一户农民家庭。图为陈潭秋故居。

1. 1919 年，陈潭秋（三排右三）与武昌高等师范学校军乐队同学合影。

2. 陈潭秋在武昌高等师范学校附小任教时穿过的衣服。

3. 1919 年 6 月，陈潭秋来沪，在湖北善后公会结识董必武和李汉俊。图为湖北善后公会会所旧貌。

4

陳潭秋

第一次代表大會的回憶

一九二一年的夏天，上海法租界蒲柏路，私立博文女學校的樓上，在七月下半月，忽然新來了九個臨時寓客。 樓下女學校，因爲暑期休假，學生教員都回家去了， 所以寂靜得很， 只有廚役一人，弄飯兼看門。他受了熟人的委託，每天做飯給樓上的客人吃，並照管門戶， 不許閒人到房子裏去， 如果沒有他那位熟人介紹的話。 他也不知道樓上住的客是什麼人，言語也不十分聽得懂，因爲他們都不會說上海話，有的湖南口音，有的湖北口音，還有的說北方話。 這些人原來就是各地共產主義小組的代表，爲了正式組織共產黨，約定到上海來開會的。 這九個人是：長沙共產主義小組代表毛澤東同志，何叔衡同志；武漢共產主義小組代表董必武同志和我；濟南共產主義小組代表王盡美同志，鄧恩銘同志，王鄧兩同志那時是兩個最活潑英俊的青年，後來王同志在努力工作中病死了，鄧同志被捕，在濟南被韓復渠槍斃了。 還有一個北京的代表劉仁靜後來變成了託洛茨基的走卒，被黨開除，現在在國民黨警察所特務機關賣氣力，專門反對共產黨。 一個廣州代表包惠僧，國共分家後，投降了國民黨，依靠周佛海謀生活。 再一個是留日共產主義小組代表周佛海在廣東時期，因行動違背共產黨黨綱，被黨開除了。

83

這次到會的一共有十三個人，除上面九個人以外，還有北京代表張國燾同志，上海代表李漢俊與李達，李漢俊因爲一貫保持取消傾觀點，並與北洋軍閥、政客相結納，放棄了黨的立場，在四次代表大會上被開除黨籍，然而武漢國民黨叛變後，他仍不免以「共匪」罪名死於桂系軍閥槍彈之下。李達在「五卅」運動後，被偉大的革命浪潮，推落到黨的戰鬥隊伍以外去了。 還有一個廣東代表陳公博，在陳炯明背叛孫中山以後，他幫助陳炯明反對孫中山，經黨屢次警告不聽，最後被開除黨籍，然而不久他竟然一變而爲國民黨的要人了。

取消派領袖陳獨秀，在第一次代表大會以後，曾長期擔任黨的領導工作，後來在一九二七年革命緊急關頭、用機會主義的投降政策，斷送了大革命。 然而他並沒有出席黨第一次代表大會，那時他在廣東陳炯明部下任教育廳長。

七月底大會開幕了，大會組織非常簡單，只推選張國燾同志爲大會主席，毛澤東同志與周佛海任記錄。 就在博文女校樓上舉行開幕式，正式會議是在李漢俊家中開的，大會進行了四天，討論的問題是：當時政治形勢，黨的基本任務，黨的章程，以及發展組織問題。 在這些問題的討論中間，對於黨的基本任務與組織原則曾經發生過嚴重的爭論。 一方面是以李漢俊爲首的「公開馬克思主義派」。 他認爲中國無產階級太幼稚，不懂馬克思主義，須要長期的宣傳教育工作，因此，不贊成組織真正無產階級的政黨，並且不主張爲實現無產階級專政而奮鬥， 而主張實現資產階級民主政治，在資產階級民主制下，再來公開的組織和教育無產階級，所以他不主張立即進行職工會的組織，而要集中力量做學生運動與文化宣傳工作。首先把知識份子組織好，施以馬克思主義的理論教育，等候馬克思主義在中國知識份子中有了普遍的影響，然後由這些知識份子去組織工人，教育工人。因此他不贊成組織嚴密的，戰鬥的工

84

人政黨，而主張團結先進知識份子，公開建立廣泛的和平研究馬克思主義理論的政黨。 基於同樣的觀點，他提出黨員的條件是不論成分，學生也好，大學教授也好，只要他信仰馬克思主義，了解馬克思主義與宣傳馬克思主義的即可入黨，至於是否實際參加黨的一定組織担負黨的一定工作，他認爲是不關重要的。 當時李達與陳公博擁護李漢俊的觀點。 另方面是劉仁靜爲首的極「左」派。 他主張以無產階級專政爲直接鬥爭的目標，反對參加資產階級民主運動，反對任何合法運動，認爲知識份子都是資產階級的思想代表，一般應拒絕其入黨。 包惠僧是贊成劉仁靜的意見。 大會大多數代表，嚴厲批評了兩方面的錯誤意見，最後在原則上通過一個基本立場，以實現無產階級專政爲黨的基本任務，但在過渡階段的鬥爭策略上，不但不拒絕而且應當積極組織無產階級來參加和領導資產階級性的民主運動。 決定建立嚴密的戰鬥的工人政黨，並以職工運動爲中心工作，但在一定的有利於無產階級發展的條件下，應當利用公開合法運動。 至於黨的組織與黨員入黨的條件， 則決定採取經過歷史事變試驗過的俄國布爾塞維克的組織經驗，反對孟塞維克主義式的原則。 這一原則的通過，已奠定了中國黨布爾塞維克的初步基礎。

大會決定第四天的夜晚，最後通過黨章，下午八點鐘晚飯後，齊集李漢俊寓所的樓上廂房裏， 主席剛剛宣佈繼續開會， 樓上客堂，發現了一個獐頭鼠目穿長衫的人。 當時李漢俊到客堂去詢問他，他說是找各界聯合會王會長。 找錯了房子，對不起，說畢揚長下樓而去。 離李漢俊寓所的第三家，確實是上海各界聯合會的會所。 但是上海一般人都知道，各界聯合會沒有會長，也沒有姓王的人。 於是我們馬上警覺到來人的可疑，立即收檢文件分途散去，只李漢俊與陳公博未走，果然，我們走後不到十分鐘，有法華捕探等共九人來李漢俊家查抄，但除了公開出版的馬克思主義的書

85

籍以外，沒有抄出其他可疑的東西，所以並沒有逮捕人。

我們分散後，各人找旅館住宿，不敢回博文女校，因爲據我們的推測，偵探發現我們的會議，是由博文女校跟蹤而得的。

我們原定會議期間是七天，被偵探發現後，決定縮短爲五天，但是在上海我們再沒有適宜開會的地方，於是決定乘火車到杭州西湖繼續開會，到了上火車之前又想到西湖遊人太多，遂中途變計到離上海約三百里之嘉興城下車。嘉興有一個南湖，也時常有人遊船游覽。 我們借游湖爲名，僱了一隻大船，並預備酒食，在船上開會。

這是會議的最後一天，李漢俊與陳公博兩人未出席，因爲他們自昨夜事件發生後，即被偵探監視，不便行動，所以他們沒有來嘉興。

這一天早晨天色陰晴，但到了八時以後，即有不少遊船往來湖上，對於我們的會議進行，殊感不便。 到九時半以後， 天忽下雨，遊人均繫舟登岸，大爲敗興，然而對於我們到很便利了。 我們很放心的進行了一天的討論，直到夜晚十一時閉會。這一天的會議，除通過黨章外，並討論了對孫中山的態度與關係問題，最後討論成立臨時中央局與選舉中央局委員。 在討論對孫中山的態度與關係問題時，曾發生過小的爭論，包惠僧認爲我們與孫中山是代表兩個敵對階級，沒有妥協的可能，他說我們對孫中山，應當與對北洋軍閥一樣，甚至還要更嚴厲些，因爲他在羣衆中有欺騙作用。 他的意見，被大會打擊以後，當時通過下面原則：對孫中山主義，採取批評態度，而對於某些進步的運動，則取黨外合作的形式來援助他。 這一原則的決定，可以說對於以後國共兩黨合作，發展偉大的反帝反北洋軍閥的運動，種下了一種根基。

當時正式成立了共產主義小組的除留日學生與留法勤工學生外只有北京，上海，武漢，廣州，長沙，濟南幾個地方。其他如南

86

5

4. 陈潭秋用过的棉围巾、帐钩。

5. 陈潭秋在《共产国际》(中文版)1936 年第 4—5 期合刊发表《第一次代表大会的回忆》。

1. 王尽美（1898—1925），原名瑞俊，字灼斋，山东莒州（今诸城市）人。济南共产党早期组织代表。1922 年赴苏俄参加远东各国共产党及民族革命团体第一次代表大会。同年任中国劳动组合书记部山东分部主任，领导山海关、秦皇岛等地的工人罢工斗争。1924 年任中共山东地方执行委员会书记。1925 年在青岛病逝。
2. 王尽美出生于山东莒州北杏村一户佃农家庭。图为王尽美故居。

3. 1918 年 4 月，王尽美考入山东省立第一师范学校。图为山东省立一师旧貌。

4. 五四期间，王尽美经常到齐鲁书社阅读进步书刊，探寻救国救民的道路。图为齐鲁书社旧貌。

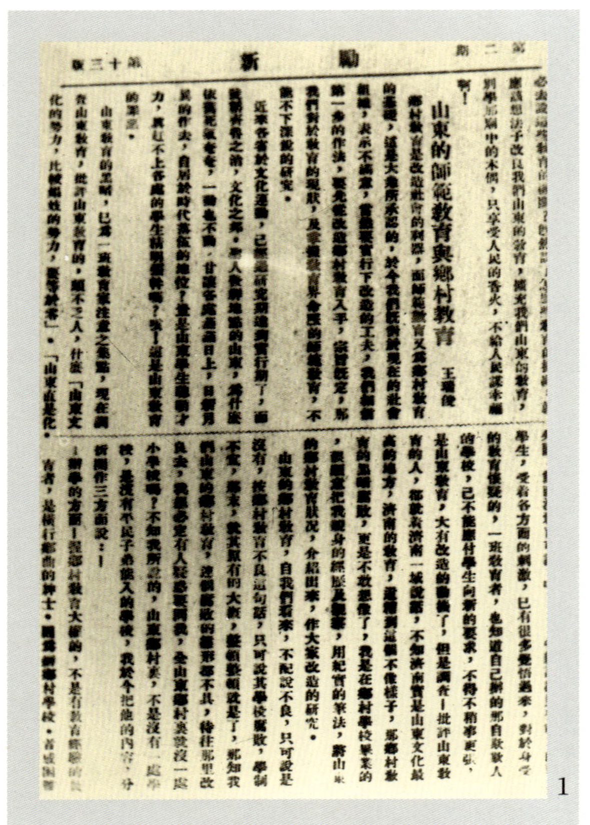
山東的師範教育與鄉村教育

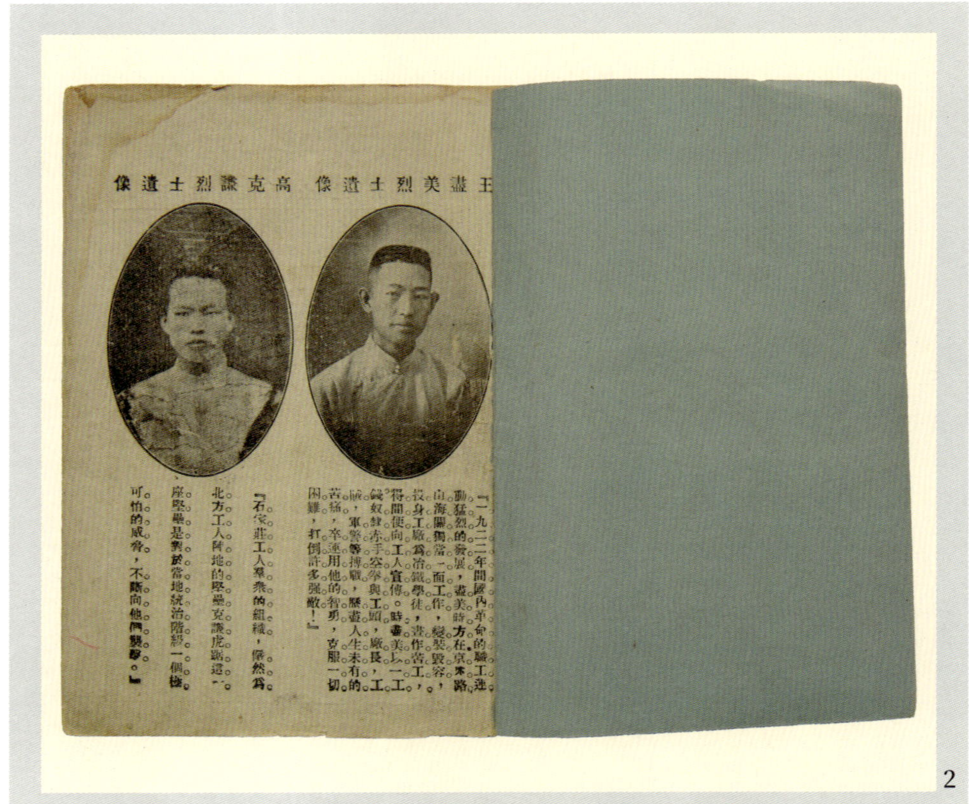

1. 1920 年 11 月，王尽美等创办《励新》半月刊，传播马克思主义。这是王尽美在《励新》发表的文章。
2. 这是中华全国铁路总工会编印的《革命战士集》，刊有王尽美的照片和革命事迹。
3. 王尽美使用过的毛毯和饭盒。

4. 邓恩铭（1901—1931），又名恩明，字仲尧，贵州荔波人，水族。济南共产党早期组织代表。1922 年赴苏俄参加远东各国共产党及民族革命团体代表大会。先后任中共山东省委书记、青岛市委书记等职。1928 年被国民党反动派逮捕。1931 年就义于济南。
5. 邓恩铭出生于贵州荔波一个水族村寨。图为邓恩铭故居。

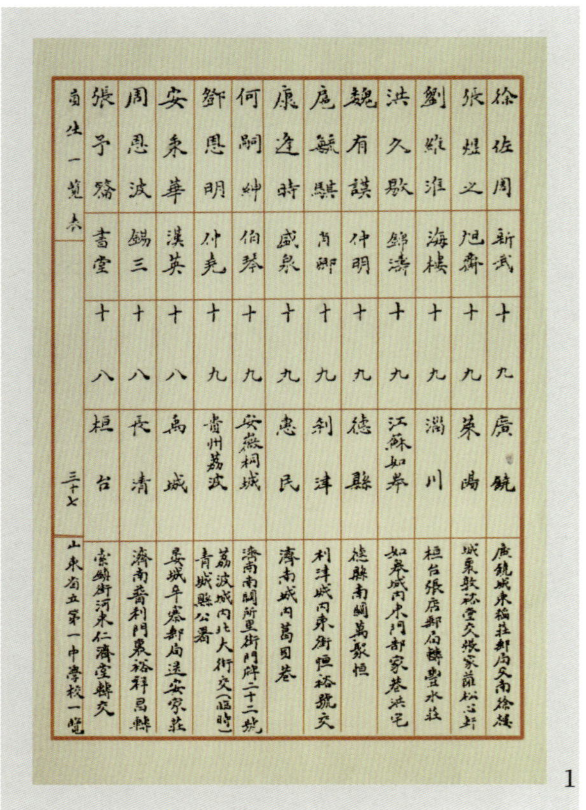

學生一覽表

姓名	字	年齡	籍貫	住址
徐佐周	新武	十九	廣饒	廣饒城東稻莊郵局交南徐莊
張煜之	旭齋	十九	萊陽	城東敦裕堂交張家莊松山村
劉鼎淮	海樓	十九	淄川	桓台張店郵局轉豐水莊
洪久歆	錦濤	十九	江蘇如皋	如皋城內木門鄧家巷洪宅
魏有謨	仲明	十九	德縣	德縣南關萬聚恒
龐毓麒	肖卿	十九	利津	利津城內東街恒裕號交
康逢時	盛泉	十九	惠民	濟南城內萬周巷
何嗣紳	伯琴	十九	安徽桐城	濟南南關所里街門牌二十二號
鄧恩明	仲堯	十九	貴州荔波	荔波城內北大街交（臨時）青城縣公署
安秉華	漢英	十八	禹城	禹城辛寨郵局送安家莊
周恩波	錫三	十八	長清	濟南齊利門裏裕祥昌轉
張子[illegible]	書堂	十八	桓台	索鎮街河東仁濟堂轉交

三十七

山東省立第一中學校一覽

1

2

1. 1918 年，邓恩铭考入山东省立第一中学，当时用名“邓恩明”。这是山东省立一中校刊学生录。
2. 五四期间，邓恩铭积极参加济南学生爱国运动。图为邓恩铭（前排右四）与山东省立一中学生会成员合影。

迎如蒙惠顧請至山東省立第一中學傳達處通知本行接洽可也

中華郵局特准掛號認爲新聞紙類

山東省立第一中學校學生出版部

災民號

發行所 山東省立第一中學校售品所

◉災民的我見 （鄧恩明）

爲甚麼有災民？
我們對於災民應當怎麼樣？
怎麼樣賑救法？
光賑救目前嗎？
還是賑救將來呢？
災民的覺悟？

世界上的人　無論那一種那一族　彼此都是一樣的人　富貴貧賤等等也沒有不一樣的　按社會學說起來　人人都是有衣穿　有飯吃　才對　爲甚麼大大的不然　富的富得不得了　窮的窮得不得了　這是什麼原故呢　我想社會上一般軍閥　官僚　政客　資本家　只知道役使一般苦同胞　爲他們作奴隸牛馬　還要「橫征暴斂」　無所不用其極　年境好的時候　還可以將就過去　若是年境不好　那就不得了啦　「赤地千里」「餓莩載道」　若再有武人興動干戈　那又「殺人盈野」「鬼哭神號」了　這種情形　說起來眞令人「痛徹心肺」「淚隨聲下」呵　照上文看起來災民是生下來就是災民嗎　不是　是替一般軍閥　官僚　政客　資本家　受災罷了　所以簡單說起來　就是因爲一般軍閥　官僚　政客　資本家的「橫征暴斂」「窮奢極慾」才有災民　資關天的什麼事

社會上既有這般沒衣穿　沒飯吃　妻離子散　流離失所的災民　我們有衣穿　有飯吃　一家團圓的　對於這些災民應當怎麼樣　我想我們四萬萬同胞　彼此都是親兄弟　難道我們就忍心看他們餓死凍死嗎　萬不至於這樣　一定想法子去救他們　但是我們怎麼樣去賑救他們　這就是一個大問題了　自從災民問題發生以來　各慈善家　各報紙　發表的意見　眞是不少　似乎用不着我來廢話了　可是我心裏有這一番意思　不能不寫出來給大家討論

現在賑災的團體　各處陸續發起　一天多似一天　捐助的一千八百拿出來　十分踴躍　這種「急公好義」的現象　眞令人佩服得很　但是仔細想想　賑災怎麼賑法　錢怎麼捐法　怎麼用法　我眞有點疑惑　我們中國人辦事「虎頭蛇尾」「利心太重」　無論社會上發生一個什麼問題出來　都是這樣　可是賑災這件事不比別的事情一樣　一定不會有這種無心肝的人　但是我終究不信不會沒這種人　可是我盼望不會有這種人辦事的人　我們不管他如何　我們單就賑災一方面說　現在賑災的辦法　眞是多極了　但是總括說來　大概都是不澈底的多　澈底的少　是目前的辦法　不是將來的辦法　我以爲這種賑災法　萬辦不到好處　何以見得呢　我要說他做不到好處　先要說他們如何的辦法　他們的辦法不外　施錢　施米　施衣　等等一些皮毛的辦法罷了　何曾想到根本的打算　試問一般沒有家　沒有糧　沒有錢　沒有牲口　全體破產的災民　每人給他十元八元　就能養家活口嗎　況且還得不到十元八元呢　這種辦法　我敢下一個武斷的批評　這種徒顧目前的辦法　一定「勞而無功」的　那末死的還是死　餓的還是餓　賣子女的還是賣子女　做土匪的還做土匪　變爲娼妓的變爲娼妓　結果災民依舊是災民　我們就不賑救了嗎　不是這樣說法　我們須要一面極力的去辦目前的賑　一面設法救他們的將來　但是救將來的辦法　說的人也不少　譬如吳子玉副使提議修築魏濰鐵路　徐世章提議開運河　這都是以工代賑的頂好法子　我是非常贊成的　我既是贊成　所以我希望以工代賑的團體　修築鐵路…開運河…墾荒　多多的發現　早早的成立

說了半天　光是說賑災　對於災民的本身　應該怎麼樣呢　說起來眞是長得很　簡單說就是要有徹底的覺悟　我們爲甚麼終年的勞動　一般軍閥　官僚　政客　資本家　終年的安樂　爲甚麼我們就窮的沒吃沒穿妻離子散　一般軍閥　官僚　政客　資本家　就坐汽車　打麻雀牌　吃花酒呢　他們的衣食住一切都是他們的嗎　不是　是我們一般苦同胞的血汗　那末我們就永遠應該受他們的支配嗎　要知道若是再不設法子來對待他們這一般貪狠似的軍閥　官僚　政客　資本家　以後就沒我們苦人過的日子了　苦同胞們　你們想想是不是呢　應該想法子對待他們呢　對待的法子　我胡寫了幾條列在下邊　請大家討論討論

（甲）團體方面的
（一）組織農團
（二）設立農事改良所
（三）設立鄉村銀行
（四）設立鄉村醫院

二百元以上者三厘半

存儲日期至少須三個月

3

3. 1920 年 10 月，邓恩铭在山东省立一中校刊专号发表政论《灾民的我见》。

1. 陈公博（1892—1946），广东广州人。广州共产党早期组织代表。1922 年脱党，后被开除党籍。1923 年赴美留学。1925 年加入国民党。1938 年追随汪精卫投靠日本。1946 年以叛国罪在苏州被处决。
2. 五四运动中，陈公博曾与北京大学同学一起到新华门请愿。图为新华门。

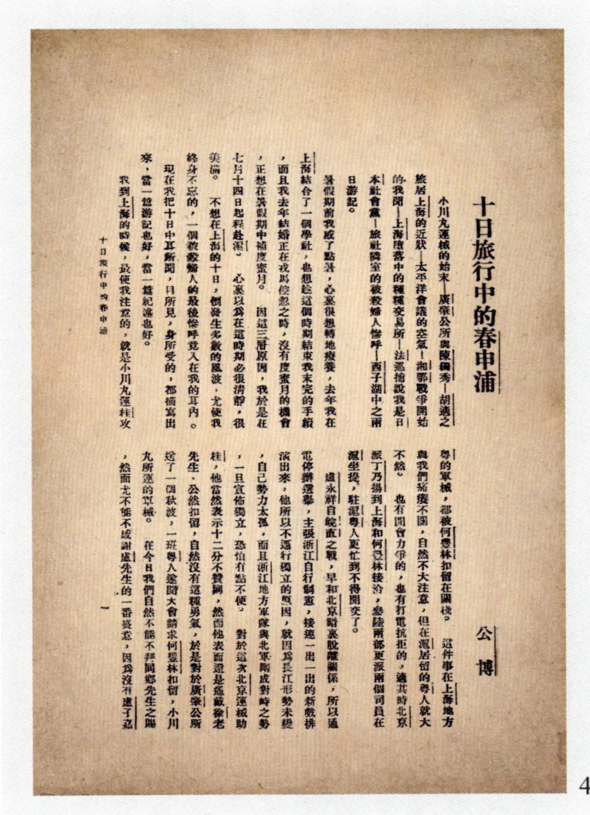

十日旅行中的春申浦

公博

小川丸運械的始末—廣肇公所與陳獨秀—胡適之旅居上海的近狀—太平洋會議的空氣—湘鄂戰爭開始的我聞—上海腐蓄中的種種交易所—法巡捕說我是日本社會黨—旅社鄰室的被殺婦人慘呼—西子湖中之兩日游記。

暑假期前我感了點暑，心裏很想轉地療養，去年我在上海結合了一個學社，也想趁這個時期結束我未完的手續，而且我去年結婚正在戎馬倥偬之時，沒有度蜜月的機會，正想在暑假期中補度蜜月。因這三層原因，我於是在七月十四日起程赴滬。心裏以爲在這時期必很清靜，很美滿。不想在上海的十日，倒發生多數的風波，尤使我終身不忘的，一個被殺婦人的最後慘呼竟入在我的耳內。現在我把十日中耳所聞，目所見，身所受的，都補寫出來，當一篇游記也好，當一篇紀述也好。

我到上海的時候，最使我注意的，就是小川丸運往攻粵的軍械，都被何豐林扣留在關棧。這件事在上海地方與我們痛癢不關，自然不大注意，但在滬居留的粵人就大不然。也有開會力爭的，也有打電抗拒的，適其時北京派丁乃揚到上海和何豐林接洽，參陸兩部更派兩個司員在滬坐提，駐滬粵人更忙到不得開交了。

盧永祥自皖直之戰，早和北京暗裏脫離關係，所以通電停辦選舉，主張浙江自行制憲，接連一出一出的新戲排演出來，他所以不遽行獨立的原因，就因爲長江形勢未穩，自己勢力太孤，而且浙江地方軍隊與北軍隊成對峙之勢，一旦宣佈獨立，恐怕有點不便。對於這次北京運械助桂，他當然表示十二分不贊同，然而他表面還是愛戴徐老先生，公然扣留，自然沒有這種勇氣，於是對於廣肇公所送了一個秋波，一班粵人遂開大會請求何豐林扣留，小川丸所運的軍械。在今日我們自然不能不拜同鄉先生之賜，然而尤不能不感謝盧先生的一番盛意，因爲沒有盧了嘉

十日旅行中的春申浦　一

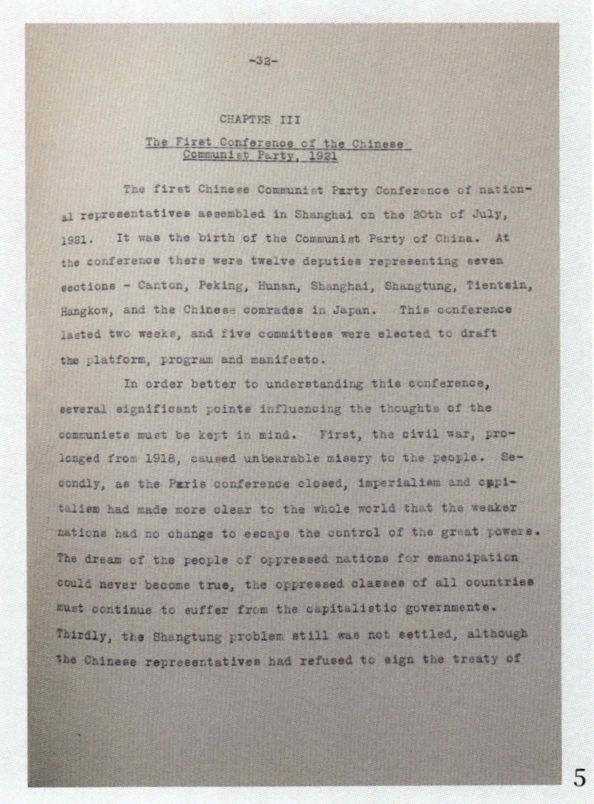

-32-

CHAPTER III

The First Conference of the Chinese Communist Party, 1921

The first Chinese Communist Party Conference of national representatives assembled in Shanghai on the 20th of July, 1921. It was the birth of the Communist Party of China. At the conference there were twelve deputies representing seven sections - Canton, Peking, Hunan, Shanghai, Shangtung, Tientsin, Hangkow, and the Chinese comrades in Japan. This conference lasted two weeks, and five committees were elected to draft the platform, program and manifesto.

In order better to understanding this conference, several significant points influencing the thoughts of the communists must be kept in mind. First, the civil war, prolonged from 1918, caused unbearable misery to the people. Secondly, as the Paris conference closed, imperialism and capitalism had made more clear to the whole world that the weaker nations had no change to escape the control of the great powers. The dream of the people of oppressed nations for emancipation could never become true, the oppressed classes of all countries must continue to suffer from the capitalistic governments. Thirdly, the Shangtung problem still was not settled, although the Chinese representatives had refused to sign the treaty of

3.《广东群报》刊载的陈公博译《马克思的一生及其事业》。

4.《新青年》第 9 卷第 3 号刊载陈公博《十日旅行中的春申浦》，记述其参加中共一大的经过。

5. 陈公博在美国哥伦比亚大学硕士论文《共产主义运动在中国》中记述了中共一大。

1. 周佛海（1897—1948），原名明繁，字子美，湖南沅陵人。旅日共产党早期组织代表。中共一大后曾代理中央局书记。1924 年脱党，后加入国民党。1938 年追随汪精卫投靠日本。抗战胜利后，以叛国罪被判处无期徒刑，1948 年病死于南京狱中。
2. 1918 年，周佛海入鹿儿岛第七高等学校，开始研究社会主义。图为鹿儿岛第七高等学校旧址今貌。

入學資格	入學年月日	學士試驗合格證書授與年月日	退學其他除籍年月日並ニ事由	原籍	氏名	生年月日	學業成績				備考
							區別	第一回試驗	第二回試驗	第三回試驗	
第七高等學校	大正七年九月十五日	大正十一年[illegible]月[illegible]日	大正　年　月　日	中華民國湖南省沅陵縣 [illegible]	周佛海	明治三十年四月八日（光緒二十三年）	合格年月	大正[illegible]年[illegible]月	大正[illegible]年[illegible]月	大正[illegible]年[illegible]月	英經濟科
							成績	[illegible]	[illegible]	[illegible]	96

3

4

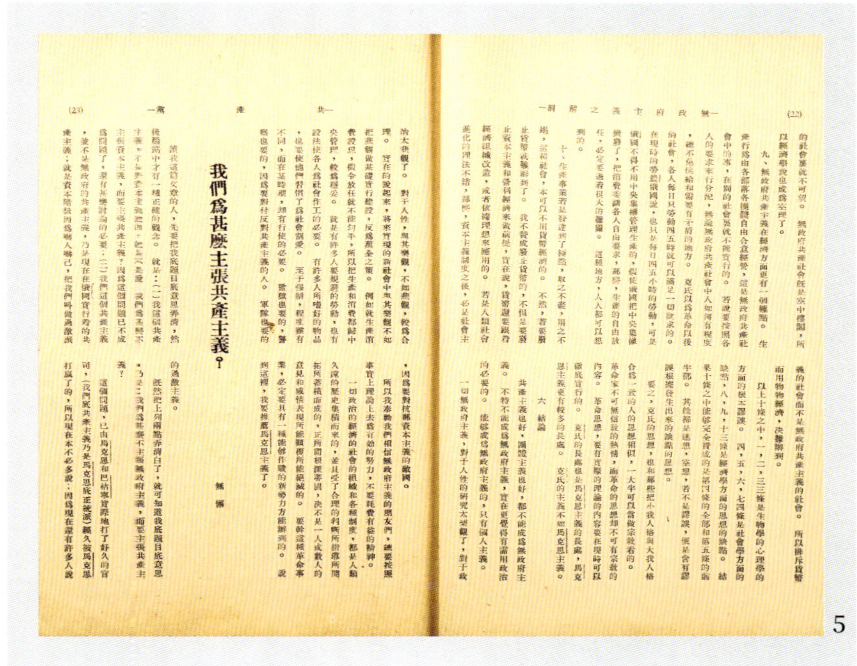
我們爲甚麼主張共產主義？

5

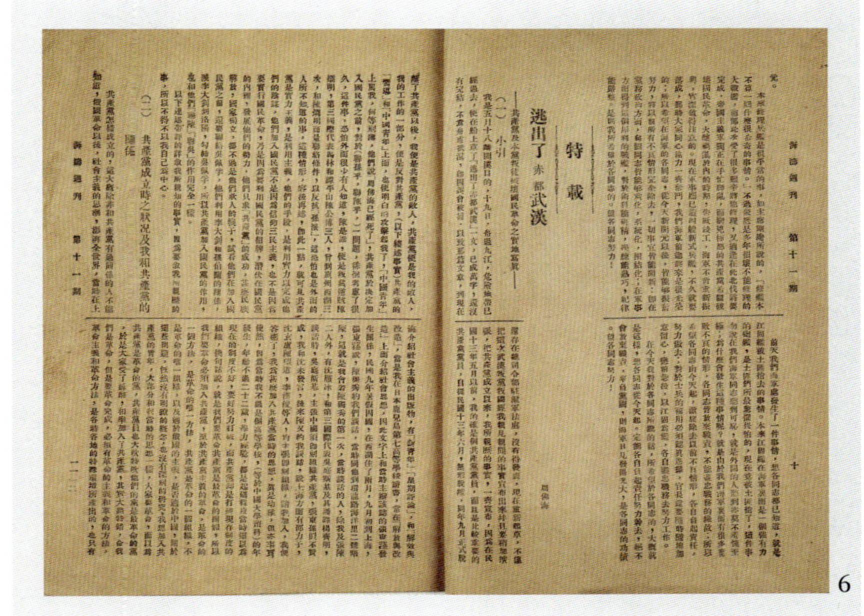
特載
逃出了赤都武漢

6

3. 周佛海在鹿儿岛第七高等学校的学业成绩单。

4. 1920 年夏，周佛海翻译克鲁泡特金《互助论》，并参加上海共产党早期组织。这是周佛海译《互助论》。

5. 1921 年 5 月，《共产党》月刊第 4 号刊载周佛海《我们为甚么主张共产主义？》。

6. 周佛海回忆中共一大的文章。

1. 包惠僧（1895—1979），原名德芬，号悔生，湖北黄冈（今黄冈市团风县）人。受陈独秀指派出席中共一大。先后任中国劳动组合书记部长江支部主任、中共北京区委委员、中共武汉区委委员长、黄埔军校政治部主任等职。1927 年脱党。中华人民共和国成立后任国务院参事。1979 年在北京去世。
2. 包惠僧出生于湖北黄冈一户农民家庭。图为包惠僧故乡。

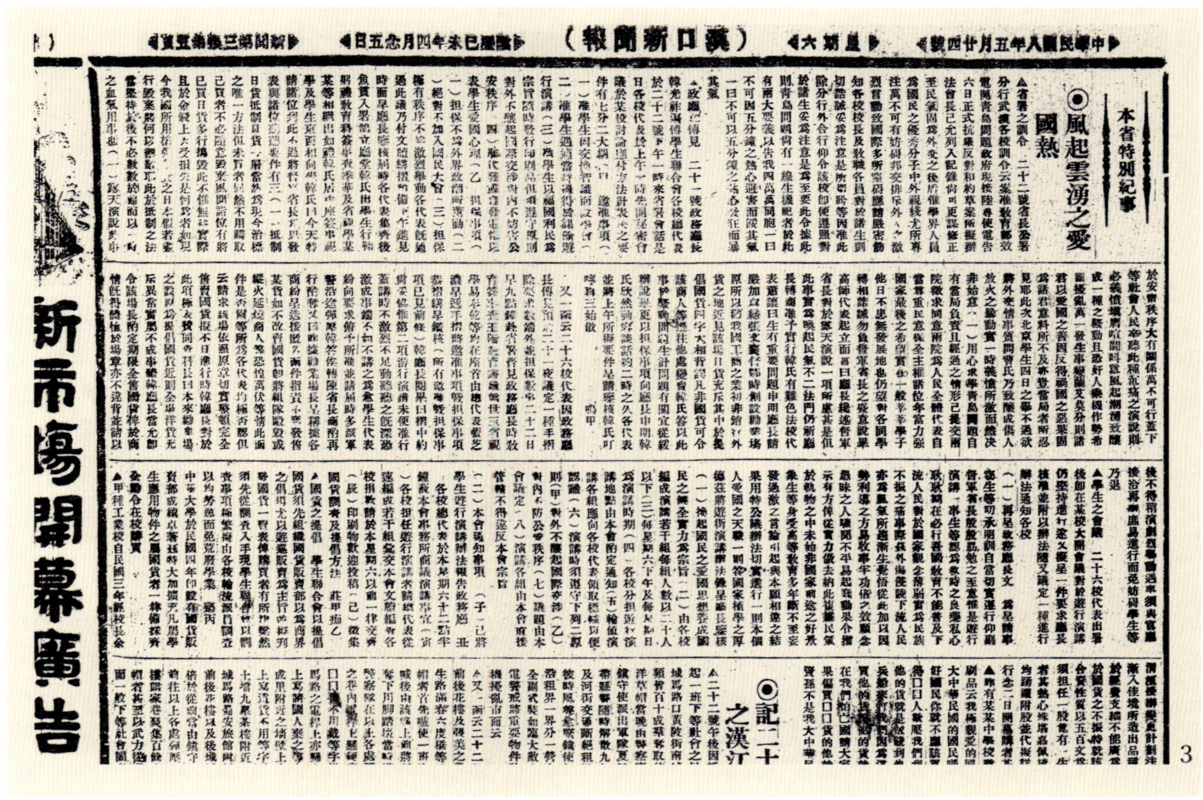
漢口新聞報

本省特別紀事

風起雲湧之愛國熱

新市場開幕廣告

3

勞動問題

我對於武漢勞動界的調查和感想

4

中国劳动组合书记部成立前后的回忆

包惠僧

5

6

3. 五四期间，包惠僧以“鸣”“雷”为笔名，发表了许多反映武汉学生爱国运动的报道。

4. 1921 年 4 月，包惠僧在《民国日报》副刊《觉悟》发表《我对于武汉劳动界的调查和感想》。

5. 包惠僧手稿《中国劳动组合书记部成立前后的回忆》。

6. 包惠僧使用过的象牙章和印泥盒。

1. 马林（1883—1942），本名亨•斯内夫利特，荷兰人。1913 年起在荷属东印度（今印度尼西亚）从事革命工作。1920 年参加共产国际二大，当选为共产国际执行委员会成员。1921 年来到中国，参与筹备并参加中共一大。之后，积极推动第一次国共合作。1924 年回到荷兰。第二次世界大战爆发后从事反法西斯斗争，1942 年遇害。
2. 1911 年，马林（右三）与荷兰铁路电车工人联合会成员合影。

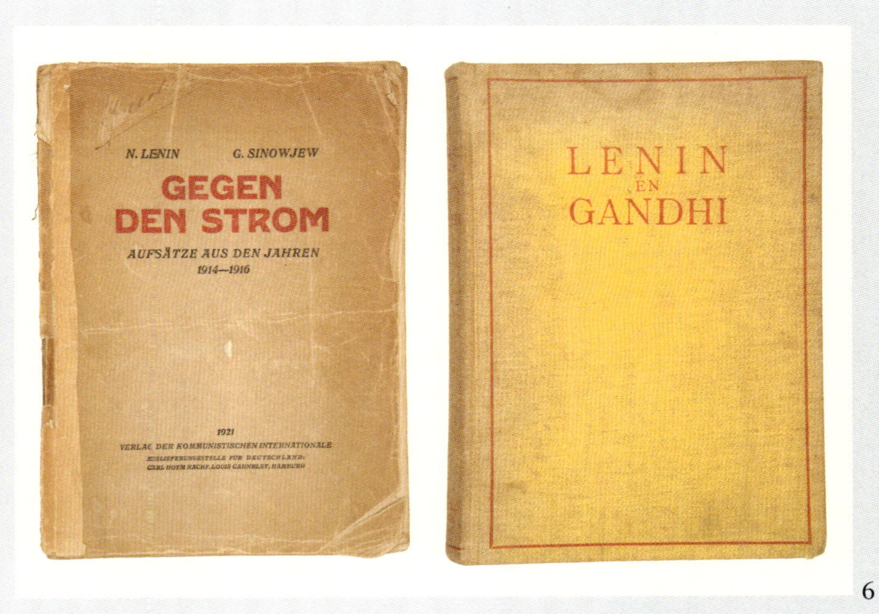

3. 1918 年, 因从事革命活动, 马林被荷属东印度当局驱逐出境。图为 1917 年马林在印尼三宝垅与家人合影。

4. 1920 年 6 月，马林（后排左三）代表荷属东印度社会民主工党参加共产国际二大。

5. 1922 年，马林曾在中国劳动组合书记部工作。这是办公室里摆放的菊花石砚。

6. 马林阅读过的书籍《逆流而上》《列宁与甘地》。

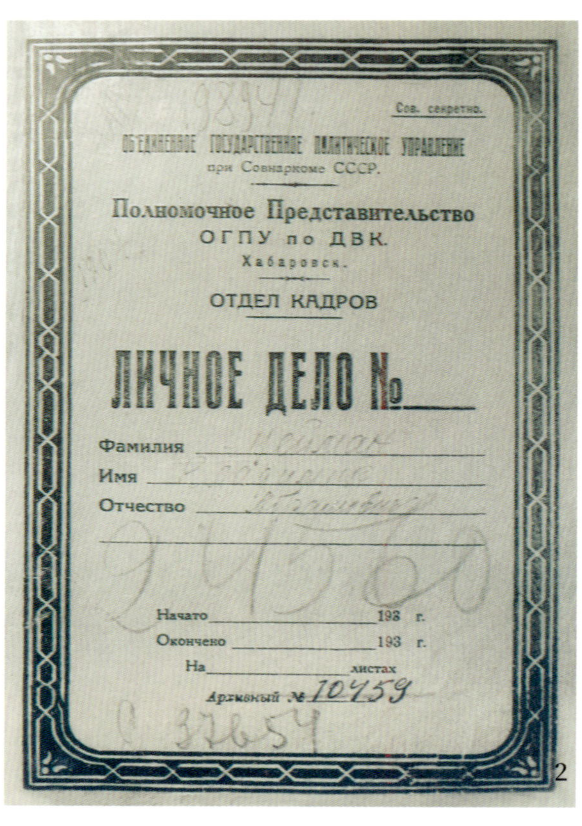

Сов. секретно.

ОБЪЕДИНЕННОЕ ГОСУДАРСТВЕННОЕ ПОЛИТИЧЕСКОЕ УПРАВЛЕНИЕ
при Совнаркоме СССР.

Полномочное Представительство
ОГПУ по ДВК.
Хабаровск.

ОТДЕЛ КАДРОВ

ЛИЧНОЕ ДЕЛО №

Фамилия

Имя

Отчество

Начато 193 г.

Окончено 193 г.

На листах

Архивный № 10459

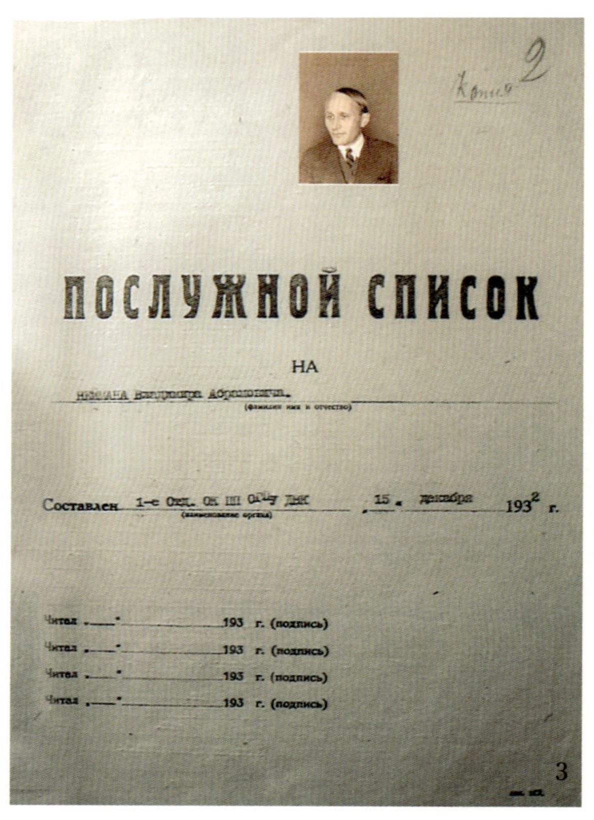

ПОСЛУЖНОЙ СПИСОК

НА

(фамилия имя и отчество)

Составлен 1-е Отд. ОК ПП ОГПУ ДВК 15 декабря 1932 г.

(наименование органа)

Читал 193 г. (подпись)

Читал 193 г. (подпись)

Читал 193 г. (подпись)

Читал 193 г. (подпись)

1. 尼克尔斯基（1889—1938），本名弗·阿·涅伊曼，俄国人。1920 年参加远东共和国人民革命军。1921 年加入俄共（布）。同年，受共产国际远东书记处派遣来到中国，参与筹备并参加中共一大。后在苏联远东地区从事情报工作。1938 年因涉嫌托派被错杀，后平反。
2. 尼克尔斯基档案。
3. 尼克尔斯基履历表。

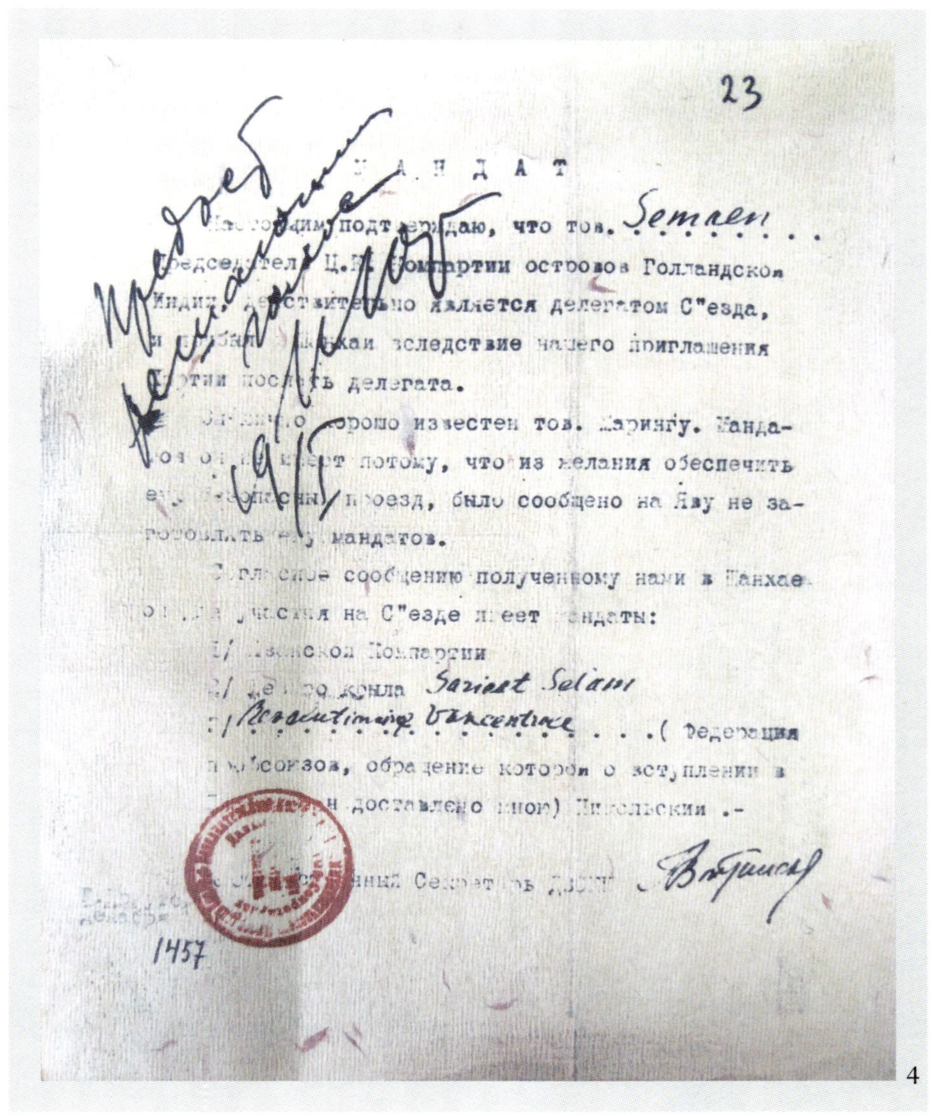

23

М А Н Д А Т

Настоящим подтверждаю, что тов. Semaen . . . .
Председатель Ц.К. Компартии островов Голландской
Индии, действительно является делегатом С"езда,
и прибыл [illegible] вследствие нашего приглашения
партии послать делегата.

[illegible] хорошо известен тов. Марингу. Мандатов [illegible] потому, что из желания обеспечить
ему безопасный проезд, было сообщено на Яву не заготовлять ему мандатов.

Согласное сообщению полученному нами в Шанхае
[illegible] участия на С"езде имеет мандаты:

1/ Явской Компартии
2/ [illegible] Sariaet Selam
3/ [illegible] . . . . . .(Федерация
профсоюзов, обращение которой о вступлении в
[illegible] доставлено мною) Никольский .-

[illegible] Секретарь [illegible]

1457

4

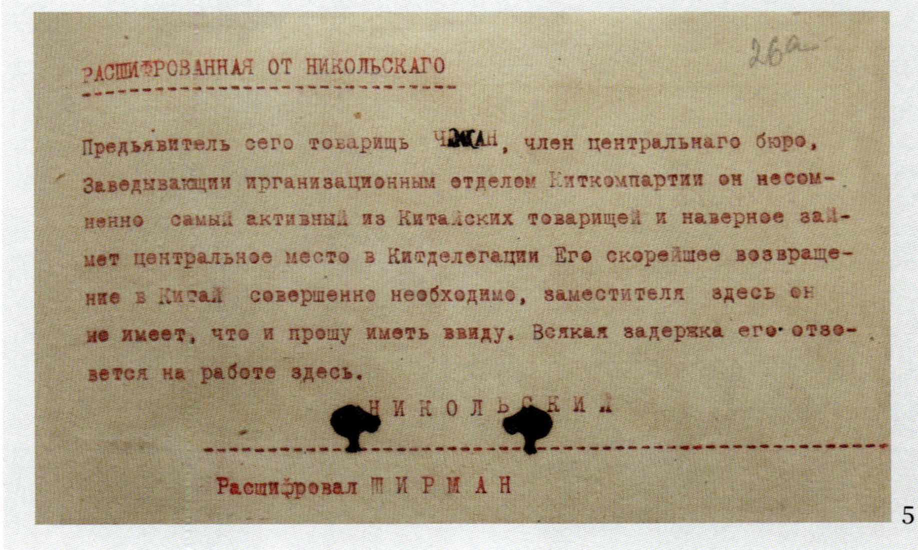

26а

РАСШИФРОВАННАЯ ОТ НИКОЛЬСКАГО

Предъявитель сего товарищь Чжан, член центральнаго бюро,
Заведывающии ирганизационным отделом Китокомпартии он несомненно самый активный из Китайских товарищей и наверное займет центральное место в Китделегации Его скорейшее возвращение в Китай совершенно необходимо, заместителя здесь он не имеет, что и прошу иметь ввиду. Всякая задержка его отзовется на работе здесь.

Н И К О Л Ь С К И Й

Расшифровал Ш И Р М А Н

5

4. 这是 1921 年印尼共产党代表参加远东各国共产党及民族革命团体代表大会委任状，上有尼克尔斯基亲笔签名。
5. 这是 1922 年尼克尔斯基发给远东各国共产党及民族革命团体代表大会资格委员会的电报，要求张国焘尽快回国工作。

第二单元　中国共产党第一次全国代表大会的召开

1921 年 7 月 23 日，中国共产党第一次全国代表大会在上海法租界望志路 106 号开幕。大会听取了各地党组织的汇报，讨论了党的纲领和工作计划。7 月 30 日晚举行第六次会议时，因法租界密探袭扰，大会被迫中止。最后一次会议转移到浙江嘉兴南湖的游船上召开。中共一大通过了党的第一个纲领和第一个决议，选举产生了中央局成员，宣告中国共产党正式成立。一个新的革命火种在沉沉黑夜的中国大地上点燃起来。

会议地点

1. 图为中国共产党第一次全国代表大会会址（原望志路 106 号，今兴业路 76 号）。
2 图为中国共产党第一次全国代表大会会场。

1. 在上海共产党早期组织的安排下，到上海参加中共一大的部分代表，以“北京大学暑期旅行团”的名义入住博文女校（原白尔路 389 号，今太仓路 127 号）。
2. 中国共产党第一次全国代表大会最后一天的会议转移到浙江嘉兴南湖的一条游船上举行。

会议日程

中国共产党第一次全国代表大会日程

<table>
<tr><th>日期</th><th>会议</th><th>地点</th><th>会议内容</th></tr>
<tr><td>7 月 23 日</td><td>第一次会议</td><td>上海望志路 106 号</td><td>共产国际代表致辞，商讨大会任务和议程。</td></tr>
<tr><td>7 月 24 日</td><td>第二次会议</td><td>上海望志路 106 号</td><td>各地代表报告本地区党、团组织的情况。</td></tr>
<tr><td>7 月 25 日</td><td rowspan="2">休会</td><td rowspan="2">上海白尔路 389 号等处</td><td rowspan="2">起草党的纲领和决议。</td></tr>
<tr><td>7 月 26 日</td></tr>
<tr><td>7 月 27 日</td><td>第三次会议</td><td rowspan="4">上海望志路 106 号</td><td rowspan="3">讨论党的纲领和决议。</td></tr>
<tr><td>7 月 28 日</td><td>第四次会议</td></tr>
<tr><td>7 月 29 日</td><td>第五次会议</td></tr>
<tr><td>7 月 30 日</td><td>第六次会议</td><td>法租界密探闯入，会议被迫中止。</td></tr>
<tr><td>最后一日</td><td>第七次会议</td><td>浙江嘉兴南湖游船</td><td>通过党的纲领和决议，选举产生中央局成员。</td></tr>
</table>

大会成果

中国共产党第一次全国代表大会主要成果

序号	成果	主要内容
1	宣告中国共产党正式成立	
2	中国共产党第一个纲领	确定党的名称为“中国共产党”，明确党的奋斗目标、党员条件、组织建设等问题。
3	中国共产党第一个决议	规定党在当前实际工作中的主要任务，并提出开展工作的原则、方法和要求。
4	选举产生党的中央领导机构中央局	选举陈独秀为书记，张国焘负责组织工作，李达负责宣传工作。

1

2

1. 会议期间，各地代表向大会报告了本地区党、团组织的情况。这是北京共产党早期组织的报告（中译本、俄文本）。
2. 广州共产党早期组织的报告（中译本、俄文本）。

中国共产党第一个纲领

一、本党定名为“中国共产党”。

二、本党纲领如下：

1．革命军队必须与无产阶级一起推翻资本家阶级的政权，必须支援工人阶级，直到社会的阶级区分消除为止；

2．承认无产阶级专政，直到阶级斗争结束，即直到消灭社会的阶级区分；

3．消灭资本家私有制，没收机器、土地、厂房和半成品等生产资料，归社会公有；

4．联合第三国际。

三、本党承认苏维埃管理制度，把工农劳动者和士兵组织起来，并承认党的根本政治目的是实行社会革命；中国共产党彻底断绝同黄色知识分子阶层及其他类似党派的一切联系。

四、凡承认本党纲领和政策，并愿成为忠实党员的人，经党员一人介绍，不分性别、国籍，均可接收为党员，成为我们的同志。但在加入我们队伍之前，必须与企图反对本党纲领的党派和集团断绝一切联系。

五、接收新党员的手续如下：候补党员必须接受其所在地的委员会的考察，考察期限至少为两个月。考察期满后，经多数党员同意，始得被接收入党。如该地区设有执行委员会，应经执行委员会批准。

六、在党处于秘密状态时，党的重要主张和党员身份应保守秘密。

七、凡有党员五人以上的地方，应成立委员会。

八、委员会的成员经当地委员会书记介绍，可转到另一个地方的委员会。

九、凡是党员不超过十人的地方委员会，应设书记一人；超过十人的应设财务委员、组织委员和宣传委员各一人；超过三十人的，应从委员会的委员中选出一个执行委员会。执行委员会的章程另订。

十、工人、农民、士兵和学生的地方组织中党员人数多时，可派他们到其他地区去工作，但是一定要受地方执行委员会的严格监督。

十一、（缺失）

十二、地方委员会的财务、活动和政策，应受中央执行委员会的监督。

十三、委员会的党员人数超过五百，或同一地方设有五个委员会时，应由全国代表会议委派十人组成执行委员会。如上述要求不能实现，应成立临时中央执行委员会。关于执行委员会的工作和组织细则另订。

十四、党员除非迫于法律，不经党的特许，不得担任政府官员或国会议员。士兵、警察和职员不受此限（这一条引起激烈争论，最后决定留待一九二二年第二次代表大会决定）。

十五、本纲领须经全国代表大会三分之二代表同意，始得修改。

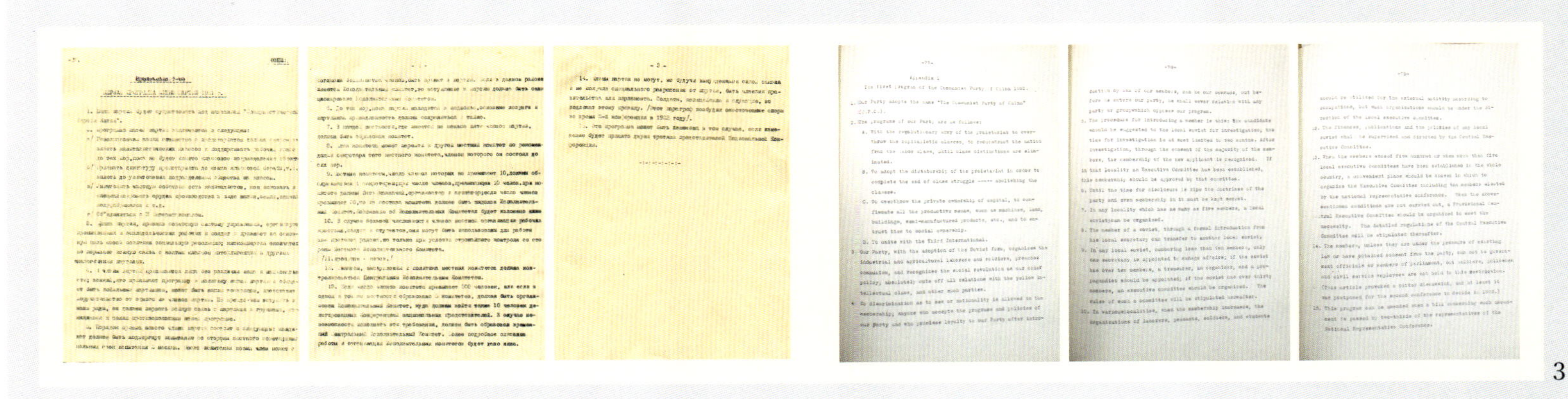

3. 中国共产党第一次全国代表大会讨论通过了党的第一个纲领，旗帜鲜明地把实现社会主义、共产主义作为自己的奋斗目标。这是中国共产党第一个纲领（俄文本、英文本）。

中国共产党第一个决议

一、工人组织

本党的基本任务是成立产业工会。凡有一个以上产业部门的地方，均应组织工会；在没有大工业而只有一两个工厂的地方，可成立比较适于当地条件的工厂工会。

党应在工会里灌输阶级斗争的精神。党应警惕，不要使工会成为其他党派的傀儡。为此，党应特别机警地注意，勿使工会执行其他的政治路线。对于手工业工会，应迅速派出党员，尽快进行改组工作。

拥有会员二百人以上方能成立工会，而且至少要派我党党员二人到该工会去工作。

二、宣传

一切书籍、日报、标语和传单的出版工作，均应受中央执行委员会或临时中央执行委员会的监督。

每个地方组织均有权出版地方的通报、日报、周刊、传单和通告。不论中央或地方出版的一切出版物，其出版工作均应受党员的领导。

任何出版物，无论是中央的或地方的，均不得刊登违背党的原则、政策和决议的文章。

三、工人学校

因工人学校是组织产业工会过程中的一个阶段，所以在一切产业部门均应成立这种学校，例如，应成立“运输工人预备学校”和“纺织工人预备学校”等等。在这种学校里，除非常必要的情况外，不应教若干门不同的课程。

学校管理处和校务委员会应完全由工人组成。党聘请的教员可以出席校务委员会的会议。

工人学校应逐渐变成工人政党的中心机构，否则，这种学校就无需存在，可予以解散或改组。

学校的基本方针是提高工人的觉悟，使他们认识到成立工会的必要。

四、工会组织的研究机构

这种机构应由各个产业部门的领导人、有觉悟的工人和党员组成，应研究产业工会组织的工作方法等问题。

成立这种机构的主要目的，是教育工人，使他们在实践中去实现共产党的思想。应特别注意组织工人工会，援助其他部门的工人运动，研究工人工会以及其他无产阶级组织的情况。

为了更适当地进行工作，这种机构的研究工作应分为以下几类：工人运动史，组织工厂工人的方法，卡尔·马克思的经济学说，各国工人运动的现状。研究的成果应定期发表。应特别注意中国本国的工人运动问题。

五、对现有政党的态度

对现有其他政党，应采取独立的攻击的政策。在政治斗争中，在反对军阀主义和官僚制度的斗争中，在争取言论、出版、集会自由的斗争中，我们应始终站在完全独立的立场上，只维护无产阶级的利益，不同其他党派建立任何关系。

六、党与第三国际的联系

党中央委员会应每月向第三国际报告工作。

在必要时，应派一特命全权代表前往设在伊尔库茨克的第三国际远东书记处。此外，应派代表赴远东各国，以便商讨发展和配合今后阶级斗争的进程。

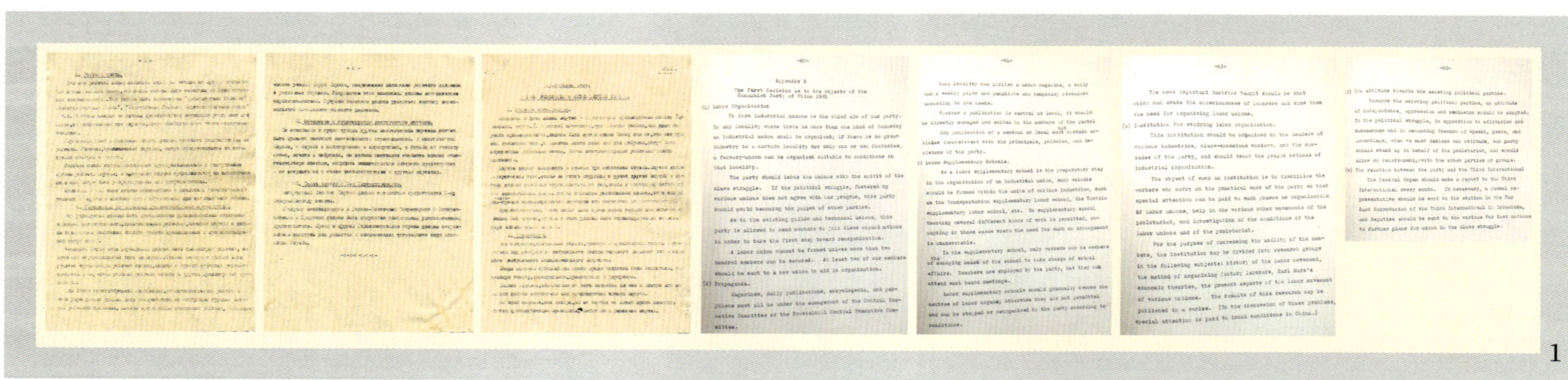

1. 中国共产党第一次全国代表大会讨论通过了党的第一个决议，规定了党在当前工作中的主要任务，提出了开展工作的原则、方法和要求。这是中国共产党第一个决议（俄文本、英文本）。

2. 中国共产党第一次全国代表大会决定设立中央局作为中央的临时领导机构，选举产生中央局成员：陈独秀为中央局书记，张国焘负责组织工作，李达负责宣传工作。

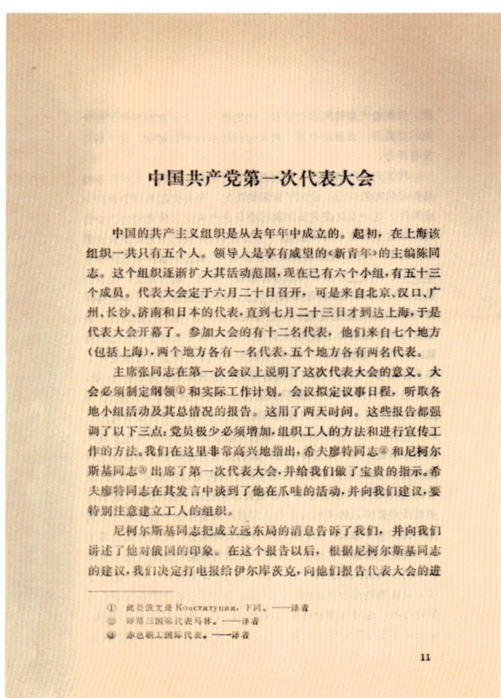

中国共产党第一次代表大会

中国的共产主义组织是从去年年中成立的。起初，在上海该组织一共只有五个人。领导人是享有威望的《新青年》的主编陈同志。这个组织逐渐扩大其活动范围，现在已有六个小组，有五十三个成员。代表大会定于六月二十日召开，可是来自北京、汉口、广州、长沙、济南和日本的代表，直到七月二十三日才到达上海，于是代表大会开幕了。参加大会的有十二名代表，他们来自七个地方（包括上海），两个地方各有一名代表，五个地方各有两名代表。

主席张同志在第一次会议上说明了这次代表大会的意义。大会必须制定纲领①和实际工作计划。会议拟定议事日程，听取各地小组活动及其总情况的报告。这用了两天时间。这些报告都强调了以下三点：党员极少必须增加，组织工人的方法和进行宣传工作的方法。我们在这里非常高兴地指出，希夫廖特同志②和尼柯尔斯基同志③出席了第一次代表大会，并给我们做了宝贵的指示。希夫廖特同志在其发言中谈到了他在爪哇的活动，并向我们建议，要特别注意建立工人的组织。

尼柯尔斯基同志把成立远东局的消息告诉了我们，并向我们讲述了他对俄国的印象。在这个报告以后，根据尼柯尔斯基同志的建议，我们决定打电报给伊尔库茨克，向他们报告代表大会的进程。根据希夫廖特同志的建议，决定选出一个起草纲领和工作计划的委员会。该委员会用了两天时间起草计划和纲领，这个期间没有开会。

① 此处俄文是 Конституция，下同。——译者
② 即第三国际代表马林。——译者
③ 赤色职工国际代表。——译者

代表大会的第三、四、五次会议专门研究了纲领，有些问题经过长时间辩论以后，做出了最后的决定，只有引起热烈争论的一点除外。这一点就是党员经执行委员会许可能否做官和当国会议员。对这个问题有两种意见，一方坚持认为，我们的党员做官没有任何危险，并建议挑选党员做国会议员，但他们必须在党的领导下进行工作。另一方则不同意这种意见。在第三次会议上，代表们没有得出任何结论，在第四次会议上，辩论更加激烈。一方坚持认为，采纳国会制就会把我们的党变成黄色的党，他们以德国社会民主党为例子说明如下事实：人们进入国会，就会逐渐放弃自己的原则，成为资本家阶级的一部分，变成叛徒，并把国会制看成是斗争和工作的唯一方式。为了不允许同资产阶级采取任何联合行动，为了集中我们的进攻力量，我们应当在国会外进行斗争。况且，利用国会也不可能争得任何改善，而进入国会，就会使人民有可能认为，利用国会，只有利用国会，我们才能改善自己的状况和发展社会革命事业。另一方坚持主张，我们应当把公开工作和秘密工作结合起来，如果我们不相信在二十四小时内可以把国家消灭掉，或者说，如果我们不相信总罢工会被资本家镇压下去，那么，政治活动就是必要的。起义的机会不会常有，只是在极少数时候才会到来，但在和平时期，我们就应做好起义的准备。我们应该改善工人的状况，应该开扩他们的眼界，应该引导他们参加革命斗争和争取出版自由、集会自由的斗争，因为公开宣传我们的理论，是取得成就的绝对必要条件。而利用同其他被压迫党派在国会中的联合行动，也可以部分地取得成就。但是，我们要向人民指出：想在旧制度范围内建立新社会的企图是无益的，即使我们试图这样做也是徒劳的。工人阶级必须自己解放自己，因为不能强迫他们进行革命。否则，他们就会对国会抱有错误的看法，采取和平时期的方式，而不采取急进的手段。

这个问题我们还是不能作出结论。只好留到下次代表大会去解决。至于谈到我们是否应该做官的问题，这个问题有意识地回避了，但是，我们一致认为不应该当部长、省长，一般说不应当担任重要行政职务。在中国，“官”这个词普遍应用在所有这些职务上，不过，我们允许我们的同志当类似厂长这样的官。

代表大会的第六次会议是深夜里在一个同志家召开的。会议刚开始，就有一个侦探闯进屋里，他道歉说走错了，可是终究使我们不能再继续开会。这个侦探的到来，没有使党受到损失，尽管在他来过之后，很快警察就突然前来进行了搜查。在这以后，我们提高了警惕，为了继续开会，只好到附近一个小城市去。我们在那里研究了委员会起草的实际工作计划。在我们对其他党派的态度问题上，产生了短时间的争论。有些人坚决主张，我们应坚持这种意见：无产阶级不论在理论上和实践上都应该始终与其他党派进行斗争①。同其他党派联合行动，并不违背我们党的原则，我们应当竭尽全力与一切人士合作以反对共同的敌人，因为我国的军阀是社会上一切其他阶级的敌人。另一些人主张，在行动上与其他党派合作反对共同的敌人，同时又在我们的报纸上批评他们，这并不违背我们的原则。我们自己即使不能立即夺得政权，至少可以加强自己，以利于今后的行动，因为我们的力量会因这个进展而强大起来，而代替当前统治者的那个统治阶级或许不会象封建老爷那样进行压迫。这样，我们就可以集中自己的革命力量，扩大自己的革命活动。这样，即使无产阶级现在不能取得政权，我们也应该联合其他阶级打倒共同的敌人，加强自己，使我们能够领导以后的斗争，推翻那个将要夺得政权的阶级。这样，我们联合其他阶级，仅仅是为了进行破坏性的斗争。但是，会议接受了第一种意见，即实际工作计划起草委员会的提案。

① 原文如此。——译者

因为党员少，组织农民和军队的问题成了悬案，决定集中我们的全部精力组织工厂工人。为了把好的可靠的同志吸收进来，决定接受党员要特别谨慎，严格审查。鉴于我们的党至今几乎完全由知识分子组成，所以代表大会决定要特别注意组织工人，以共产主义精神教育他们。委托党中央局起草党章。选举三位同志组成书记处，并选出组织部和宣传委员会，代表大会在闭会时高呼：“共产党万岁、第三国际万岁、共产主义——人类的解放者万岁！”等口号。

（译自共产国际中共代表团档案的俄文稿）

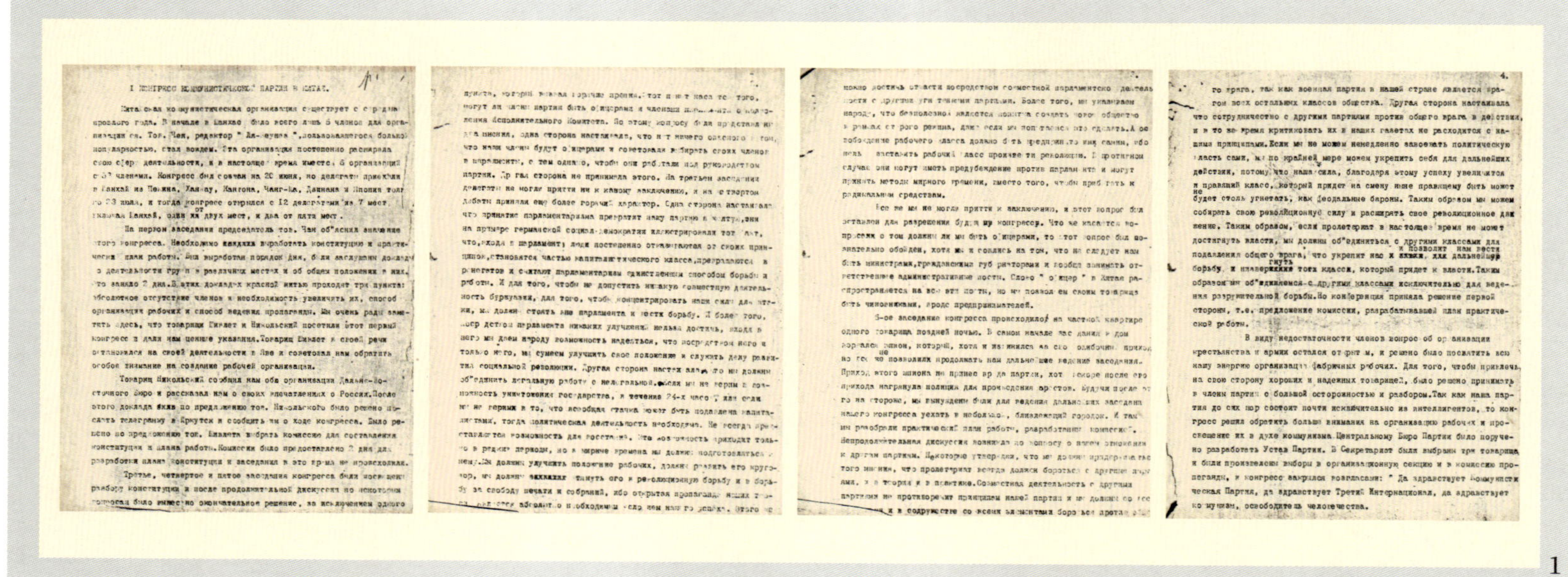

1

1. 这是李汉俊、董必武起草的《中国共产党第一次代表大会》（中译本、俄文本），向共产国际详细汇报了中国共产党成立和中共一大召开的情况。

中国产生了共产党，这是开天辟地的大事变。

——毛泽东

这一开天辟地的大事变，深刻改变了近代以后中华民族发展的方向和进程，深刻改变了中国人民和中华民族的前途和命运，深刻改变了世界发展的趋势和格局。

——习近平

開天闢地大事變

重点展项“开天辟地大事变”，精心打造沉浸式影像空间，综合运用沉浸式场景影像技术、油画、场景等多种呈现手段，模拟 1921 年的望志路，1∶1 复原中共一大会址场景，运用虚拟人物与真实场景结合，详细展示中共一大的会议日程、开会情况和历史细节，形象生动地展示中国共产党的正式成立及其伟大意义。

第三单元　中国共产党第一次全国代表大会后的活动

中国共产党成立后，中央局依据党的一大通过的纲领和决议，健全中央组织机构，领导各地党、团组织开展工作。成立出版机构，组织出版马列著作，加强马克思主义的宣传。成立中国劳动组合书记部和各地分部，领导开展工农群众运动，掀起中国工人运动第一次高潮。1922 年 7 月在上海召开的中国共产党第二次全国代表大会，制定反帝反封建的民主革命纲领，通过党的第一部党章，为中国革命指明正确的方向。

中央局工作的逐步展开

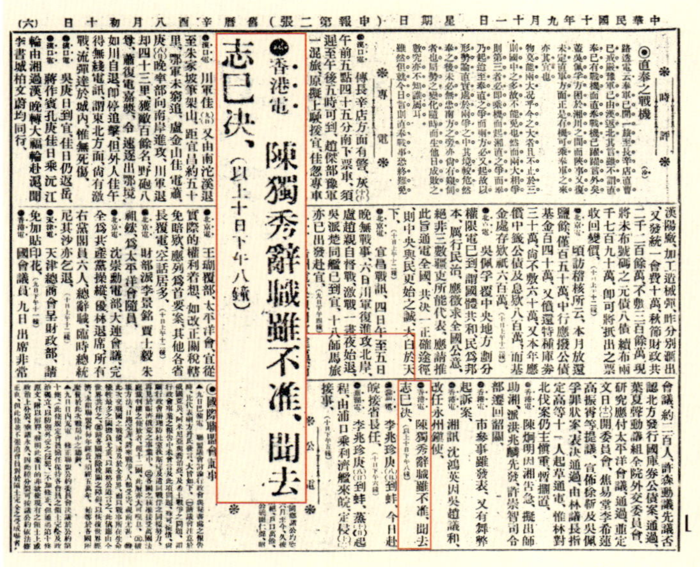
香港電　陳獨秀辭職雖不准、閩去志已決、（真十日下午八鐘）

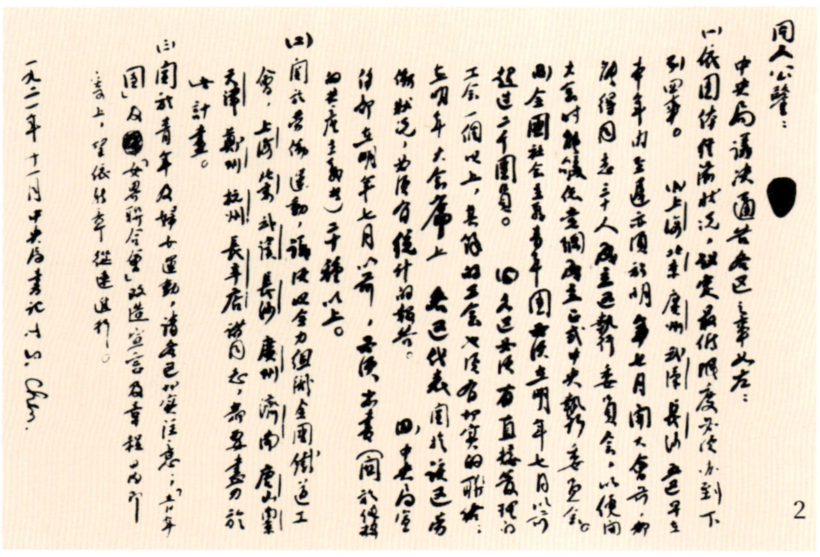
同人公鉴：

中央局議決通告各區之事如左：

……

一九二一年十一月中央局書記 T. S. Chen.

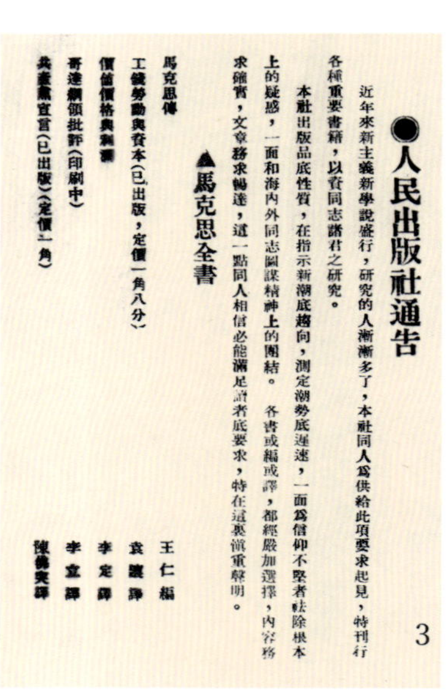
●人民出版社通告

近年來新主義新學說盛行，研究的人漸漸多了，本社同人爲供給此項要求起見，特刊行各種重要書籍，以資同志諸君之研究。

本社出版品底性質，在指示新潮底趨向，測定潮勢底遲速，一面爲信仰不堅者祛除根本上的疑惑，一面和海內外同志圖謀精神上的團結。　各書或編或譯，都經嚴加選擇，內容務求確實，文章務求暢達，這一點同人相信必能滿足讀者底要求，特在這裏鄭重聲明。

▲馬克思全書

馬克思傳　王仁編

工錢勞動與資本（已出版，定價一角八分）　袁讓譯

價值價格與利潤　李定譯

哥達綱領批評（印刷中）　李立譯

共產黨宣言（已出版）（定價一角）　陳佛突譯

1. 中国共产党成立后，加强对各地党组织的领导。1921 年 9 月，陈独秀从广州返回上海，主持中央局工作。图为 9 月 11 日《申报》刊登的陈独秀离粤消息。
2. 1921 年 11 月，陈独秀代表中央局向全国各地党组织发出《中国共产党中央局通告》，对近期党、团组织的发展以及工人运动、宣传出版工作等提出具体要求。这份通告是中央领导机构成立后下发的第一份文件。
3. 1921 年 9 月，中央局在上海成立第一个出版机构人民出版社，组织翻译出版马列著作。图为刊登在《新青年》第 9 卷第 5 号上的《人民出版社通告》。

4. 1922 年 6 月 30 日，陈独秀向共产国际报告人民出版社印行“马克思全书”2 种、“列宁全书”5 种、“康民尼斯特丛书”5 种，共 12 种。这是其中 11 种。

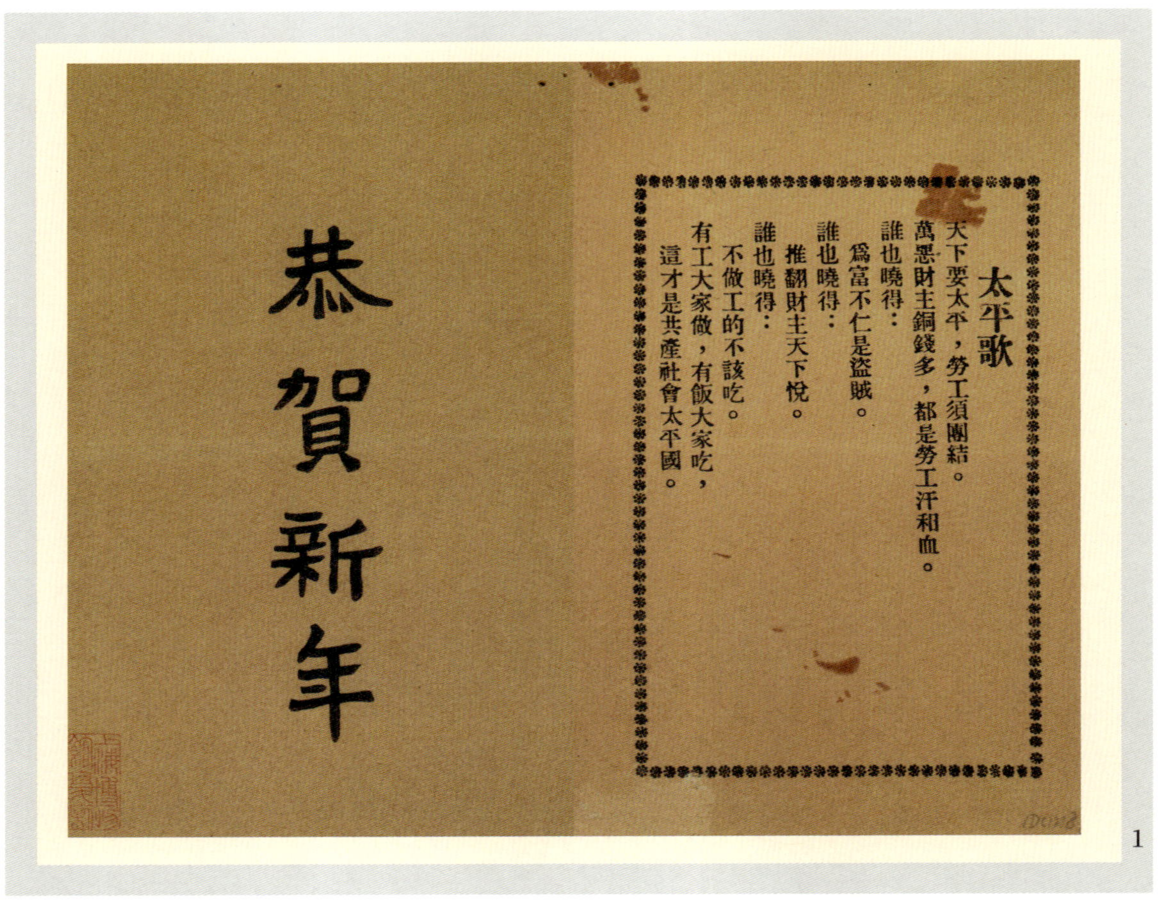

1

2

1. 1922年春节，上海地方党组织发动党团员散发6万张贺年帖。贺年帖背面写有宣传共产主义的“太平歌”。
2. 1922年5月，中国共产党在上海、北京等地开展纪念马克思诞辰104周年活动。这是上海印行的《马克思纪念册》。

3

中國勞動組合書記部宣言

資本主義在中國各大商埠發展的狀態，和在世界上任何地方發展的狀態是沒有分別的，新式的生產制度一天一天的把舊的生產方法毀滅，一天一天的把勞動者集中到工廠裏去，叫他們做機器的附屬物。一班男女勞工在這種新式的生產制度下面的工作情況，簡直是和牛馬一樣

他們把勞動力賣給資本剝奪者，換到極少的工錢。他們血汗換來的工錢，多半不能維持自己生活，受餓受凍的勞工，隨處都可以發現。還有千萬的小孩子們，不分日夜，到紡織等工廠裏去作工，工作時間多半是每天十二個鐘頭起碼。他們的康健是犧牲在這剝奪制度之下，他們定不能得受教育的機會。他們從極年幼的時候，就變成了本國或外國資本家的富源開發者並變成了資本家的新式奴隸。這種痛苦的工作狀況，加在這班男女工人和童工的身上，一定會迫着他們自己團結起來，向着他們的東家—剝奪者—爲有力的奮鬥，這是我們敢斷言的。

但是勞動者沒有組織，或是只有公所和無意義的工會組織，自然這種團結是不能夠自衛，也自然是無反抗的能力。而且勞動者把他們自己分成什麼甯波幫，廣東幫，江北幫等等是不行的。這是把自己分裂的辦法，怎樣能拿着這種團體來和資本家奮鬥呢？我們只有把一個產業底下的勞動者，不分地域，不分男女老少，都組織起來，做成一個產業組合。因爲這樣一個團體才能算是一個有力的團體，要這樣的組織法，勞動者才能用他們的組織力，做奮鬥事業，謀改良他們的地位呢。

中國勞動組合書記部是由上海—中國產業的中心—的一些勞動團體所發起的，是一個要把各個勞動組合都聯合起來的總機關。他的事業是要發達勞動組合，向勞動者宣傳組合之必要，要聯合或改組已成的勞動團體，使勞動者有階級的自覺，並要建立中國工人們與外國工人們的密切關係。但是這些事業是必要大家都來做的，所以我們請求那些已成立的勞動團體加入這個書記部與我們共同進行。

勞動界的伙伴們呀！我們拿外國經歷過的事實做比例，知道我們的事業在起手的時候，一定要遇着非常之多的困難。特別是我們這個階級的知識缺乏，是最大的困難。但是資本制度在中國日見發達，我們極相信勞動者的團體也會日見發達，日見有力；並且我們相信將來的世界一定是工人們的世界。中國的工人們呀！我們趕緊聯合成勞動組合呀！

中國勞動組合書記部張特立等二十六人宣言

4

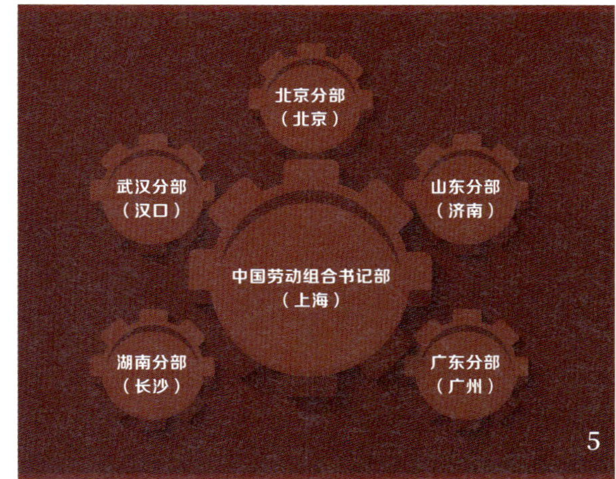

5

6

3. 为加强党对工人运动的统一领导，中央局于 1921 年 8 月在上海成立中国劳动组合书记部。这是党领导工人运动的第一个公开机构。图为中国劳动组合书记部陈列馆（今成都北路 893 弄 1—11 号）。
4. 1921 年 8 月，中国劳动组合书记部发表宣言，强调工人阶级联合起来的重要性。图为《中国劳动组合书记部宣言》。
5. 中国劳动组合书记部成立不久，相继在各地建立分部，开设工人夜校，创办工人刊物，领导工人罢工，对工人运动的发展起到重要作用。
6. 建党初期，党的建设的迫切任务是迅速在各地建立、健全党的组织机构，发展党员，尤其是发展工人党员。按照中央局通告要求，到 1922 年 6 月底，已成立 5 个地方执行委员会，10 余个基层组织，如安源煤矿支部、旅德支部、四川党小组等。
7. 中共二大召开前夕，党员已发展到 195 人，其中女党员 4 人、工人党员 21 人。

中共二大前各地党员人数表

地方	人数
上海	50 人
长沙	30 人
广东	32 人
湖北	20 人
北京	20 人
山东	9 人
郑州	8 人
四川	3 人
留俄	8 人
留日	4 人
留法	2 人
留德	8 人
留美	1 人

7

中国共产党第二次全国代表大会的召开

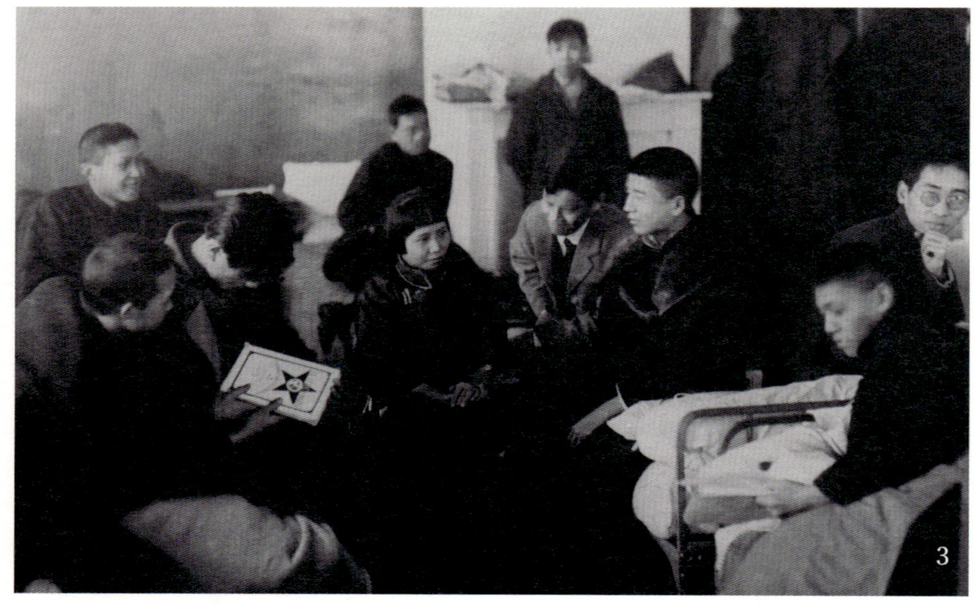

1. 在 1921 年 11 月至 1922 年 2 月的华盛顿会议上，帝国主义列强进一步扩大在华势力范围，加强对中国的掠夺和控制。图为华盛顿会议各国代表。
2. 为揭露帝国主义利用华盛顿会议侵略扩张的面目，1922 年 1 月 21 日至 2 月 2 日，共产国际在莫斯科召开远东各国共产党及民族革命团体代表大会。图为大会开幕情景。
3. 出席参加远东各国共产党及民族革命团体代表大会的中国代表团共 44 人，其中共产党员 14 人。通过这次大会，中国共产党提升了对马克思列宁主义的认识。图为参加会议的中国代表。

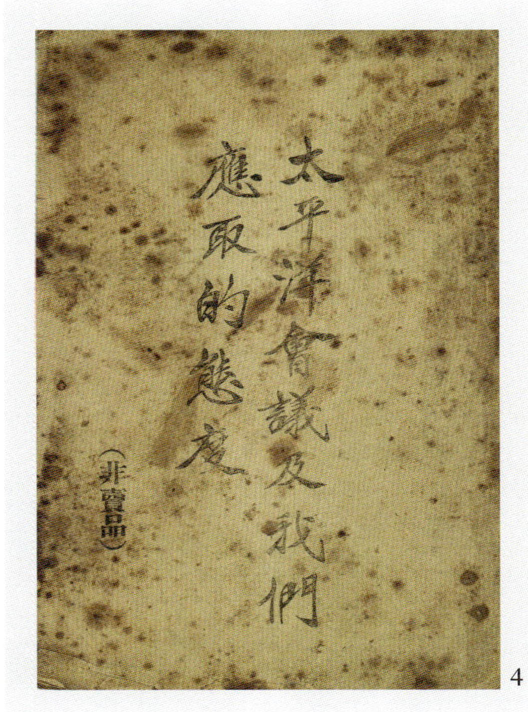

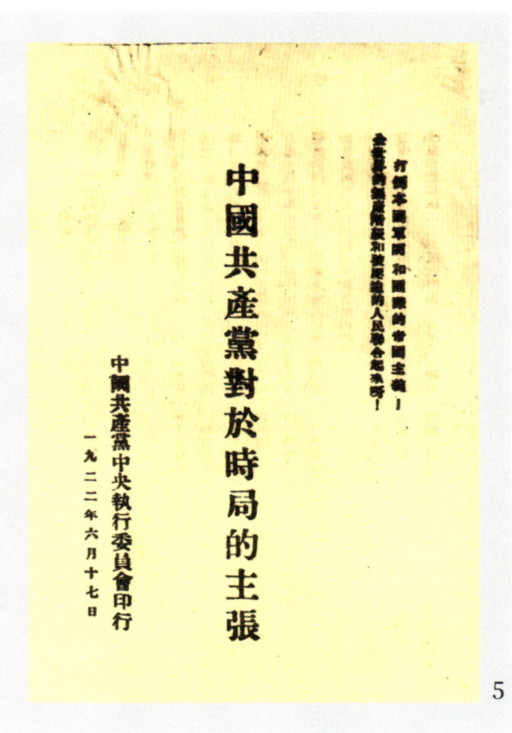

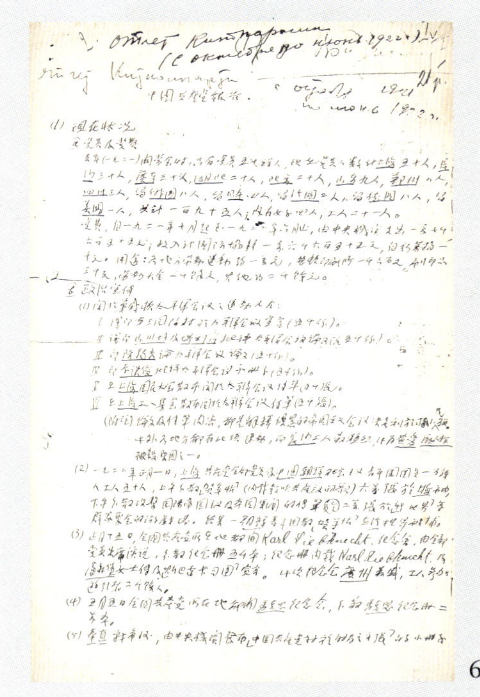

4. 中国共产党成立后的一年里，共产党人在实践中对中国国情和革命任务有了更清晰的认识。这是 1922 年中央局发行的李汉俊《太平洋会议及我们应取的态度》。

5. 1922 年 6 月，中央局发表《中国共产党对于时局的主张》，第一次向社会各界公开自己的政治主张。

6. 1922 年 6 月 30 日中共中央局书记陈独秀给共产国际的报告，汇报了中国共产党成立一年来的工作。

7. 图为中共二大会址。

1

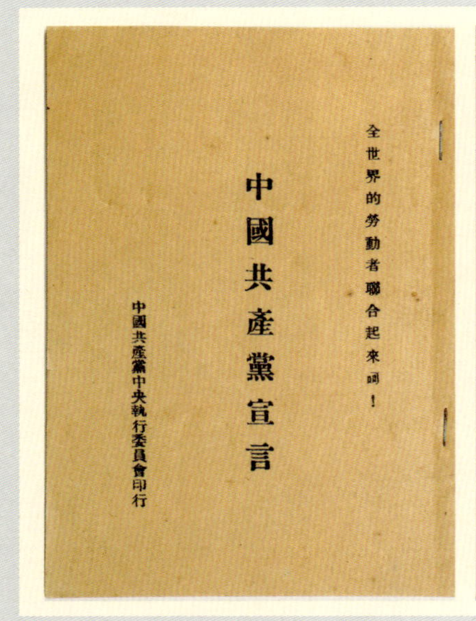

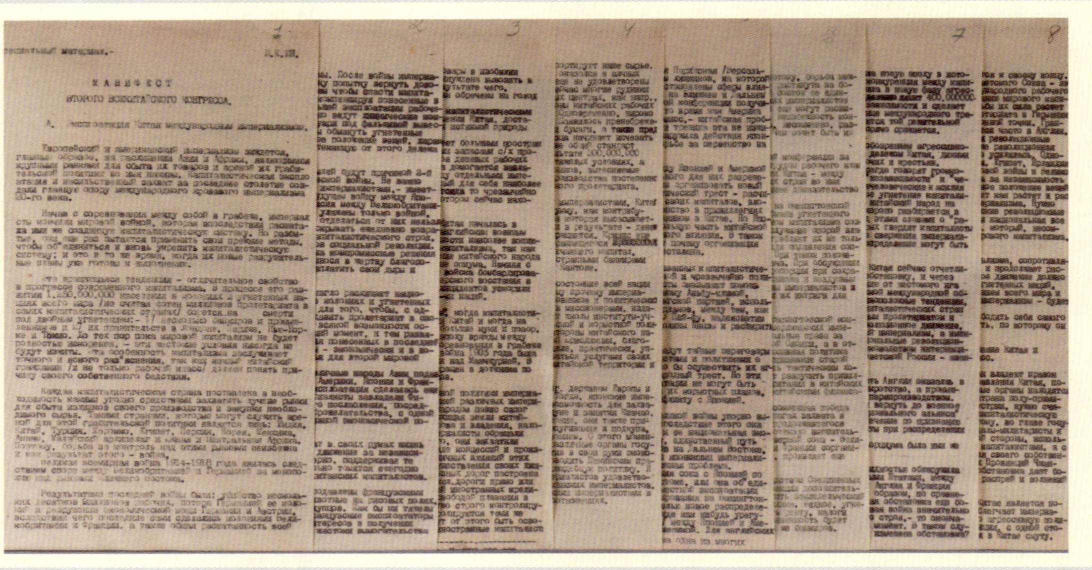

МАНИФЕСТ
второго всекитайского конгресса.

2

第十八条　全国大会及中央执行委员会之决议，本党党员皆须绝对服从之。

第十九条　下级机关须完全执行上级机关之命令；不执行时，上级机关得取消或改组之。

第二十四条　本党一切会议均取决多数，少数绝对服从多数。

——中共二大通过的《中国共产党章程》

1. 中共二大第一次全体会议会场（原南成都路辅德里625号，今老成都北路7弄30号）。
2. 中国共产党第二次全国代表大会通过《中国共产党宣言》，明确提出了党的最低纲领和最高纲领。这是《中国共产党宣言》（中文本、俄文本）。

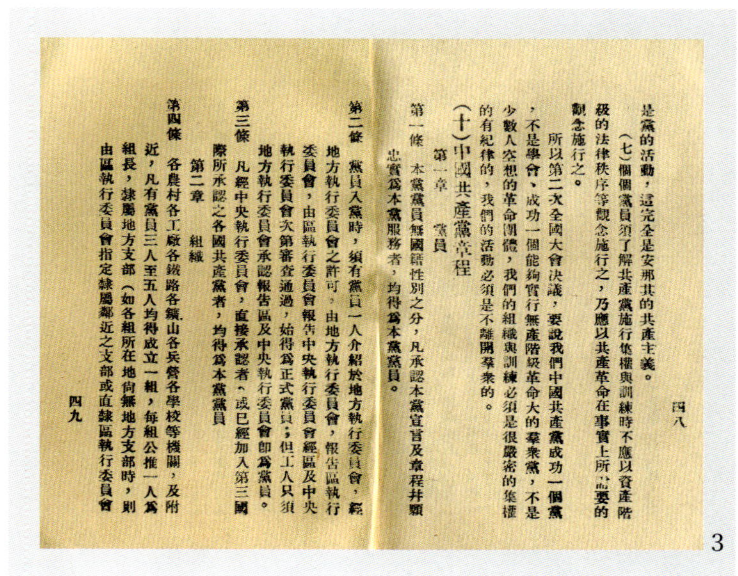

四八

是黨的活動，這完全是安那其的共產主義。

（七）個個黨員須了解共產黨施行集權與訓練時不應以資產階級的法律秩序等觀念施行之，乃應以共產革命在事實上所需要的觀念施行之。

所以第二次全國大會決議，要說我們中國共產黨成功一個黨，不是學會，成功一個能夠實行無產階級革命大的群衆黨，不是少數人空想的革命團體，我們的組織與訓練必須是很嚴密的集權的有紀律的，我們的活動必須是不離開群衆的。

（十）中國共產黨章程

第一章　黨員

第一條　本黨黨員無國籍性別之分，凡承認本黨宣言及章程並願忠實爲本黨服務者，均得爲本黨黨員。

第二條　黨員入黨時，須有黨員一人介紹於地方執行委員會，經地方執行委員會之許可，由地方執行委員會報告區執行委員會，由區執行委員會報告中央執行委員會，經區及中央執行委員會次第審查通過，始得爲正式黨員；但工人只須地方執行委員會承認報告區及中央執行委員會即爲黨員。

第三條　凡經中央執行委員會，直接承認者，或已經加入第三國際所承認之各國共產黨者，均得爲本黨黨員。

第二章　組織

第四條　各農村各工廠各鐵路各礦山各兵營各學校等機關，及附近，凡有黨員三人至五人均得成立一組，每組公推一人爲組長，隸屬地方支部（如各組所在地尚無地方支部時，則由區執行委員會指定隸屬鄰近之支部或直隸區執行委員會

四九

3

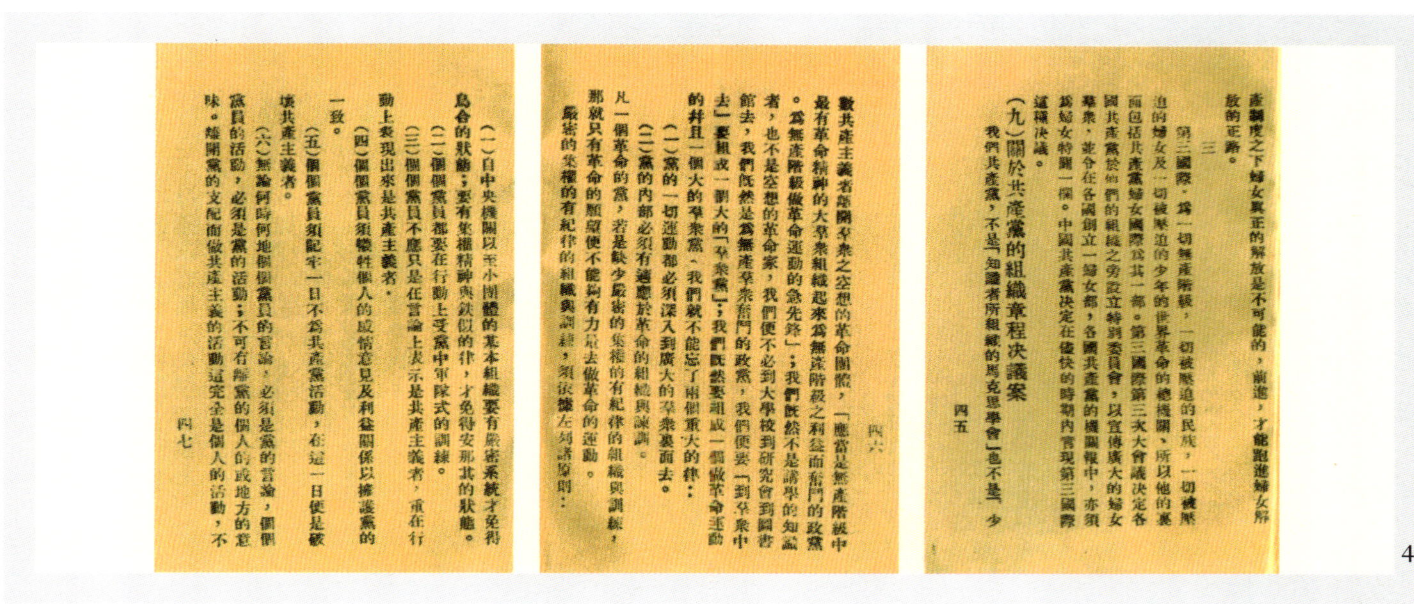

產制度之下婦女真正的解放是不可能的，前進，才能跑進婦女解放的正路。

三

第三國際，爲一切無產階級，一切被壓迫的民族，一切被壓迫的婦女及一切被壓迫的少年的世界革命的總機關，所以他的裏面包括共產黨婦女國際爲其一部。第三國際第三次大會議決定各國共產黨於他們的組織之旁設立特別委員會，以宣傳廣大的婦女群衆，並令在各國創立一婦女部，各國共產黨的機關報中，亦須爲婦女特闢一欄。中國共產黨決定在儘快的時期內實現第三國際這種決議。

（九）關於共產黨的組織章程決議案

我們共產黨，不是「知識者所組織的馬克思學會」也不是「少

四五

數共產主義者離開群衆之空想的革命團體」，「應當是無產階級中最有革命精神的大群衆組織起來爲無產階級之利益而奮鬥的政黨」。爲無產階級做革命運動的急先鋒」；我們既然不是講學的知識者，也不是空想的革命家，我們便不必到大學校到研究會到圖書館去，我們既然是爲無產群衆奮鬥的政黨，我們便要「到群衆中去」要組成一個大的「群衆黨」；我們既然要組成一個做革命運動的並且一個大的群衆黨，我們就不能忘了兩個重大的律：

（一）黨的一切運動都必須深入到廣大的群衆裏面去。

（二）黨的內部必須有適應於革命的組織與訓練。

凡一個革命的黨，若是缺少嚴密的集權的有紀律的組織與訓練，那就只有革命的願望便不能夠有力量去做革命的運動。

嚴密的集權的有紀律的組織與訓練，須依據左列諸原則：

四六

（一）自中央機關以至小團體的基本組織要有嚴密系統才免得烏合的狀態；要有集權精神與鐵似的紀律，才免得安那其的狀態。

（二）個個黨員都要在行動上受黨中軍隊式的訓練。

（三）個個黨員不應只是在言論上表示是共產主義者，重在行動上表現出來是共產主義者。

（四）個個黨員須犧牲個人的感情意見及利益關係以擁護黨的一致。

（五）個個黨員須記牢一日不爲共產黨活動，在這一日便是破壞共產主義者。

（六）無論何時何地個個黨員的言論，必須是黨的言論，個個黨員的活動，必須是黨的活動；不可有離黨的個人的或地方的意味。離開黨的支配而做共產主義的活動這完全是個人的活動，不

四七

4

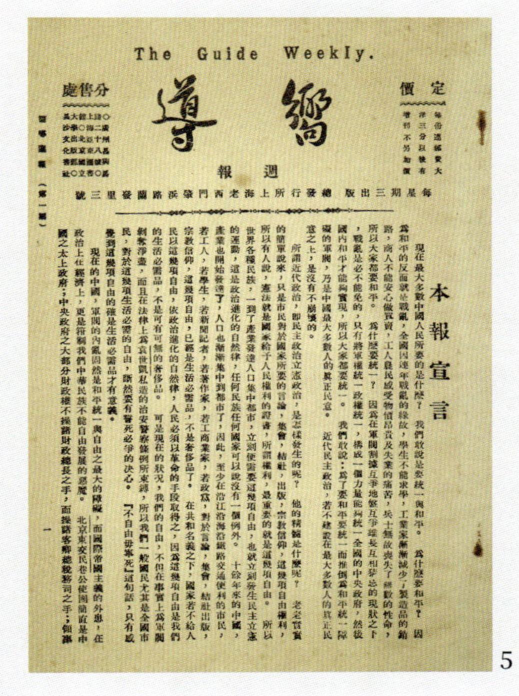

The Guide Weekly.

嚮導

週報

定價：每份銅元大洋三分以後有增刊不另加價

分售處：○上海大學○廣州新青年社○北京大學○長沙文化書社

每星期三出版　總發行所上海老西門肇浜路蘭發里三號

嚮導週報（第一期）

本報宣言

5

职务	成员
委员长	陈独秀
委员	陈独秀、张国焘、蔡和森、高君宇、邓中夏
组织	张国焘
宣传	蔡和森
《向导》主编	蔡和森

中共第二届中央执行委员会

3. 中共二大制定的《中国共产党章程》，是中国共产党的第一部党章。

4. 中共二大通过《关于共产党的组织章程决议案》，首次明确党的性质是无产阶级先锋队，强调要把党建设成为“大的群众党”。

5. 1922 年 9 月，中共中央在上海创办机关报《向导》周报，指导革命斗争。

领导开展工农运动

1. 建党初期，中国共产党开办劳动补习学校，对工人开展马克思主义教育。图为 1921 年 9 月天津工余补习学校开学典礼合影。
2. 1922 年 1 月，中共湖南党组织派李立三在安源开办工人夜校。左图为该工人夜校。右图为陈清河编写的补习教科书。
3. 在中国共产党领导下，工人运动开始呈现蓬勃兴起的局面。从 1922 年 1 月到 1923 年 2 月，掀起了第一次工人运动高潮。图为第一次工人运动高潮形势图。

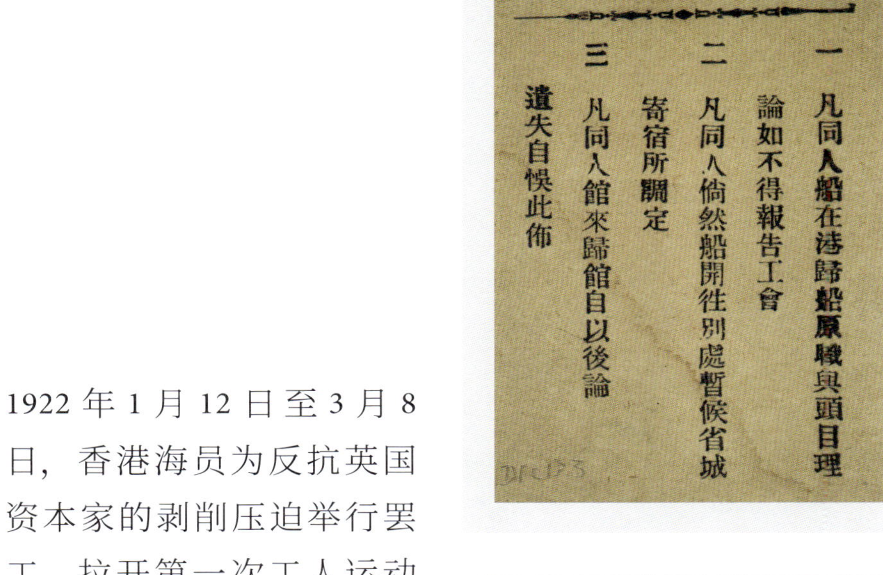

罷工憑據

一 凡同人船在港歸船原職與頭目理論如不得報告工會

二 凡同人倘然船開往別處暫候省城寄宿所關定

三 凡同入館來歸館自以後論遺失自悞此佈

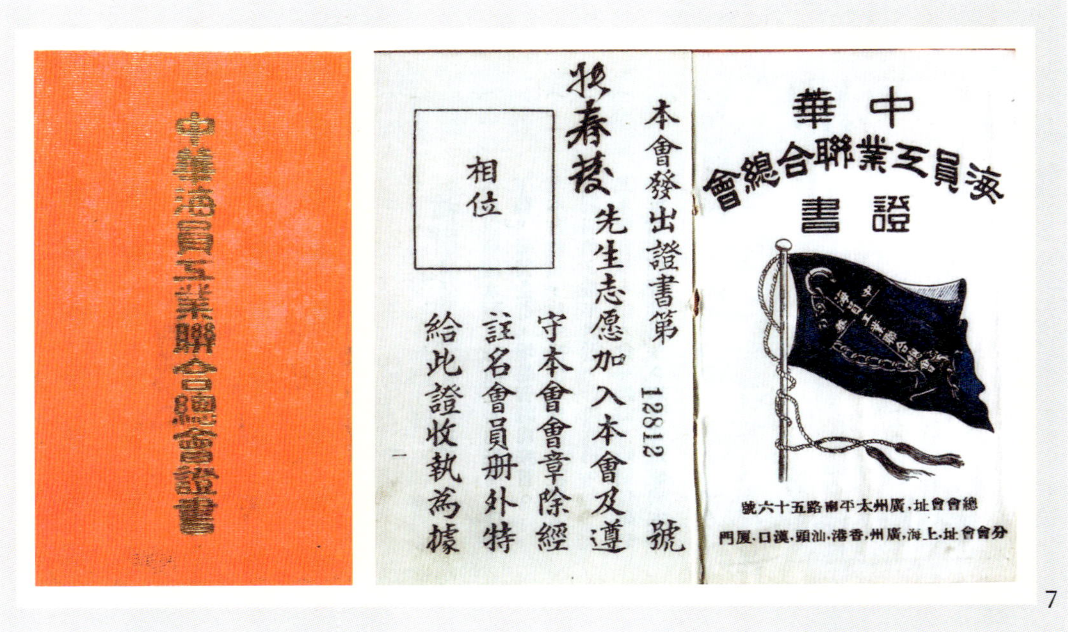

中華海員工業聯合總會證書

本會發出證書第 12812 號

先生志愿加入本會及遵守本會會章除經註名會員冊外特給此證收執為據

相位

中華海員工業聯合總會證書

總會會址廣州太平南路五十六號

分會會址上海,廣州,香港,汕頭,漢口,廈門

4. 1922 年 1 月 12 日至 3 月 8 日，香港海员为反抗英国资本家的剥削压迫举行罢工，拉开第一次工人运动高潮的序幕。共产党员在工人运动中发挥了重要作用。图为香港海员和市民欢庆罢工胜利。

5. 1922 年 1 月香港海员罢工驻省办事处印发的罢工凭据。

6. 1921 年 3 月，中华海员工业联合总会成立，领导香港海员罢工。这是 1922 年中华海员工业联合总会徽章。

7. 中华海员工业联合总会证书。

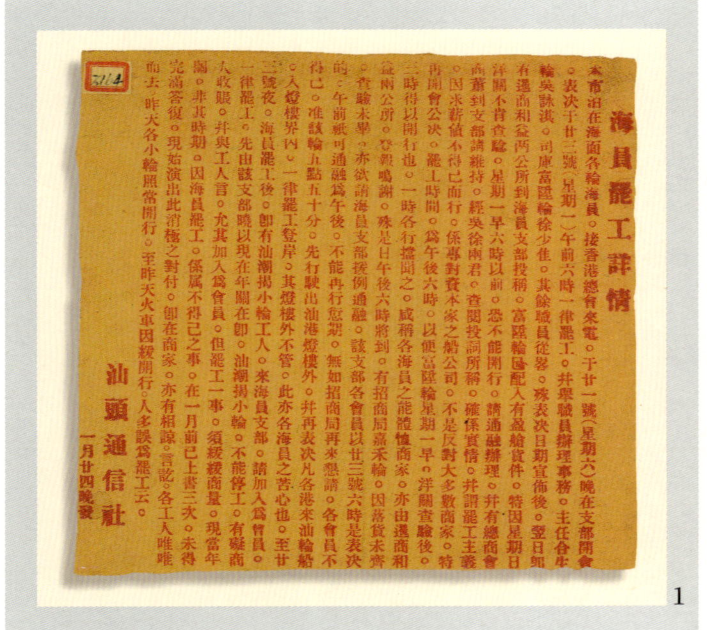

海員罷工詳情

本市泊在海面各輪海員。接香港總會來電。于廿一號（星期六）晚在支部開會。表決于廿三號（星期一）午前六時一律罷工。并舉職員辦理事務。主任合生輪吳詠漢。司庫富臨輪徐少佳。其餘職員從畧。移表決日期宣佈後。翌日卽有暹商和益兩公所到海員支部投稱。富臨輪區配入有盈船貨件。特因星期日洋關不肯查驗。星期一早六時以前。恐不能開行。請通融辦理。并有總商會商董到支部請維持。經吳徐兩君。查閱投詞所稱。確係實情。并謂罷工主義。因求薪值不得已而行。係專對資本家之船公司。不是反對大多數商家。特再開會公決。罷工時間。爲午後六時。以便富臨輪星期一早。洋關查驗後。三時得以開行也。一時各行擋聞之。咸稱各海員之能體恤商家。亦由暹商和益兩公所。登報鳴謝。殊是日午後六時將到。有招商局嘉禾輪。因落貨未齊。查驗未畢。亦欲請海員支部援例通融。該支部各會員以廿三號六時是表決的。午前祇可通融爲午後。不能再行愆期。無如招商局再來懇請。各會員不得已。准該輪九點五十分。先行駛出汕港燈樓外。并再表決凡各港來汕輪船。入燈樓界內。一律罷工登岸。其燈樓外不管。此亦各海員之苦心也。至廿三號夜。海員罷工後。卽有汕潮揭小輪工人。來海員支部。請加入爲會員。一律罷工。先由該支部曉以現在年關在卽。汕潮揭小輪。不能停工。有礙商人收賬。并與工人言。允其加入爲會員。但罷工一事。須緩緩商量。現當年關。非其時期。因海員罷工。係屬不得已之事。在一月前已上書三次。未得完滿答復。現始演出此消極之對付。卽在商家。亦有相諒。言訖。各工人唯唯而去。昨天各小輪照常開行。至昨天火車因綴開行。人多誤爲罷工云。

汕頭通信社

一月廿四晚發

1

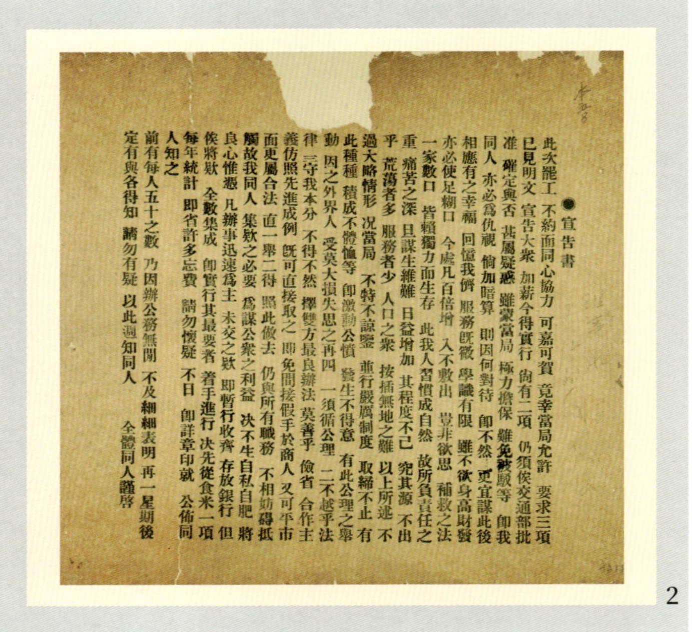

●宣告書

此次罷工 不約而同心協力 可嘉可賀 竟幸當局允許 要求三項已見明文 宣告大衆 加薪今得實行 尚有二項 仍須俟交通部批准 確定與否 甚屬疑惑 雖蒙當局 極力擔保 難免被駁等 卽我同人 亦必爲仇視 倘加暗算 則因何對待 卽不然 更宜謀此後相應有之幸福 回憶我儕 服務既微 學識有限 雖不欲身高財發 亦必使足糊口 今處凡百倍增 入不敷出 豈非欲思 補救之法 一家數口 皆賴獨力而生存 此我人習慣成自然 故所負責任之重 痛苦之深 且謀生維難 日益增加 其程度不已 究其源 不出乎 荒蕩者多 服務者少 人口之衆 按插無地之難 以上所述 不過大略情形 況當局 不特不諒鑒 並行嚴厲制度 取締不止 有此種種 積成不體恤等 卽激動公憤 發生不得意 有此公理之舉動 因之外界人 受莫大損失思之再四 一須循公理 二不越乎法律 三守我本分 不得不然 擇雙方最良辦法 莫善乎 儉省 合作主義仿照先進成例 既可直接取之 卽免間接假手於商人 又可平市面更屬合法 直一舉二得 照此做去 仍與所有職務 不相妨碍抵觸故我同人 集欵之必要 爲謀公衆之利益 決不生自私自肥 將良心惟憑 凡辦事迅速爲主 未交之欵 卽暫行收齊 存放銀行 但俟將欵 全數集成 卽實行其最要者 着手進行 決先從食米一項 每年統計 卽省許多忘費 請勿懷疑 不日 卽詳章印就 公佈同人知之

前有每人五十之數 乃因辦公務無閑 不及細細表明 再一星期後定有與各得知 請勿有疑 以此週知同人

全體同人謹啓

2

3

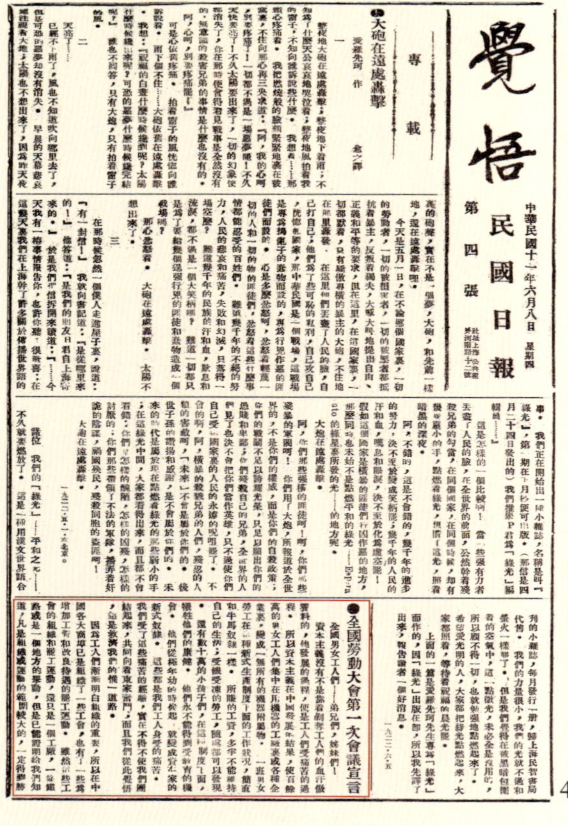

覺悟

民國日報

中華民國十一年六月八日 星期四

第四張

專載

大砲在遠處轟擊

全國勞動大會第一次會議宣言

4

1. 1922 年 1 月汕头通信社发布的海员罢工详情。
2. 1922 年 4 月上海邮局全体工人罢工胜利后发布的《宣告书》。
3. 1922 年 5 月 1 日至 6 日，中国共产党在广州召开第一次全国劳动大会，极大提高了党在工人中的威信。图为第一次全国劳动大会会场。
4.《全国劳动大会第一次会议宣言》提出了“打倒帝国主义”“打倒封建军阀”的政治口号。

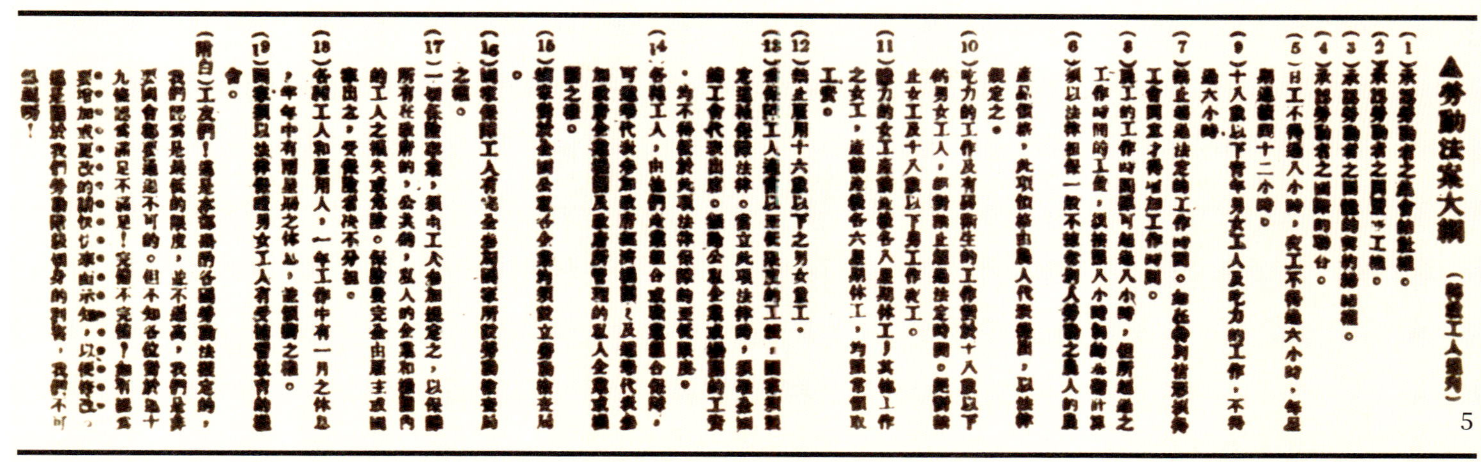

▲劳动法案大纲 （[illegible]工人[illegible]）

(1)承认劳动者之集会结社权。
(2)承认劳动者之同盟罢工权。
(3)承认劳动者之团体契约缔结权。
(4)承认劳动者之国际的联合。
(5)日工不得过八小时，夜工不得过六小时，每星期连续四十二小时。
(9)十八岁以下青年男女工人及吃力的工作，不得过六小时。
(7)禁止超过法定的工作时间。如在特别情形必须工会同意才得增加工作时间。
(8)农工的工作时间虽可超过八小时，但所超过之工作时间的工资，须按照八小时制的标准计算。
(6)须以法律担保一般[illegible]劳动之[illegible]，此项[illegible]，以法律规定之。
(10)吃力的工作及有碍卫生的工作对于十八岁以下的男女工人，[illegible]。[illegible]女工及十八岁以下男工作夜工。
(11)体力的女工产前产后各八星期休工，其他工作之女工，产前产后各六星期休工，均照常领取工资。
(12)禁止雇用十六岁以下之男女童工。
(13)[illegible]
(14)[illegible]
(15)[illegible]
(16)[illegible]
(17)一切保险事业，须由工人参加规定之，以保障所有在政府的，公共的，私人的企业和机关内的工人之损失或危险。保险费完全由雇主或国家出之，受保险者决不分担。
(18)各种工人和雇用人，一年工作中有一月之休息，半年中有两星期之休息，并须照给工资。
(19)国家须以法律保障男女工人有受补习教育的机会。
(附白)工友们！这是本部拟的各国劳动法规定的，我们既然是最低的限度，并不过高，我们总要求国会都要通过不可的。但不知各位对于这十九条认为满足不满足！完备不完备？如有认为要增加或更改的请你们来函示知，以便修改。这是关于我们劳动阶级切身的利害，我们不可忽视呀！

5

6

7

5. 1922 年 8 月, 中国共产党利用北洋军阀宣称重开国会、制定宪法, 动员全国工人广泛开展劳动立法运动。图为中国劳动组合书记部提出的《劳动法案大纲》，要求工人享有集会、结社、罢工等权利。

6. 1922 年下半年，罢工运动在全国各地此起彼伏，各地铁路工人相继举行大罢工。图为 1922 年 10 月正太铁路工人俱乐部成立大会代表合影。

7. 1922 年 9 月，安源路矿工人在中共湘区委员会和毛泽东、李立三、刘少奇等人的组织领导下举行罢工。图为工人庆祝罢工胜利合影。

1. 1922 年 10 月，开滦五矿 5 万多名工人为增加工资、组织工会等举行罢工。图为罢工领导人之一邓培（中排左四）与工人合影。
2. 1923 年 2 月，京汉铁路 3 万余名工人举行大罢工。图为京汉铁路总工会成立大会代表合影。

3

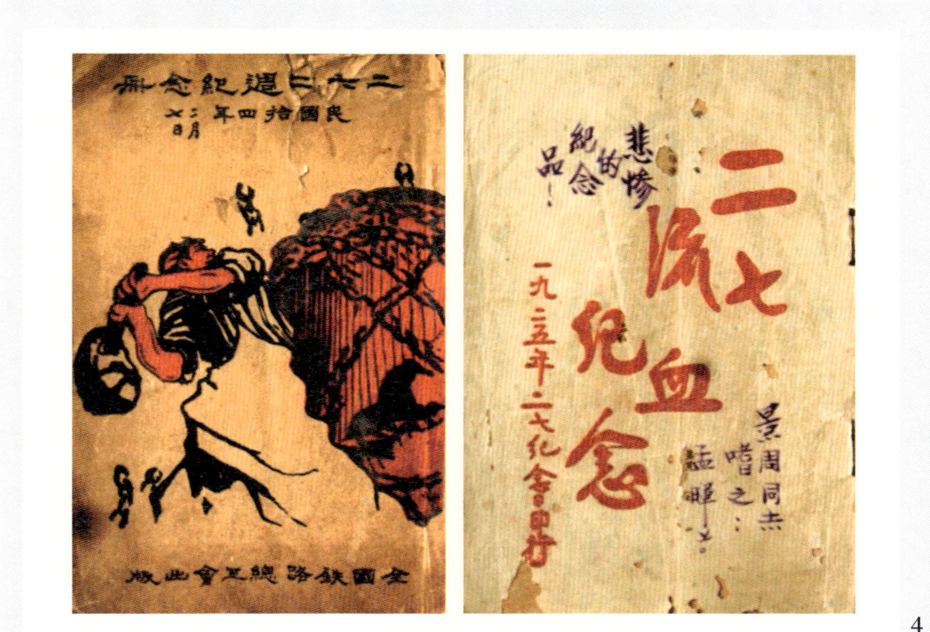

4

5

3. 1923 年 2 月 7 日，军阀吴佩孚在帝国主义势力的支持下，调动军警血腥镇压罢工工人，制造了震惊中外的二七惨案。这是记述京汉铁路大罢工经过的《京汉工人流血记》《二七惨剧》《二七工仇》。

4. 全国铁路总工会 1925 年 2 月 7 日出版的《二七二周纪念册》《二七流血纪念》。

5. 1922 年京汉铁路总工会会员证。

先驅

The Pioneer

半月刊

創刊號

每份銅元二枚

發刊詞

評論

革命與社會主義

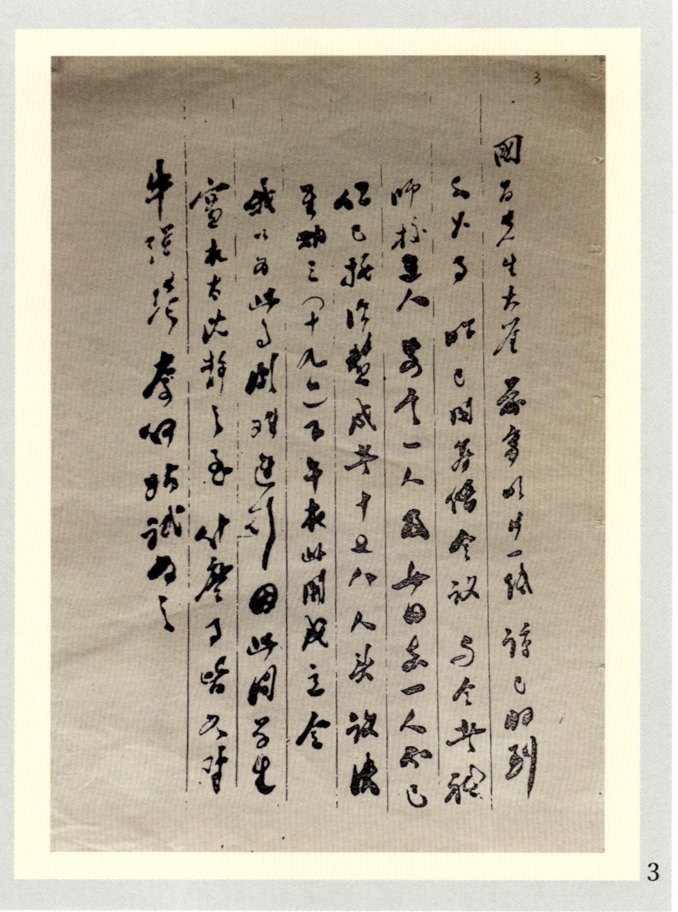

1. 1922 年，中央局指定施存统主持中国社会主义青年团临时中央局工作。图为中国社会主义青年团临时中央局旧貌（原大沽路 356—357 号，今大沽路成都北路西北一带）。
2. 1922 年 1 月，北京地方团组织创办《先驱》。3 月 15 日，《先驱》转归青年团临时中央局出版。这是《先驱》创刊号。
3. 在中央局领导下，各地青年团组织迅速恢复和发展。这是 1922 年 4 月俞秀松赴杭州建团时写给方国昌（施存统）的信。

4

中國社會主義青年團中央執行委員會印行

團刊

THE BULLETIN.

published by the Central Executive Committee of the Young Socialist League of China

第一號

每份零售大洋一分

一九二三年十月十日出版

5

4. 1922 年 5 月 5 日，中国社会主义青年团第一次全国代表大会在广州召开，宣告中国社会主义青年团正式成立。图为团一大旧址。

5. 1923 年中国社会主义青年团中央执行委员会印行的《团刊》。

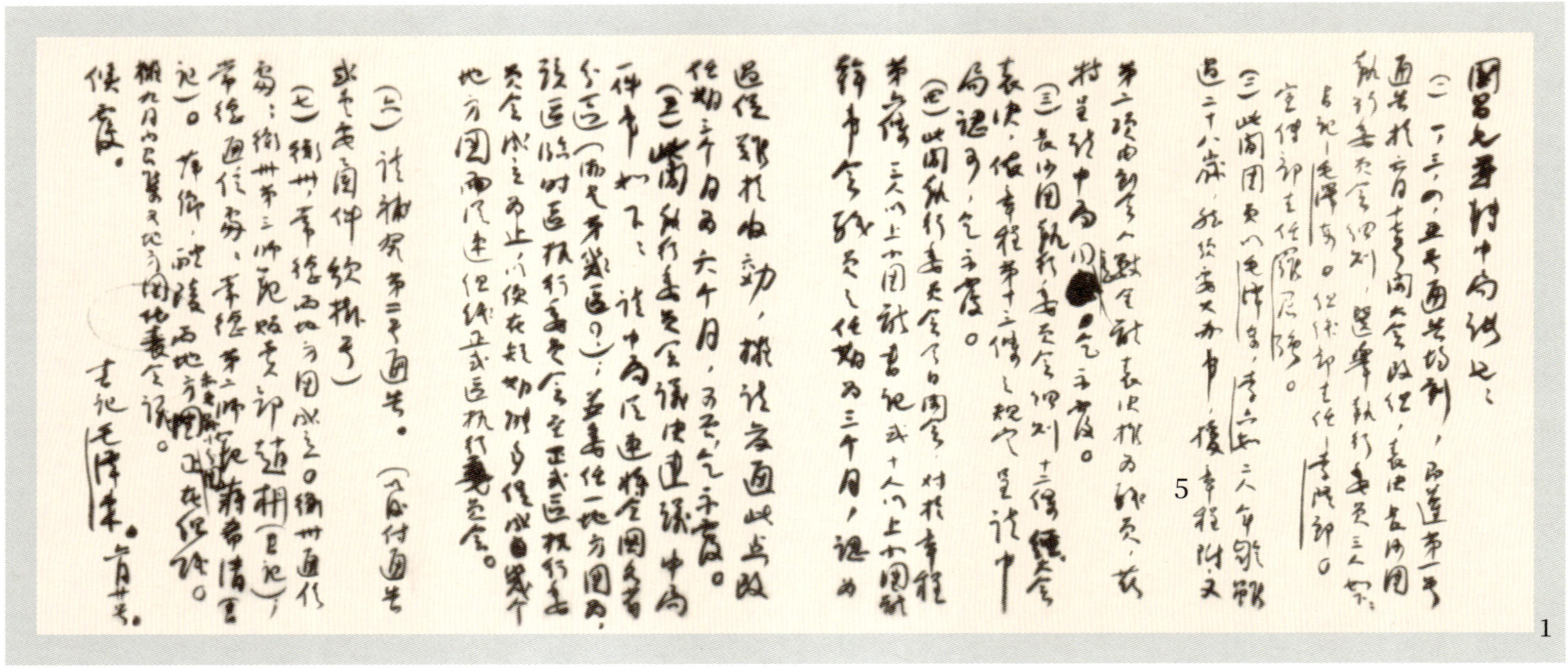

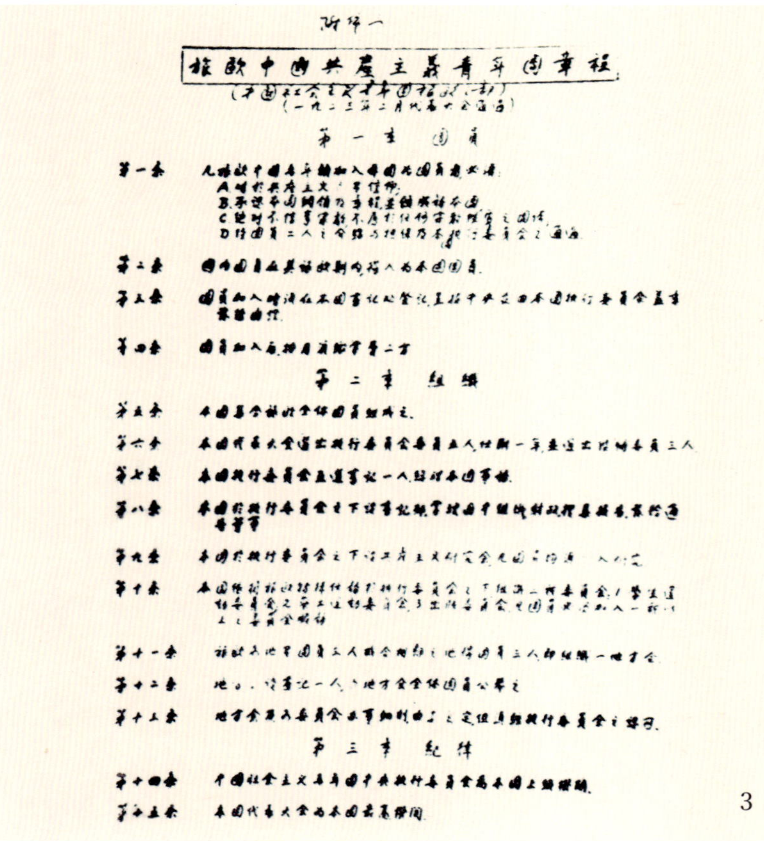

附件一

旅欧中国共产主义青年团章程

第一章 团员

第二章 组织

第三章 纪律

1. 1922 年 6 月 20 日，中国社会主义青年团长沙执行委员会书记毛泽东致信团中央书记施存统，报告长沙工作情况。
2. 1922 年 6 月，赵世炎、周恩来等在旅欧勤工俭学学生和华工中组织成立旅欧中国少年共产党。图为 1923 年旅欧少年共产党代表合影。
3. 1923 年，周恩来起草《旅欧中国共产主义青年团章程》。

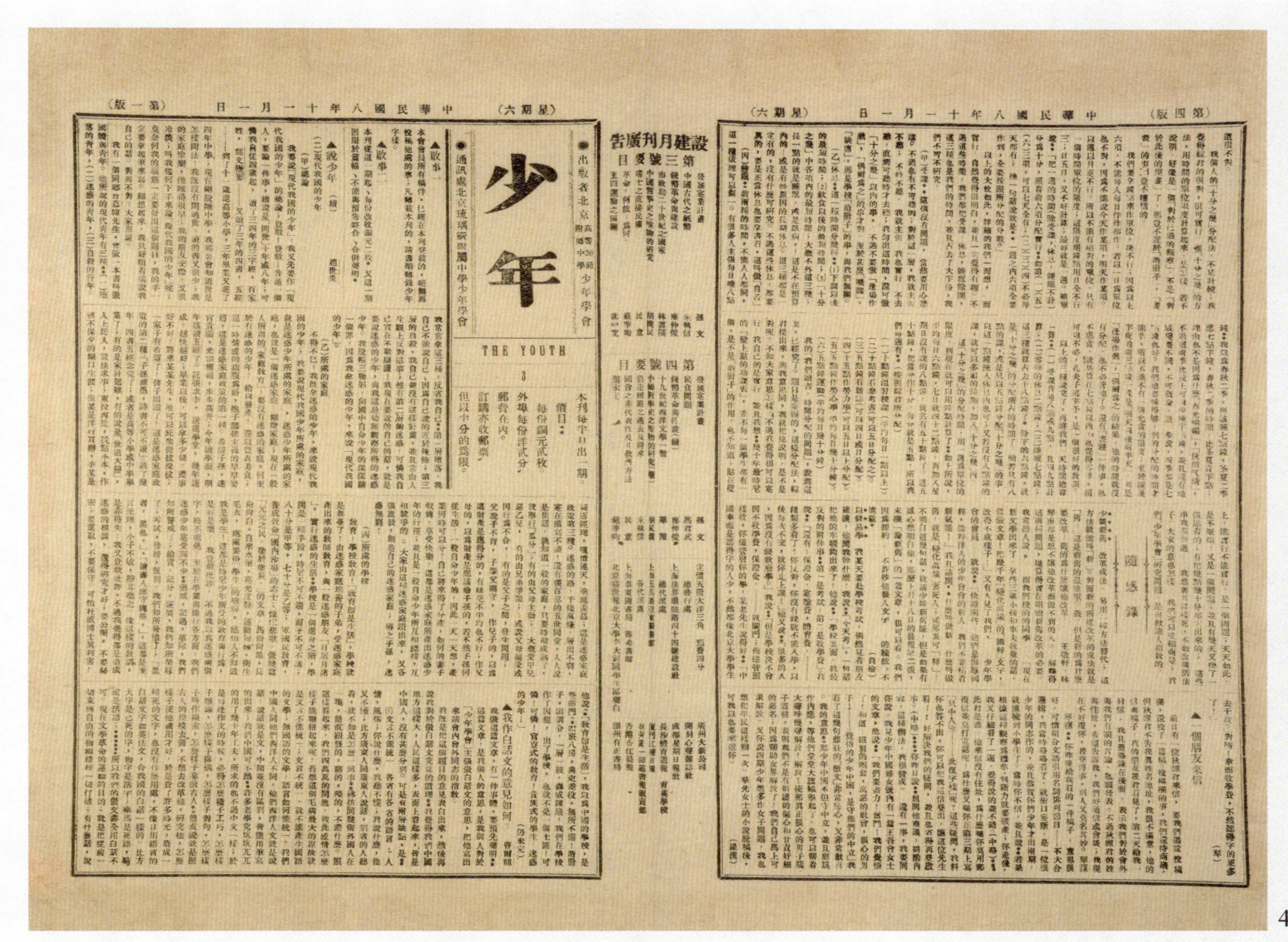

中華民國十一年八月一日

少年

THE YOUTH

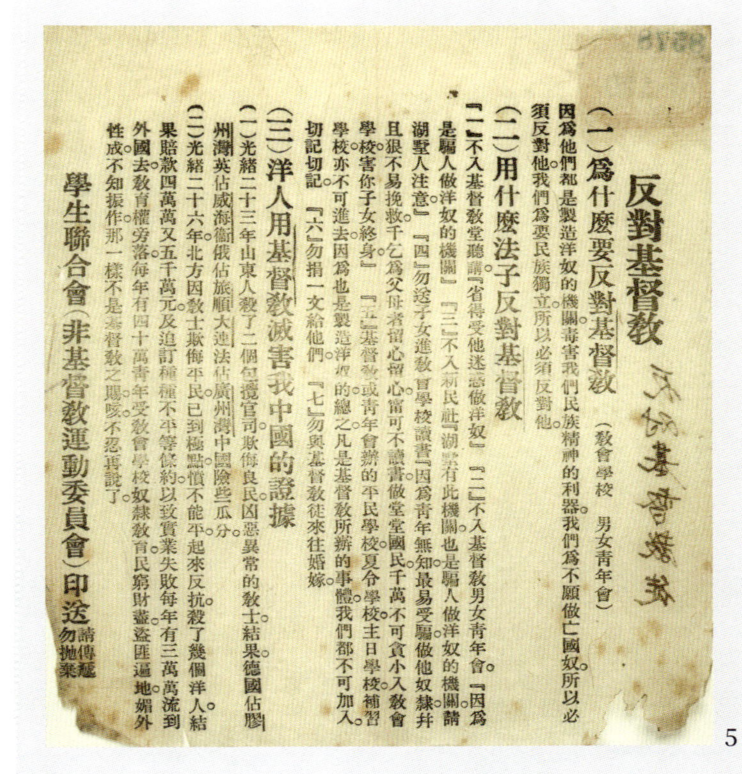

反對基督教

(一)為什麼要反對基督教 (教會學校 男女青年會)

因為他們都是製造洋奴的機關。毒害我們民族精神的利器。我們為不願做亡國奴。所以必須反對他。我們為要民族獨立。所以必須反對他。

(二)用什麼法子反對基督教

『一』不入基督教男女青年會。『因為是騙人做洋奴的機關』『二』不入基督教堂聽講『省得受他迷惑做洋奴』『三』不入新民社『湖墅有此機關。也是騙人做洋奴的機關。請湖墅人注意』『四』勿送子女進教會學校讀書『因為青年無知。最易受騙。做他奴隸。并且狠不易挽救。千乞為父母者。留心留心。甯可不讀書。做堂堂國民。千萬不可貪小入教會學校。害你子女終身』『五』基督教或青年會辦的平民學校。夏令學校。主日學校。補習學校。亦不可進去。因為也是製造洋奴的。總之凡是基督教所辦的事體。我們都不可加入。切記切記。『六』勿捐一文給他們『七』勿與基督教徒來往婚嫁。

(三)洋人用基督教滅害我中國的證據

(一)光緒二十三年山東人殺了二個包攬官司。欺侮良民。凶惡異常的教士。結果德國佔膠州灣。英佔威海衛。俄佔旅順大連。法佔廣州灣。中國險些瓜分。

(二)光緒二十六年北方因教士欺侮平民。已到極點。慣不能平。起來反抗。殺了幾個洋人。結果賠款四萬萬又五千萬元。及追訂種種不平等條約。以致實業失敗。每年有三萬萬流到外國去。教育權旁落。每年有四十萬青年受教會學校奴隸教育。民窮財盡。盜匪逼地。媚外性成。不知振作。那一樣不是基督教之賜。唉。不忍再說了。

學生聯合會(非基督教運動委員會)印送 請傳遞勿拋棄

4. 1922 年 8 月，旅欧中国少年共产党创办机关刊物《少年》月刊，在海外向青年宣传马列主义。

5. 1922 年春，中国共产党领导青年开展非基督教运动，反对帝国主义文化侵略。这是当时散发的反对基督教的传单。

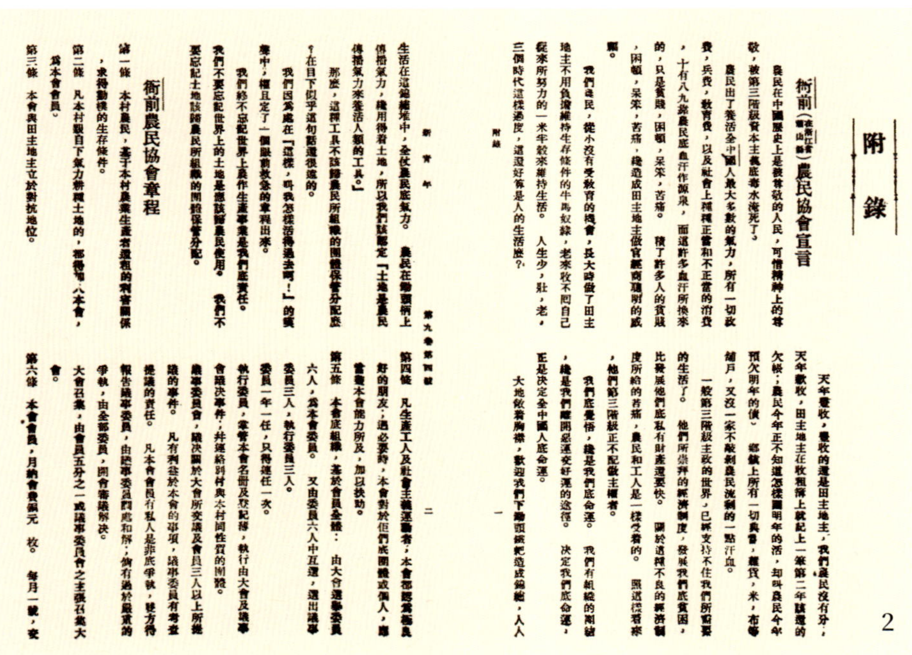

附錄

衙前（浙江省蕭山縣）農民協會宣言

農民在中國歷史上是被尊敬的人民，可惜精神上的尊敬，被第三階級資本主義底毒水淹死了。

農民出了養活全中國人最大多數的氣力，所有一切政費，兵費，教育費，以及社會上種種正當和不正當的消費，十有八九爲農民底血汗作源泉，而這許多血汗所換來的，只是貧賤，困頓，呆笨，苦痛。積了許多人的貧賤，困頓，呆笨，苦痛，纔造成田主地主做官經商聰明的威風。

我們農民，從小沒有受教育的機會，長大時做了田主地主不用負擔維持生存條件的牛馬奴隸，老來收不回自己從來所努力的一米半穀來維持生活。人生少，壯，老，三個時代這樣過度，還沒好算是人的生活麼？

天年豐收，豐收的還是田主地主，我們農民沒有分；天年歉收，田主地主在收租簿上就記上一筆第二年該還的欠帳；農民今年正不知道怎樣圖明年的活，卻叫農民今年預欠明年的債。鄉鎮上所有一切典當，雜貨，米，布等舖戶，又沒一家不敲剝農民流剩的一點汗血。

一般第三階級主政的世界，已經支持不住我們所需要的生活了。他們所崇拜的經濟制度，發展我們底貧困，比發展他們底私有財產還要快。關於這種不良的經濟制度所給的苦痛，農民和工人是一樣受着的。照這樣看來，他們第三階級正不配做主權者。

我們底覺悟，纔是我們底命運。我們有組織的團結，纔是我們離開惡運交好運的途徑。決定我們底命運，正是決定全中國人底命運。

大地敞着胸襟，歡迎我們下鋤頭鐵耙造成錦繡，人人

附錄　一

新青年　第九卷第四號　二

生活在這錦繡堆中，全仗農民底氣力。農民在鋤頭柄上傳播氣力，纔用得着土地，所以我們該認定「土地是農民傳播氣力來養活人類的工具。」

那麼，這種工具不該歸農民所組織的團體保管分配麼？在目下似乎這句話還很遠的。

我們因爲處在「這樣，叫我怎樣活得過去呵！」的環境中，權且定了一個眼前救急的章程出來。

我們終不忘記世界上農作生產事業是我們底責任。我們不要忘記世界上的土地是應該歸農民使用。我們不要忘記土地該歸農民所組織的團體保管分配。

衙前農民協會章程

第一條　本村農民，基于本村農業生產者還租的利害關係，求得勤樸的生存條件。

第二條　凡本村親自下氣力耕種土地的，都得加入本會，爲本會會員。

第三條　本會與田主地主立於對抗地位。

第四條　凡生產工人及社會主義運動者，本會都認爲極良好的朋友，遇必要時，本會對於他們底團體或個人，都當盡本會能力所及，加以扶助。

第五條　本會底組織，基於會員全體：由大會選舉委員六人，爲本會委員。又由委員六人中互選，選出議事委員三人，執行委員三人。委員一年一任，只得連任一次。

執行委員，掌管本會名冊及登記簿，執行由大會及議事會議決事件，并連絡別村與本村同性質的團體。

議事委員會，議決關於大會所交議及會員三人以上所提議的事件。凡有利益於本會的事項，議事委員有考查提議的責任。凡本會會員有私人是非底爭執，雙方得報告議事委員，由議事委員調處和解；倘有過於嚴重的爭執，由全部委員，開會審議解決。

大會召集，由會員五分之一或議事委員會之主張召集大會。

第六條　本會會員，月納會費銅元　枚。每月一號，交

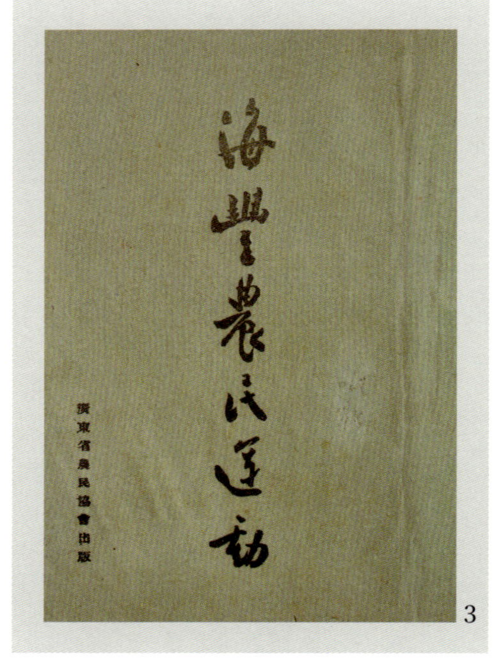

1. 中国共产党在领导开展工人运动的同时，也积极发动农民运动。1921 年 9 月，浙江萧山衙前农民协会成立。这是党领导的第一个新型农民组织。图为萧山衙前农民协会议事和活动的主要场所东岳庙旧貌。
2. 1921 年 9 月 27 日衙前农民协会通过的《衙前农民协会宣言》《衙前农民协会章程》。
3. 自 1922 年 6 月起，彭湃在广东海陆丰地区组织开展农民运动。这是他撰写的《海丰农民运动》，书名系周恩来亲笔题写。
4. 1923 年 9 月，湖南党组织领导成立湖南第一个农运组织岳北农工会。图为岳北农工会成立地旧貌。

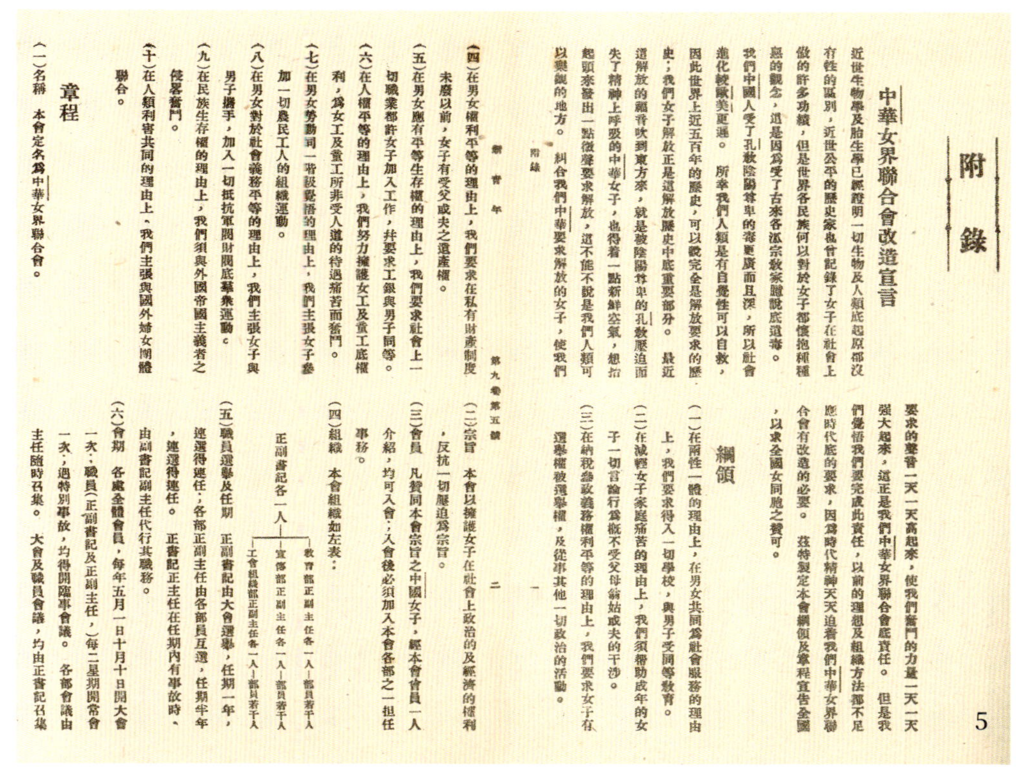

附錄

中華女界聯合會改造宣言

近世生物學及胎生學已經證明一切生物及人類底起原都沒有性的區別，近世公平的歷史家也曾記錄了女子在社會上做的許多功績，但是世界各民族何以對於女子都懷抱種種惡的觀念，這是因爲受了古來各派宗教家賤視底遺毒。我們中國人受了孔教陰陽尊卑的毒更廣而且深，所以社會進化較歐美更遲。所幸我們人類是有自覺性可以自救，因此世界上近五百年的歷史，可以說完全是解放要求的歷史；我們女子解放正是這解放歷史中底重要部分。最近這解放的福音吹到東方來，就是被陰陽尊卑的孔教壓迫而失了精神上呼吸的中華女子，也得着一點新鮮空氣，想抬起頭來發出一點微聲要求解放，這不能不說是我們人類可以與餞的地方。糾合我們中華要求解放的女子，使我們要求的聲音一天一天高起來，使我們奮鬥的力量一天一天强大起來，這正是我們中華女界聯合會底責任。但是我們覺悟我們要完成此責任，以前的理想及組織方法都不足應時代底的要求，因爲時代精神天天迫着我們中華女界聯合會有改造的必要。茲特製定本會綱領及章程宣告全國，以求全國女同胞之贊可。

綱領

(一)在兩性一體的理由上，在男女共同爲社會服務的理由上，我們要求得入一切學校，與男子受同等教育。

(二)在減輕女子家庭痛苦的理由上，我們須幫助成年的女子一切言論行爲概不受父母翁姑或夫的干涉。

(三)在納稅爲政義務權利平等的理由上，我們要求女子有選舉權被選舉權，及從事其他一切政治的活動。

(四)在男女權利平等的理由上，我們要求在私有財產制度未廢以前，女子有受父或夫之遺產權。

(五)在男女應有平等生存權的理由上，我們要求社會上一切職業都許女子加入工作，幷要求工銀與男子同等。

(六)在人權平等的理由上，我們努力擁護女工及童工底權利，爲女工及童工所非受人道的待遇痛苦而奮鬥。

(七)在男女勞動同一階級覺悟的理由上，我們主張女子參加一切農民工人的組織運動。

(八)在男女對於社會義務平等的理由上，我們主張女子與男子攜手，加入一切抵抗軍閥財閥底羣衆運動。

(九)在民族生存權的理由上，我們須與外國帝國主義者之侵畧奮鬥。

(十)在人類利害共同的理由上，我們主張與國外婦女團體聯合。

章程

(一)名稱 本會定名爲中華女界聯合會。

(二)宗旨 本會以擁護女子在社會上政治的及經濟的權利，反抗一切壓迫爲宗旨。

(三)會員 凡贊同本會宗旨之中國女子，經本會會員一人介紹，均可入會；入會後必須加入本會各部之一担任事務。

(四)組織 本會組織如左表：

正副書記各一人—教育部正副主任各一人—部員若干人
正副書記各一人—宣傳部正副主任各一人—部員若干人
正副書記各一人—工會組織部正副主任各一人—部員若干人

(五)職員選舉及任期 正副書記由大會選舉，任期一年，連選得連任；各部正副主任由各部員互選，任期半年，連選得連任。 正書記正主任在任期內有事故時、由副書記副主任代行其職務。

(六)會期 各處全體會員，每年五月一日十月十日開大會一次；職員(正副書記及正副主任)每二星期開常會一次；過特別事故，均得開臨事會議。 各部會議由主任隨時召集。 大會及職員會議，均由正書記召集

附錄 一

新青年 第九卷第五號 二

5

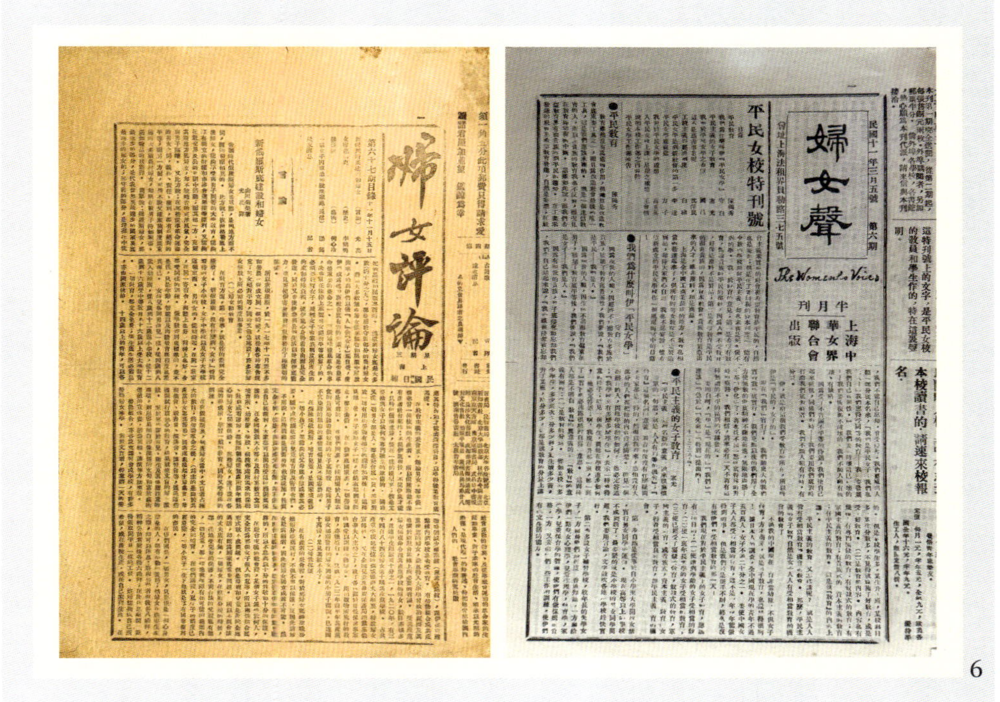

6

7

5. 中国共产党把组织领导妇女运动作为党的重要工作。1921 年 8 月，党帮助中华女界联合会改组。图为《新青年》登载的《中华女界联合会改造宣言》《纲领》《章程》。

6. 为推动妇女运动，党以上海《民国日报》副刊的形式创办《妇女评论》，陈望道任主编。后又以女界联合会的名义，出版《妇女声》半月刊，李达任主编。

7. 1922 年 2 月 10 日，平民女校正式开学。这是中国共产党领导建立的第一所妇女干部学校。图为该校旧址（原南成都路辅德里 632 号 A，今老成都北路 7 弄 42 号）。

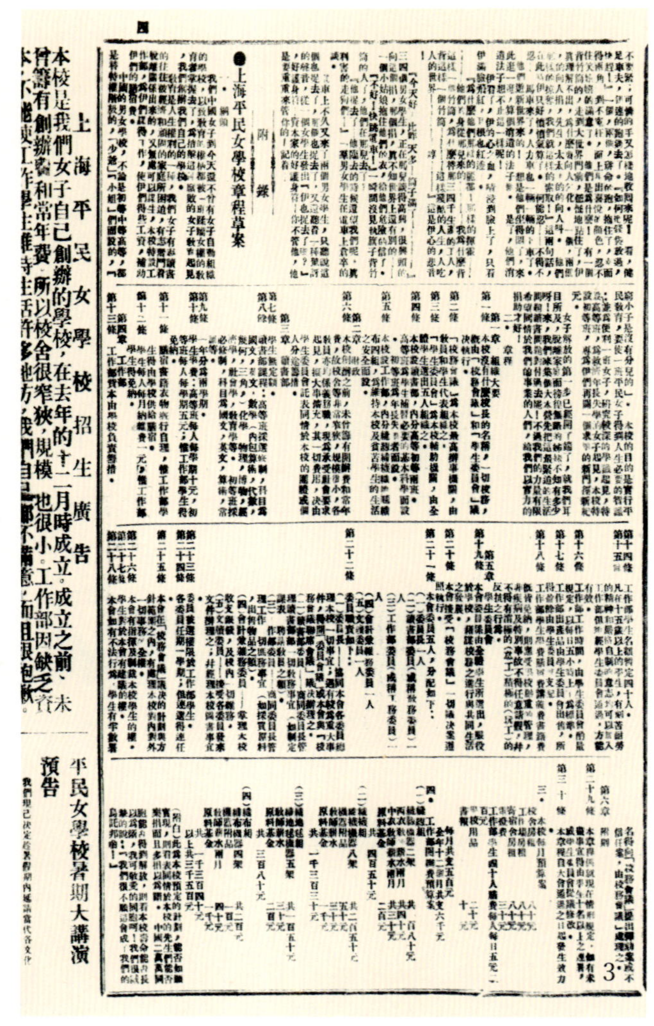

附錄

上海平民女學校章程草案

上海平民女學校招生廣告

本校是我們女子自己創辦的學校，在去年的十二月時成立。成立之前，未曾籌有創辦費和常年費，所以校舍很窄狹，規模也很小。工作部因缺乏資

平民女學校暑期大講演

預告

1. 李达、蔡和森先后担任平民女校校长，王会悟、向警予等协助办校。这是向警予使用过的名片。

2. 平民女校学生共有 30 人左右，分为高级班和初级班。图为平民女校学生丁玲（左）和王剑虹合影。

3.《妇女声》第 10 期刊载的《上海平民女学校章程草案》。

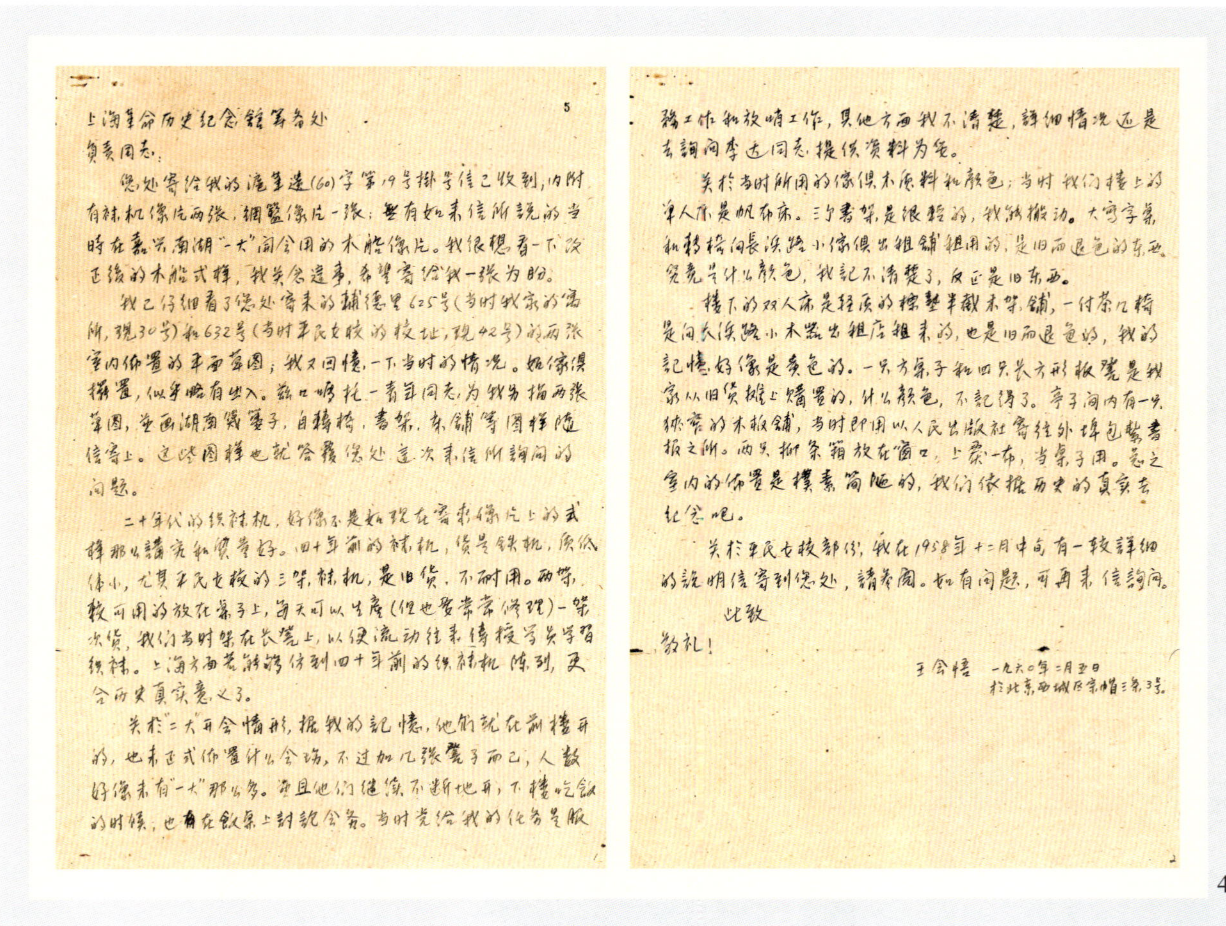

5

上海革命历史纪念馆筹备处
负责同志：

您处寄给我的沪筹达(60)字第19号挂号信已收到，内附有袜机像片两张，铜鼓像片一张；无有如来信所说的当时在嘉兴南湖"一大"开会用的木船像片。我很想看一下改正后的木船式样，我关念这事，希望寄给我一张为盼。

我已仔细看了您处寄来的辅德里625号（当时我家的寓所，现30号）和632号（当时平民女校的校址，现42号）的两张室内布置的平面草图；我又回忆一下当时的情况。好像摆置，似乎略有出入。兹已嘱托一青年同志为我另描两张草图，并画明南镜台子，自转椅，书架，床铺等图样随信寄上。这些图样也就答覆您处这次来信所询问的问题。

二十年代的织袜机，好像不是如现在寄来像片上的式样那么讲究和质量好。四十年前的袜机，质是铁机，质体小，尤其平民女校的三架袜机，是旧货，不耐用。两架较可用的放在桌子上，每天可以生产（但也要常常修理）一架次货，我们当时架在长凳上，以便流动往来传授学生学习织袜。上海方面若能够仿到四十年前的织袜机陈列，更合历史真实意义了。

关于"二大"开会情形，据我的记忆，他们就在前楼开的，也未正式布置什么会场，不过加几张凳子而已，人数好像未有"一大"那么多。并且他们继续不断地开，不仅吃饭的时候，也有在饭桌上讨论会务。当时党给我的任务是服务工作和放哨工作，其他方面我不清楚，详细情况还是去询问李达同志提供资料为宜。

关于当时所用的傢俱木质料和颜色：当时我们楼上的单人床是帆布床。三只书架是很轻的，我能搬动。大写字桌和转椅向长浜路小傢俱出租铺租用的，是旧而退色的东西。究竟是什么颜色，我记不清楚了，反正是旧东西。

楼下的双人床是轻质的棕垫半截木架铺，一付茶几椅是向长浜路小木器出租店租来的，也是旧而退色的，我的记忆好像是黄色的。一只方桌子和四只长方形板凳是我家从旧货摊上购置的，什么颜色，不记得了。亭子间内有一只狭窄的木板铺，当时即用以人民出版社寄往外埠包装书报之所。两只柳条箱放在窗口，上盖一布，当桌子用。总之室内的布置是朴素简陋的，我们依据历史的真实去纪念吧。

关于平民女校部份，我在1958年十二月中旬有一较详细的说明信寄到您处，请参阅。如有问题，可再来信询问。

此致
敬礼！

王会悟 一九六〇年二月五日
于北京西城区宗帽三条3号。

4

平民女校高级班教员名单

课程	教员
语文	邵力子、高语罕
作文	陈望道
国语文法	张守白
英语	沈雁冰、沈泽民、安立斯
数学	李达
物理、化学	周昌寿
经济学	李希贤
教育学	范寿康
社会学	陈独秀

4. 1960 年 2 月 5 日，王会悟致信上海革命历史纪念馆筹备处，回忆平民女校的情况。

中共中央在上海
1921
1922
1923
1924
1925
1926
1927
1928
1929
1930
1932
1933
1921—193

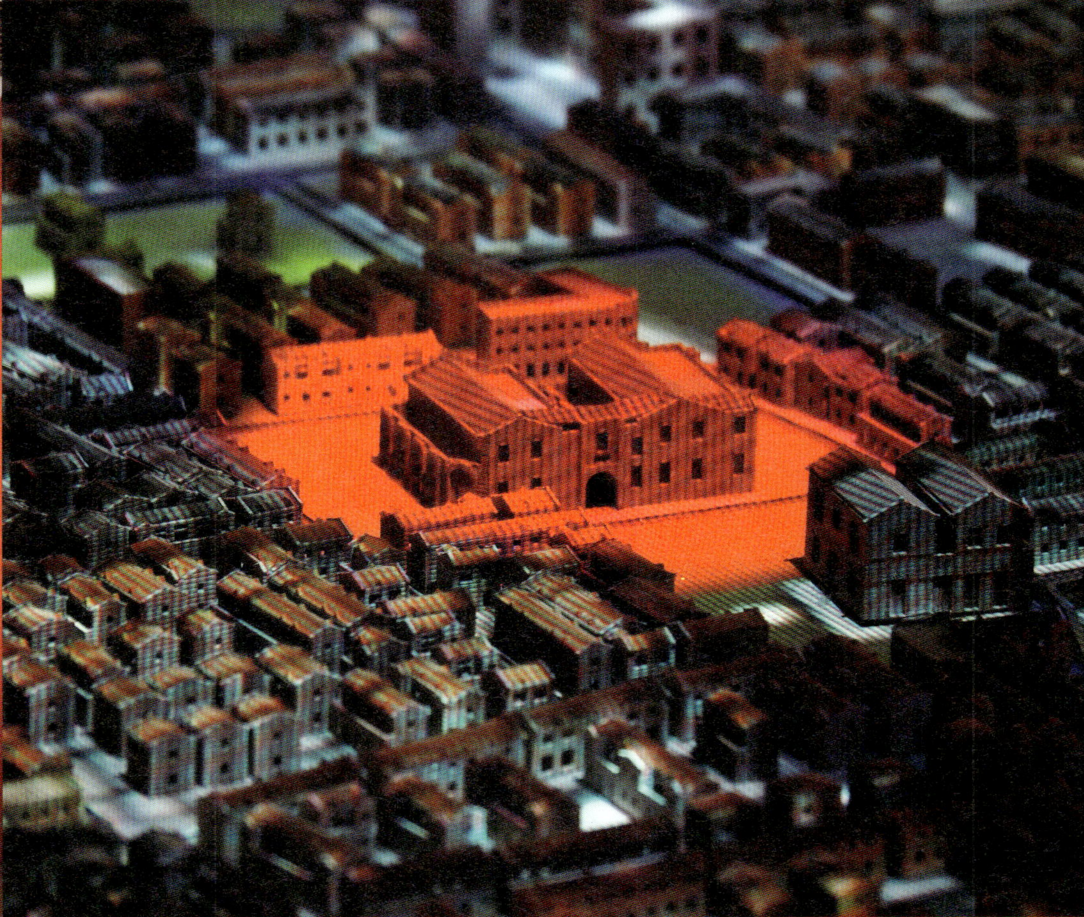

重点展项“光荣之城”，综合运用大型沙盘、模型、多媒体、智慧导览等展示手段，反映从 1921 年至 1933 年中共中央机关在上海期间，党在上海召开重要会议、领导全国党组织开展革命斗争的重要足迹，独到形象地诠释上海是中国共产党的诞生地，党成立后党中央机关长期驻扎上海。

第五部分

砥砺前行 光辉历程

中国共产党成立后，团结带领全国各族人民，取得了新民主主义革命的全国性胜利，建立了社会主义的基本制度，在社会主义建设和改革开放的伟大事业中取得辉煌成就，人民生活水平和国家综合实力显著提高。中华民族迎来了从站起来、富起来到强起来的伟大飞跃，中国特色社会主义迎来了从创立、发展到完善的伟大飞跃，中国人民迎来了从温饱不足到小康富裕的伟大飞跃。在中国共产党领导下，亿万华夏儿女汇聚起夺取新时代中国特色社会主义伟大胜利、实现中华民族伟大复兴中国梦的磅礴力量。

第五部分

PART V

砥砺前行 光辉历程

FORGING AHEAD FOR A GLORIOUS COURSE

中国共产党成立后，团结带领全国各族人民，取得了新民主主义革命的全国性胜利，建立了社会主义基本制度，在社会主义建设和改革开放的伟大事业中取得辉煌成就，人民生活水平和国家综合实力显著提高。中华民族迎来了从站起来、富起来到强起来的伟大飞跃，中国特色社会主义迎来了从创立、发展到完善的伟大飞跃，中国人民迎来了从温饱不足到小康富裕的伟大飞跃。在中国共产党领导下，亿万华夏儿女汇聚起夺取新时代中国特色社会主义伟大胜利、实现中华民族伟大复兴中国梦的磅礴力量。

Since its inception, the Communist Party of China united with and led Chinese people of all ethnic groups to clinch a national victory of New Democratic revolutions and set up a basic socialist system. Brilliant achievements have been realized in the great cause of socialist construction as well as reform and opening up. People's living standards and China's comprehensive strength have been improved dramatically. The Chinese nation has achieved a tremendous transformation from standing up, growing rich to becoming strong. Socialism with Chinese characteristics has completed the monumental journey of establishment, development and improvement. And Chinese people have decidedly advanced from the days of scarcity to a life of moderate prosperity. Under the leadership of the Communist Party of China, all the sons and daughters of the Chinese nation are striving with one heart to notch up great success of socialism with Chinese characteristics for a new era and achieve the Chinese dream of great national rejuvenation.

第二单元 SECTION II
艰苦奋斗建设社会主义
STRIVING TO DEVELOP SOCIALISM
新中国成立后，以毛泽东为主要代表的中国共产党人，团结带领全党全国各族人民，完成中华民族有史以来最为广泛而深刻的社会变革，实现了民族独立、人民当家作主，进行了生产资料所有制的社会主义改造，为当代中国一切发展进步奠定了根本政治前提和制度基础；团结带领全党全国各族人民，对适合中国国情的社会主义建设道路进行艰辛探索，开展了全面的大规模的社会主义建设，为中国发展富强、人民生活富裕奠定了坚实基础。
After the People's Republic of China was founded, Chinese communists, with Mao Zedong as their chief representative, united with and led the people of all ethnic groups in the country to accomplish the most extensive and profound social changes in Chinese history, making people the masters of the country, and transforming the system of private ownership of the means of production into a socialist system of public ownership. By doing so, the CPC created a fundamental political and institutional framework for today's China. The CPC explored meticulously for paths to socialism suited to China's conditions and executed a massive industrialization program laying a solid foundation for China's development and prosperity.

第一单元 实现民族独立和人民解放

中国共产党成立后，不仅提出符合中国实际和广大人民利益的民主革命纲领，而且始终英勇地站在反帝反封建革命斗争的最前线。中国共产党团结带领各族人民浴血奋战，以中国化的马克思主义，即马克思列宁主义基本原理同中国革命具体实践相结合的毛泽东思想为指引，找到了农村包围城市、武装夺取政权的正确道路，推翻国民党反动统治，完成新民主主义革命，建立中华人民共和国，彻底结束了旧中国半殖民地半封建社会的历史。

开辟中国革命新道路

1. 为建立反帝反封建的民主联合战线，1923 年 6 月在广州召开的中国共产党第三次全国代表大会决定，共产党员以个人身份加入国民党，以实现国共合作。图为中共三大会址遗址（会址房屋于抗战期间被毁）。

2. 国共合作推动工农运动风起云涌，五卅运动标志大革命高潮的到来。图为1925年6月爆发的省港大罢工。
3 五卅运动中上海大学学生刻传单用的钢板。

1. 上海邮政工人参加第二、第三次武装起义使用的警笛和哨子。
2. 大革命失败后，共产党人从血的教训中认识到军队和武装斗争的极端重要，开始独立领导革命武装斗争和创建人民军队。图为 1927 年八一南昌起义总指挥部旧址。

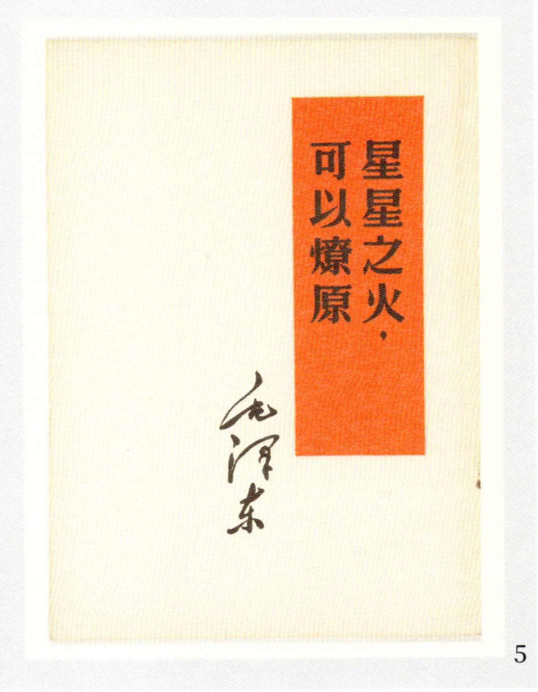

3. 1927 年 10 月，毛泽东率领秋收起义部队上井冈山，创建农村革命根据地，为中国革命指明正确方向。图为井冈山会师地——江西宁冈砻市旧貌。

4. 1929 年 12 月，古田会议在福建上杭召开。大会的中心思想是要用无产阶级思想进行军队和党的建设。图为古田会议会址。

5. 以毛泽东为代表的中国共产党人，逐步开辟了农村包围城市、武装夺取政权的道路。这是 1930 年毛泽东撰写的《星星之火，可以燎原》单行本。

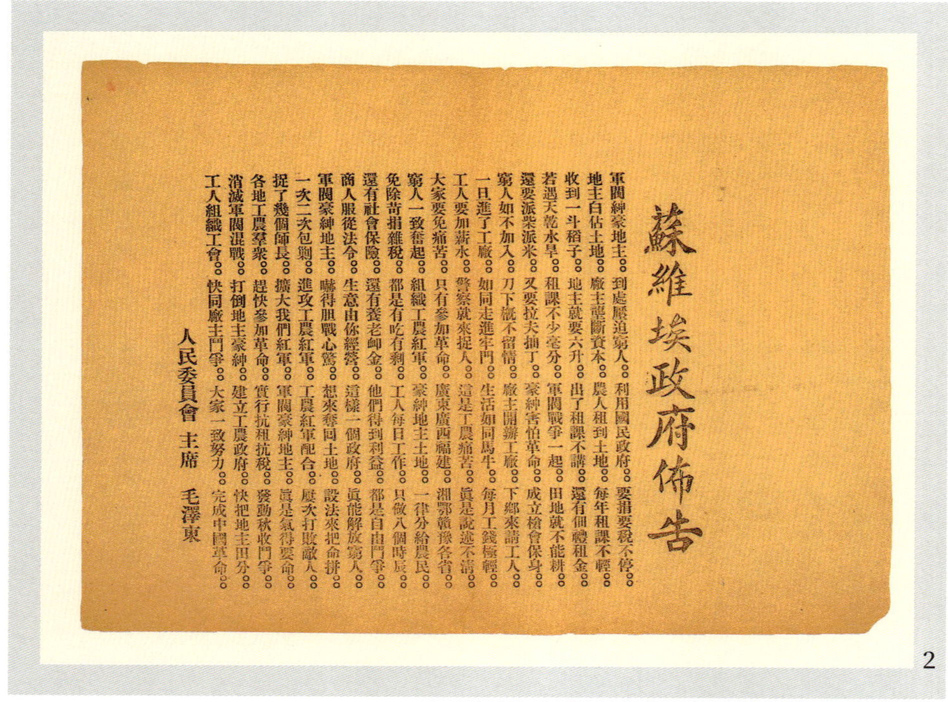

蘇維埃政府佈告

軍閥紳豪地主。到處壓迫窮人。利用國民政府。要捐要稅不停。
地主白佔土地。廠主壟斷資本。農人租到土地。每年租課不輕。
收到一斗稻子。地主就要六升。出了租課不講。還有佃體租金。
若遇天乾水旱。租課不少毫分。軍閥戰爭一起。田地就不能耕。
還要派柴派米。又要拉夫抽丁。豪紳害怕革命。成立槍會保身。
窮人如不加入。刀下概不留情。廠主開辦工廠。下鄉來請工人。
一旦進了工廠。如同走進牢門。生活如同馬牛。每月工錢極輕。
工人要加薪水。警察就來捉人。這是工農痛苦。眞是說述不清。
大家要免痛苦。只有參加革命。廣東廣西福建。湘鄂贛豫各省。
窮人一致奮起。組織工農紅軍。豪紳地主土地。一律分給農民。
免除苛捐雜稅。都是有吃有剩。工人每日工作。只做八個時辰。
還有社會保險。還有養老卹金。他們得到利益。都是自由鬥爭。
商人服從法令。生意由你經營。這樣一個政府。眞能解放窮人。
軍閥豪紳地主。嚇得膽戰心驚。想來奪回土地。設法來把命拼。
一次二次包剿。進攻工農紅軍。工農紅軍配合。屢次打敗敵人。
捉了幾個師長。擴大我們紅軍。軍閥豪紳地主。眞是氣得要命。
各地工農羣衆。趕快參加革命。實行抗租抗稅。發動秋收鬥爭。
消滅軍閥混戰。打倒地主豪紳。建立工農政府。快把地主田分。
工人組織工會。快同廠主鬥爭。大家一致努力。完成中國革命。

人民委員會 主席 毛澤東

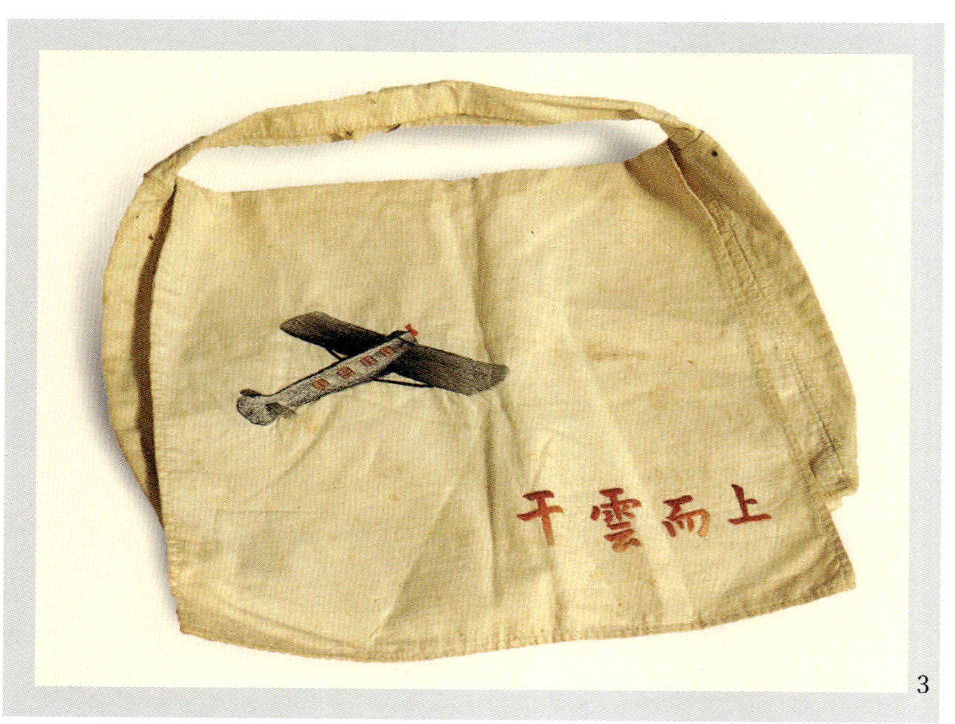

1. 1930 年 11 月 至 1933 年 3 月，中国共产党领导的革命根据地多次粉碎国民党的军事“围剿”。图为在反“围剿”斗争中不断发展壮大的红军。
2. 苏维埃政府布告。
3. 陈赓夫人王根英烈士在狱中给儿子亲手缝绣的书包。

4. 由于党的领导机关犯了“左”倾教条主义错误，第五次反“围剿”失利，中央根据地丢失，中央红军主力被迫开始长征。1935 年召开的遵义会议实现了党的历史上的伟大转折。图为遵义会议旧址。
5. 1934 年 10 月至 1936 年 10 月，各路红军主力克服重重困难，行程数万里，胜利会师陕甘根据地。图为长征到达陕北后的毛泽东、朱德、周恩来、博古（右起）。
6. 处于国统区的共产党人在极为艰难的环境中坚持斗争，推动抗日救亡运动。这是在中国共产党指导推动下成立的进步文化团体——中国左翼作家联盟出版的部分刊物。

全民族抗战的中流砥柱

1. 九一八事变发生后，中华民族到了最危险的时候，中国共产党率先高举起武装抗日旗帜。图为中国共产党领导下的东北人民革命军同日军作战。
2. 中国共产党积极倡导和组织抗日民族统一战线，并再次与国民党合作，以实现全民族共同抗日。图为在延安召开的主力红军改编誓师大会。

3. 中国共产党制定实施全面抗战路线和持久战的战略方针，大大增强了人们坚持抗战的决心和信心。这是 1938 年出版的毛泽东著作《游击战争的战略问题》《论持久战》。

4. 红军改编为八路军后，迅速开赴抗日前线，参加正面战场作战的同时，广泛开展游击战。图为八路军第一一五师挺进晋东北。

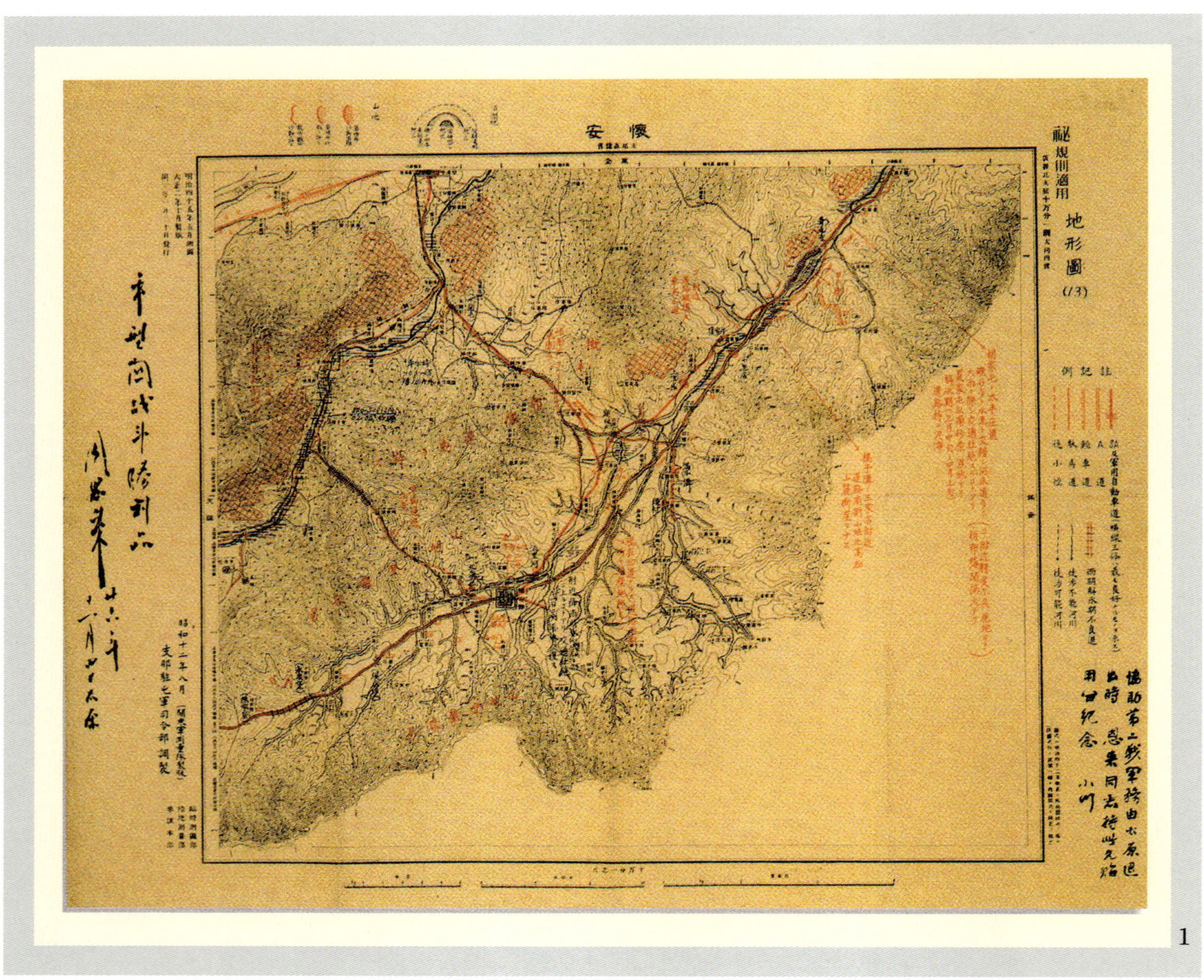

1

2

1. 这是八路军在平型关大捷中缴获的日军地图，上有周恩来亲笔题词。

2. 抗战爆发后，上海文化界成立救亡演剧队，到各地宣传抗日救亡。贺绿汀在抗日前线创作的《游击队歌》脍炙人口，广为传唱。这是贺绿汀《游击队歌》原谱。

3. 中国共产党坚持抗战反对妥协、坚持团结反对分裂、坚持进步反对倒退，对推动全民族抗战到底产生重大影响。图为 1941 年初晋察冀边区军民游行示威，抗议国民党当局制造皖南事变。
4. 抗战进入相持阶段后，中国共产党领导的人民军队在敌后战场牵制抗击了大量日军。图为新四军在江南水网密布地区作战。
5. 皖南事变后新四军重建时使用的臂章。

1. 新四军浙东纵队淞沪支队长朱亚民使用的手电筒。

2. 1941 年至 1942 年，中国共产党领导敌后抗日根据地开展各种形式反“扫荡”斗争，作战 4.2 万余次，毙伤俘日、伪军 33.1 万余人。图为冀中民兵开展地雷战。

1. 1945 年 4 月至 6 月，中国共产党第七次全国代表大会在延安召开，实现全党在毛泽东思想基础上的空前团结。8 月，中国人民抗日战争胜利结束。图为中共七大会场。
2. 中共七大代表张妙根使用的延安中共中央党校徽章。

夺取新民主主义革命的全国性胜利

1. 抗战胜利后，中国共产党为实现和平民主进行了种种努力。图为 1945 年 8 月 28 日，赴重庆谈判的毛泽东在延安机场向欢送的军民挥帽告别。
2. 1946 年 6 月，国民党反动派发动全面内战。中共中央发出“自卫战争”号召，经人民解放军 8 个月作战，粉碎了国民党军的全面进攻。图为解放军缴获的坦克。

3. 全面内战爆发后，中国共产党积极推动国统区的人民运动，有力配合了人民解放战争。图为1947年5月1日上海市民游行，提出无条件解冻生活指数等要求。

4. 人民解放军转入战略决战，经辽沈、淮海、平津三大战役，基本歼灭国民党赖以维护其统治的主要军事力量。图为辽沈战役中的人民解放军。

5. 各解放区人民以无比巨大的热情，以源源不绝的人力物力给予前线空前规模的支援。图为华东解放区人民的支前小车队。

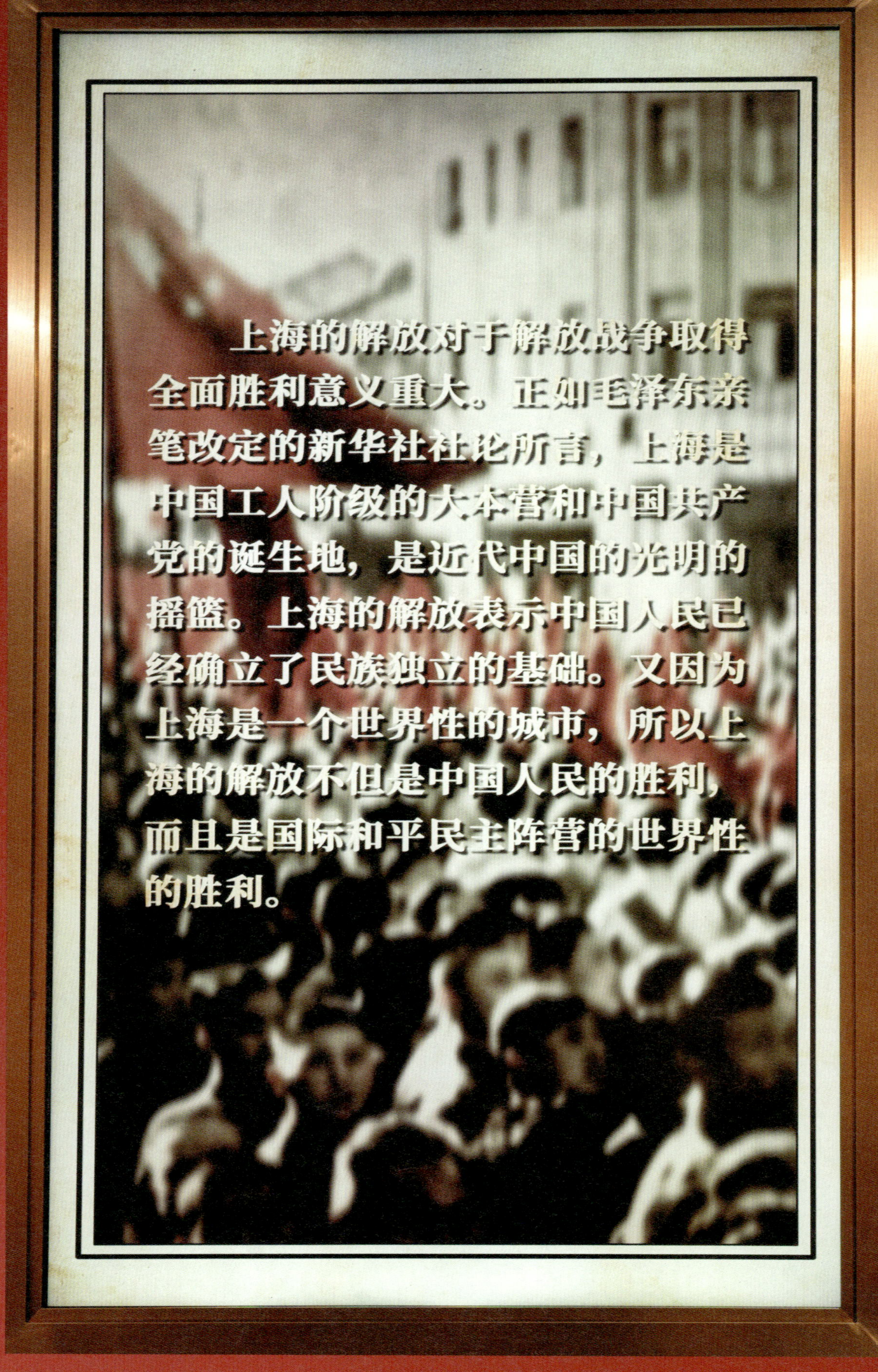

重点展项“人民的胜利”，以解放战争三大战役为蓝本，通过作战态势图、多媒体视频为表现方式，生动展现1949年新中国成立前夕，在党的领导下，新民主主义革命走向全面胜利。

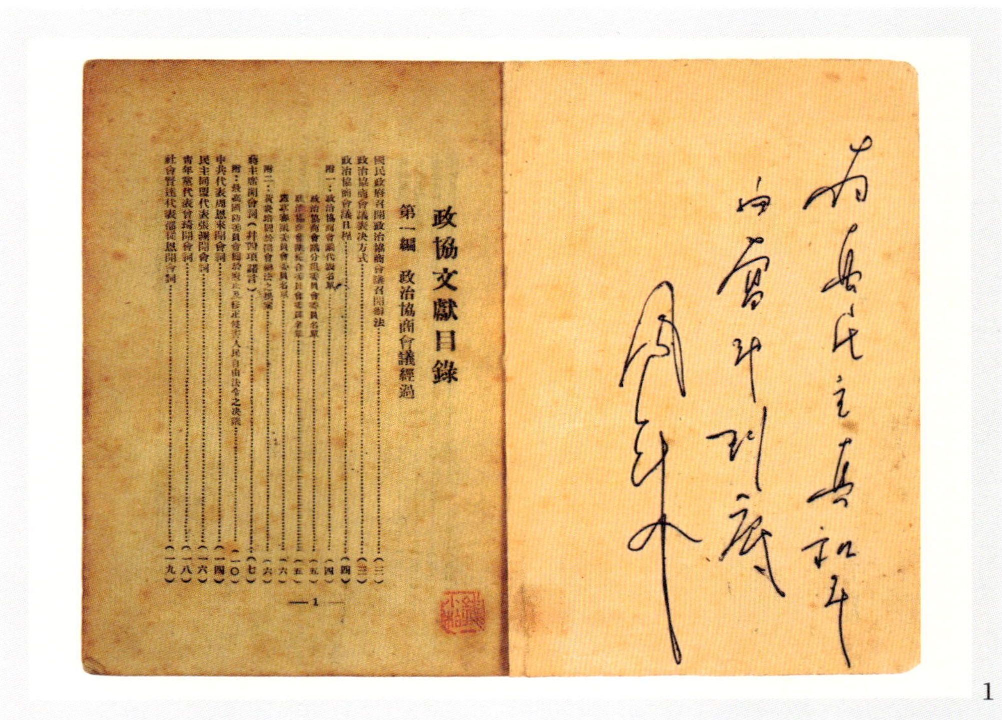

政協文獻目錄

第一編 政治協商會議經過

國民政府召開政治協商會議[illegible]辦法……（二）
政治協商會議表決方式……（三）
政治協商會議日程……（四）
附一：政治協商會議代表名單……（四）
政治協商會議分組委員會委員名單……（五）
[illegible]……（五）
憲草審議委員會委員名單……（六）
附二：黃炎培關於開會辦法之提案……（六）
蔣主席開會詞（附四項諾言）……（七）
附：最高國防委員會關於廢止及修正侵害人民自由法令之決議……（一〇）
中共代表周恩來開會詞……（一四）
民主同盟代表張瀾開會詞……（一六）
青年黨代表曾琦開會詞……（一八）
社會賢達代表莫德惠開會詞……（一九）

— 1 —

为真民主真和平而奋斗到底
周恩来

1

2

3

1. 1946年11月，国共和谈破裂，周恩来在南京梅园新村举行最后一次记者招待会，他在会场分发的一本《政协文献》扉页上题词：“为真民主真和平而奋斗到底”。
2. 1949年3月5日至13日，中国共产党七届二中全会在西柏坡召开，确定了夺取全国胜利的各项方针和胜利后各方面的基本政策。图为中共七届二中全会旧址。
3. 1949年4月23日，人民解放军解放南京，宣告了国民党反动统治的覆灭。

1

2

3

1. 在解放上海战役中牺牲的解放军战士留下的水壶、瓷碗和钢笔。
2. 为迎接解放，许多共产党员在秘密战线的斗争中英勇牺牲。这是李白烈士生前修理地下电台使用过的工具和配件。
3. 秦鸿钧烈士生前使用过的收发报机。

解放日报

中华民国三十八年五月三十一日 星期二

上海市人民政府通告 用字第一号

中共中央委员会 热烈祝贺上海解放

新华社社论 祝上海解放

解放区各大城市人民 欢腾庆祝上海解放

马叙伦周建人等 电毛主席朱总司令致敬

庆贺上海解放！

沪军管会照顾市民困难 准兑五万元伪金圆券

热烈纪念解放后第一个"五卅" 沪职工学生集会游行

发扬了人民军队光荣传统 解放军美誉满上海

蒋匪制造下的血海深仇 虹桥路荒地发现大批尸体 已认出内有交大学生等

"上海解放号"抵沪

"人民的军队，我们欢迎你！"

4. 1949 年 5 月 27 日，上海解放。5 月 29 日，新华社发表毛泽东亲自修改批准的社论《祝上海解放》，指出"上海是中国工人阶级的大本营和中国共产党的诞生地，在长时期间它是中国革命运动的指导中心"。

1. 1949 年 9 月 21 日至 30 日，中国人民政治协商会议第一届全体会议在北平举行。

重点展项“开国大典”，设计取材于油画作品《开国大典》，复原场景与屏幕结合，形成整体氛围。同时，屏幕中滚动播放中央档案馆制作的 1949 年 10 月 1 日中华人民共和国中央人民政府成立典礼的原始影像。

第二单元 艰苦奋斗建设社会主义

新中国成立后，以毛泽东为主要代表的中国共产党人，团结带领全党全国各族人民，完成中华民族有史以来最为广泛而深刻的社会变革，实现了民族独立、人民当家作主，进行了生产资料所有制的社会主义改造，为当代中国一切发展进步奠定了根本政治前提和制度基础；团结带领全党全国各族人民，对适合中国国情的社会主义建设道路进行艰辛探索，开展了全面的大规模的社会主义建设，为中国发展富强、人民生活富裕奠定了坚实基础。

建立社会主义基本制度

1. 新中国成立初期，党和政府采取行政手段和经济措施，成功实现了物价稳定和全国财经统一。图为物价稳定后上海人民把黄金、银元兑换成人民币存入银行。

2. 1950 年，朝鲜战争爆发，中国人民志愿军赴朝参战，最终取得抗美援朝的伟大胜利。图为志愿军跨过鸭绿江。

3. 从 1950 年冬到 1952 年底，广大新解放区逐步开展轰轰烈烈的土地改革运动。图为翻身农民热烈拥护《土地改革法》。

1. 1954 年 9 月，第一届全国人民代表大会第一次会议通过了《中华人民共和国宪法》。图为刘少奇和全国人大代表为一致通过《宪法》起立鼓掌。
2. 在过渡时期总路线指引下，全党和全国人民集中力量进行社会主义工业化建设。图为鞍山钢铁公司外景。

3. 至 1956 年底，社会主义改造基本实现，公有制占绝对优势的社会主义经济制度初步建立。图为 1956 年 1 月 15 日北京各界举行庆祝社会主义改造胜利联欢大会。

取得社会主义建设巨大成就

1. 中国共产党领导全国各族人民进行全面的大规模的社会主义建设，艰辛探索适合中国国情的社会主义建设道路。图为 1956 年 9 月中国共产党第八次全国代表大会召开。
2. 独立的比较完整的工业体系和国民经济体系基本建立，改变了工业门类残缺不全的旧貌。图为 1956 年 7 月，中国第一批国产“解放”牌载重汽车在长春第一汽车制造厂试制成功。

3. 交通运输业有了长足发展。图为 1968 年 12 月南京长江大桥建成通车。
4. 农田水利建设取得重大成就。图为中国自行设计、制造和安装的江都水利枢纽工程第一抽水站。

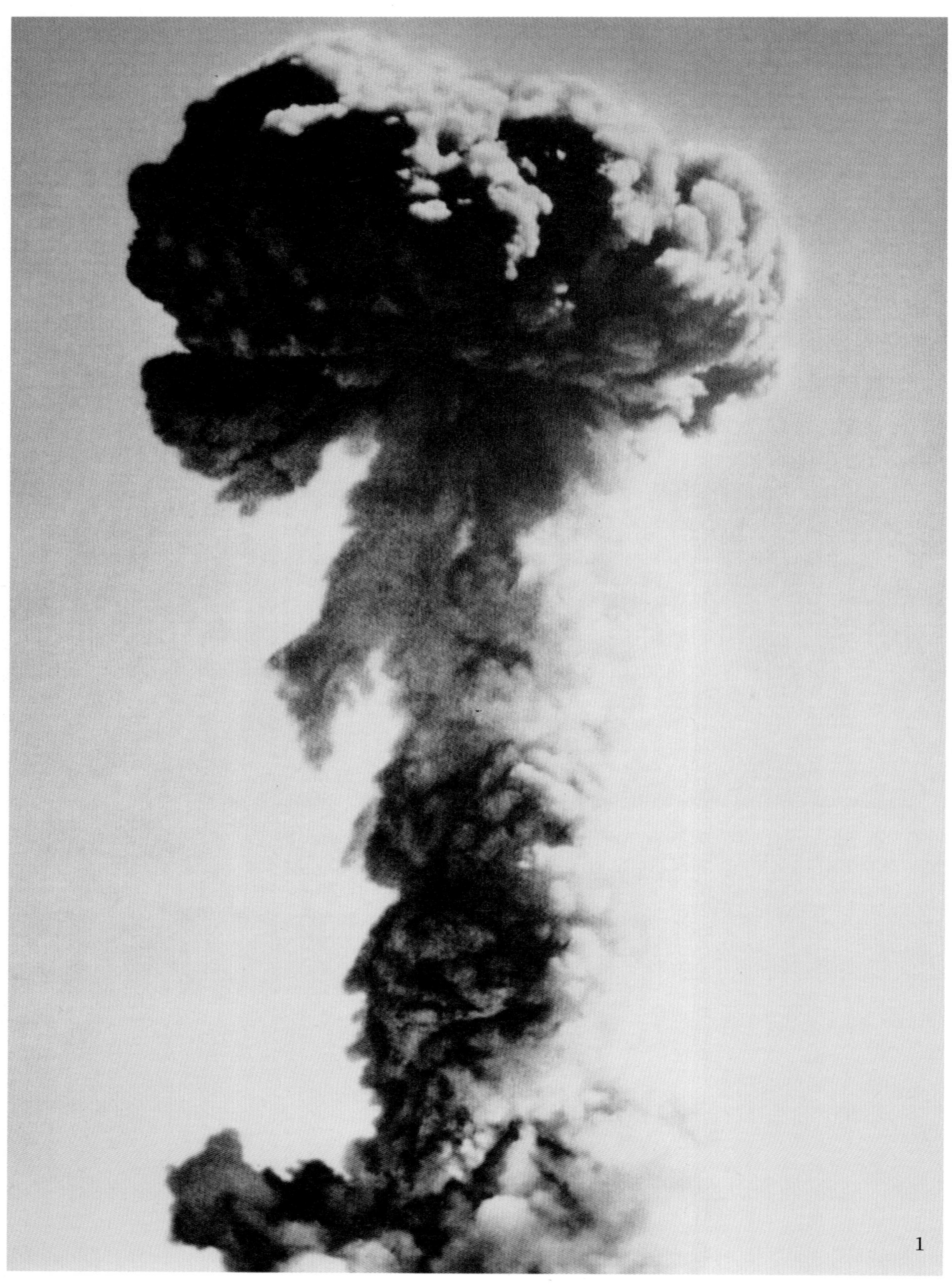

1. 1964年10月16日，中国第一颗原子弹爆炸。“两弹一星”研制成功标志国防尖端科技取得重大突破，打破了帝国主义的核讹诈、核垄断。

2. 20 世纪 70 年代初，外交工作取得重大进展：中国恢复在联合国的合法席位，中美关系和中日关系进入新阶段。图为 1972 年 2 月 21 日毛泽东会见美国总统尼克松。
3. 随着教育、卫生、体育事业的蓬勃发展，人民群众的物质生活和文化水平逐步提高。图为 1951 年开始兴建的上海第一个工人新村——曹杨新村。

展现艰苦奋斗、奋发图强的精神风貌

1. 在中国共产党的领导下，各族人民投身社会主义建设，抒写了改天换地的壮丽篇章，展现出团结奋斗的精神风貌。图为“铁人”王进喜和工友用身体搅拌水泥制服井喷。
2. 河南兰考县委书记焦裕禄，带领全县人民治理风沙、内涝、盐碱，鞠躬尽瘁，展现了一个优秀县委书记的光辉形象。图为焦裕禄在田间了解农作物生长情况。

3. 沈阳军区某部运输连班长雷锋，在平凡工作岗位上“甘当螺丝钉”，勇于奉献，乐于助人，表现出伟大的共产主义精神。图为雷锋（左二）与战友在一起。
4. 新中国成立后，以钱学森、李四光、钱三强、华罗庚、邓稼先、茅以升等一大批杰出科学家为祖国科技事业发展作出重大贡献。图为著名科学家钱学森在指导学生。

第三单元 改革开放开创现代化建设新局面

党的十一届三中全会以后，以邓小平为主要代表的中国共产党人，顺应历史潮流，尊重人民意愿，作出改革开放的战略抉择，成功开创中国特色社会主义道路。党的十三届四中全会以后，以江泽民为主要代表的中国共产党人，面对治理整顿深化改革的艰巨任务和国际形势的风云变幻，成功把中国特色社会主义推向21世纪。党的十六大以后，以胡锦涛为主要代表的中国共产党人，团结带领全国人民，战胜一系列重大挑战，成功在新的历史起点上坚持和发展了中国特色社会主义。实践证明，改革开放是领导社会主义事业持续发展，实现国家富强、人民幸福的重要法宝，是决定当代中国命运的关键一招。

实行改革开放 成功开创中国特色社会主义

1. 党的十一届三中全会作出把全党工作中心转移到经济建设上来，实行改革开放的历史性决策。图为邓小平和陈云在党的十一届三中全会上。

实践是检验真理的唯一标准

本报特约评论员

检验真理的标准只能是社会实践

理论与实践的统一，是马克思主义的一个最基本的原则

理论动态60

内部刊物 注意保存

中共中央党校理论研究室　　1978年5月10日

实践是检验真理的唯一标准

检验真理的标准是什么？这是早被无产阶级的革命导师解决了的问题。但是这些年来，由于“四人帮”的破坏和他们控制下的舆论工具大量的歪曲宣传，把这个问题搞得混乱不堪。为了深入批判“四人帮”，肃清其流毒和影响，在这个问题上拨乱反正，十分必要。

检验真理的标准只能是社会实践

怎样区别真理与谬误呢？一八四五年，马克思就提出了检验真理的标准问题：“人的思维是否具有客观的真理性，这并不是一个理论的问题，而是一个实践的问题。人应该在实践中证明自己思维的真理性，即自己思维的现实性和力量，亦即自己思维的此岸性。关于离开实践的思维是否具有现实

2

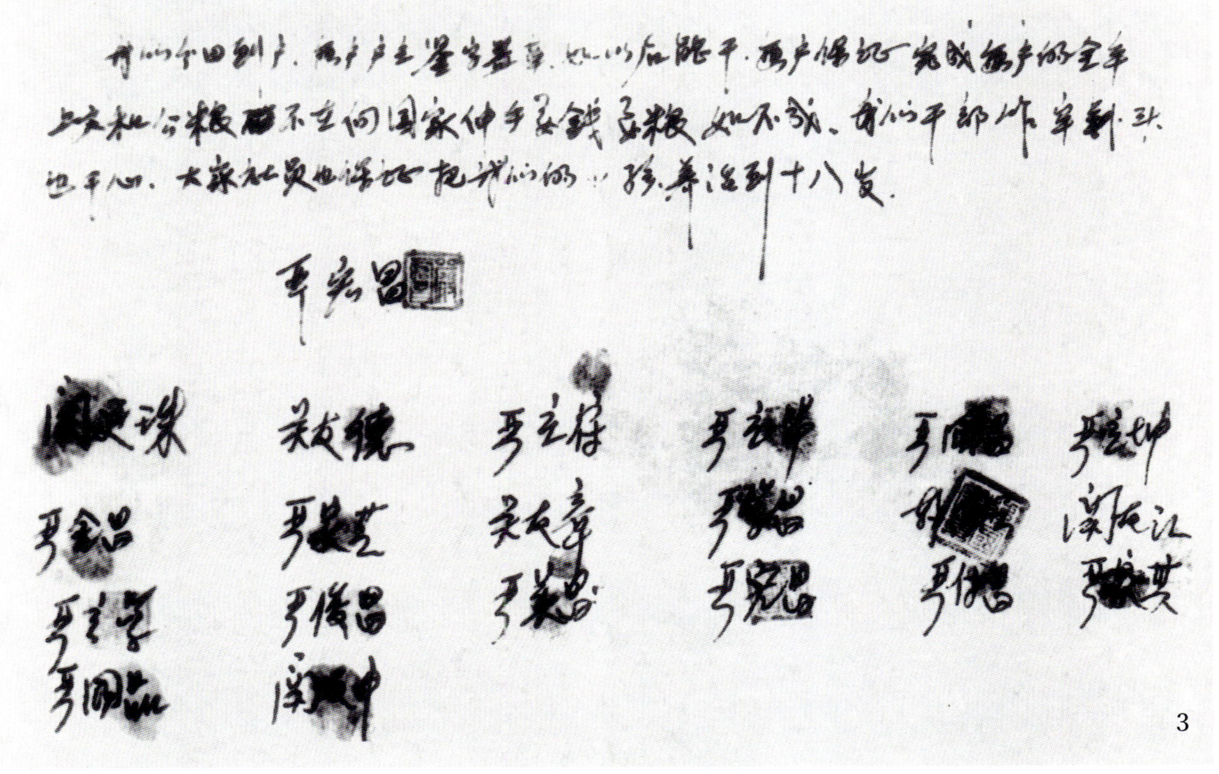

3

2. 1978 年 5 月，《实践是检验真理的唯一标准》发表，引发关于真理标准问题的讨论，成为党的十一届三中全会实现伟大历史转折的思想先导。

3. 安徽、四川两省率先进行改革试验，家庭联产承包责任制受到农民欢迎并在全国普遍推行。图为安徽凤阳小岗生产队社员签订的全国第一份包干合同书。

1. 为推进改革开放，1980 年 8 月，经全国人大批准，深圳、珠海、汕头、厦门设置经济特区。图为初设经济特区的深圳。
2. 党的十二大提出建设有中国特色的社会主义的重大命题，经济体制改革的重点由农村转向城市。图为上海市民排队购买飞乐音响股票。

3. “一国两制”伟大构想的创造性提出，开辟了和平实现祖国统一的新途径。图为 1982 年 9 月，邓小平会见来访的英国首相撒切尔夫人，阐明中国政府在香港问题上的基本立场。
4. 党的十四大确立邓小平建设有中国特色社会主义理论的指导地位。图为邓小平向十四大代表们致意。

推进改革开放 成功把中国特色社会主义推向21世纪

1. 1989年6月23日至24日，党的十三届四中全会在北京召开。全会对中央领导机构成员进行了调整，选举江泽民同志为中央委员会总书记。同年11月，党的十三届五中全会决定江泽民同志为中央军委主席。
2. 党中央、国务院经过充分调研和论证，于1990年4月批准开发开放浦东。党的十四大做出把上海建成“一个龙头，三个中心”的战略部署。图为开发开放初期的浦东。

3. 世纪之交，面对经济、政治和自然界等方面的严峻挑战，全党坚定推进改革开放和现代化建设，取得一系列重大胜利。图为 1998 年夏，军民合力抗击特大洪水，力保九江大堤。

4. 加入世界贸易组织，标志着我国对外开放进入新的阶段。

1. 党的十三届四中全会以后，党中央确立社会主义市场经济体制的改革目标和基本框架，确立社会主义初级阶段的基本经济制度和分配制度。图为中国石油重大勘探成果——西峰油田。
2. 科教兴国、可持续发展、西部大开发等战略的实施，推动了中国特色社会主义事业跨世纪发展。图为青藏铁路铺轨施工。

3. 在推进中国特色社会主义伟大事业和党的建设新的伟大工程进程中，以江泽民为主要代表的中国共产党人，创立了“三个代表”重要思想，丰富和发展了中国特色社会主义理论体系。图为 2000 年 2 月 20 日，江泽民同志出席广东省高州市领导干部“三讲”教育会议并讲话。

加快改革开放 成功在新的历史起点上坚持和发展中国特色社会主义

1. 2002年11月8日至14日，中国共产党第十六次全国代表大会在北京举行。11月15日，党的十六届一中全会选举胡锦涛同志为中央委员会总书记。2004年9月，党的十六届四中全会决定胡锦涛同志为中央军委主席。
2. 党的十六大以后，党中央深刻把握我国发展面临的新课题新矛盾，强调必须牢固树立和认真落实科学发展观。图为2007年11月19日，胡锦涛同志在内蒙古考察时看望低保户。

3. 中国积极履行银行、证券、保险行业等资本市场走向全面对外开放的承诺，逐步深度融入世界市场和经济全球化潮流。图为香港市民领取中国工商银行招股说明书和认购表。

4. 党的十七大对实现全面建设小康社会奋斗目标作出新的部署。自 2006 年全面取消农业税后，农村改革进一步深化，农业生产不断取得新的突破。图为安徽省小岗村机械化收割水稻。

1. 2008 年 5 月 12 日，四川发生里氏 8 级特大地震。全党全军全国人民众志成城，奋勇夺取抗震救灾斗争伟大胜利。图为 3 岁男孩郎铮从北川废墟中获救后，向解救他的解放军战士敬礼。
2. 面对国际金融危机带来的严重冲击，党中央坚定信心、冷静观察、多管齐下、有效应对，有针对性地加强和改善宏观调控。图为天津滨海新区响螺湾商务区和于家堡金融区建设现场。

3. 2010 年，中国国内生产总值超过 40 万亿元，经济总量由 2005 年的世界第五位跃升至第二位。图为正在驶离铁路上海虹桥站的高速动车组。

第四单元 中国特色社会主义进入新时代

党的十八大以来，以习近平同志为核心的党中央团结带领全党全国各族人民，毫不动摇坚持和发展中国特色社会主义，创立了习近平新时代中国特色社会主义思想，统筹推进“五位一体”总体布局、协调推进“四个全面”战略布局，坚持稳中求进工作总基调，对党和国家各方面工作提出一系列新理念新思想新战略，解决了许多长期想解决而没有解决的难题，办成了许多过去想办而没有办成的大事，党和国家事业发生历史性变革、取得历史性成就。中国特色社会主义进入新时代，中华民族迎来伟大复兴的光明前景。

统筹推进“五位一体”总体布局

1. 党的十八大以来，以习近平同志为核心的党中央坚持以经济建设为中心，形成并统筹推进经济、政治、文化、社会、生态文明建设“五位一体”总体布局，推进中国特色社会主义事业全面发展进步。图为2012年11月15日，在党的十八届一中全会上当选的中共中央总书记习近平。

2. 创新是引领发展的第一动力。2016 年 8 月 16 日，我国成功发射世界首颗量子科学实验卫星“墨子号”。图为“墨子号”卫星过境，科研人员在做实验。
3. 民营企业成为技术创新和新产品开发的重要力量。图为华为技术有限公司研发的麒麟 980 芯片。

1. 积极推动城乡区域协调发展，优化现代化经济体系的空间布局。图为 2019 年 9 月 25 日北京大兴国际机场正式通航。
2. 2017 年 9 月，《中华人民共和国中小企业促进法》通过修订，将促进中小企业发展作为长期发展战略。图为第十五届中国国际中小企业博览会。

3. 践行绿色发展理念，能源结构调整取得积极进展，可再生能源从无到有，应用规模世界领先。图为山西省芮城县光伏领跑示范基地。

4. 发展更高层次的开放型经济，以扩大开放推进改革发展。图为首届中国国际进口博览会场馆上海国家会展中心。

1. 人民代表大会制度是我国的根本政治制度。图为2016年3月十二届全国人大四次会议表决通过国民经济和社会发展第十三个五年规划纲要。
2. 中国共产党领导的多党合作和政治协商制度是我国的一项基本的政治制度。图为2018年7月全国政协委员在专题协商会上踊跃发言。
3. 党的十八大以来，以习近平同志为核心的党中央高度重视意识形态工作，从根本上扭转了意识形态领域一度出现的被动局面。图为少年儿童在学习社会主义核心价值观。

4. 广大文艺工作者深入生活、扎根人民，努力创作讴歌党讴歌祖国讴歌人民讴歌英雄的精品力作。图为 2016 年 9 月 4 日举办的 G20 杭州峰会“最忆是杭州”文艺演出。
5. 2015 年 7 月 31 日，北京携手张家口获得 2022 年冬季奥运会主办权。图为 2017 年 12 月 15 日北京 2022 年冬奥会会徽和冬残奥会会徽发布仪式。

1. 贯彻以人民为中心的发展思想，努力提供更多就业、更优质的教育和医疗、更好兜底的社会保障。图为安徽省黄山市小微企业创业创新基地入驻企业员工正在生产。
2. 2014 年 8 月，中共中央政治局会议审议通过《关于深化考试招生制度改革的实施意见》。图为 2017 年 6 月顺利完成第一届新高考的上海考生走出考场。

3. 加快推进健康中国建设，把人民健康放在优先发展的战略地位。图为山东省淄博市医护人员通过远程会诊系统诊断患者病情。

4. 美丽中国建设得到广泛共鸣，迈出重要步伐。2005 年 8 月，习近平同志在浙江省安吉县余村首次提出“绿水青山就是金山银山”的重要理念。图为余村风貌。

协调推进“四个全面”战略布局

1. 党的十九大就决胜全面建成小康社会作出部署。图为在“精准扶贫”政策指引下，山西省晋城市陵川县夺火乡高谷堆村的贫困户 2018 年全部脱贫。
2. 实现全面建成小康社会，必须更好发挥创新这个引领发展的第一动力作用。图为河北深州市滤清器生产企业的工人在整理产品。

3. 建设自由贸易试验区，是党中央在新形势下全面深化改革和扩大开放的战略举措。图为国内第一个自由贸易试验区——中国（上海）自由贸易试验区。

4. 2017 年 3 月，中共中央、国务院决定设立河北雄安新区，这是继深圳经济特区和上海浦东新区之后又一具有全国意义的新区。图为 2017 年 4 月 26 日鸟瞰雄安新区雄县县城。

1. 全面深化改革的总目标是完善和发展中国特色社会主义制度，推进国家治理体系和治理能力现代化。图为 2016 年 9 月宝钢武钢重组成立的中国宝武钢铁集团有限公司。
2. 文化体制改革在新的起点上向纵深拓展，文化宏观管理体制更加完善。图为 2018 年 4 月，中宣部加挂国家新闻出版署、国家版权局、国家电影局牌子，统一管理新闻出版和电影工作。

3. 2015 年 10 月，党的十八届五中全会提出实行省以下环保机构监测监察执法垂直管理制度。图为河南省三门峡市黄河湿地。

4. 全面推进依法治国的总目标是建设中国特色社会主义法治体系，建设社会主义法治国家。2014 年 11 月 1 日，全国人大常委会决定将 12 月 4 日设立为国家宪法日。

中共中央政治局关于改进工作作风密切联系群众的

八项规定

1 要改进调查研究，到基层调研要深入了解真实情况，总结经验、研究问题、解决困难、指导工作，向群众学习、向实践学习，多同群众座谈，多同干部谈心，多商量讨论，多解剖典型，多到困难和矛盾集中、群众意见多的地方去，切忌走过场、搞形式主义；要轻车简从、减少陪同、简化接待，不张贴悬挂标语横幅，不安排群众迎送，不铺设迎宾地毯，不摆放花草，不安排宴请。

2 要精简会议活动，切实改进会风，严格控制以中央名义召开的各类全国性会议和举行的重大活动，不开泛泛部署工作和提要求的会，未经中央批准一律不出席各类剪彩、奠基活动和庆祝会、纪念会、表彰会、博览会、研讨会及各类论坛；提高会议实效，开短会、讲短话，力戒空话、套话。

3 要精简文件简报，切实改进文风，没有实质内容、可发可不发的文件、简报一律不发。

4 要规范出访活动，从外交工作大局需要出发合理安排出访活动，严格控制出访随行人员，严格按照规定乘坐交通工具，一般不安排中资机构、华侨华人、留学生代表等到机场迎送。

5 要改进警卫工作，坚持有利于联系群众的原则，减少交通管制，一般情况下不得封路、不清场闭馆。

6 要改进新闻报道，中央政治局同志出席会议和活动应根据工作需要、新闻价值、社会效果决定是否报道，进一步压缩报道的数量、字数、时长。

7 要严格文稿发表，除中央统一安排外，个人不公开出版著作、讲话单行本，不发贺信、贺电，不题词、题字。

8 要厉行勤俭节约，严格遵守廉洁从政有关规定，严格执行住房、车辆配备等有关工作和生活待遇的规定。

2

1. 党的十八届四中全会提出编纂民法典的重大立法任务。2017 年 3 月，十二届全国人大五次会议通过民法总则。图为 2017 年 3 月全国人大常委会法工委就民法总则草案答记者问。
2. 党的十八大以来，以习近平同志为核心的党中央以坚定决心、顽强意志、空前力度推进全面从严治党，把党建设得更加坚强有力。

3. 从 2013 年起，接续开展党的群众路线教育、“三严三实”专题教育等活动，全党理想信念更加坚定、党性更加坚强。图为在 C919 大型客机研发中发挥战斗堡垒和先锋模范作用的党组织和党员干部。

4. 党中央高度重视反腐败国际交流与合作，为全球反腐败治理贡献中国方案。图为 2016 年 1 月二十国集团反腐败工作组会议在北京召开。

共筑中华民族伟大复兴中国梦

1. 2012 年 11 月 29 日，习近平总书记和十八届中央政治局常委集体来到国家博物馆参观《复兴之路》展览，首次提出和阐述了“中国梦”，从这时起，“中国梦”成为全党全社会乃至全世界高度关注的一个重要思想概念。
2. 人民军队全面贯彻习近平强军思想，围绕实现党在新时代的强军目标，努力建设一支听党指挥、能打胜仗、作风优良的人民军队，在中国特色强军之路上迈出坚定步伐。图为 2017 年 7 月 30 日，中共中央总书记、国家主席、中央军委主席习近平在庆祝中国人民解放军建军 90 周年朱日和训练基地大阅兵中检阅部队。

3. 坚持“一国两制”、推进祖国统一是实现中华民族伟大复兴的必然要求。图为粤港澳三地首次合作建设的超大型跨海交通工程——港珠澳大桥。

4. 设施联通是“一带一路”建设的优先领域。2017 年 5 月 31 日，完全采用中国技术、中国标准的肯尼亚蒙内铁路全线开通。

1. 推动构建人类命运共同体是国家主席习近平应对国际复杂挑战、着眼于世界前途和人类发展提出的中国方案。图为 2017 年 1 月 18 日，国家主席习近平在瑞士日内瓦出席“共商共筑人类命运共同体”高级别会议，并作《共同构建人类命运共同体》主旨演讲。

2. 2023 年 10 月 18 日上午，国家主席习近平在北京人民大会堂出席第三届“一带一路”国际合作高峰论坛开幕式并发表题为《建设开放包容、互联互通、共同发展的世界》的主旨演讲。这是会前，习近平同出席高峰论坛的外国国家元首、政府首脑和国际组织负责人等国际贵宾集体合影。

合浦县曲樟乡新村
全面建
整
发生
790万
群众的危房得
区3.5万
套，960

重点展项“全面小康”，主屏幕展示内容为以“富强、民主、文明、和谐、美丽”为主题的各类数据对比；辅助屏幕上配合主屏内容，展现70年来全国范围内各方面的新旧对比照片。

夺取新时代中国特色社会主义伟大胜利 实现两个一百年奋斗目标

1. 2021 年 7 月 1 日，庆祝中国共产党成立 100 周年大会在北京天安门广场隆重举行。中共中央总书记、国家主席、中央军委主席习近平发表重要讲话。

2. 党的十九大把习近平新时代中国特色社会主义思想确立为党必须长期坚持的指导思想。2017 年 10 月 31 日习近平总书记带领十九届中央政治局常委前往上海和浙江嘉兴，瞻仰中共一大会址和南湖红船，回顾建党历史，重温入党誓词，宣示新一届党中央领导集体的坚定政治信念。

1. 2018 年 11 月 6 日至 7 日，国家主席习近平在出席首届中国国际进口博览会开幕式和相关活动后，深入上海的企业、社区、城市运行综合管理中心、高新科技园区进行调研。图为 6 日上午，习近平视察陆家嘴金融城党建服务中心，了解城市楼宇党建工作情况。
2. 2019 年 9 月 27 日，习近平总书记在郑州考察，就制造业转型升级和企业科技创新、黄河流域治理和生态保护等进行调研。图为习近平总书记在郑州煤矿机械集团股份有限公司同工人们亲切交流。

3. 2020 年 9 月 16 日至 18 日，习近平总书记在湖南考察。图为 16 日下午，在郴州市汝城县文明瑶族乡第一片小学，师生们簇拥着习近平总书记步出校园。

夺取新时代中国特色社会主义伟大胜利 实现两个一百年奋斗目标

1. 2022年10月16日，中国共产党第二十次全国代表大会在北京举行。习近平总书记作《高举中国特色社会主义伟大旗帜 为全面建设社会主义现代化国家而团结奋斗》报告。他指出，从现在起，中国共产党的中心任务就是团结带领全国各族人民全面建成社会主义现代化强国、实现第二个百年奋斗目标，以中国式现代化全面推进中华民族伟大复兴。

2. 2022 年 10 月 27 日，习近平总书记带领二十届中共中央政治局常委瞻仰延安革命纪念地，强调要弘扬伟大建党精神，弘扬延安精神，坚定历史自信，增强历史主动，发扬斗争精神，为实现党的二十大提出的目标任务而团结奋斗。
3. 2023 年 3 月 5 日—3 月 13 日，第十四届全国人民代表大会在北京举行，选举产生新一届国家领导人。习近平同志全票当选中华人民共和国主席、中华人民共和国中央军事委员会主席。图为习近平进行宪法宣誓。

1

2

1. 2023 年 4 月 3 日，学习贯彻习近平新时代中国特色社会主义思想主题教育工作会议在北京召开。习近平总书记发表重要讲话，强调扎实抓好主题教育，为奋进新征程凝心聚力。
2. 2023 年 11 月 28 日至 12 月 2 日，中共中央总书记、国家主席、中央军委主席习近平在上海考察。图为 11 月 29 日下午，习近平在闵行区新时代城市建设者管理者之家，向社区居民挥手致意。

重点展项“初心”，运用大型多媒体视频，全面回顾中国共产党的百年奋斗历程，展现“为中国人民谋幸福，为中华民族谋复兴”的初心和使命是激励中国共产党人不断前进的根本动力，宣示共产党人“不忘初心、牢记使命、永远奋斗”的坚定信念。

伟大建党精神

坚持真理　坚守理想

践行初心　担当使命

不怕牺牲　英勇斗争

对党忠诚　不负人民

结 语

不忘初心，方得始终。中国共产党创建伊始，就确立了为人民谋幸福、为民族谋复兴的初心和使命。这个初心和使命，是激励中国共产党人不断前进的根本动力。

从石库门到天安门，从兴业路到复兴路，一百年来，中国共产党团结带领中国人民进行的一切奋斗、一切牺牲、一切创造，归结起来就是一个主题：实现中华民族伟大复兴。

党用伟大奋斗创造了百年伟业，也一定能用新的伟大奋斗创造新的伟业。让我们紧密团结在以习近平同志为核心的党中央周围，高举中国特色社会主义伟大旗帜，全面贯彻习近平新时代中国特色社会主义思想，弘扬伟大建党精神，自信自强、守正创新，踔厉奋发、勇毅前行，为全面建设社会主义现代化国家、全面推进中华民族伟大复兴而团结奋斗。

图书在版编目(CIP)数据

伟大的开端 ：中国共产党创建历史陈列 / 中国共产党第一次全国代表大会纪念馆编. -- 上海 ：上海人民出版社，2025. -- ISBN 978-7-208-19466-3

Ⅰ. K878.22

中国国家版本馆 CIP 数据核字第 2025EL0052 号

责任编辑 郭敬文
封面设计 汪　昊

部分实拍图片由詹茂华、何兆赟提供

伟大的开端
——中国共产党创建历史陈列
中国共产党第一次全国代表大会纪念馆 编

出　　版 上海人民出版社
（201101　上海市闵行区号景路 159 弄 C 座）
发　　行 上海人民出版社发行中心
印　　刷 上海雅昌艺术印刷有限公司
开　　本 787×1092　1/8
印　　张 47
插　　页 5
字　　数 100,000
版　　次 2025 年 5 月第 1 版
印　　次 2025 年 5 月第 1 次印刷
ISBN 978 - 7 - 208 - 19466 - 3/D・4489
定　　价 368.00 元